1 라파엘로, 〈아테네 학당〉. 중앙에 플라톤과 아리스토텔레스가 있고, 유클리드가 앞줄 오른쪽에서 컴퍼스를 들고 무언가를 설명하고 있으며, 프톨레마이오스는 그 옆에서 우리를 등지고 지구본을 들고 있다. 이븐 루시드(아베로에스)는 왼쪽에서 초록 망토와 터번을 두르고 몸을 숙여 앞 사람을 보고 있다.

2 시라쿠사 대성당 벽의 일부가 되어 있는 고대 그리스 아테네 신전의 도리아 양식 기둥.

3 아리스토텔레스가 제자를 가르치는 모습. 13세기 아랍 그림.

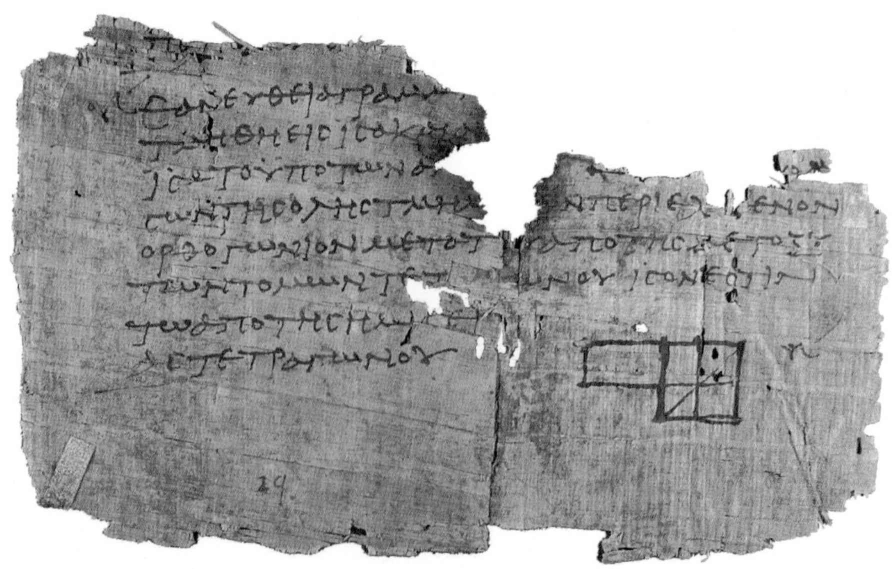

4 현전하는 것 중 가장 오래된 유클리드 《원론》의 일부. 서기 100년경에 제작된 것으로, 다이어그램이 명확하게 보인다. 이집트의 유적지에서 다른 수만 개의 파피루스 문서 조각들과 함께 발견되었다.

5 1808년에 프랑수아 페이라르가 발견한 《원론》의 몇몇 페이지. 당시에 알려져 있던 버전보다 더 오래된, 그리고 유클리드가 작성한 원래 문헌에 더 가까운 새 버전이 1000년 만에 모습을 드러낸 것이었다.

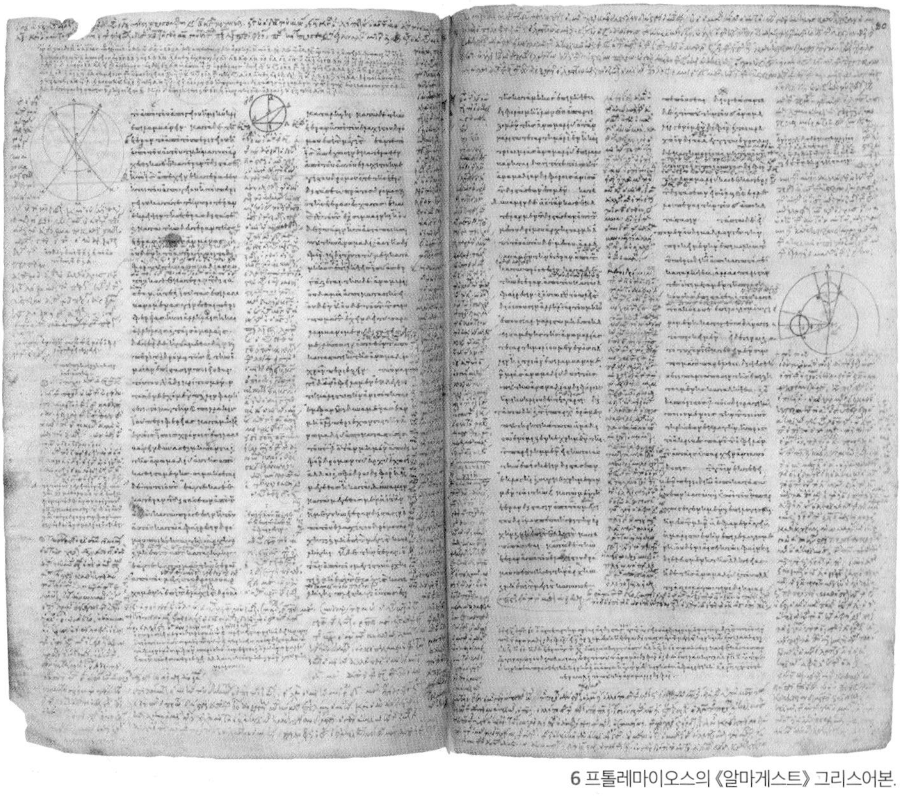

6 프톨레마이오스의 《알마게스트》 그리스어본.

7 디오스코리데스의 《약물지》에 실린 장미 그림. 《약물지》의 가장 아름다운 버전이라 할 수 있는 이 책은 6세기 초 비잔티움 제국의 공주 아니키아 율리아나를 위해 제작된 것이다.

8 《마카마트》에 실린 아랍 도서관 정밀화. 13세기에 알 하리리가 새로 제작한 버전의 《마카마트》에 실린 풍성한 삽화 중 하나다. 이 책은 중세 아랍 세계의 삶을 놀랍도록 상세하게 보여준다.

9 《마카마트》에 실린 또 다른 그림으로 의사가 환자를 치료하는 모습. 피부의 일부에 뜨겁거나 찬 기운을 이용해 국지적으로 진공을 만드는 고대 의술인 '부항'을 뜨는 모습이다.

10 이스탄불 갈라타 탑 천문대에서 관측 중인 천문학자들. 지구본, 사분의, 모래시계, 아스트롤라베 등 다양한 장비를 사용하고 있다. 16세기 그림.

11 아바스 왕조 시기 금화인 디나르화. 알 마문 칼리파 시기에 주조된 것으로 보인다.

12 코르도바의 메스키타(모스크) 내부. 붉고 흰 줄무늬가 균일하고 리듬감 있는 패턴을 방대한 수평면에 걸쳐 형성하고 있다.

13 14세기 아랍어본 《알마게스트》.

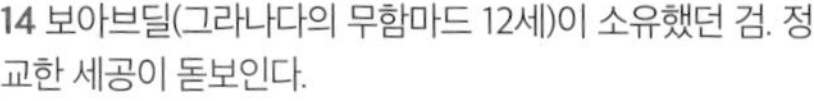

14 보아브딜(그라나다의 무함마드 12세)이 소유했던 검. 정교한 세공이 돋보인다.

15 알 자르칼리의 설계를 바탕으로 만든 범용 아스트롤라베 '사파에아'. 13세기에 북아프리카에서 제작된 것으로 보인다.

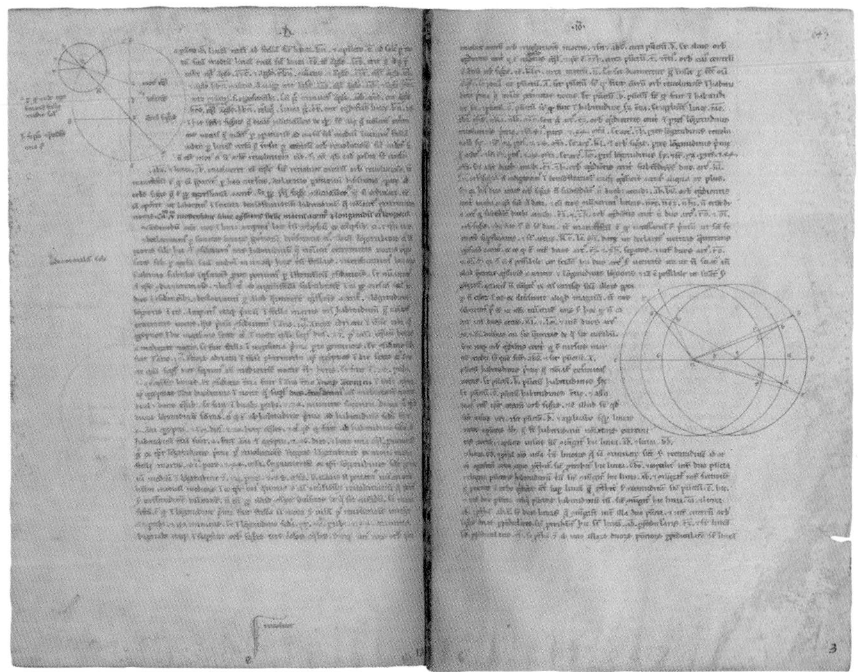

16 13세기에 크레모나의 제라르도가 번역한 《알마게스트》.

17 14세기 라틴어본 《알마게스트》. 동물들이 천문학 도구들을 사용하는 모습이 그려져 있다.

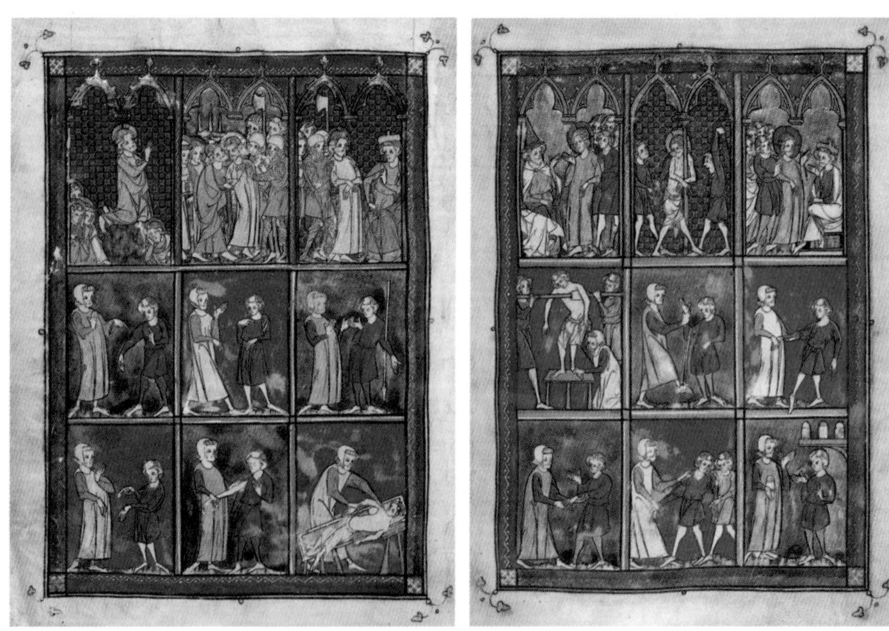

18 12세기 외과의사 살레르노의 루제로가 집필한 《외과학》의 풍성한 삽화. 윗줄은 그리스도의 삶을 나타내고 있으며 아래쪽 그림들은 다양한 증상과 질병, 부상에(창에 찔린 사람도 보인다) 의사가 환자를 치료하고 처방을 내리는 모습을 담고 있다.

19 11세기 몬테카시노 수도원 필사실에서 콘스탄티누스 아프리카누스의 지휘 아래 번역, 제작된 것으로 보이는 종합 의학서 《판테그니》의 한 페이지. 서구 유럽에서 가장 오래된 종합 의학서로 여겨진다.

20 콘스탄티누스 아프리카누스가 제자들에게 육안으로 소변을 검사하는 방법에 대해 강의하는 모습. 소변은 중세 의학에서 중요한 진단 도구였고 콘스탄티누스는 이 기법을 유럽 사람들에게 가르치는 데 큰 영향을 미쳤다.

21 매사냥에 대한 책에 담긴 프리드리히 2세와 그가 사냥한 매. 프리드리히 2세는 매사냥을 즐겼다.

22 '사라센'(무슬림), 그리스, 라틴 필경사들이 팔레르모 궁정에서 일하는 모습.

23 팔레르모 노르만 왕궁의 모자이크.

24 팔레르모 마르토라나 교회의 모자이크. 예수 그리스도가 루제로 2세에게 왕관을 씌워 주는 모습.

25 화려한 문양이 들어간 루제로 2세의 실크 망토. 그의 궁정 공방에서 전문 장인들이 만든 것이다.

26 알 이드리시의《루제로의 서》에 실린 시칠리아 지도. 이 책에 실린 많은 지도 중 하나다. 왼쪽에 이탈리아 남부의 '발가락'이 잘 보인다. 당대 아랍의 관습대로 북쪽이 아래, 남쪽이 위다.

27 배스의 애덜라드가 두 명의 학생을 가르치는 모습. 우아한 진홍색 망토와 세련된 모자를 쓰고 있다. 뒤쪽 벽에 인도-아라비아 숫자판이 보인다.

28 기독교도와 이슬람교도가 체스를 두는 모습. 다른 많은 것들처럼 체스도 인도 북부에서 시작되어 점차 아랍을 거쳐 중세에 유럽으로 퍼졌다.

diogonalis quadranguli cui⁹ latera sũt diuersitates aspectus in
longitudine & latitudine. Diuersitas aspectus lunę ad solẽ est
excessus diuersitatis aspect⁹ Lunę sup̱ diuersitatẽ aspectus solis
Si uera cõiunctio luminariũ fuerit inter gradum eclipticę ascẽ
dentẽ & nonagesimũ eius ab ascendente: uisibilis eorũ cõiun/
ctio pręcessit uerã. Si autẽ inter eundẽ nonagesimũ & gradũ oc
cidẽtẽ fuerit: uisibilis uerã sequet̃. Sed si in eodẽ gradu nona
gesimo acciderit tũc simul uisibilis cõiũctio cũ uera fiet nullaq̧
diuersitas aspect⁹ in longitudine cõtinget. Nonagesim⁹ nanq̧
gradus eclipticę ab ascendẽte semp̱ ẽ in circulo p̱ zenith & po/
los zodiaci p̱cedẽte. Latitudo lunę uisa ẽ arcus circuli magni

THEORICA ECLIPSIS LVNARIS.

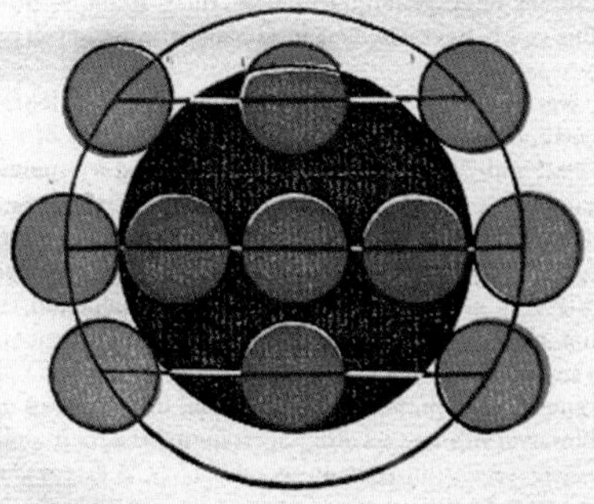

29 에르하르트 라트돌트가 인쇄한 월식의 단계별 다이어그램. 1485년판 요하네스 데 사크로보스코의 《천구에 관하여》에 실려 있다.

30 유클리드의 공리를 설명하고 있는 루카 파촐리의 모습. 책상 위의 붉은 책은 그의 대작 《산술, 기하, 비례 총서》로 보인다.

Erhardus ratdolt Augustensis impres
sor Serenissimo Almae vrbis venetae
Principi Joanni Mocenico .S.

Solebam antea Serenissime Princeps mecū ipse cogitans admi/
rari quid causae esset: q in hac tua praepotenti & felici vrbe cū varia
auctorum veterū nouorūq3 volumina quotidie imprimerent. In
hac mathematica facultate vel reliquarum disciplinarū nobilissima
aut nihil aut parua quaedam & friuola in tanta impressorū copia qui
in tua vrbe agunt: viderent impressa. Haec cum mecū saepius discu/
terem: inueniebam id difficultate operis accidisse. Non enim adhuc
quo pacto schemata geometrica: quibus mathematica volumina sca/
tent: ac sine quibus nihil i his disciplinis fere intelligi optime potest
excogitauerant. Itaq3 cum hoc ipsum tantūmodo cōmuni omnium
vtilitati quae ex his percipitur obstaret: mea industria nō sine maximo
labore effeci. vt qua facilitate litterarum elementa imprimuntur .ea
etiam geometricae figurae conficerent. Quamobrem vt spero hoc
nostro inuento hae disciplinae quas mathemata graeci appellant
voluminū copia sicuti reliquae scientiae breui illustrabūt. De quaz
laudibus & vtilitate possem multa impraesens adducere ab illustribus
collecta auctorib⁹: nisi studiosis iam omnib⁹ haec nota essent. Illud
etiam plane cognitū est caeteras scientias sine mathematib⁹ imper/
fectas ac veluti mancas esse. Neq3 hoc profecto negabūt Dialectici
neq3 Philosophi abnuent: in quoz libris multa reperiunt: quae si/
ne mathematica ratione minime intelligi possunt. Quam diuin⁹ ille
Plato mouere veritatis arcanū. vt adipisceretur cyrenas ad. Theo/
dorum summum eo tempore mathematicū & ad egyptios sacerdotes
enauigauit. Quid q sine hac vna facultate viuendi ratio nō perfecte
constat. Nam vt de musice taceam: quae nobis naturae ab ipsa natu/
ra ad perferendos facili⁹ labores concessa videtur: vt astrologiā prae/
teream qua excultum caelum ipsum veluti scalis machinisq3 quibusdā3
conscendentes verum ipsius naturae argumentum cognoscimus: sine
arithmetica & geometria: quarū altera numeros altera mēsuras do/
cet: ciuiliter comodeq3 viuere qui possum⁹: Sed quid ego i his mo/
ror quae iam omnibus vt dixi: notiora sunt q3 vt a me dicantur. Eu/
clides igitur megarensis serenissime princeps qui .xv. libris omnem
geometriae rationem summatissime complexus est: quem ego sum/
ma & cura & diligentia nullo praetermisso schemate imprimendū cu/
raui: sub tuo numine tutus foeliciq3 prodeat.

31 라트돌트가 인쇄한 유클리드 《원론》의 샘플용 인쇄본 첫 페이지. 금색 글씨로 도제에게 바치는 헌사가 실려 있다.

32 레기오몬타누스의 《알마게스트 개요》의 1543년판 인쇄본에 들어간 혼천의 그림. 목판 삽화.

POGGII FLORENTINI AD NICOLAVM QVINTVM SVMMVM PONTIFICEM DE VARIETATE FORTVNE LIBER PRIMVS INCIPIT FOELICITER

VLTA QVONDAM PACE

33 포조 브라촐리니의 초상화. 그가 쓴 《운명의 성쇠에 관하여》에 실려 있다.

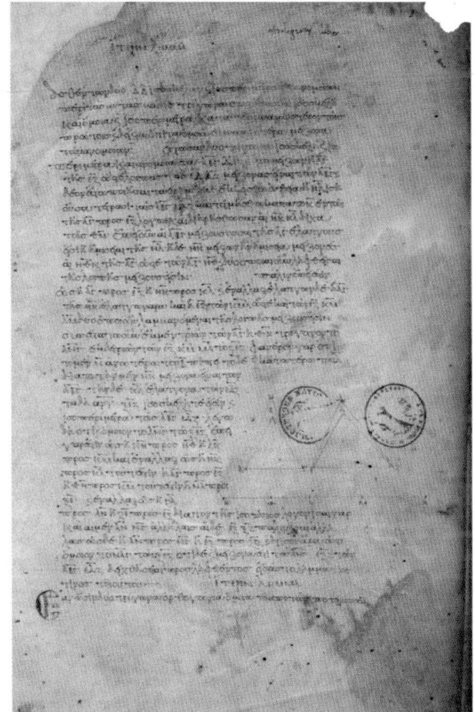

34 헨리쿠스 아리스티푸스가 시칠리아로 가져오고 이후에 베사리온 추기경이 소유한 《알마게스트》 그리스어 필사본.

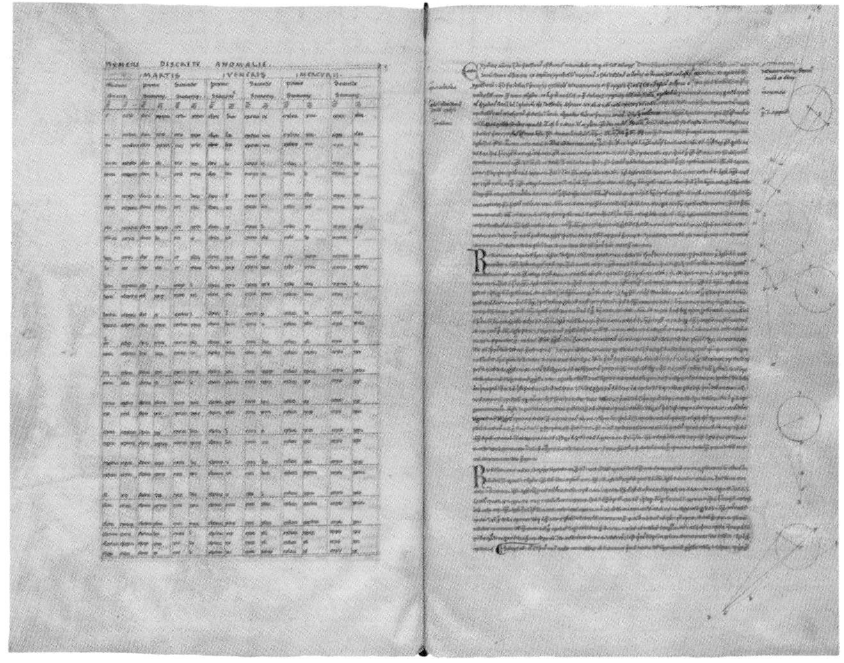

35 콜루초 살루타티가 소유했던《알마게스트》라틴어본.

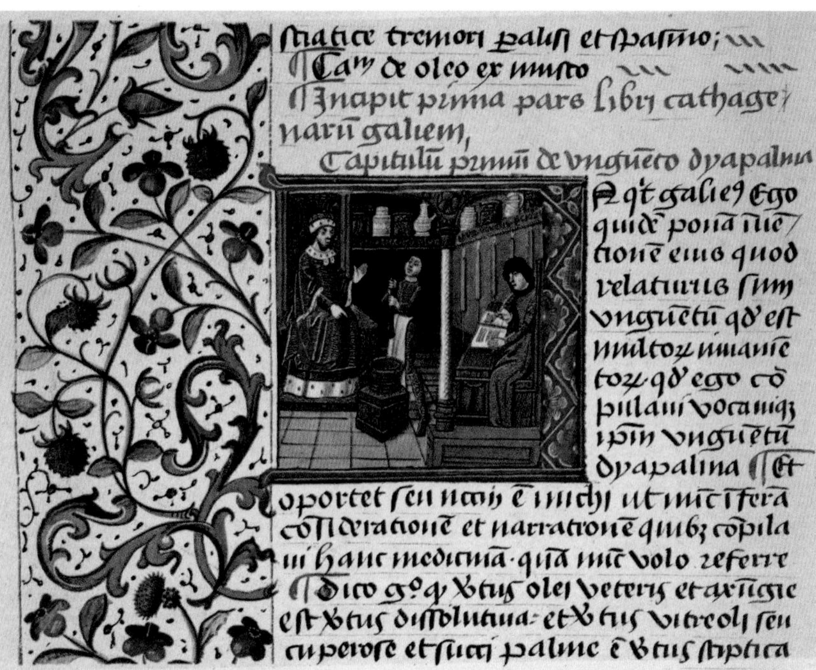

36 어느 약제상을 방문한 갈레노스의 모습. 대동한 필경사와 조수가 보인다. 조수는 절구로 바삐 재료들을 찧고 있고, 위쪽 선반에는 약재를 담은 통들이 놓여 있다. 채색 필사본.

지식의
지도

일곱 개 도시로 보는
중세 천 년의 과학과
지식 지형도

A Thousand-Year History of How Classical Ideas Were Lost and Found

지식의 지도

The Map of Knowledge

바이얼릿 몰러 지음
김승진 옮김

나의 세 작은 별,

L과 E와 S에게 이 책을 바칩니다.

일러두기

1. 각주와 미주는 모두 저자의 것이다. 옮긴이가 표현을 추가하거나 내용을 설명한 것은 〔 〕 안에 넣었다.
2. 외국어 고유명사 표기는 국립국어원의 외래어 표기법과 용례를 기준으로 하였으나, 널리 쓰여 굳어진 경우는 관용을 따르는 등 예외를 두었다.
3. 주요 인명과 도서명은 최초 1회 원어를 병기했다. 출신지와 원지음, 원제목을 정확하게 확인하기 어려운 경우는 원서를 따라 영어식으로 표기했다.
4. 아랍어 고유명사의 원어 표기는 원서의 로마자 표기 방식을 따랐다.
5. 교황명과 성인명 표기는 한국천주교주교회의의 '천주교 용어집'을 따랐다.

차례

서문

1509년 초, 젊은 화가 라파엘로 산치오Raffaello Sanzio(1483~1520)는 바티칸 안쪽 깊숙한 곳에 자리한 교황 율리오 2세Julius II의 개인 도서관에 연작 프레스코화를 그리기 시작했다. 그 옆 시스티나 예배당에서는 라파엘로의 최대 라이벌 미켈란젤로Buonarroti Michelangelo(1475~1564)가 거대한 비계에 올라 약 20미터 높이의 공중에서 조심조심 균형을 잡으며 신께서 아담에게 생명을 주시는 모습을 담은 유명한 천장화를 그리고 있었다. 로마는 르네상스가 한창이었고 교황 율리오 2세의 적극적인 후원하에 대제국이었던 고대의 영광을 되살리고 있었다. 라파엘로가 '서명의 방Stanza della Segnatura' 네 벽에 그린 벽화는 그 아래 보관되어 있는 서적의 네 가지 범주를 나타내고 있었다. 신학, 철학, 법학, 시학. 그중에서 철학을 나타내는 벽화는 오늘날 〈아테네 학당The School of Athens〉이라고 불리는데,* 세 개의 커다란 아치가 안쪽으로 점점 멀어져 보이도록 원근법에 따라 배치되어 있고 양옆에는 로마의 신 미네르바와 아폴로의 석상이 있으며 아래쪽의 넓은 대리석 계단은 기하학적 문양의 타일이 깔린 바닥으로 이어져 있다.[1] 대담하고 웅장하며 기념비적인 것이, 그림 속 건축물은 명백하게 로마 양식이다. 하지만 곳곳에 신중하게 배치된 58명의 인물이 표상하는 사상과 문화는 거의 예외 없이 그리스를 나타내고 있다. 16세기 로마의 지식 환경은 재발견된 고대의 사상들을 핵심으로 하고 있었고, 〈아테네 학당〉은 바로 그 고대 사상의 재발견을 기리는 작품이었다. 중앙의 아치 아래 파란 하늘을 배경으로 서 있는 사람은 물론 플라톤과 아리스토텔레스다. 플라톤은 하늘을 가리키고 있고 아리스토텔레스의 손은 땅을 향해 있는데, 이는 두 사람의 철학적 경향을 깔끔하게 보여준다. 플라톤은 천상의 것, 이상적인 것에 관심이 있었고, 아리스토텔레스는 우리 주위의 물리적 세계를 이해하고자 했다. 이 그림에는 이탈리아 인문주의자들이 계승한 고대 철학의 범위 전체가 화려한 색채로 의기양양하게 펼쳐져 있다.

플라톤과 아리스토텔레스를 제외하면 각각의 인물이 정확히 누구인지는 알려져 있지 않고 누가 누구인지에 대한 논쟁이 학계에서 수백 년간 이어져왔다. 앞줄 오른쪽, 컴퍼스를 들고 기하학 이론을 설명하는 데 여념이 없는 머리 벗겨진 사람이 유클리드Euclid〔그리스어로는 '에우클레이데스Eukleidēs'〕라는 데는 학자들 대부분의 의견이 일치한다.[2] 그 옆에 지구본을 들고 있는 왕관 쓴 사람은 틀림없이 프톨레마이오스Claudios

* 여기에서 'school'은 오늘날과 같은 개념의 '학교'나 '학파'를 뜻하는 것은 아니고, 비슷한 학문적 관심, 이 경우에는 1000년을 살아남은 고전 학문에 대한 관심을 공유한 사람들의 느슨한 집단을 일컫는다.

Ptolemaeos일 것이다.* 그때는 프톨레마이오스가 천문학보다 지리학으로 훨씬 더 유명했다. 누구인지 알려졌거나 짐작이 가는 사람들은 모두 고대 세계에, 그러니까 라파엘로가 그림을 그린 시점보다 적어도 1000년은 더 전에 살았던 사람들이다. 한 명만 예외인데, 그림 왼쪽에 터번을 두르고 어깨 너머로 피타고라스Pythagoras가 무엇을 쓰고 있는지 들여다보는 사람은 무슬림 철학자 이븐 루시드Ibn Rushd(1126~1198, 라틴어로는 아베로에스Averroës)이다. 이 그림에서 이븐 루시드는 고대 그리스의 마지막 학자와 〔르네상스 시기의〕 라파엘로 사이에 존재하는 1000년의 시간을 나타내는 유일한 인물이며 그 1000년 동안 번성했던 아랍 학계를 나타내는 유일한 인물이다. 아랍의 학자들(다양한 출신과 종교를 가진 사람들이지만 아랍어로 글을 썼다는 점에서 '아랍 학자'의 범주로 묶일 수 있었다)은 그리스 과학의 불꽃이 꺼지지 않고 계속 타오를 수 있게 했고, 그리스 과학을 〔인도 등〕 여타의 곳에서 유래한 학문 및 자신이 직접 수행한 연구와 결합해 탁월하게 변모시켜냈다. 이를 통해 고대 그리스의 과학이 1000년을 거치고 살아남아 르네상스 시기까지 전해질 수 있었다.

나는 대학 때까지 학창 시절 내내 고전과 역사를 공부했지만 중세 아랍 세계가 유럽에 미친 영향을 배운 적은 없었다. 사실, 유럽 밖의 문명이 유럽 문화에 미친 영향 자체를 거의 배우지 못했다. 과학사의 일반적인 서술은 "그리스가 있었고, 그다음에 로마가 있었고, 그다음에 르네상스가 있었다"고 말하는 듯했다. 중간의 1000년은 얼렁뚱땅 건너

---

* 르네상스 시기 학자들은 천문학자이자 지리학자인 클라우디오스 프톨레마이오스를 기원전 305년부터 기원전 30년까지 이집트를 통치했던 프톨레마이오스 왕조 사람으로 착각하는 경우가 많았다.

뛰고서 말이다. 나는 중세사 수업을 들으면서 이 시기 서유럽에 과학 지식이 별로 많지 않았다는 것을 알게 되었고, 그렇다면 고대 세계에 존재했던 수학, 천문학, 의학 저술은 그 후에 어떻게 되었을지 궁금해졌다. 그것들은 어떻게 살아남을 수 있었을까? 누가 그것들을 새로 필사하고 번역했을까? 그것들이 안전하게 보관될 수 있었던 은신처는 어디였을까?

스물한 살 때 나는 친구의 낡은 볼보를 타고 영국을 출발해 시칠리아로 답사를 간 적이 있다. 우리는 3년 차 논문을 쓰기 위해 그리스-로마 사원을 조사하는 중이었다. 그 여행은 굉장한 모험이었다. 나폴리에서는 길을 잃었고, 로마에서는 우리의 매력이 난데없이 빛난 모양인지 경찰이 우리 차를 세우더니 데이트 신청을 했다. 폼페이는 그저 입을 떡 벌리고 바라볼 수밖에 없었고, 파에스툼에서는 버팔로 젖으로 만든 진한 모차렐라 치즈를 먹었다. 몇 주간 육로를 달리고 메시나 해협을 배로 한 차례 가로지른 뒤, 드디어 시칠리아섬에 도착했다. 이탈리아의 다른 곳과는 분위기가 매우 다르다는 것이 대번에 느껴졌다. 이국적이고 복잡하고 눈을 뗄 수 없게 강렬했다. 우리는 겹겹이 쌓인 역사에 푹 잠겼고, 이곳에 들어왔던 문명들이 지층처럼 남겨놓은 흔적은 실로 놀라웠다. 시라쿠사 대성당에서는 그리스 아테나 신전의 기둥을 볼 수 있었다. 기원전 5세기에 만들어진 기둥이 2500년이 지난 뒤에도 이렇게 서 있었다. 이 성당은 878년에 시칠리아가 무슬림 지배하에 들어가면서 모스크로 바뀌었다가, 두 세기 뒤에 노르만족이 이곳을 점령했을 때 다시 성당이 되었다고 했다. 수백 년 동안 시칠리아가 다양한 문화들이 만나는 장소였음을 역력히 보여주고 있었다. 이곳은 상이한 세계가 맞부딪치면서 서로 다른 사상과 전통과 언어가 교환되고 변형된 장소였다. 우리의 답사는 그리스-로마 시대 종교와 건축 사이의 관계를 살피는 것이 초점이었지만, 동로마, 이슬람, 노르만 등 그 이후의 문화들이 남긴 유산도 막대하고 놀라웠다. 나는 사상의 역사에서 이와 비슷한 역할을 했던 곳이 또 있었는지, 그리고 그곳들은 어떻게 되었는지가 궁금해지기 시작했다.

존 디 박사Dr. John Dee(엘리자베스 1세Elizabeth I가 '나의 철학자'라고 부른 사람이다)의 도서관을 통해 근대 초기 잉글랜드의 지식 세계를 살펴보는 박사 논문을 쓰다가 이 질문이 다시 떠올랐다. 굉장히 독특하고 매혹적인 인물인 존 디는 몇 년 동안 나의 동반자였고 16세기 말의 지식 세계를 가로지르는 잊을 수 없는 여정으로 나를 이끌었다. 범상치 않은 경력을 가진 그는 잉글랜드 최초의 진정으로 종합적이라 할 만한 장서를 수집했고, 신세계를 발견하기 위한 항해 계획에 자문을 제공했고, '대영제국'이라는 개념을 만들었고, 역법을 개혁했고, '현자의 돌'을 찾아 나섰고, 천사들을 불러내려 시도했고, 아내, 아이들, 하인들, 그리고 수백 권의 책과 함께 유럽 전역을 돌아다녔고, 역사, 수학, 점성학, 항해, 연금술, 마법 등을 아우르는 방대한 주제에 대해 많은 저술도 남겼다. 하지만 뭐니 뭐니 해도 그의 가장 중요한 업적이라면 1570년에 유클리드의 《원론*Stoicheia*》이 처음으로 영어로 번역되도록 지원한 것을 꼽을 수 있을 것이다. 그런데 그 전에는 《원론》이 어디에 어떤 형태로 있었을까? 고대 알렉산드리아에서 유클리드가 《원론》을 집필했을 때부터 존 디의 시대에 런던에서 영어본이 나오기까지 2000년 동안 누가 《원론》을 보관하고 관리했을까? 존 디 도서관의 1583년 카탈로그를 살펴보니 그가 소장했던 책, 특히 과학 분야의 책 중 다수가 아랍 학자들이 쓴 것임을 알 수 있었다. 이 사실이 시칠리아 답사 때 본 것들과 연결되면서 중세 이슬람 세계에서 중요한 일이 펼쳐졌으리라는 데 생각이 미쳤고, 역사에 대한 나의 시야가 통상적인 서구의 서사를 넘어 확장되었다. 나는 사상의 역사가 문화적, 종교적, 정치적 경계선 안에 한정되지 않는다는 것을, 그리고 사상의 역사를 온전히 알려면 훨씬 더 폭넓은 접근이 필요하다는 것을 깨닫기 시작했다.

마음 한편을 늘 떠나지 않고 있던 이 생각은 고대의 사상이 중세에 어떠한 경로를 지나갔는지 추적하는 책을 써보자는 계획으로 구체화되었다. 너무나 방대한 주제여서 소수의 저술만 골라서 그것이 거쳐간 학문의 중심지들을 따라가 보는 방식을 취하기로 했다. 과학의 역사, 더 정확하게 말하면 '정밀과학'의 역사가 내 관심사였기 때문에 분야는 세 개로 쉽게 좁혀졌다. 수학, 천문학, 의학.* 그리고 각 분야에서 두드러지게 독보적인 학자 한 명씩이 눈에 띄었다. 수학의 유클리드, 천문학의 프톨레마이오스, 의학의 갈레노스Claudios Galenos였다. 유클리드와 프톨레마이오스는 자신의 분야를 집대성한 저서(유클리드의 《원론》과 프톨레마이오스의 《알마게스트*Almagest*》)를 직접 남겨서 책을 고르기가 수월했지만, 갈레노스는 수백 편의 글을 썼기 때문에 문제가 좀 복잡했다. 갈레노스에 대해서는 〔하나의 저서보다는〕 해부학과 약리학이라는 두 분야, 그리고 알렉산드리아에서 의학 교육 커리큘럼이 확립되는 데 토대가 된

---

* 고대와 중세에는 과학의 세부 분야들이 모두 '자연철학'이라고 불렸다. 물리적인 세계에 대한 탐구는 모두 이 범주에 속했다.

저술들에 초점을 맞추기로 했다.

세 학자는 각각 수학, 천문학, 의학에서 지식의 내용과 구조를 설정했다. 이후 1000년이 넘는 시간 동안 후대의 학자들은 이들이 확립한 틀 안에서 수학, 천문학, 의학을 연구하게 된다. 프톨레마이오스와 갈레노스의 이론은 훗날 상당 부분 반증되고 다른 이론으로 대체되었지만, 그들의 영향력과 그들이 남긴 유산의 중요성에 대해서는 이론異論이 없다. 갈레노스의 체액론은 티베트 전통 의학과 현대의 대체 의학에 여전히 남아 있다. 프톨레마이오스의 항성 연구, 그리고 "물리적 세계는 수학에 의존하며 수학을 통해 이해될 수 있다"는 개념도 현재까지 살아 있다.[3] 유클리드의 《원론》은 심지어 거의 모든 내용이 오랜 세월의 시험을 견디고 살아남았다. 20세기 학생들도 학교에서 《원론》을 배웠으며 유클리드의 기하학은 오늘날에도 기원전 4세기에 그랬던 만큼이나 여전히 타당하고 참이다. 간결하고 정밀한 어휘, 그리고 가정과 증명(유클리드의 경우에는 수식을 통한 대수학적 증명이 아니라 주로 다이어그램을 통한 기하학적 증명이었다)으로 설명하는 유클리드의 기술 방식도 여전히 사용되고 있다. 이것은 유클리드 이래 과학 글쓰기의 표준 방식 중 하나로 자리 잡았다. 유클리드, 갈레노스, 프톨레마이오스 모두 과학을 관찰, 실험, 정확성, 학문적 엄정성, 정확한 소통에 기반해 수행하는 접근법을 개척했으며, 이는 오늘날 우리가 '과학적 방법'이라고 부르는 것의 주춧돌이다.

본격적으로 자료 조사에 들어갔을 때, 나는 이야기가 얼마나 깔끔하게 펼쳐지는지를 보고 깜짝 놀랐다. 시작점은 명백히 서기 500년이어야 했다(1장). 서기 500년은 고대의 지적 전통이 중세의 지적 전통으로 넘어가는 시점, 즉 학문이 완전히 다른 시대로 진입하는 시점이었다. 이어서 2장부터는 장마다 하나의 도시를 다룬다. 우선 세 학자의 저술이 언제, 어떻게 집필되었는지 알아보기 위해 잠시 시대를 거슬러 올라가 고대의 알렉산드리아를 살펴본다〔2장〕. 유클리드, 프톨레마이오스, 갈레노스의 저술은 알렉산드리아에서부터 시리아와 콘스탄티노플까지 지중해 동부 전역에 퍼졌다. 그러다 9세기가 되면서 방대한 이슬람 제국의 수도이자 신생 계획도시였던 바그다드의 학자들이 지중해 동부에 있던 고대의 저술을 수집해 아랍어로 번역했고 이를 토대로 독자적인 과학 지식도 발달시키기 시작했다〔3장〕. 바그다드는 고대 이후의 세계에서 최초의 진정한 학문 중심지였다고 볼 수 있으며, 이후 아랍 세계의 많은 도시가 바그다드를 본떠 도서관을 짓고 과학을 후원했다. 그러한 도시 중 두드러졌던 곳으로 〔후기〕 우마이야 왕조의 수도였던 스페인 남부 도시 코르도바를 꼽을 수 있다〔4장〕. 우마이야 왕조의 전폭적인 후원 아래 수 세대의 학자들이 유클리드, 프톨레마이오스, 갈레노스의 저술을 연구하고 비판하고 향상시켰다. 이 저술들은 스페인의 다른 도시로도 퍼졌고, 기독교도가 이베리아반도를 〔무슬림으로부터〕 '재정복'하기 시작했을 때 번역 활동의 중심지가 된 톨레도에서 라틴어로 옮겨져 기독교와 라틴어의 세계로 들어오게 된다〔5장〕.

위에서 언급한 도시들이 유클리드, 프톨레마이오스, 갈레노스의 저술이 지나간 주요 경로이지만, 중세에 그리스 문화, 아랍 문화, 서구 문화가 만나고 부딪친 장소는 이 밖에도 더 있었다. 이탈리아 남부의 살레르노에서는 북아프리카에서 들어온 의학 문헌들(아랍어로 되어 있었지만 갈레노스의 저술을 바탕으로 한 것들이었다)이 라틴어로 번역되었고, 그 결과 살레르노는 수백 년간 유럽의 의학 중심지로서 의학 지식의 확산에 중요한 역할을 할 수 있었다〔6장〕. 그다음에는 시칠리아섬의 팔레르모라는 도시에서 갈레노스에 이어 유클리드와 프톨레마이오스가 중심 무대에 올라왔다〔7장〕. 《원론》과 《알마게스트》를 라틴어로 번역한 팔레르모의 학자들은 정확성을 더 높이기 위해 아랍어본을 중역하지 않고 그리스어 원전을 저본으로 삼아 작업했다. 이어서, 세 학문의 흐름은 베네치아에서 하나로 합쳐진다〔8장〕. 필사본으로 유통되던 저술들이 15세기 후반에 베네치아에서 처음으로 '인쇄'될 준비가 된 것이다.

포함시켜볼 만한 도시는 더 있었지만, 세 학자의 핵심 저술에 대해 연구와 번역이 활발히 이루어졌던 도시에만 초점을 맞추는 것이 커다란 이야기에서 길을 잃지 않을 수 있는 최선의 방법일 것 같았다. 대상 도시를 정하는 과정은 학문의 중심지란 어떤 조건을 의미하는가에 대해 흥미로운 질문을 제기했다. 골든혼〔튀르키예 이스탄불에 있는 만〕의 도시 콘스탄티노플은 고대의 저술을 방대하게 보유한 곳이긴 했지만 독창성이나 엄정성의 면에서 과학이 밀도 있게 연구된 곳이라고는 볼 수 없었다. 과학 연구의 번역(과 확산)이 대규모로 벌어진 곳도 아니었다. 따라서 콘스탄티노플은 보조적인 역할로만, 즉 학자들과 칼리파들이 유클리드, 프톨레마이오스, 갈레노스의 저술을 구하기 위해 찾아오는 장소로만 등장한다. 콘스탄티노플이 권력과 지위 면에서는 알렉산드리아의 자리를 차지했는지 몰라도 과학의 발달 면에서는 알렉산드리아에 필적할 바가 되지 못했고, 보존의 중심지였는지는 몰라도 혁신의 중심지는 아니었다. 한편 톨레도, 살레르노, 팔레르모가 아랍 문화권과 유럽 기독교 문화권이 가장 밀접히 접촉한 곳이지만, 십자군 전쟁 시기에 시리아에서도 상당히 긴밀한 문화 간 교류가 벌어졌다. 하지만《원론》,《알마게스트》, 그리고 갈레노스의 주요 저술이 이곳에서 번역되었다는 증거가 많지 않았기 때문에 상세히 다루지 않았다.

이 이야기의 줄기가 되는 내러티브는 따라가기 쉬웠지만, 복잡하게 얽혀 있는 필사본 원고들의 자취를 구체적으로 따라가는 것은 쉽지 않았다. 너무나 중요한 저술이어서 각각 여러 버전의 필사본이 존재했는데, 그것들 사이의 관계를 알아내고 정확한 경로를 찾아내기란 몹시 어려웠다. 인쇄술의 시대가 오기 전에는 모든 문서가 손으로 필사되었으므로 저마다 독특한 점과 독특한 실수를 담고 있어서 같은 저술이라 해도 필사본마다 차이가 있다. 게다가 문서의 복잡한 경로를 연구하는 서지학은 역사학에서 그 자체로 하나의 분야인데, 나는 서지학에 그다지 전문성을 가지고 있지 않다. 큰 줄기의 내러티브에 충실하기 위해 불가피하게 취사선택을 해야 했고, 대상 저술의 여러 필사본에 대한 풍성한 역사적 사실들을 어느 정도 단순화해야 했다.

인류의 과거 중에서도 나는 특히 사상의 역사에 늘 매력을 느꼈다. 우리의 행성과 우주에 대한 근본적인 질문들에 사람들이 어떻게 접근해왔는지, 또한 어떻게 자신의 이론을 후세대에 전승하고 지식의 경계를 확장해나갔는지 알아보는 일은 언제나 무척 흥미로웠다. 이러한 종류의 역사는 학술 서고의 난해한 책들 안에서는 가려져 있는 경우가 많지만, 꼭 그래야 하는 것은 아니다. 대개의 학술서처럼 해당 주제의 전문적인 내용과 역사상의 세부 사항에 집중하는 데서 벗어나 더 넓은 관점에서 인물과 배경 이야기를 드러낸다면, 사상의 역사를 더 가깝고 생생하게 불러올 수 있을 것이다. 프톨레마이오스의 우주 모델은 천문학에 대한 상세한 지식이 없다면 도저히 이해하지 못하겠지만, 프톨레마이오스가 쓴 저술의 자취를 따라가면서 그것의 중요성을 인식하는 것은 유의미할 뿐 아니라 굉장히 흥미로운 일이기도 하다. 그렇게 하려면 중세 전체를 가로지르는 광범위한 여정에 나서야 한다. 중간중간 특정한 시기와 장소를 '줌 인' 해서 과학 지식이 정확히 어떠한 연유로 어떻게 해서 전파되고 변형되었는지 살펴볼 필요도 있을 것이다. 중세 이슬람 학자와 기독교 학자 모두의 중요한 족적에 불을 밝히면서 '[고대] 로마'와 '르네상스' 사이에 있는 1000년을 채워나간다면, 서구 과학사가 통상적인 서술을 넘어 훨씬 더 확장될 수 있을 것이다. 또한 이러한 접근은 서구 이외의 문화권에서 생겨나 차차 수학, 천문학, 의학의 정전에 통합된 개념들도 포함할 수 있게 해준다. 예를 들어, 인도에서 생겨난 인도-아라비아 숫자와 [위치에 따라 자릿값을 갖는] 위치 기수법 같은 개념은 이후 이슬람 제국을 거쳐 오늘날 전 세계에서 사용되고 있다.

한 걸음 뒤로 물러서서 더 넓은 앵글로 역사를 보면 다양한 문화권 사이에 얽혀 있는 복잡한 연결 고리에 초점을 맞출 수 있게 된다. 그럼으로써 우리가 물려받은 지적 유산을 더 폭넓고 섬세하게, 그리고 궁극적으로 더 생생하게 볼 수 있는 시야를 가질 수 있게 될 것이다.

앵글족
북해
주트족
요크
켈트족
색슨족
런디니움
주트족
색슨족
대서양
아르모니카
투르
프랑크 왕국
알레만족
부르고뉴
공국
알프스산맥
칸타브리아족
바스크족
동고트 왕국
수에비
왕국
코르시카
로마
서고트 왕국
발레아루스
제도
사르데나
반달 왕국
히포
시칠리아
베르베르족
0 20 40 60 80 100 마일
0 25 50 75 100 125 150 킬로미터

서기 500년의 지식 세계
게피다이족
흑해
동로마 제국
콘스탄티노플
프로폰티스해
페르가몬
동로마 제국
에페수스
아테네
안티오크
팔미라
로도스
사산조 페르시아 제국
다마스쿠스
지중해
예루살렘
알렉산드리아
아라비아
사막
이집트
홍해
나일강

스웨덴
아일랜드
잉글랜드
북해
덴마크
웨일스
옥스퍼드
런던
브란덴부르크
신성
로마
제국
작센
보헤미아
대서양
랭스
파리
마인츠
뉘른베르크
투르
아우크스부르크
바이에른
스위스
프랑스
나바라
파두아
베네치아
볼로냐
라벤나
몽펠리에
피렌체
교황령
가톨릭
사라고사
포르투갈
톨레도
코르시카
로마
몬테카
스페인
나폴리
아말피
발레아루스 제도
사르데냐
코르도바
그라나다
팔레르모
시칠리아
부지
알제
튀니스
모로코
카이로우안
트리폴리
확대된 부분
아랄해
카스피해
호라산
바그다드
레이
발흐
군데샤프르
바스라
페르시아만
아라비아
메카

서기 1500년의 지식 세계
튜턴 기사단
기사단
리투아니아
폴란드
크림 칸국
몰도비아
헝가리
왈라키아
흑해
오스만 제국
콘스탄티노플
자다르
누사이빈
프로폰티스해
아테네
안티오크
로도스
다마스쿠스
지중해
예루살렘
알렉산드리아
카이로
이집트 술탄국
아라비아 사막
나일강
홍해
0 20 40 60 80 100 마일
0 25 50 75 100 125 150 킬로미터

1장

거대한 사라짐

그리스 학자들은 그리스 세계에서 쫓겨나 아랍 과학을 발달시키는 데 기여했다. 나중에 그 아랍어 저술이 라틴어로, 히브리어로, 그리고 우리의 토착어들로 번역되었다. 그리스 과학의 보물(적어도 그것의 대부분)은 그렇게 어마어마한 우회로를 거쳐 우리에게 왔다. 우리는 고대의 보물을 처음 만들어낸 사람들에게도 감사해야 하지만, 용기와 투지로 그것이 마침내 우리에게까지 닿을 수 있게 해주고 우리를 현재의 우리가 될 수 있게 해준 모든 이에게 감사해야 한다.

—조지 사턴George Sarton, 《고대 과학과 근대 문명*Ancient Science and Modern Civilization*》

서기 500년경이면 기독교 교회는 당대의 인재 대부분을 성직자, 조직 관리자, 교리 연구자, 명상 수행에 전념하는 수도자 등 교회 관련 직군으로 끌어들인 상태였다.

—에드워드 그랜트Edward Grant, 《중세의 자연과학*Physical Science in the Middle Ages*》

서기 500년의 지중해 세계를 내려다볼 수 있다면 무엇이 보일까? 로마에서는 동고트 왕국의 왕이 황제처럼 보이려고 갖은 애를 쓰고 있을 것이다. 콘스탄티노플의 〔동로마 제국〕 황제는 보스포루스 해협 연안에서 로마 제국의 영광을 재창조하려 하고 있을 것이다. 한참 더 남쪽, '문명의 요람'에서는 페르시아의 샤한샤〔황제〕가 북방 국경 지역에서 끝없이 계속되는 전쟁에서 다음번 수를 생각하고 있을 것이다. 변화의 세계, 혼란의 세계, 도시가 축소되고 도서관이 불타고 어느 것도 더 이상 확실해 보이지 않는 세계가 보일 것이다.

이는 서적을 잘 보존하거나 학문을 추구하기에 좋은 조건일 수 없었다. 그러한 활동이 번성하려면 정치적으로 안정되고 학문에 관심 있는 사람이 많고 자금이 지속적으로 공급되어야 하는데, 서기 500년에는 이 모든 것이 부족했다. 그럼에도 약간의 학문 활동이 살아남았고 상당한 양의 저술이 안전하게 지켜질 수 있었다. 이렇게 우리는 먼 조상에게서 굉장한 부를 물려받았지만, 고대 문화의 많은 부분이 21세기까지 오는 오랜 여정 중에 소실되었다는 것 또한 사실이다. 살아남은 것은 아주 일부다. 아이스킬로스Aeschylos의 희곡 80여 편 중 전해지는 것은 7편뿐이고, 소포클레스Sophocles의 작품 120편 중에서 7편만 현전하며, 에우리피데스Euripides의 작품 92편 중 살아남은 것은 18편뿐이다. 현전하는 작품 없이 다른 문헌에 유령처럼 언급만 되어 있는 저자도 많다. 5세기 말에 스토바이오스Stobaios라는 사람이 시와 산문 구절 1430편을 담은 모음집을 펴냈는데, 그중 현전하는 작품의 일부인 것은 315편뿐이고 나머지는 모두 사라졌다. 과학 분야는 좀 낫지만 테오프라스토스Theophrastos의 《광물에 관하여*Peri Lithon*》, 아리스타르코스Aristarchos의 지동설에 대한 논문(살아남았더라면 천문학의 경로가 근본적으로 달라졌을 것이다) 등은 시간의 틈새 사이로 소실되었다. 살아남은 저술들은 1000년 넘는 세월에 걸친 학계의 노력이 담긴 결과이며, 이 책에서 알아볼 유클리드의 《원론》, 프톨레마이오스의 《알마게스트》, 갈레노스의 현전 문서도 마찬가지다. 여기에 담긴 사상과 개념은 수 세대의 필사가와 번역가의 손을 거치며 다듬어졌고 아랍 세계의 뛰어난 학자들에 의해 변모되고 확장되었다. 하지만 중세 말기와 르네상스 시기에 이들은 역사의 서술에서 잊혀갔다.

서적을 구해내고 보존하려는 노력이 없지는 않았고 고대 사람들도 지식이 그저 사라져버릴지 모른다는 위험을 잘 알고 있었다. 〔로마의 역사가〕 수에토니우스Gaius Suetonius Tranquillus에 따르면, 도미티아누스Titus Flavius Domitianus 황제(51~96)는 "불타버린 도서관을 다시 채우기 위해서 소실된 서적들을 구하려고 온갖 곳을 뒤졌으며 알렉산드리아로 필경사를 보내 구술을 받아 적고 교정하게 하는 등 막대한 노력과 비용을 들였다".[1] 고대 세계(서기 500년 이전)에서 만들어진 원고 중 당시의 실물이 현전하는 것은 이집트의 어느 쓰레기장에서 발견된 파피루스 조각들과 헤르쿨라네움 유적지에서 탄화된 형태로 발견된 파피루스 두루마리 일부뿐이다.* 나머지는 전부 이후 어느 시점에 새로 필사된 사본이다. 고대 세계에서 서적 생산은 번창하는 사업이었고 지중해 전역의 마을과 도시에 서적 전문 시장과 상점이 있었다. 그런데 물리적으로 현전하는 책은 왜 이렇게 드물까?

4세기까지 서적은 오늘날 우리가 아는 형태가 아니라 파피루스에 적어 둘둘 만 두루마리였다. 파피루스는 나일강 삼각주에서 자라는 갈대로 만들었으며, 대개 길이가 3미터 정도 되어서 읽으려면 한쪽부터 두루마리를 풀고 다 읽은 쪽은 나무 막대(이 용도로 제작된 막대가 있었다)에 되말아가며 읽어야 했다. 말고 펴고 다시 말고를 되풀이하다 보니 금방 해지고 찢어져서 꽤 자주 새 두루마리에 다시 베껴 적어야 했다. 앞으로 보겠지만, (양피지나 나무로 만든) 더 내구성 있는 코덱스codex 형태가 널리 쓰이게 되었을 무렵이면 세상이 많이 달라져서 서적을 만들고 판매하는 사람, 그리고 서적을 읽는 사람도 이제 더 이상 그리 많지 않았다. 서기 500년 무렵에 로마 제국의 서쪽은 무너졌고 동쪽은 영토가 크게 축소된 상태였다. '이교도적'이던 고대 세계에서 융성하던 문화는 새로운 권력의 그늘 아래 사라지고 있었다. 그 권력은 기독교 교회였다. 이후 1000년 동안 서유럽에서는 서적과 학문의 세계를 종교가 지배

* 서기 79년 베수비오 화산 폭발 때 화산재에 묻혀 보존되었다.

하게 되며 과학은 중동에서 새 터전을 찾는다.

5세기는 격동의 시기였다. 로마 제국은 유럽의 더 북쪽 지역에서 내려온 여러 부족에게 서쪽 절반을 잃었다. 히스파니아〔이베리아반도〕 지역은 서고트족의 통치하에 들어갔고 이베리아반도 북쪽은 알란족과 수에비족이 장악했다. 아프리카 북단은 반달족이 점령했고, 이탈리아에서는 (황제의 장엄함을 빠짐없이 흉내 낸) 동고트 왕 테오도리쿠스Theodoricus의 대관식이 열렸다. 심지어 로마〔도시〕 자체도 동고트 왕의 치하에 들어갔다. 한편 프랑크족은 오늘날 프랑스라고 불리는 나라를 건설하고 있었고 잉글랜드 해협 건너에서는 앵글로색슨족 병사들이 브리튼 깊숙이 밀고 들어오고 있었다. 서유럽 사회들은 더 이상 로마 제국의 권력 아래 하나로 통합되지 못한 채 각자 내부로 침잠하기 시작했고 서로 관계를 단절했다. 사람들이 시골로, 더 단순한 생활로 돌아가면서 도시가 축소되었고, 제국의 교통과 통신 시스템이 망가지면서 상인들이 물자를 안전하게 수송할 수 없게 되어 교역도 급감했다.

동쪽 지역은 계속 로마 제국으로 남아 있었지만 상당히 축소된 채로였다. 동로마 제국(비잔티움 제국)의 황제 아나스타시우스Anastasius (431~518. 한쪽 눈은 검은색, 다른 쪽 눈은 푸른색인 홍채 이색증이어서 '두 개의 동공을 가진 사람'이라는 뜻의 디코루스Dicorus라고도 불렸다)는 수도 콘스탄티노플에서 소아시아, 그리스, 발칸반도, 중동의 일부 지역을 다스렸다. 서기 500년에만 해도 옛 로마 제국의 동쪽과 서쪽의 분리는 비교적 새로운 현상이었고 이후 몇백 년간 주요한 특징이 될 사회적, 문화적 차이는 아직 두드러지지 않았다. 동로마 제국은 여전히 옛 로마 제국의 서쪽을 일부라도 회복하려 했고 특히 로마 일대를 수복하고 싶어 했다.

서쪽을 재정복하려는 열망은 유스티니아누스 1세Justinianus I(527~565) 때 실현되었다. 강력하고 열정적인 황제였던 유스티니아누스 1세는 스무 살이나 어린 데다 매춘 여성이었던 정부 테오도라Theodora를 아내로 맞이해 비잔티움의 지배층 사이에 일대 스캔들을 일으키기도 했다.

유스티니아누스 1세의 통치는 오래 지속되었고 몇 가지 괄목할 만한 업적도 있었다. 그는 로마법 체계를 대대적으로 개혁했고, (아야 소피아 개축을 포함해) 수도를 재건축하는 대형 프로젝트를 시작했으며, 중국에서 누에가 들어온 뒤에는(전하는 이야기에 따르면 두 명의 수도사가 수도복에 숨겨 들여왔다고 한다) 실크 생산도 장려했다. 또 명장 벨리사리우스Belisarius 장군의 도움으로 북아프리카를 반달족으로부터 탈환했고 히스파니아 일대와, 가장 중요하게는, 시칠리아 및 이탈리아 대부분의 영토를 수복했다. 승리는 달콤했겠지만 오래가지는 못했다. 동고트족은 이탈리아를 쉽게 포기하지 않았고, 그 때문에 유스티니아누스 황제는 서부 변경에서 길고 고통스러운 전쟁의 수렁에 빠졌다. 또 남쪽에서는 페르시아가, 발칸의 북쪽 경계에서는 튀르크족과 슬라브족이 쳐들어왔다. 유스티니아누스 1세가 숨지고 나서 불과 10, 20년 만에 동로마 제국은 회복했던 영토를 다시 다 잃었고 그리스와 이탈리아 사이를 남북으로 가르는 선을 따라 동쪽과 서쪽의 간극이 깊어지기 시작했다.

고대 말기 사람들의 일상은 지극히 위태로웠다. 농민이나 노예만이 아니라 부유한 5퍼센트에 속하는 사람들도 그랬다. 질병과 죽음의 위협이 모든 가정을 따라다녔고 기아와 재난도 멀리 있지 않았다. 여기에 더해 '야만족'이 쳐들어와서 작물을 짓밟고 식구들을 살해하는 것까지 생각해보면, 정말 암울한 상황이었으리라고 쉽게 짐작할 수 있을 것이다. 하지만 어둠과 혼란 속에서도 희미하게 빛을 내는 한 줄기 희망이 있었으니, 바로 종교였다. 로마 제국은 380년에 공식적으로 기독교를 받아들였고 500년 무렵이면 기독교는 여러 형태로 유럽, 중동, 북아프리카에 퍼져 있었다. 기독교에 밀려난 토착 종교, 토착 신앙, 토착 우상은 통칭 '이교'라고 불렸다. 이교 신앙은 다양했고 대개 지역화되어 있었다. 사람들은 여러 신을 믿었고, 신은 자연 세계와 연결되어 있는 경우가 많았으며, 숭배는 자연에 영향을 미쳐 풍작과 공동체의 번영을 얻으려는 기복을 위주로 이뤄졌다. 진정한 신은 오로지 한 분뿐이라는 기독교의 주장은 사람들에게 극단적인 양자택일을 하게 만들었고, 점차 대부분의 옛 이교 신앙이 기독교에 밀려났다. 교회가 권력과 대중의 추종을 얻으면서 여타 신앙을 억누르고 세계 전체를 기독교화하겠다는 교회 지도자들의 의지는 점점 더 강해졌다. 서기 500년이면 이들은 이 사명의 달성에 한창 박차를 가하고 있었다.

이슬람교가 탄생하기 한 세기 전이던 이 시점에는 놀랍게도 서쪽보다 동쪽에 기독교인이 더 많았다. 시리아, 페르시아, 아르메니아 전역에 교회와 수도원이 있었다. 사람들은 구원의 약속에 매달렸다. 현세에서 고통을 겪을수록 내세에서 좋은 삶이 펼쳐진다는 개념은 5세기와 6세기의 절망적인 현실에 맞서는 데 강력한 방패 역할을 했다. 이 교리야말로 기독교가 이교를 누르고 승리할 수 있었던 핵심 요인이었다. 전통적으로 이교 신앙들은 현세의 행복을 추구했고 고통을 악으로 여겨 비난했기 때문이다. 고통이 쾌락을 누르고 승리한 것은 초창기 수도원에서 가장 극단적인 형태로 표현되었다. 이 시기에 수도원이 많이 생겨나서 600년 무렵이면 갈리아와 이탈리아에만 300여 개의 수도원이 있었다. 수도원 공동체는 사회와 떨어져 자급자족적으로 생활하는 경우가 많았다. 역사학자 스티븐 그린블랫Stephen Greenblatt이 언급했듯이 이러한 수도원 공동체에서는 "구원은 비참함을 통해서만 온다"는 믿음이 지배적이었고,[2] 수도사들은 스스로에게 고통을 가하고 스스로를 궁핍한 상태에 처하게 만들며 극도로 금욕적인 생활을 하도록 요구받았다. 하지만 수도원은 공포스러운 세계에서 평화와 안전을 얻을 수 있는 장소였으며, 점점 더 교육이나 도서관을 접할 수 있는 유일한 장소가 되어갔다.

기독교와 이교 사이의 싸움은 길고 폭력적이었다. 살육이 잇따르는 와중에 학문은 갈 곳 없는 신세가 되었다. 승리한 기독교가 그 속성상 이교적일 수밖에 없는 고대의 철학, 과학, 문학을 파괴하거나 기독교적으로 동화시키려 했기 때문이다. 529년에 균형추를 기독교 쪽으로 한층 더 기울이게 되는 두 개의 사건이 일어났다. 하나는 유스티니아누스 황제가 신플라톤학파와 이교도 저항 세력의 중심지였던 아테네의 플라톤 아카데메이아를 폐쇄한 것이다. 학자들은 서적을 가지고 페르시아로 도망쳤다. 이로써 플라톤과 아리스토텔레스로까지 거슬러 올라가는 아테네 학문의 전통인 '황금의 사슬'이 끊어졌다. 둘째로, 이오니아해 건너편인 이탈리아 남부에서는 베네딕토Benedictus라는 독실한 기독교 청년이 몬테카시노의 바위산 꼭대기에 수도원을 세우고 앞으로 전 세계로 퍼져 나갈 새 수도회를 창시했다. 이후 몇 세기 동안 몬테카시노는 도서관과 필사실로 유명해지며 지식과 교육의 중요한 은신처가 된다. 아카데메이아가 최종적으로 문을 닫던 때에 성 베네딕토는 수 세기 동안 유지되었던 아폴로 신전을 부수고 대신 수도원을 세웠다. 이것이 상징하는 바는 더없이 명확했다. 새로운 시대가 시작된 것이다.

사람들의 영혼을 얻는 전투에서는 기독교가 대대적인 승리를 거두었지만 고전 학문은 사람들의 정신에 여전히 단단하게 뿌리내리고 있었다. 개념의 탁월함과 논변의 정교성부터 언어의 아름다움과 문법의 능란함까지, 모든 면에서 고전 학문이 비할 수 없이 우월했다. 초창기의 기독교 저술은 조잡하고 엉성하기 짝이 없었고 교회 인사들에게 이는 매우 민망한 일이었다. 6세기의 한 저술가는 이렇게 언급했다. "우리에게는 기독교 교육과 이교도 교육이 둘 다 필요하다. 하나에서는 영혼의 이득을 얻고 다른 하나에서는 언어의 마법을 배워야 한다."[3] 하지만 고전 교육의 가치를 인정하는 것과 실제로 고전을 가르치는 학교들을 격동의 세계에서 지켜내는 것은 별개의 이야기였다. 물론 5세기에 동고트족이 이탈리아를 침략했을 때도 몇몇 학교는 어찌어찌 살아남았다. 또 유스티니아누스 황제는 로마를 재정복했을 때 이곳의 고등 교육을 되살려 자신의 정복을 공고히 하려 했고, 로마의 학자이자 저술가 카시오도루스Cassiodorus(485~585년경)는 로마에 신학 대학을 세우고 싶어 했다. 하지만 이러한 계획은 실현되지 못했고 568년 랑고바르드족의 침입으로 이탈리아에서 전통적인 고전 교육은 종말을 맞았다. 전에도 고전 교육은 소수의 부유한 집안 자제들만 받을 수 있었다. 여력이 되는 상류층 일부는 계속해서 아이들을 집에서 교육시키기도 했지만 점차 수도원이 교육을 독점했고 당연하게도 강조점은 기독교 문헌과 기독교 교리에 놓였다.

서적 생산에 대한 이야기도 대략 비슷해서, 4세기와 5세기에 지중해 전역에서 생산이 대폭 위축되었다. 로마 같은 대도시에서는 상업적인 서적 생산이 지속되었지만 규모가 훨씬 작아졌다. 대다수의 서적은 〔상업적으로 생산되기보다〕 친구나 아는 학자에게서 서적을 구할 수 있었던 사람들이 개인적으로 베껴 적은 것들이었다. 500년경이 되면 세속〔비종교〕 서적의 생산은 사실상 지하로 들어가게 된다. 대조적으로, 성인전聖人傳을 포함해 '종교 문헌'이라는 새로운 장르가 생겨나면서 수도원 필사실의 서적 생산은 크게 늘었다.

로마에서 대학 설립의 꿈을 이루지 못한 카시오도루스는 이탈리아 남부 연안에 있는 영지 스퀼라체로 가서 비바리움 수도원을 세웠다. 시리아 누사이빈에 있는 학교를 본뜬 것으로, 누사이빈의 학교에 대해서는 아마 이야기를 들어서 알고 있었겠지만 콘스탄티노플에 살던 시절에 직접 가서 보았을 수도 있다. 카시오도루스는 독실한 기독교도였지만 열렬한 고전 교육 신봉자이기도 했다. 전통적인 고전 교과 과정은 3학(수사학, 논리학, 문법)에 이어 4과(산술, 기하, 천문, 음악)를 배우게 되어 있었다. 카시오도루스는 이러한 주제를 다룬 서적들로 비바리움 수도원 도서관을 채웠고 그의 필사실은 필사 방식과 표준을 개발해 서적 생산을 혁신했다. 이 시대의 몇 안 되는 저명한 학자 중 하나였던 카시오도루스는 이탈리아에서 고전 문화가 살아남는 데 중대하게 기여했다. 불타고 폐허가 된 로마의 도서관에서 그가 서적을 수습해 보존하고 재생산한 덕분에 서적들이 다음 세대에 전해질 수 있었고, 이 서적들이 중세 교육 체계의 틀을 구성하게 된다. 또한 20년 동안 콘스탄티노플에서도 살았던 그는 동과 서 사이의 점점 깊어지는 간극에 다리가 될 수 있는 마지막 학자 중 한 명이기도 했다. 그는 비잔티움 제국의 그리스 문화와 언어를 몇몇 그리스어 필사본을 통해 이탈리아에 다시 가져올 수 있었다. 이 필사본들은 비바리움 도서관에서 서적용으로 특별히 제작된 찬장에 담겨 보관되었다.

523년에 카시오도루스는 이탈리아를 통치하던 동고트 왕 테오도리쿠스의 궁재Magister Officiorum로 임명되었다. 전임자는 당시 카시오도루스와 함께 이탈리아의 양대 학자였던 보에티우스Anicius Manlius Severinus Boëthius(480~524)였다. 보에티우스는 카시오도루스보다 훨씬 더 적극적으로 고전 학문을 촉진했다. 카시오도루스에게는 고전 학문이 기독교의 시종으로서만 중요했고 궁극적으로 신에게 더 가까이 가려는 목적에 복무하는 것이었지만, 보에티우스는 세속 학문이 그 자체로 가치가 있다고 믿었고 고전 교육에 필요한 그리스어 문헌을 모조리 번역하겠다는 야심 찬 프로젝트에 착수했다. 하지만 테오도리쿠스 왕에 맞서 반역을 모의했다는 혐의로 옥에 갇혔다가 처형되면서 그의 프로젝트는 무산되고 말았다.

보에티우스의 번역이 다 보존되었다면 고대 과학의 전승에 대한 이야기는 매우 달라졌을 것이다. 그가 실제로 어떠어떠한 저술을 번역했는지에 대해 알려진 것은 모호한 실마리뿐이다. 하지만 유클리드 《원론》의 일부와 프톨레마이오스 저술의 일부(《알마게스트》는 아니었다)가 포함된 것은 분명해 보인다. 보에티우스가 번역한 라틴어본 《원론》(혹은 적어도 《원론》의 일부) 이야기가 여러 문헌에 언급되어 있고, 베로나 참사회 도서관에 소장되어 있는 5세기의 어느 복기지 문서palimpsest〔원래의 글을 지우거나 그 위에 겹쳐서 다른 글을 덧쓴 문서〕에서 일부 내용이 유령처럼 발견되기도 했다. 여기에서 발견된 것은 《원론》 1~4권에 나오는 내용이었는데, 〔공리와 명제만 소개되어 있을 뿐〕 증명과 다이어그램이 빠져 있어서 유용성은 제한적이었을 것이다. 보에티우스의 라틴어본《원론》은 사본이 많지 않았을 것이고 그나마 존재했던 것도 곧 잊혀서 9세기에는 아주 일부 조각만 남게 되었을 것이다. 보에티우스의 라틴어본에 대해 알려진 정보는 거의 없지만, 적어도 그의 번역본이 당대의 학자들에게 수학이라는 학문에 훨씬 더 깊은 지적 원천이 존재한다는 것을 알게 해주었으리라는 점은 틀림없다.

라파엘로의 〈아테네 학당〉에 등장하는 인물들은 '책'을 읽고 있거나 들고 있다. 하지만 사실 고대 아테네 사람들이 보던 것은 파피루스 두루마리였을 것이다. 5세기 이전에는 코덱스, 즉 '책' 형태가 그리 많이 사용되지 않았고 코덱스에는 갈대로 만든 파피루스보다 양피지나 〔송아지 가죽으로 만든〕 독피지犢皮紙가 주로 쓰였다. 이슬람 세계에서는 종이 생산이 유럽보다 몇 세기 먼저 시작되었지만 유럽에 종이 공장이 생긴 것은 11세기가 되어서였다.* 파피루스는 길어야 100년이나 200년밖에 갈 수 없어서 주기적으로 새 파피루스에 다시 옮겨 써야 한다. 양피지는 조금 더 오래가지만 딱 맞는 조건에서만 그렇다. 습하지 않고 쥐나 벌레나 나방이 없고 화재가 나지 않고 그 밖에 서적을 훼손할지 모를 재앙들이 없어야 하는 것이다. 코덱스 형태는 원래 기독교 세계에서 쓰였는데 4~8세기에 더 광범위하게 확대되었다.

하나의 저술, 가령《알마게스트》가 고대부터 현재까지 어떻게 전승되었을지 한번 상상해보자. 프톨레마이오스는 2세기에 알렉산드리

* 중세에 유럽에는 종이가 수입되기도 했다. 종종 다마스쿠스를 통해 수입되어서 '다마스쿠스지 charta damascene'라고 불렀다. 수입산인 다마스쿠스지는 매우 비쌌지만 점차 유럽에서도 종이 생산이 발달해 값이 내려가면서 종이가 양피지와 독피지를 대체하게 된다.

아에서 파피루스 두루마리에 《알마게스트》를 집필했다. 6세기까지 그 내용이 살아남을 수 있었다면 그사이에 최소 두 차례는 새로 필사되었을 것이고 6세기경이면 두루마리가 아니라 양피지에 적혀 코덱스 형태로 묶여 있었을 것이다. 그리고 (이번에도 벌레, 훼손, 재난 등이 모두 없다고 가정할 경우) 양피지본 역시 200, 300년에 한 번씩은 다시 필사되고서야 1500년의 학자들에게 전해질 수 있었을 것이다. 요컨대, 150년에서 1500년 사이에 적게 잡아도 다섯 번은 새로 필사되어야 했다는 이야기다. 그렇다면 누가 그것을 필사했으며, 필사할 때 보고 베낄 저본은 어떻게 구할 수 있었을까?

어떤 서적이든 그것의 운명은 도서관이나 소장자의 저택을 넘어서서 벌어지는 커다란 사건들에 좌우된다. 고대 말은 정치적, 사회적, 종교적 삶의 지각 판이 흔들리면서 완전히 새롭게 재조정되는 격동의 시기였다. 학문의 세계는 비종교적이고 공적이던 영역에서 적막한 수도원의 영역으로 들어갔다. 삶의 다른 측면들도 마찬가지였다. '레스 퍼블리카res publica', 즉 로마 국가의 행정력이 사라진 공백을 교회가 메우면서 도시의 지형이 달라지기 시작했다. 권력은 국가에서 개인과 종교 지도자의 손으로 넘어갔다. 고대의 광장에는 거대한 교회가 들어섰다. 사원은 파괴되거나 용도가 변경되었다. 도시의 공공장소는 기독교화되었고 주교들이 도시의 중심 무대에 등장했다. 많은 학교가 사라졌듯이 공공 도서관도 사라졌다. 자금을 대는 주체가 없어지면서 도서관은 운영자 없이 방치되다가 폐허가 되었다. 수학이나 천문학에 관심 있는 사람은 각자 알아서 공부해야 했고 가뜩이나 취약해진 학자들의 네트워크는 한층 더 축소되었다.

언제나 절실하게 필요했던 의학은 이야기가 조금 다르다. 의학 지식은 늘 유용했고 현실적인 적합성이 있었기 때문에 의학 서적은 항상 수요가 있었다. 그래서 고대 세계가 저물던 혼란의 시기에도 대부분의 큰 도서관에서는 의학 서적을 찾을 수 있었을 것이다. 어느 시대나 의학은 다양한 층위의 활동을 포괄하는 분야였다. 집에서 각자 알아서 행하는 기본적인 돌봄도 있었고, 그보다 한 단계 높은 수준에서는 동네의 치유사나 현인이 의술을 행했다. 이들은 지역의 약초 등에 대해 전문 지식을 가지고 있었지만 이 지식은 구전되었고 지역 의술인들은 대부분 문맹이었다. 전문 교육을 받은 의사는 수가 적었고 그들이 받은 교육은 편차가 컸으며 그들은 주로 도시의 부유한 사람들을 대상으로 의료를 행했다. 고대에는 종교도 의학에서 중요한 역할을 했다. 스미르나, 코린토스, 코스, 페르가몬 등 의학 교육의 중심지에는 치유 성소가 있어서 오늘날 가톨릭 성지를 사람들이 찾듯이 간절히 도움을 구하는 사람들의 발길이 이어졌다. 그곳의 의사들은 직접 수집하고 확보한 서적으로 학생을 가르치고 환자를 치료했을 것이다. 하지만 이런 곳들은 이교 신앙의 중심지였기 때문에 기독교가 부상하면서 상당수가 파괴되었다.

아나톨리아의 도시 페르가몬의 아스클레피오스(의술의 신) 신전은 치유를 간구하는 사람들이 수없이 찾아오는 곳이었고 의학 교육의 중심지로도 유명했다. 갈레노스는 페르가몬에서 태어나 알렉산드리아와 로마로 가기 전에 페르가몬에서 교육을 받았다. 페르가몬은 중요한 도서관이 있는 곳이기도 했다. 기원전 3세기에 아탈리드 왕조가 세운 도서관으로, 그리스의 역사가 플루타르코스Plutarchos에 따르면 장서가 20만

권이나 되었다고 한다. 로마의 저술가 스트라본Strabon(기원전 64~기원후 24)은 아리스토텔레스의 저술이 어떻게 되었는지를 설명하면서 이 도서관에 대해 다음과 같은 기록을 남겼다. "하지만 이 도시를 점령한 아탈리드 왕조의 왕들이 페르가몬에 도서관을 세우기 위해 서적을 구하려고 혈안이 되어 있다는 소식을 들은 그들[아리스토텔레스의 후계자들]은 참호를 파서 서적을 지하에 숨겼다."[4] 예상하다시피 참호에 서적을 넣어두는 것은 좋은 생각이 아니었다. 서적이 "습기와 나방에 손상되었기" 때문이다. 차라리 페르가몬 도서관의 선반으로 갈 수 있었다면 훨씬 좋았을 것이다. 페르가몬 도서관 벽은 통풍을 돕고 습기를 막기 위한 용도로 특별히 설계되어 있었으니 말이다.

학문 중심 도시로서 페르가몬의 최대 라이벌은 에페수스였다. 2세기 말경 에페수스는 "아시아의 선두"를 다투는 경쟁에서 승기를 잡았고,[5] 3세기를 거치면서 지진과 고트족의 침입으로 페르가몬은 쇠퇴가 가속화되었다. 그리고 페르가몬에 기독교가 들어왔다(훗날 이곳에는 많은 교회가 지어지게 된다). 이 시기만 해도 페르가몬 사람들은 비교적 안정을 누리고 있었지만 오래가지는 못했다. 다음 세기에 비기독교도(몇몇 이교 신앙이 남아 있었다)에 대한 박해가 심해지고 페스트까지 돌면서 인구가 크게 줄었다. 그러는 동안 에페수스는 전성기를 구가했다. 로마의 아시아 지방 수도로서, 에페수스는 번성하는 항구 도시였고 유명한 아르테미스 신전이 있었다. 이 신전은 고대 세계 7대 불가사의 중 하나다. 대리석 열주가 세워진 길을 통해 항구에서부터 도시 안으로 들어갈 수 있었는데, 길 양옆에 줄지어 들어선 상점에서는 아르테미스 여신의 기념품을 판매했다. 길을 따라 들어가면 2만 4000명이 들어갈 수 있는 장

1 에페수스 유적지 켈수스 도서관의 복원된 정면. 2세기 로마 원로원 의원 켈수스의 묘이자 도서관으로 지어졌다. 두루마리 서적 1만 2000편이 소장되어 있었는데, 이 서적들은 습도와 온도를 조절하기 위해 이중 벽면으로 특별히 고안된 공간에서 찬장에 담겨 보관되었다.

엄한 원형 극장에 닿았다. 서기 117년에 로마 원로원 의원 켈수스Aulus Cornelius Celsus를 기념해 이곳에 커다란 도서관이 지어졌다. 켈수스는 이 도서관 지하의 석관에 안장되어 있다. 이 놀라운 건물에는 두루마리 서적 1만 2000편이 소장되어 있었는데, 알렉산드리아 도서관과 페르가몬 도서관에 이어 세 번째로 규모가 큰 장서였다. 내부는 268년에 고트족의 침입으로 손상되었지만 장엄한 정면은 남아 있었는데, 10세기에 지진이 나서 정면도 무너졌다.

에페수스는 기독교의 초창기 중심지이기도 했다. 1세기 중반에는 사도 바울이 이곳에 살았고 사도 요한은 말년을 여기에서 보내면서 〈요한복음〉을 썼다. 기독교가 기반을 다져나가면서 이교 신앙의 옛 성소들은 불가피하게 수난을 겪었다. 아르테미스 신전은 파괴되고 약탈당했으며 그다음에는 버려졌다. 그 안에 사는 악마가 지상의 기독교인을 위협하지 못하도록 신전의 조각상들은 깊은 지하에 파묻혔다. 에페수스의 다른 신전들도 파괴되거나 교회로 바뀌었다. 그 와중에 많은 서적도 사라졌다. 그리고 오랜 세월에 걸쳐 하류로 쓸려 온 침전물로 강어귀가 막히면서 새로운 충적지가 형성되었고, 이 때문에 해안선이 크게 달라져 에페수스는 교역과 통신에서도 단절되었다(오늘날 에페수스는 해안에서 몇 킬로미터나 안으로 들어간 내륙이다). 13세기가 되면 에페수스는 거의 버려진 상태가 된다.

에페수스와 페르가몬의 도서관에 있던 두루마리 서적들은 어떻게 되었을까? 일설에 따르면, 로마 장군 안토니우스Marcus Antonius가 페르가몬 도서관의 서적을 몽땅 가져다가 알렉산드리아 도서관에 소장하도록 연인 클레오파트라Cleopatra에게 선물했다고도 한다. 현지의 학자들이 서적을 구해내려고 했을까? 안전한 곳에서 고통스럽게 다시 필사하고 보존했을까? 그래서 서적이 자손에게 전해지거나 고대 사원들의 폐허에 숨겨져 지켜질 수 있었을까? 앞으로 보게 되겠지만, 9세기에 아바스 왕조가 고대 그리스 문헌들을 찾으러 나섰을 때 이곳 아나톨리아가 주요 목적지였던 것을 보면 몇몇 서적은 분명히 그렇게 해서 보존되었을 것이다. 10세기에 쓰인 한 아랍 문헌은 콘스탄티노플에서 사흘 정도 가면 나온다는 어느 고대 사원에 대해 언급하고 있는데, "비잔티움 사람들이 기독교도가 된 이래 문이 굳게 잠겨 있던 곳"이라고 묘사되어 있다. 드디어 아랍 사람들이 비잔티움 당국자를 설득해 문을 열어보았더니 "이 건물은 대리석과 아름답게 채색된 돌로 지어져 있었고" 안에

는 "수많은 낙타가 실어 날라야 할 만큼 고대 서적이 그득했다"고 한다.[6]

하지만 그 전에 잠시 시대를 거슬러 올라가 볼 필요가 있다. 유클리드, 프톨레마이오스, 갈레노스가 각자 저술을 집필하고 그것의 첫 사본들이 유통되기 시작했던 때로 말이다. 갈레노스는 주로 로마와 페르가몬에 살았지만 프톨레마이오스와 유클리드는 고대 세계의 지식 중심지였던 알렉산드리아에서 그들의 대작을 집필했다. 또한 알렉산드리아는 이후로 모든 도서관의 본이 되는, 그리고 이후로 모든 도서관을 무색하게 만드는 유명한 도서관이 있었던 곳이기도 하다.

2장

알렉산드리아
Alexandria

이 도시의 입지는 다양한 이점을 제공한다. 우선 두 면이 물에 접해 있다. 북쪽으로는 아이귑투스해(이집트해)라고 불리는 바다가 있고 남쪽으로는 마레오티스 호수라고도 불리는 마레이아 호수가 있다. (……) 전체적으로 이 도시는 말과 전차가 달리기 좋은 도로들의 교차점에 위치하고 있다. 특히 두 개는 폭이 1플레트럼도 넘는 큰 도로인데 여기에서 거의 직각으로 교차한다. 또한 이 도시에는 가장 아름다운 공공 지구와 왕궁 들이 있으며, 이것들이 도시 경내 전체의 족히 4분의 1을 차지한다(3분의 1에 달할지도 모른다). 즉위하는 왕들마다 장엄함에 대한 사랑으로 공공 건축물과 기념물에 새로운 장식을 보탰고, 이미 있는 것에 더해 추가로 웅장한 저택을 짓는 데 자기 돈을 들여 투자했다. 그래서 한 시인의 표현을 빌리면 "건물 위에 건물이 지어진" 상태가 되었다. 하지만 모든 것이 서로서로와, 그리고 항구와 연결되어 있다. 무세이온도 왕궁의 일부로서…….

—스트라본, 《지리학*Geographica*》

팔레론의 데메트리오스가 왕의 도서관을 담당하게 되었을 때, 그는 온 세계의 책을 모두 수집하는 것을 목표로 많은 자금을 쓸 수 있었다. 실제로 그는 수많은 서적을 구매하고 필사함으로써 자신이 할 수 있는 한 최대한으로 왕의 의도를 실현해냈다.

—《아리스테아스의 편지*Letter of Aristeas to Philocrates*》

알렉산드리아 대大도서관은 기원전 300년경에 이집트의 프톨레마이오스 1세가 건립한 이래 언제나 학문과 연구의 궁극적인 상징이었다. 이 세상에 존재하는 모든 문서의 사본을 한 장소에 모아놓음으로써 인간의 모든 지식을 아우를 수 있다는 개념이 이곳에서 처음 생겨났다. 그 이래로 이러한 '종합 장서의 꿈'은 내내 장서가와 사서 들에게서 떠나지 않았다. 또한 이 개념은 오늘날의 '납본 도서관' 제도의 핵심이기도 하다. 납본 도서관은 자국 내에서 출간된 모든 서적을 한 부씩 소장할 권리를 갖는다. 성공적인 애서가들이 다 그렇듯이 이집트의 왕들과 그들의 사서들도 집요하게, 때로는 도덕률이고 뭐고 없이 이 꿈을 추구했다. 장서를 늘릴 수만 있다면 훔치든 빌리든 구걸을 하든 수단과 방법을 가리지 않았다. 알렉산드리아를 지나는 모든 배를 수색해 두루마리 문서가 발견되면 모조리 징발한다는 칙령을 내리기도 했다. 징발된 서적은 '배에서 나온 것'이라는 표시를 붙여 도서관에 소장했다. 또 필사를 하기 위해 아테네에서 귀한 두루마리 서적들을 빌려 왔을 때 알렉산드리아는 원본을 돌려주지 않기로 했고, 선지불한 막대한 보증금을 날리면서까지 원본을 갖고 사본을 돌려보냈다. 이렇게 공격적인 서적 확보 정책은 효과가 있어서, 몇십 년 만에 알렉산드리아의 대도서관은 요리부터 유대 신학까지 모든 주제를 아우르는 수십만 권의 서적을 소장하게 된다. 다양성으로나 규모로나 여기에 필적할 만한 곳은 지구상에 없었다. 그런데 프톨레마이오스 왕조의 왕들은 서적만 수집한 것이 아니었다. 그들은 정신도 함께 수집했다. 예술과 과학에 영감을 준 여덟 명의 그리스 무사Mousa〔뮤즈Muse〕들을 기리는 성소에 학자들의 공동체를 만든 것이다. '무세이온Mouseion'〔영어는 뮤지엄Museum〕이라고 불리게 되는 이 공동체는 도서관과 긴밀하게 연결되어 있었다. 프톨레마이오스 왕조는 지중해 세계 전역에서 학자들을 초청해 이곳에서 연구하도록 했다. 또 불어나는 장서를 소장하기 위해 세라피움 신전에 도서관 별관도 지었다.

역사학자들은 알렉산드리아 대도서관의 토대가 된 아이디어가 어디에서 나왔는지를 두고 오랫동안 논쟁을 벌여왔다. 아리스토텔레스는 서적을 수집하고 소장한 최초의 개인 장서가로 알려져 있다. 스트라본 이래 많은 저술가들은 아리스토텔레스의 제자였던 알렉산드로스Alexandros 대왕이 스승에게 영감을 받아 자신이 정복하고 세운 많은 도시들에 도서관을 세우게 되었으리라고 추측했다. 세상의 모든 지식을 모은다는 '종합 장서' 개념도 아리스토텔레스에게서 왔을 것이다. 아리스토텔레스 본인부터 학문적 관심사가 매우 광범위하고 종합적이었던 데다, 알렉산드리아 대도서관의 계획과 건립에 핵심적인 역할을 한 팔레론의 데메트리오스Demetrius of Phalerum도 아리스토텔레스의 제자였다. 알렉산드리아는 알렉산드로스 대왕이 기원전 331년에 이집트를 정복하고서 세운 도시다. 전하는 이야기에 따르면 그가 직접 고른 장소라고 한다. 마레오티스 호수와 이집트해 사이의 나일강 삼각주에 위치한 알렉산드리아는 훌륭한 교통로가 있었고 지중해 연안에 커다란 자연 항구도 두 개나 있었다. 알렉산드로스 대왕이 거느렸던 방대한 제국에서 가장 부유한 지역이었던 이집트는 그의 사후에 그가 가장 신뢰했던 장군 중 한 명인 프톨레마이오스 소테르Ptolemaios Soter가 다스리게 되었고, 제국의 나머지 지역은 둘로 나뉘어 또 다른 두 명의 장군이 각기 맡게 되었다. 이 세 지역을 헬레니즘 왕국들이라고 부른다. 소테르는 왕을 자처하고 프톨레마이오스 왕조를 세웠는데, 이 왕조는 275년간이나 이집트를 통치하다가 마지막 왕 클레오파트라의 드라마틱한 자살로 역사에서 사라진다. 이렇게 오랫동안 왕조가 지속된 것은 물론 거저 얻어진 일이 아니었다. 소테르는 벼락출세한 마케도니아 출신 귀족이어서, 이집트의 명실상부한 통치차로 입지를 확고히 하기 위해서는 막대한 정치적, 사회적, 군사적, 문화적 프로그램이 필요했다. 소테르와 그의 아들 소테르 2세(프톨레마이오스 9세)는 알렉산드로스 대왕의 여타 후계자들과의 경쟁을 늘 신경 쓰지 않을 수 없었다. 그리고 이 경쟁은 전투의 형태로 드러난 적도 있지만 상당 부분은 도서관과 무세이온의 책상과 서가에서 펼쳐졌다.

조화로운 격자무늬 도로를 따라 아름다운 도시가 펴져 나가면서, 고대 이집트의 전통과 헬레니즘의 전통이 융합된 새로운 문화적 정체성이 형성되기 시작했다. 처음에는 이집트 토착민과 토착 문화를 억누

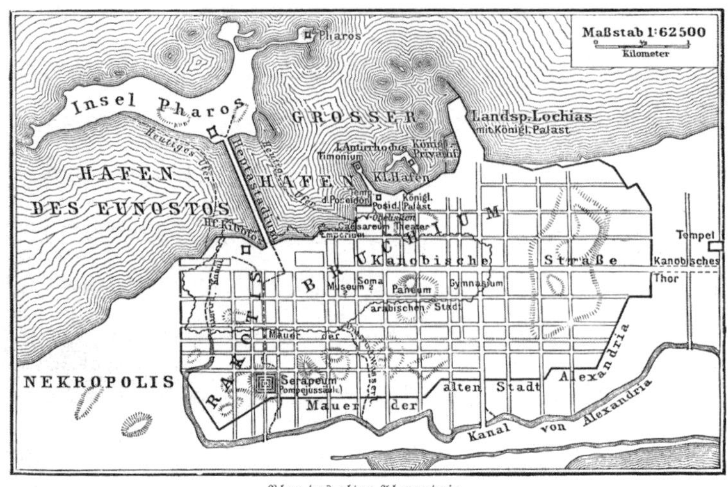

Plan des alten Alexandria.

2 고대 알렉산드리아를 나타낸 19세기 독일 지도. 파로스섬, 항구, 도서관과 무세이온이 있는 왕궁 지구, 유대인 지구, 격자무늬 도로 등이 보인다. 마레오티스 호수는 맨 아래쪽이며 세라피움은 그 바로 위, 왼쪽에 있다.

르고 (마케도니아 출신인) 프톨레마이오스 가문이 절실히 필요로 했던 그리스적 아우라, 특히 아테네의 아우라를 두르는 작업이 진행되었으며 알렉산드로스 대왕과의 연관성을 강조해 정당성을 드러내고자 했다.* 이는 무세이온에서 아주 잘 드러나는데, 도서관처럼 무세이온도 아리스토텔레스에게서, 그리고 아리스토텔레스가 아테네에 세웠던 학당 '리케이온'에서 영감을 받은 것이었다. 리케이온과 무세이온 모두 뮤즈들의 신전에 위치해 있었고 공동체의 성격을 띠고 있었다. 프톨레마이

* 알렉산드로스가 바빌론에서 숨지자 프톨레마이오스 소테르는 자신이 알렉산드로스의 주요 후계자임을 확고히 하기 위해 재빨리 시신을 확보해서 이집트로 가지고 왔다.

오스 왕조는 무세이온에 후하게 자금을 지원했다. 학자들에게 높은 보수를 지급하고 세금을 면제해주었으며 궁정 내에 그들이 묵을 수 있는 시설도 제공했다. 기원후로 넘어갈 무렵에 알렉산드리아를 방문한 로마의 지리학자 스트라본은 무세이온을 이렇게 묘사했다. "포장된 보도, 좌석(반원형 벤치)이 놓인 홀, 그리고 커다란 건물이 있으며, 그 건물에는 무세이온 학자들이 이용하는 공동 식당이 있다." 또 스트라본은 "공용 물품이 마련되어 있고 학자들을 챙기는 무세이온 담당 사제가 있으며 이 사제는 원래 왕이 임명했으나 지금은 카이사르가 임명한다"고 기록했다.[1] 이렇게 후한 지원이 있었으니 지식인들이 알렉산드리아를 고향으로 삼은 것은 놀라운 일이 아니다. 당신이 학자라면 이보다 머물기 좋은 장소를 찾을 수 없었을 것이다.

프톨레마이오스 왕들의 노력에 힘입어 알렉산드리아는 고대 세계에서 가장 중요한 학문 중심지가 되었다. 알렉산드리아는 아테네가 누리던 그리스 문화의 중심 도시라는 지위를 차지했고 '국가가 후원하는 학문'이라는 새로운 비전을 널리 드러냈다. 이러한 학문 진흥 모델은 지중해 전역에서 높이 선망되고 모방되었다. 학자들이 "삼각 지붕 아래 전당에서 끝없이 논쟁을 벌이고"[2] 도서관 서고가 두루마리 서적들로 속속 채워지는 동안, 도시 자체도 성장하고 있었다. 널찍한 격자무늬 도로를 따라 목욕탕, 사창가, 주택, 상점, 신전이 들어섰고 이집트인, 유대인, 그리스인, 나중에는 로마인 등 여러 민족이 정착해 마을을 꾸리고 일하고 살아가고 숨졌다. 곧 알렉산드리아는 세계 최대의 도시 중 하나이자 "비할 데 없는 세계 교역의 중심지"[3]가 되었다. 비옥한 나일강 평원에서 나오는 막대한 곡물, 파피루스, 아마포 등이 강을 따라 알렉산드리아로 실려 와 헬레니즘 세계 각지로 수출되었다. 또한 알렉산드리아는 아프리카, 아라비아, 동방에서 오는 상인들이 지중해로 들어올 때 관문 역할을 하면서 금, 코끼리, 향신료, 향수와 같은 수익성 높은 물품의 교역에서도 많은 이득을 떼어갈 수 있었다. 이러한 수입품은 남쪽과 동쪽에서 마레오티스 호수를 건너 알렉산드리아로 들어왔다. 항구에 우뚝 서 있는 무려 120미터 높이의 파로스 등대—고대 세계 7대 불가사의 중 하나—는 알렉산드리아의 찬란함을 바다 건너까지 만방에 알리는 상징이었다.

알렉산드리아는 아테네, 페르가몬, 로도스, 안티오크, 에페수스, 나중에는 로마와 콘스탄티노플 등을 포함하는 도시들의 방대한 네트워크에서 중심을 차지하고 있었다. 번성하는 지식의 장터에서 서적과 학자도 이 도시들 사이를 자유롭게 오갔다. 헬레니즘 세계 전역에서 똑똑한 젊은이들이 고향에서 교육을 받은 뒤에 더 나은 스승과 더 큰 도서관, 더 높은 수준의 지식을 찾아 이동했다. 초등 교육을 위한 서적은 학교나 공공 도서관에서 접할 수 있었을 것이다. 고대 세계에는 공공 도서관이 놀라울 정도로 많았고 대부분의 마을이 어느 정도의 장서를 소장하고 있었다. 하지만 과학 서적을 상당수 소장할 수 있었던 곳은 도시에 있는 큰 도서관뿐이었다. 우리가 살펴보려는 저술들은 주로 해당 분야를 공부하는 학자들이 개인적으로 소유하고 있었을 것이다. 시, 연설문, 희곡 같은 문학 작품은 수백 편씩 필사되어 지중해 세계 전역에서 판매되고 읽혔지만, 과학 분야는 고대 저술 중 매우 작은 부분을 차지했고 과학에 진지하게 관심을 가진 사람은 교육받은 소수 엘리트뿐이었다. 고대 세계 전체를 통틀어 알려져 있는 수학자는 144명에 불과

하다. 또한 역사 서적은 큰 도서관들에 거의 소장되어 있었지만 과학 분야의 중요한 저술은 개인이 각자의 서재에 소규모로 소장한 경우가 많았고, 이러한 개인 소장 서적들이 지식의 전승에 결정적인 역할을 했다. 이 당시의 수학자, 의학자, 천문학자는 한두 권이라도 직접 서적을 소유하지 않고는 연구를 할 수도, 찾아오는 학생들을 가르칠 수도 없었을 것이다. 이렇듯 과학 서적이 주로 개인 소장이었으므로 어떠어떠한 저술이 실제로 존재했는지 알려주는 사료는 매우 적다. 아무튼 학교에서부터 시작해 학자의 학문적 경력이 쌓여가면서 그가 소유한 서적도 늘어갔으리라고 가정하는 데는 무리가 없을 것이다. 학자들은 스승이나 동료에게 서적을 빌려 직접 필사하거나 제자나 노예를 시켜 필사하게 하면서 서적을 점점 늘려갔을 것이다.

협업은 필수였다. 각자가 가진 자료를 공유하려면 학자들은 모여야 했고, 도서관이 있고 학문의 전통이 이미 존재하는 큰 도시들이 자연스럽게 이들이 모이는 장소가 되었다. 홀로 과학 연구를 해서 진전을 이루기란 매우 어려웠다. 알렉산드리아 같은 도시가 과학의 역사에서 그토록 중요한 역할을 하게 된 이유가 여기에 있다. 학문에 관심 있는 사람이라면, 연구를 진전시키고 문헌을 확보하고 다른 학자들과 함께 연구할 기회를 가지려면 학문의 중심지로 가야 한다는 것을 잘 알고 있었다. 아마 이들은 고향의 스승으로부터 아테네나 알렉산드리아 이야기를 들었을 것이고 그 스승도 젊은 시절에 큰 도시에서 유학을 했을 것이다. 지식과 사상에 접근하는 것이 지극히 어렵던 시절에, 같은 지향을 가진 사람들의 네트워크는 학문의 중요한 토대였다. 하지만 이 네트워크는 규모가 매우 작았다. 고대 세계의 가장 뛰어난 과학자로 꼽히는 아르키메데스Archimedes는 시칠리아의 시라쿠사에 살았는데, 학문 면에서는 후미진 곳에 속했다. 함께 연구하던 코논Conon이 숨지자 아르키메데스는 코논의 빈자리를 대신할 수 있을 만큼 "기하학에 뛰어난" 사람을 절박하게 찾아 나서야 했다. 그는 《나선에 관하여*Spiral Lines*》의 서문에서 "여러 해가 지났지만 (……) 이 문제들 중 어느 것에 대해서도 자극을 주는 사람을 한 명도 보지 못했다"고 한탄했다.[4] 이 애절한 탄식은 당시에 이 정도 수준으로 과학을 공부한 사람이 얼마나 적었는지 말해 준다. 과학을 공부한 소수의 사람들은 모여서 각자의 지식과 자료를, 특히 서적을 공유해야 했다.

알렉산드리아는 1000년 넘게 지식의 수도라는 자리를 지켰다. 우리가 알아보려는 세 학자 모두 알렉산드리아에서 연구를 했다는 것은 우연이 아니다. 알렉산드리아가 세워진 초창기에 프톨레마이오스 1세는 자신의 도시를 안티오크, 아테네, 로도스에 필적할 학문의 중심지로 변모시키기 위해 각지에서 적극적으로 학자들을 불러 모았다. 사료상의 증거는 희박하지만 유클리드가 그러한 초창기 학자 중 한 명이었을 가능성이 있다. 유클리드는 기원전 300년경에 아테네를 떠나 알렉산드리아에 온 것으로 보인다. 10, 20년 전만 해도 플라톤이 아테네의 아카데메이아에서 "기하학을 모르는 사람은 이곳에 들어올 수 없다"는 현판을 걸고 수학과 철학을 가르쳤는데 말이다. 알렉산드리아에 올 때 유클리드는 서적을 가지고 왔을 것이고 그 서적은 필사되어 대도서관에 소장되었을 것이다. 유클리드는 새 고향 알렉산드리아에서 프톨레마이오스 1세의 지원을 받으며 다른 학자들과 함께 연구에 착수했다. 아마 그가 연구한 장소도 대도서관이었을 것이다. 유클리드의 개인적인 행적이나 성격에 대해서는 알려진 정보가 매우 적고 그마저도 진위가 불분명하지만, 어쨌든 그는 양심적이고 근면한 사람이었다고 전해진다. "어떤 식으로든 수학을 진전시키는 데 기여할 만한 사람이라면 누구에게나 호의적이었고 (……) 빈틈없는 학자였지만 자기 자랑을 하지는 않았다"고 한다.[5] 《원론》과 여타 저술을 집필하는 데 들어갔을 어마어마한 연구와 체계화 작업을 생각해보면 이와 같은 묘사는 사실이었을 것이다. 수학을 열렬히 사랑하는 진중한 책벌레 유클리드는 알렉산드리아에 정착했고 그를 중심으로 형성된 수학 학파는 이후 수 세기 동안 지속된다. 유클리드가 아테네를 떠나 바다 건너 남쪽 도시 알렉산드리아로 오면서 수학은 철학의 그늘을 벗어나 그 자체로 하나의 학문 분야가 될 수 있었다.

유클리드가 고대 세계에서 가장 독창적인 수학자였던 것은 아니다. 그 찬사는 흔히 아르키메데스에게 돌아간다. 하지만 유클리드는 지금까지 통틀어 가장 위대한 수학 교과서를 썼다. 그는 《원론》에서 수학의 보편 원리에 대해 가장 권위 있는 설명을 제공했고, 그것을 지극히 체계적이고 명료한 방식으로 풀어내서 2300년이 지나서도 학교에서 교과서로 사용되었을 정도다. 한 학자의 말을 빌리면, 《원론》은 "성경을 제외하고 인류의 정신에 가장 큰 영향을 미친 책"이라 해도 과언이 아니다.[6] 《원론》은 기원전 3세기 초에 존재했던 수학 지식을 종합하고 체계화한 저술이다. 따라서 유클리드는 수학의 역사에서 결정적인 분기점에 서 있다고 볼 수 있다. 그 이전으로 적어도 2000년은 거슬러 올라가는 고대 전통의 마지막이자 그 이후로 우리에게까지 이어지는 세대의 시작점인 것이다. 《원론》은 수학의 기본 개념을 표준화하고 수학의 지위를 한 차원 올림으로써 수학의 새 시대를 열었다. 전에는 수학이 구체적이고 특정한 문제를 해결하는 데 쓰이는 분야였다면, 이제는 보편적으로 적용 가능하고 증명 가능한 원리들로 이루어진 분야가 되었고, 수학 그 자체를 위해 추구할 가치가 있는 학문이 되었다.

이러한 위업을 달성하기 위해 유클리드는 자신이 가지고 있던 것뿐 아니라 알렉산드리아 여기저기에 소장되어 있던 다른 것들까지 아주 많은 수학 문헌을 접해야 했을 것이다. 《원론》이 다룬 내용의 방대함을 보건대, 유클리드가 학자들로 구성된 일군의 조교를 두고 일했으리라고 추측해볼 수 있다. 유클리드는 구할 수 있는 모든 지식과 정보를 체계적으로 분석하고 평가한 뒤 가장 절대적인 토대에서, 즉 다음과 같은 가장 기본적인 개념 정의에서 서술을 시작했다. "점은 부분이 없는 것이다." "선은 폭이 없고 길이만 있는 것이다."[7] 이어서 각 주제를 한 번에 하나씩 다루었는데, 모든 것이 합리적으로 앞뒤가 맞도록, 그리고 각 절의 마지막이 자연스럽게 다음 절의 시작과 연결되도록 논리적으로 구성했다.

《원론》은 총 13권으로 구성되어 있다. 1권은 피타고라스 정리를, 2권은 기하학적 대수학을, 3권과 4권은 원을 다루며, 가장 널리 찬사받는 5권은 비율을 다룬다. 6권은 비율에 대한 논의를 도형에 적용한 것이고, 7, 8, 9권은 수를 다루며, 10권은 제곱근을, 11권부터 13권까지는 입체 도형을 설명한다. 유클리드가 수학의 집대성을 시도한 최초의 학자는 아니다. 하지만 그가 집대성한 결과물은 너무나 뛰어났고 이전의 어느 것보다도 명료해서 곧 수학의 표준으로 자리 잡았다. 역효과가 있었다면, 필경사와 학자들이 유클리드가 《원론》을 쓸 때 참고했던 더 오

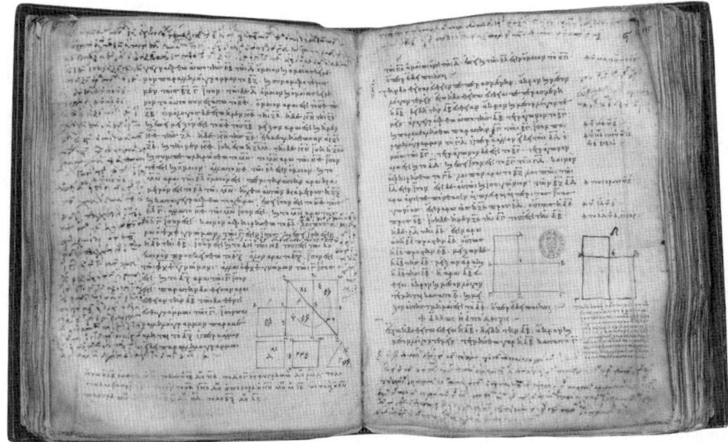

3 유클리드 《원론》의 그리스어 필사본. 888년에 콘스탄티노플에서 양피지에 필사되었고, 카이사레의 주교인 파트라이의 아레타스가 소유했다. 아레타스가 여백에 달아놓은 설명이 보인다. 이것은 《원론》의 온전한 사본 중 가장 오래된 것으로 알려져 있으며, 고전 그리스 저술 중 제작 연도가 알려진 가장 오래된 책이기도 하다.

랜 연구들을 더 이상 필사하지 않게 되었다는 점이다. 《원론》이 이전의 수학 저술들을 너무나 확실하게 대체해버린 나머지, 앞서 나온 수학 이론서 중 살아남은 것은 하나뿐이다. 유클리드는 수학을 수행하는 보편 기준과 보편 방법론을 창조함으로써 수학을 변모시켰다. 그가 도입한 입증의 방법(아마 아리스토텔레스에게서 온 아이디어일 것이다)은 수학에서만이 아니라 모든 정밀과학에서 쓰인다. 그는 자신이 의미하는 바를 누구라도 명료하게 이해할 수 있도록 '공리axiom'(그리스어 axioma가 어원으로, '자명한 것으로 간주해도 되는 명제'를 말한다)라고 부르는 일련의 정의에서 출발해 엄밀하게 규정된 소수의 용어로 수학 이론을 설명했다. 그다음에 알파벳 문자로 필요한 표시들을 넣은 다이어그램과 기하학적 증명을 사용해 그것을 보여주었다. 이러한 과학 서술 방식은 오늘날까지

2000년 넘게 달라지지 않았다.

《원론》이 당대의 동료 학자들에게 어떤 평가를 받았는지, 초창기에 얼마나 많은 사본이 만들어졌는지 등에 대해서는 알려져 있는 정보가 거의 없지만, 대도서관 소장용으로 필사된 것이 적어도 하나는 있었으리라고 가정해볼 수는 있을 것이다. 그래서 대도서관에서 다른 학자들이 다시 이것을 참고하고 필사할 수 있었을 것이다. 또한 《원론》의 사본들이 아테네, 안티오크, 로도스 등 고대의 다른 학문 중심지로도 전해져 그곳의 도서관에도 소장되었을 것이다. 《원론》의 초창기 역사에 대해서는 유클리드가 사망한 직후 한두 세기 동안 사본이 존재했고 유통되었음을 시사하는 작은 흔적들이 있을 뿐, 사료가 듬성듬성하다.

기원전 2세기에 엘레판티네섬(현재 이집트 아스완의 일부)에서 《원론》 제13권의 내용과 도형이 그려진 도기 조각들이 발견되었다. 알렉산드리아에서 이렇게 멀리 떨어진 곳에서도 누군가가 유클리드를 공부했다는 뜻이다. 그것도 앞부분의 기초 기하학이 아니라 맨 마지막 권인 제13권, 가장 복잡한 부분이자 《원론》 전체의 정점인 부분을 말이다. 또 이집트 중부 옥시린쿠스의 고대 유적지에서도 유클리드의 다이어그램이 그려진 파피루스 조각들이 발견되었다. 다른 문헌들의 조각 수천 개도 함께 발견되었는데, 사막의 건조한 기후에서 보존이 잘된 덕분이다. 옥시린쿠스에서 발견된 《원론》은 서기 75년에서 125년 사이에 제작된 것으로, 유클리드 다이어그램의 가장 오래된 흔적이자 가장 온전하게 남아 있는 흔적이다. 이러한 발견들은 《원론》이 유클리드 사후에도 많이 읽히고 사용되었으며, 따라서 지속적으로 새로 필사되고 전승되었음을 시사한다. 하지만 남아 있는 사료가 부족해서 구체적으로 얼마나 널리 읽혔는지를 말하기는 어렵다.

기원전 1세기경, 《원론》에 '주해'를 다는 전통이 시작되었다. 로도스의 천문학자 게미누스Geminus의 작업은 로도스에 《원론》이 적어도 한 부는 들어와 있었음을 말해주는 분명한 증거다. 과학의 여러 분야가 발달하면서 앞 세대의 연구를 가져다가 내용을 명료화하고 상세하게 설명하는 주해 작업을 하는 경우가 많아졌다. 대개는 여백에 적어 넣었지만 별도의 주해서를 펴내기도 했다. 주해는 곧 과학 저술의 일반적인 형태 중 하나로 자리 잡게 되며, 고대 말기에 "문화의 주요한 전승 수단"이 되어 지식이 다음 세대로 이어지는 데 결정적인 역할을 했다.[8] 기원전 300년에서 서기 600년 사이에 여섯 명의 수학자가 《원론》에 대해 굵직한 주해서를 펴냈다. 이는 소규모로나마 《원론》에 대한 관심이 이어지고 있었음을 말해준다. 헬레니즘 초창기의 수학이 독창성과 새로운 발견을 특징으로 했다면, 주해서는 유클리드 이후 시기 수학의 특징인 체계성을 보여준다. 이 시기는 혁신보다는 종합과 체계화의 시기였다.

《원론》의 주해서 중 가장 영향력 있었던 것은 알렉산드리아의 테온Theon of Alexandria(335~405)이 쓴 주해서였다. 테온 본인도 유명한 수학자였으며 저명한 여성 철학자이자 천문학자인 히파티아Hypatia*의 아버지이기도 하다. 테온이 《원론》을 읽었을 무렵이면 유클리드가 처음 집필한 지 600년이나 지났을 때여서 내용을 손볼 필요가 있었다. 테온은

---

* 히파티아의 사연은 고대 세계를 통틀어 가장 비극적이고 가장 강렬한 이야기일 것이고 그래서 그는 이 시기의 가장 잘 알려진 여성 과학자이기도 하다. 알렉산드리아 지식 공동체의 주요 인물이었던 히파티아는 아버지 테온에게 교육을 받았고 아버지와 함께 연구했다. 하지만 이교 문화에 적대적인 기독교도의 표적이 되어 폭도들에게 살해당했다.

몇 가지 새로운 증명을 덧붙이고 용어와 어휘를 수정했으며, 자신이 보기에 말이 잘 안 되는 듯한 몇몇 부분은 심지어 삭제하기도 하면서《원론》을 편집하고 명료화했다. 그가 펴낸 새《원론》은 인기가 높아서 여러 차례 새로 필사되었고 지중해 세계 전역에 퍼졌다. 이것은 중세 시기뿐 아니라 그 이후 1808년까지도《원론》의 모든 필사본이 토대로 삼는 표준본이었다. 그런데 1808년에 놀라운 일이 일어났다. 프랑스 학자 프랑수아 페이라르François Peyrard가 나폴레옹이 바티칸 도서관에서 '획득'해 파리로 가져온 책들을 뒤적거리다가《원론》필사본을 하나 발견했는데, 테온의 버전과 매우 달랐던 것이다. 곧 학자들은 이 필사본이 테온의 것보다 더 오래되었고 유클리드가 쓴 원래의《원론》에 더 가깝다는 사실을 알게 되었다. 페이라르가 발견한 것은 850년경에 콘스탄티노플에서 필사된 것으로, 1000년 동안이나 사람들 손이 닿지 않는 곳에서 잠자고 있다가 이제야 발견된 것이었다. 이 필사본은 원저자 유클리드에게로 이어지는 흥미로운 새 연결 고리를 제공했다. 그리고 80년 뒤, 덴마크의 문헌학 교수 헤이베르J. L. Heiberg가 페이라르가 발견한 버전과 여타 버전들, 그리고 조각조각 남아 있는 흔적과 참고 문헌들을 바탕으로《원론》의 완결판을 펴냈다. 헤이베르본은 지금도《원론》의 정본으로 인정받는다.

유클리드가 사망한 기원전 265년경 이후에도 알렉산드리아의 학문 활동은 몇 세기 동안 계속해서 왕성하게 이루어졌고 특히 과학, 문학, 의학 분야의 연구가 활발했다. 이제는 프톨레마이오스 왕조가 확고한 기반을 다진 상태였으므로 그리스 출신 지배층은 이집트 문화의 풍성함에도 관심을 기울이기 시작했다. 그들은 (근친결혼이라는 문제적 전통도 포함해서) 이집트의 토착 전통 몇 가지를 받아들였고 도서관에서는 이집트 문헌이 그리스어로 번역되어 양쪽의 학문 전통이 융합되었다. 또 유대 문헌을 번역하는 획기적인 프로그램도 진행되어서, 유대인 원로 70인에 의해 처음으로 구약의 모세오경이 히브리어에서 그리스어로 옮겨졌다(이것은 '칠십인역Septuagint' 성경이라고 불린다).

책을 수집해본 사람이라면 잘 알겠지만 책이 어느 정도만 모여도 체계적으로 정리해야 할 필요성이 생기는 법이다. 알렉산드리아의 초창기 사서들도 소장 목록을 기록해두어야 하고 사람들이 쉽게 찾을 수 있게 하려면 모종의 체계를 갖추어 서적을 보관해야 한다는 것을 깨달았다. 기원전 3세기 중반에 저명한 시인이자 알렉산드리아 도서관 사서였던 키레네의 칼리마코스Callimachus of Cyrene는 이곳에 소장된 두루마리 서적들의 상세한 목록집을 작성했다. 《피나케스*Pinakes*》라고 불리는 이 카탈로그는 총 120권에 달했는데, 현전하는 것은 아주 일부이지만 대도서관에서 다음과 같은 범주로 문헌이 분류되어 있었음을 알려준다. 수사학, 법학, 서사시, 비극, 희극, 운문, 역사, 의학, 수학, 자연과학, 기타. 이는 보편적인 체계에 의거해 지식을 구조화하려는 최초의 진지한 시도였고, 이런 면에서 사상의 역사에서 하나의 분기점을 이룬다. 또한 《피나케스》는 저자마다 저술 목록과 간략한 참고 문헌 목록을 수록했는데, 이로써 단순히 하나의 규범을 수립하는 데 그치지 않고 저자와 작품을 모두 다루는 논평의 전통도 확립했다. 이러한 메타 문헌 전통은 수많은 학자들이 호메로스Homeros, 에우리피데스, 소포클레스 등의 희곡과 시를 연구하고 편집하고 논쟁했던 영예로운 그리스 문학 분야에서 가장 잘 드러났다. 그리고 이들의 문학 작품은 그리스어권 세계 전체에서 수없이 필사되고 판매되었으며, 이 중 많은 것이 오늘날까지 전해져 오는 판본의 기초가 되었다.

프톨레마이오스 왕조의 왕들은 이 지적 오디세이를 직접 이끌었다. 특히 처음 네 명의 왕은 다양한 학문에 관심이 많았던 것으로 유명하다. 한 사람은 시인이었고 또 다른 왕은 동물학에 조예가 깊었다. 언어학자였던 마지막 왕 클레오파트라에 이르기까지 프톨레마이오스 왕조의 모든 왕은 무세이온에서 열린 행사와 논쟁에 참여했고 이들의 통치에서 학문 활동은 매우 중요했다. 그러다 기원전 1세기경에 새로운 세계 권력 로마가 부상해 곧 알렉산드리아를 점령했다. 기원전 80년 무렵이면 알렉산드리아는 공식적으로 로마의 통치권에 들어가게 되지만, 그래도 학문 활동은 방해를 받지 않고 지속할 수 있었다. 다만, 안타깝게도 대도서관은 기원전 48년에 율리우스 카이사르Julius Caesar가 알렉산드리아를 공격했을 때 처음으로 장서의 막대한 소실을 겪었다. 카이사르의 군대가 항구에 있던 거대한 두루마리 문서 보관소를 불태운 것이다. 분명 의도하지 않은 사고였을 것이다. 카이사르는 서적을 사랑하기로 유명했고 이탈리아에 공공 도서관을 도입한 사람이기도 하니 말이다(로마 문화의 많은 것이 그렇듯이, 이것은 그리스에서 빌려 온 아이디어였다). 항구 보관소의 두루마리 문서들이 소실되었어도, 또 로마에 점령되었어도, 이집트가 새 정복자에게 곡물을 공급하는 주요 곡창 역할을 하게 되면서 알렉산드리아는 계속 번영을 누렸고 그리스 학문의 중심지라는 기능도 계속 이어갔다.

1세기 말에 이 거대 도시에 살고 있던 수많은 거주자 중에 클라우디오스 프톨레마이오스라는 젊은이가 있었다. 그리스-로마식 이름인

'클라우디오스'와 이집트식 성 '프톨레마이오스'(프톨레마이오스 왕조와는 관련이 없다)의 조합은 알렉산드리아에서 두 문화권이 얼마나 긴밀히 결합되어 있었는지를 단적으로 보여준다. 클라우디오스 프톨레마이오스의 생애에 대해서는 남겨진 정보가 좌절스러울 만큼 적다. 아마도 알렉산드리아에서 교육을 받았을 것이고 자신이 쓸 대작의 토대가 되는 지식을 쌓기 위해 무세이온에서 오랜 시간 연구했을 것이다. 우리가 알고 있는 것은 그가 천문학에 매료되었으며 별을 보면서 수많은 밤을 보냈다는 것이다. 그는 평생 별의 움직임을 합리적으로 이해하려는 노력에 매진했고, 그럼으로써 신에게 더 가까이 다가갔다고 믿었다.

프톨레마이오스는 매우 호기심 많은 사람이었을 것이다. 자신이 살아가고 있는 세상에 매혹되어 그 세상에 대한 지식을 넓히는 데 기여하겠다고 결심한 사람 말이다. 그는 수많은 저술을 집필했고, 다룬 주제도 어질어질할 만큼 다양해서 천문학, 수학, 지리학, 점성학뿐 아니라 음악 이론과 광학 이론까지 있었다. 그가 숨진 이후 몇백 년 동안 그의 가장 유명한 저술은 《지리학*Geographia*》이었다. 이것은 알려진 세계를 그려내고 기술하기 위한 매우 혁신적인 시도였다. 하지만 오늘날 프톨레마이오스는 천체의 움직임을 묘사한 《수학의 집대성*Syntaxis Mathematica*》으로 가장 잘 알려져 있다. 아랍어로 번역되었을 때 '가장 위대한' 집대성이라는 의미에서 '알 마지스티Al-Majisti'라는 제목이 붙었고, 이것이 다시 라틴어화하면서 '알마게스트Almagest'가 되었다. 《프톨레마이오스 항성표의 역사*The History of Ptolemy's Star Catalogue*》를 쓴 게르트 그라스호프Gerd Grasshoff는 《알마게스트》가 남긴 지대한 영향을 다음과 같이 설명했다. "프톨레마이오스의 《알마게스트》는 가장 오래 사용된 과학 서적이라는 영예에서 유클리드의 《원론》과 어깨를 나란히 한다. 《알마게스트》는 처음 집필된 2세기부터 르네상스 말기까지 내내 과학으로서의 천문학을 규정했다."[9]

유클리드처럼 프톨레마이오스도 알렉산드리아의 대도서관에서(아마도 다른 학자들과 함께) 연구했다. 그곳에서 그는 바빌론, 이집트, 그리스 등 다양한 곳에서 나온 천문학 연구를 일별할 수 있었을 것이다. 프톨레마이오스는 먼저 여러 이론과 관측 자료들을 검증하고 평가한 뒤, 그 정보들을 명료하고 합리적인 방식으로 서술하고 여기에 자신의 독창적인 발견과 이론을 보탰다. 《알마게스트》 서문에서 그는 이렇게 언급했다.

> 우리는 현재까지 우리가 발견했다고 생각하는 모든 것을 적고자 노력할 것이다. 그리고 그것을 가능한 한 정확하고 간결한 방식으로, 또한 이 분야에서 어느 정도 진전을 이룬 사람들이 따라올 수 있을 만한 방식으로 기술할 것이다. 작업의 완전성을 높이기 위해 우리는 천체에 대한 이론을 짓는 데 유용한 모든 것을 적합한 질서에 따라 배치할 것이다. 불필요하게 글이 길어지는 것을 막기 위해 고대 사람들이 적합하게 확립해놓은 것들은 반복만 하고 넘어갈 것이지만, 앞선 사람들이 전혀 다루지 않았거나 불충분하게 다룬 것들은 최선을 다해 상세하게 논할 것이다.[10]

우주에 대한 프톨레마이오스의 접근은 수학적이었고 이는 천체를 물리적으로 기술하려 했던 아리스토텔레스와는 크게 다른 것이었다(아리스토텔레스는 수정으로 된 천구에 별들이 배열되어 있고 그 천구가 회전한다고 생각했다). 프톨레마이오스는 유클리드의 《원론》과 그것이 수학의 발달에 미친 영향에서 지침을 얻었다. 그는 유클리드의 위대한 연구를 체계화된 모델로 사용했을 뿐 아니라, 자신의 독자들이 기하학에 정통해 있을 것으로 간주하고 책을 썼노라고 명시적으로 밝히기도 했다. 그의 천체 운행 모델은 유클리드의 기하학을 사용해서 구성된 것이었으며, 유클리드가 했듯이 공리와 다이어그램으로 입증되고 설명되었다. 또한 《알마게스트》도 《원론》처럼 13권으로 되어 있었다. 독자들은 각 권의 순서를 따라 차근차근 밤하늘을 여행했다. 1권과 2권에서는 이 여행에 필요한 수학 지식을 다루고 있으며 그다음 세 권은 태양과 달에 초점을 맞추고 있다. 6권은 식蝕을 다루며 7권과 8권은 항성표를 제시한다. 마지막 다섯 권은 행성에 대한 것으로, 천문학에서 프톨레마이오스가 가장 중요하고 독창적인 기여를 한 부분이다. 여기에서 그는 행성의 운행을 설명하는 복잡한 수학 모델을 제시했다. 프톨레마이오스는 앞서 그리스 천문학자 히파르코스Hipparchos[11]가 수집한 데이터에 본인이 직접 관측한 데이터를 더해 행성 운행 모델의 기초로 삼았다. 프톨레마이오스의 천체 모델은 지구가 중심에 고정되어 있는 천동설 모델이었으며, 앞으로 보겠지만 1543년에 코페르니쿠스Nicolaus Copernicus가 태양을 중심에 둔 지동설 개념을 내놓을 때까지 천동설은 1000년 넘게 지배적인 이데올로기로서 영향력을 발했다.

유클리드와 프톨레마이오스는 공통점이 많아서 그들이 4세기나 떨어진 사람들이라는 사실을 우리는 종종 잊곤 한다. 프톨레마이오스가 살던 시절의 알렉산드리아는 유클리드가 살던 때와는 완전히 다른 도시였다. 하지만 유클리드 시절에 시작된 학문의 전통은 계속 살아 있었고 알렉산드리아는 학문을 추구하는 사람 모두에게 여전히 매혹적인 장소였다. 지중해 전역에서 배움을 얻고 연구를 하려는 사람들이 대도서관을 찾아왔고, 다시 이들은 자신의 연구와 자신이 가져온 서적을 여기에 보탰다. 지금도 그렇지만 그때도 학문은 협업, 아이디어의 공유, 지식의 전파에 의해 번성했다. 프톨레마이오스가 《알마게스트》를 쓸 수 있었던 것은 알렉산드리아가 대작을 쓰는 데 꼭 필요한 여건을 제공해준 덕분이었다. 그러한 여건은 당시에 다른 어느 곳에서도 얻을 수 없었다.

프톨레마이오스는 이전의 천문학자들이 수행한 관측 결과들을 토대로 이론을 세웠고, 특히 고대 바빌론 사람들이 남긴 데이터와 히파르코스의 데이터가 그의 저술에서 중요하게 사용되었다. 하지만 127년 3월 26일부터 141년 2월 2일까지 직접 관측을 하기도 했다. 그 시절에 관측이란 밤에 고개를 들어 맨눈으로 하늘을 보면서 별과 행성의 위치를 기록하는 것을 의미했다. 프톨레마이오스는 자, 혼천의, 아스트롤라베 등 여러 도구를 사용했지만 이 도구들도 정확하지는 않았다. 기원전 2세기경에 발명된 아스트롤라베는 청동으로 된 원형판들에 〔평면 투사도법으로〕 천구를 투영해 새겨놓은 복잡한 도구인데, 〔구면상의 각도가 평면상에서도 유지되어〕 각도와 거리를 잴 수 있었고 별과 행성의 움직임을 예측하는 데 유용했다. 효과적인 도구를 고안하고 제작하는 것은 천문학의 역사 내내 학자들이 직면한 가장 큰 어려움이었고, 연구에 토대가 될 데이터를 조금이라도 더 정확하게 산출하려는 학자들의 고투에서 가장 핵심적인 부분이기도 했다.

프톨레마이오스가 알렉산드리아에서 천문학의 체계화 작업에 한창이던 때, 한 젊은이가 또 다른 학문을 배우러 이 도시에 도착했다. 그의 이름은 클라우디오스 갈레노스였고, 그가 배우려는 학문은 의학이었다. 유클리드와 프톨레마이오스의 생애가 잘 알려져 있지 않은 것과 달리 갈레노스는 많은 문헌에 등장하며, 그중 상당수가 본인이 직접 쓴 것이다. 갈레노스는 고대 저술가 중에서 가장 다작을 한 저자로 꼽히며 자기 홍보에도 능했다(그는 자신이 "의학을 완벽하게 만들었다"고 여러 차례 주장했다[12]). 의사로서도 매우 뛰어나서 훗날 로마로 가서 황제의 주치의가 된다. 그가 고향 페르가몬을 떠나 배를 타고 알렉산드리아에 도착했을 때의 모습을 우리는 쉽게 상상해볼 수 있다. 영리하고 야망 있는 젊은이가 세상에 족적을 남기겠노라 다짐하면서 젊은이다운 자신만만함으로 가득 차 있었을 모습 말이다.

갈레노스가 페르가몬에서 태어난 시점이 서기 129년이었다는 것은 무척 운이 좋은 일이었다. 이 시점에 페르가몬은 굉장히 번성하는 도시였다. 로마 제국의 보호하에 우대와 특전을 누렸고 농업, 광업, 교역에서 나오는 막대한 수입이 시 당국의 곳간과 시민들의 주머니로 흘러 들어갔다. 갈레노스의 아버지는 부유하고 유명한 건축 장인이었는데, 이는 대대적인 재건축 프로젝트가 진행되던 도시에서 갖기에 매우 좋은 직업이었다. 전문 석공과 노동자 들이 큰 공동체를 이루어 살고 있었는데, 그들이 사는 동네는 신전, 강연장, 극장을 짓기 위해 돌과 대리석을 다듬는 망치 소리가 거리마다 가득했을 것이다. 새 건축물들은 제우스 신에게 바쳐진 거대한 제단, 산기슭을 깎아 지은 아찔한 원형 극장, 아테네 아크로폴리스를 본뜬 아크로폴리스 등으로, 원래도 고대

4 복원된 제우스 대大제단. 발굴된 원래의 부조 패널들을 조합해 완성했다. 제우스 대제단은 고대 페르가몬의 여러 가지 놀라운 공공 건축물 중 하나다. 갈레노스는 페르가몬에서 태어나고 자랐다.

세계에서 가장 놀라운 도시였던 페르가몬을 한층 더 놀라운 도시로 만들어주었다.*

페르가몬에서 갈레노스는 회색 눈의 지혜의 여신 아테나 석상이 지켜보는 가운데 도서관과 연무장의 지적인 분위기에서 매우 좋은 교육을 받았다. 아마 처음에는 아버지를 따라 건축의 길을 가고 있었겠지만 열일곱 살 때 그의 인생 경로를 바꾼 사건이 일어났다. 갈레노스 아버지의 꿈에 의술의 신 아스클레피오스가 나타나 아들이 의사가 되어야 한다고 말했다는 것이다. 그때부터 갈레노스는 의학에 집중했다. 또한 이때부터 갈레노스는 자신의 꿈에서도 의술의 신을 만나기 시작했

* 제우스 대제단을 포함해 페르가몬의 유적 상당수가 현재 베를린의 페르가몬 박물관에 있다.

다. 이후 평생 동안 그는 의술의 신이 꿈에서 내려주는 조언을 따랐다. 갈레노스는 아스클레피온(아스클레피오스 신전)에서 일하던 의사들에게 교육을 받았는데, 병원, 온천, 신전의 역할을 했던 아스클레피온은 고대 세계에서 매우 중요한 치료와 치유의 중심지였다. 멀리서부터 수많은 사람이 치유를 구하러 이곳을 찾았다. 신을 달래거나 신께 감사를 드리기 위해 이들이 놓아둔 작은 봉헌물들은 질병에 직면한 인류의 절박함을 보여주는 통렬한 증거다. 스무 살 때 아버지가 숨지고서 얼마 뒤, 갈레노스는 의학교에 가기 위해 스미르나로 갔고 이어 코린토스로 갔다가 다시 알렉산드리아로 갔다. 당시에 알렉산드리아는 의학의 중심지로 인체의 골격을 공부할 수 있는 유일한 곳이었다. 한마디로, 야망 있는 젊은 의사라면 꼭 가야 할 곳이었다.

갈레노스는 알렉산드리아를 별로 좋아하지 않았지만, 음식부터 기후, 이집트 사람들에 대해서까지 이곳의 모든 것에 불평을 하면서도 5년이나 머무르면서 해부학과 수술에 대해 많은 것을 배웠다. 또 그는 약리학도 면밀하게 연구했다. 전통적으로 이집트의 약재는 널리 명성이 높았는데, 갈레노스는 이곳에서 정확하고 왜곡되지 않은 이집트 약재 제조법을 접할 수 있었다. 갈레노스는 이곳의 토착 약초와 음식에 대해 방대한 저술을 남겼다. 또한 그의 기록에 따르면 더 먼 곳의 약재와 제조법까지 손에 넣기 위해 항구에 가서 선원들에게 물어보기도 했다. 이렇게 적극적이고 실용적인 접근은 의사이자 의학 연구자로서의 그의 경력 전체에서 드러나는 중요한 특징이었다.

갈레노스는 10대 시절부터 저술을 시작했다. 이는 그가 그렇게나 많은 저술을 남길 수 있었던 이유를 어느 정도 설명해준다. 오늘날 통

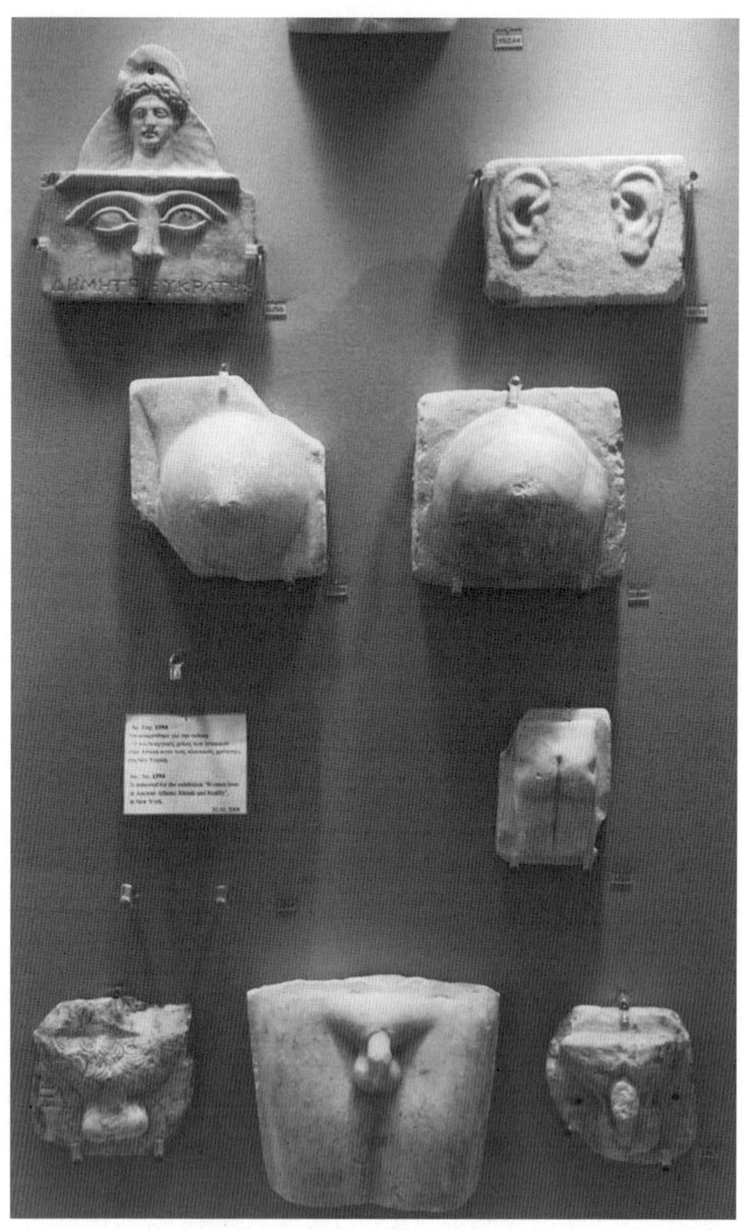

5 아테네 아스클레피오스 신전에서 발견된 봉헌물. 신체 부위를 표현하는 이 봉헌물들은 아스클레피오스 신에게 아픈 부분을 치료해달라고 빌기 위해 바쳐졌을 것이다.

틀어 '갈레노스 문서Galenic corpus'라고 불리는 그의 현전 저술을 다 합하면 무려 300만 단어가 넘는 것으로 추산되는데, 한 역사학자는 "피로할 정도로 광범위하고 방대한" 저술이라고 표현했다.[13] 놀랍게도 갈레노스의 저술은 현전하는 고대 그리스 문헌의 절반이나 차지하지만, 이것은 그가 썼을 것으로 추산되는 총 1000만 단어 분량의 저술 중 일부에 불과하다. 유클리드와 프톨레마이오스도 그랬듯이, 갈레노스는 앞 세대 의학 연구자들이 남긴 이론과 지식을 검증하고 평가하는 역량과 그것을 일관성 있고 접근 가능한 형태로 표현하는 역량으로 족적을 남겼다.[14] 하지만 유클리드나 프톨레마이오스와 달리 그 지식을 한 권의 편리한(우리의 목적에서는 더더욱) 저술로 집대성하지 않았다. 그가 의학에 남긴 공헌은 다양한 주제에 대한 수백 편의 저술에 흩어져 있다.

그중 5분의 1가량은 고대 의학의 거장 히포크라테스Hippocrates(기원전 460~ 370)에 대해 그가 덧붙인 주해인데, 히포크라테스는 갈레노스 의학 이론의 중요한 토대였다. 체액, 원소, 계절, 나이 등에 대한 히포크라테스의 '네 범주 체계'(가령, 체액은 혈액, 점액, 황담즙, 흑담즙 네 가지가 있고, 원소는 불, 물, 흙, 공기 네 가지가 있다)는 갈레노스의 의학 체계에 크게 영향을 미쳤다. 체액 이론은 인체가 네 가지 체액으로 구성되어 있고 이들 사이의 불균형이 질병을 일으킨다는 개념인데, 19세기까지도 의학 이론에서 지배적인 위치를 차지했다. 앞 세대로부터 물려받은 지식 외에 갈레노스가 스스로 발견한 중요한 의학적 사실들도 있었다. 그는 동맥이 혈액을 실어 나른다는 것을 처음 증명해 혈액 순환에 대한 이해에 일대 변혁을 가져왔으며, 상이한 유형의 신경들이 어떻게 다른지를 설명했고, 획기적인 수술 기법을 사용했다. 하지만 뭐니 뭐니 해도 그가 가장 열정을 쏟은 분야는 해부학이었다. 인간 시신을 해부하는 것은 허용되지 않았지만(기원전 150년경 이래로 로마 제국에서 인체 해부는 불법이었다) 돼지와 원숭이를 해부해 얻은 지식에서 추론해 인체에 대한 이론을 세워갔다. 열광적인 대중 앞에서 종종 동물 해부를 시연하기도 했다. 이렇게 해서 나온 그의 해부학 이론은 1543년에 안드레아스 베살리우스Andreas Vesalius가 혁명적인 해부학 저술을 내놓을 때까지 도전받지 않았다.

스물여덟에 갈레노스는 고향 페르가몬으로 돌아와 검투사 양성소의 의사가 된다. 그 무렵이면 10년 정도 의학을 연구한 상태여서(기록된 바, 가장 긴 의학 교육이었다[15]) 의학과 진료에 대해 자신만의 관점을 가질 수 있었다. 검투는 당대의 엘리트 스포츠였고 갈레노스는 검투사들의 부상을 치료하면서 신경과 근육의 작동을 파악할 수 있었다. 이러한 임상 경험은 이후 경력에도 크게 도움이 되었다. 이를테면 그는 심부 조직을 봉합하는 방법과 부상을 치료하는 여러 가지 혁신적인 방법을 개발했다.

서기 161년에 갈레노스는 로마로 가 곧 유능한 치유사로 명성을 얻었다. 그와 동시에, 계속해서 집필을 하고 과거 저술을 수정했으며 대중 강연과 해부학 시연도 했다. 갈레노스는 로마의 부유하고 교양 있고 연줄 많은 상류 지식인층의 존중받는 일원이라는 지위를 누렸지만, 그러면서도 그는 늘 아웃사이더로 남아 있었다. 그는 로마 세계의 그리스인이었고, 늘 자신의 언어로 글을 썼으며,* 때로는 로마 사회를 경멸

---

* 이것은 그리 드문 일이 아니었다. 로마는 이중 언어 국가였고 상류층 대다수가 그리스어와 라틴어를 둘 다 할 줄 알았다.

했다. 특히 로마 사회의 과학에 대한 태도를 경멸했는데, 다음과 같이 못마땅함을 표현하기도 했다.

> 미덕보다 쾌락을 찬양하는 (……) 부유하고 권력 있는 자들의 물질주의는 (……) 더 정교한 지식을 가지고 있고 그것을 다른 이에게 전해줄 수 있는 사람들을 중요치 않게 생각한다. (……) 그들이 학문하는 사람들에게 보이는 존중은 실용적인 필요성하고만 관련 있을 뿐, 각 학문의 고유한 아름다움에 대해서는 알지 못한다. 그들은 지식인을 참아주지 못한다. 그들에게 산술학과 기하학은 비용 계산이나 저택 개조와 관련해서만 필요할 뿐이고 천문학과 점성학은 자신이 누구 돈을 물려받게 될지 예측하는 데만 쓸모가 있을 뿐이다.[16]

로마의 지적 분위기에 대해 그가 보인 경멸적인 평가는 고대 말기와 그 이후에 서유럽에서 과학이 그렇게 미미한 영향밖에 남기지 못한 이유를 어느 정도 짐작하게 해준다. 그리스의 과학 문헌이 라틴어로 번역되는 일은 드물었고 번역된다 해도 거의 언제나 백과사전 용도로 축약되었다. 갈레노스의 저술 중 일부는 라틴어로 번역되었지만(어쨌거나 그는 로마에서 오랜 시간을 보냈다) 번역되지 못한 것들은 5세기에 로마 제국이 분열된 뒤 그리스어가 점차로 사라지면서 쓰이지 못하게 되었다. 한편 수도원이 지식과 책 생산의 중심지가 된 동쪽[동로마 제국]에서는 갈레노스의 철학 문헌들이 기독교 입장에서 보기에 문제적이라고 여겨졌을 것이고 따라서 잊히는 신세가 되었을 것이다. 그러나 의학 저술만큼은 직접적이고 실용적인 적합성이 있었을 터이므로 계속 필사되고 공유되었을 것이다. 다음 장에서 보겠지만, 갈레노스의 의학 저술은 처음에 시리아와 페르시아의 기독교 공동체들에 의해 보존되었고 이어서 9세기에 아랍 학자들에 의해 재발견되었다.

갈레노스의 왕성한 학문적 식욕은 의학에만 국한되지 않았다. 어린 시절 페르가몬에서 받은 교육은 철학에 대한 열정을 불어넣었고, 사실 아리스토텔레스의 철학 개념을 의학 이론에 통합한 것이 갈레노스의 커다란 업적 중 하나다. 그는 이 관점을 다양한 저술에서 개진했는데, 《제일 좋은 의사는 철학자이기도 하다*Quod optimus medicus sit quoque philosophus*》에 가장 잘 나타나 있고 방대한 해부학 이론서인 《인체 각 부분의 기능에 관하여*De usu partium corporis humani*》에서도 이러한 면을 볼 수 있다. 요컨대, 둘 다 명백하게 철학과 의학을 결합하고 있었다. 또한 갈레노스는 사전학 및 언어의 역사를 다루는 문헌학에도 매료되었다. 이것은 방대한 문헌을 직접 수집하고 번역하고 편집하는 사람이라면 꼭 통달해야 할 영역이었다.

갈레노스는 저술이 너무 많아서 전승과 관련해서는 불리한 면이 있었다. 모두 다 살아남기에는 그저 너무 많았던 것이다. 이 문제를 깨달은 갈레노스는 자신의 저술 중 가장 중요한 것이 무엇인지, 그것들을 어떻게 읽어야 하는지 등을 다시 글로 설명하면서, '더 많이 저술하는 것'을 해결책으로 삼았다. 한편 알렉산드리아 의학교는 갈레노스의 저술 중 스물네 편을 '갈레노스 교재 요목Galenic Syllabus'이라고 불리는 목록에 선별해 담음으로써 이 문제를 해결했다. 헛갈리게도 이것은 나중에 '열여섯 편Sixteen Books'이라고 불리게 된다. 학생들은 스물네 편을 정해진 순서대로 읽어야 했다. 이렇게 해서 간결하면서도 종합적인 의학 교육이 탄생했다. '갈레노스 교재 요목'은 매우 성공적이어서 시리아와 이탈리아로도 퍼졌고 10세기 이후로는 이슬람 세계 전역에서 의학 교육의 토대가 되었다. 갈레노스와 중세 의학을 연구하는 저명한 전문가 비비언 너턴Vivian Nutton은 "그것의 중요성은 과대평가하는 것이 불가능하다"고 말했다.[17] '갈레노스 교재 요목'은 이후 수 세기 동안 의학 교육의 내용을 설정했고, 의사들이 의학의 배경 원리를 이해하도록 요구했으며, 의료를 전문화하는 동시에 의료에 엄정한 기준을 부과하는 데 기여했다.

갈레노스의 명성에 대해 가장 많이 언급한 사람은 아마 갈레노스 본인이었을 것이다. 이를테면, 그는 로마 제국 전역에서 환자들이 자신을 찾아와 치료를 청한다고 주장했다. 또한 갈레노스는 한 번에 스무 명의 필경사가 받아 적는 대량 생산 시스템을 도입했다. 그러니 그의 저술이 매우 널리 퍼진 것은 그리 놀라운 일이 아니다. 갈레노스는 210년경에 로마에서 숨졌지만, 그 후에도 그의 저술은 멀리 모로코에서까지 필사되었고 고대 말기의 백과사전에서 상당한 분량을 차지했다. 《원론》과 《알마게스트》에 대해서도 그랬듯이, 분량이 너무나 많아서 후대 학자들은 갈레노스의 저술을 압축하고 가공하는 방법을 강구해야 했다. 필사는 시간과 비용이 많이 들었기 때문에 전체를 다 필사한 사본은 점점 드물어졌다. 과학 개념들은 압축되어 백과사전, 주해서, 사전, 요약본 등 2차 문헌을 통해 전승되었다. 원저자들이 의도했던 형태는 아니겠지만 적어도 몇몇 기본 개념들이 살아남아 후대에 전해질 수 있었다.

5세기 말경이면 지식의 지도는 극적으로 달라진다. 고대의 학문 중심지는 대부분 쇠락했고 학교는 문을 닫았으며 도서관은 약탈당하고 불태워지거나 조용히 부서져갔다. 알렉산드리아는 여전히 교역과 사상의 중심지였지만 도서관은 예전 모습의 껍데기일 뿐이었다. 415년에 일군의 극렬 기독교도들이 여성 철학자이자 수학자인 히파티아를 마녀로 몰아 잔혹하게 살해했다. 굴 껍질로 산 채로 가죽을 벗겼다고 한다. 다음으로 이들은 장엄한 세라피움 신전과 그곳의 도서관에 소장되어 있는 두루마리 문서들을 공격 목표로 삼았다. 그들은 "사원 건물에서 돌을 떼어냈고 거대한 대리석 기둥을 무너뜨려 벽 자체가 붕괴하게" 만들었다.[18] 기독교의 입장에서 보면 이는 알렉산드리아에서 마침내 극적인 승리를 거둔 것이었다. 세라피움은 이교도적인 학문과 권력의 상징이었으므로 세라피움을 공격한 것은 당시에 널리 자행되던, "기독교가 그보다 더 오랜 문화와 그 문화의 성소인 도서관에 대해 벌인 전쟁"을 대표적으로 보여주는 사례였다.[19]

두 세기 뒤인 641년에 아랍인들이 들어오면서 상황은 한 번 더 반전을 맞는다. 그 무렵이면 대도서관에는 남아 있는 것이 별로 없었다. 있는 것들은 거의 기독교 문헌이었는데, 무슬림 정복자들이 관심 있는 주제는 아니었을 것이다. 전하는 이야기에 따르면, 칼리파는 아리스토텔레스 것만 빼고 모든 두루마리 문서를 목욕탕으로 보내 물 데우는 땔감으로 쓰도록 명령했고, 문서를 다 태우는 데 6개월이나 걸렸다고 한다. 흥미로운 이야기이긴 하지만, 진실은 이보다 덜 극적이고 덜 흥미롭다. 대도서관의 운명에 대해 현실적으로 가장 있었을 법한 시나리오를 생각해보면, 아마 도서관은 서서히 낡아가면서 훼손되었을 것이다. 파피루스가 해지면서 글씨가 점점 희미해졌을 것이고 누군가가 새로 필사할 생각을 하지 않았다면 불가피하게 그 문서는 소실되었을 것이다. 대도서관은 사라졌지만 대도서관의 명성은 지식의 힘을 웅변하는 상징이자 지식의 비극적 상실에 대한 상징으로 영원히 남아 있다.

서기 500년경이면 알렉산드리아는 쇠퇴해서 규모로나 정치적 중요성으로나 동로마 제국의 수도 콘스탄티노플에 밀려난 상태였다. 하지만 6세기에 콘스탄티노플의 황제들은 4세기 중반에 세워진 궁정 도서관을 관리하는 것보다 수도를 웅장한 건축물로 장식하는 것에 더 관심이 있었다. 이 시기 동로마 제국 통치자 중 우리가 뒤에서 보게 될 이슬람의 칼리파들이나 앞에서 본 프톨레마이오스 왕조의 왕들만큼 과학에 진지하게 관심을 기울인 사람은 없었다. 콘스탄티노플에도 개인이 소유한 장서들은 있었을 테고 궁정 도서관에 유클리드, 프톨레마이오스, 갈레노스의 저술도 분명히 소장되어 있었겠지만, 500년경이면 이들이 발달시킨 고대 과학의 운명은 불확실했다. 《알마게스트》와 《원론》, 그리고 교재로 채택된 갈레노스 저술은 사본이 몇 부 남아 있지 않았고 그마저도 이집트, 시리아, 아나톨리아, 그리스 등지에 흩어져 있었다. 어떤 것은 고대 사원의 폐허에 파묻혀 바스러지면서 잊혀갔고 어떤 것은 방치된 도서관의 찬장 안에 숨겨져 있었다. 그래도 어떤 것들은 용케 발견되어 수도원이나 개인 소장자에 의해 보관되었다. 소수의 학자들이 천문학, 수학, 의학에 대한 열정을 근근이 유지하면서 과학이 다시 꽃을 피우게 되는 다음 시대까지 그것들을 지켜냈다. 그 시대는 바그다드의 아바스 왕조 시대다.

3장

바그다드
Baghdad

이슬람의 심장인 바그다드는 풍요로운 도시다. 이곳 사람들은 언어 재능이 뛰어나고 우아하며 교양이 있다. 이곳의 바람은 부드럽지만 과학은 날카롭다. 바그다드에서는 모든 아름다운 것을 찾을 수 있고 어느 것에 대해서든 최고의 것을 찾을 수 있다. 고려할 가치가 있는 것은 모두 바그다드에서 나오며 기품 있는 것은 모두 바그다드를 향한다. 모든 심장이 바그다드에 속해 있고 모든 전쟁이 바그다드에 맞서 치러지며 모든 손이 바그다드를 지키기 위해 나선다. 바그다드의 명성은 너무나 높아서 설명이 필요치 않다. 바그다드는 우리가 묘사할 수 있는 어느 것보다 영광스러우며 우리가 칭송할 수 있는 어떤 범위도 넘어서 있다.

—알 마크디시Al-Maqdisi, 《여러 지역을 알기 위한 최선의 분류*Kitab ahsan al-taqasim fima'rifat al-aqalim*》

서기 917년 봄.

일군의 사신이 바그다드에 도착한다. 콘스탄티노플에서 비잔티움 제국의 조에Zoe 여제가 파견한 사절로, 평화 조약을 협상하기 위해 온 참이다. 비잔티움 제국과 이슬람 제국은 아나톨리아반도를 동서로 가로지르는 국경에서 수 세기 동안 전쟁을 벌여왔다. 사신들은 바그다드에 있는 여러 궁전 중 하나로 안내된다. 여기에서 그들은 바그다드 측이 손님을 맞이할 준비가 다 될 때까지 두 달을 기다리게 된다. 바그다드의 무슬림 통치자 알 무크타디르Al-Muqtadir(895~932)는 아바스 왕조의 제18대 칼리파다. 그는 사신단을 맞이하기 위해 왕궁 건물들 전체를 개축하고 새로 장식하라는 명령을 내렸다. 가구들이 다시 배치되고 수백 개의 커튼이 걸리고 제국 전역에서 온 아름다운 양탄자가 깔리고 말에는 새로 광을 낸 안장이 얹히고 정원수는 아름다운 모양으로 다듬어질 것이었다.

마침내 환영식 날이 온다.

사신들이 처음 들어간 궁은 장엄한 대리석 기둥이 줄지어 있는 '칸 알 카일Khan al-Khayl(기병대의 왕)' 궁이었을 것이다. "궁정의 오른쪽에는 500마리의 말이 금과 은으로 된 안장을 걸치고, 하지만 안장 깔개는 하지 않은 채 사열해 있었고 왼쪽에는 500마리의 말이 다채로운 무늬의 직물로 된 안장 깔개를 얹고 눈에는 기다란 옆눈 가리개를 하고 줄지어 있었다. 각각의 말들 옆에는 그 말을 관리하는 아름다운 복식의 사육사가 한 명씩 자리하고 있었다." 이곳을 지나 사신들은 동물원으로 안내되었을 것이다. "야생 동물들이 (……) 사람들에게 다가와 킁킁 냄새를 맡아보기도 하고 손에서 먹을 것을 받아먹기도 했다." 다음으로 들어간 궁정의 뜰에는 "추상적인 문양의 화려한 직물을 두른 코끼리 네 마리가 있었다. 각각의 코끼리 위에는 〔인도의〕 신드에서 온 여덟 명의 남자와 불 곡예사들이 있었다". 이것은 알 카티브 알 바그다디Al-Khatib al-Baghdadi(1002~1071)가 쓴 바그다드 역사서에 나오는 묘사다. 알 카티브는 사신들이 "눈앞에 펼쳐진 광경에 몹시 경외감을 느꼈다"고 엄숙하게 기술했는데, 물론 그렇게 느끼게 하려는 것이 이 모든 작업의 목적이었다.[1]

계속해서 알 카티브는 입마개를 하고 조련사가 줄을 잡은 채로 늠름하게 서 있는 100마리의 사자, 은처럼 빛나는 흰 납으로 만든 둑을 따라 흐르는 연못과 시내로 장식된 궁정의 뜰, 그 연못 위에 떠 있는, 화려한 직물을 댄 좌석이 있는 네 척의 황금 배 등을 숨 가쁠 정도로 상세하게 묘사했다. 주변의 정원에는 이국적인 나무들이 가득했고 특히 400그루의 종려나무는 금박을 씌운 구리 띠로 둥치가 장식되어 있었다. 비잔티움의 사신들에게 아랍의 영광스러운 금속 세공 및 제조 기술을 확실하게 보여주기 위해 이 경이로운 공간을 만드는 데 족히 수백 명의 장인이 동원되었을 것이다. 이어서 이제까지의 모든 것을 능가하는 가장 놀라운 광경이 펼쳐졌다. 그곳은 '나무의 방'이었다. "맑은 물이 담긴 커다랗고 둥근 연못 중앙에 나무 한 그루가 서 있었다. 나무에는 열여덟 개의 큰 가지가 있었고 각각에는 다시 수많은 작은 가지가 있었으며 작은 가지 각각에는 금과 은으로 만든 온갖 새가 앉아 있었다. 큰 가지는 대개 은으로, 일부는 금으로 만들어져 있었고, 정해진 시간이 되면 자동으로 흔들려서 각색의 잎사귀들이 바람이 스치고 지나갈 때처럼 찰랑거렸고 새들이 휘파람을 불고 노래를 불렀다." 이것은 진정으로 마법 같은 광경이었을 것이다. 믿을 수 없을 정도로 뛰어난 세공 기술과 독창적인 기계 장치가 바그다드의 문화적 성취를 완전하게 드러내고 있었다.

그다음에 들어간 궁은 훨씬 더 노골적으로 메시지를 전달하고 있었다. 벽에는 가슴용 황금 방패, 가죽 방패, 화려한 화살과 활 등 무기 수천 구가 걸려 있었고 복도에는 여러 종족 출신의 수많은 노예가 도열해 있었다. 무슬림의 지배력이 미치는 영역이 얼마나 방대한지 드러내기 위해 일부러 고른 노예들이었다. 7월의 타는 듯한 열기 아래 차가운 물과 셔벗으로 갈증을 달래면서 무려 스물세 개의 궁을 둘러보는 강행군을 마치고서, 드디어 사신들은 칼리파 알 무크타디르 앞에 당도했다.

칼리파는 금으로 장식된 직물로 덮인 흑단 왕좌에 앉아 있었고 양옆에는 다섯 아들이 서 있었다.

이슬람의 권력을 과시하는 회랑들을 지나오게끔 짜인 동선은 비잔티움의 사신들에게 아바스 왕조가 예전 영토를 상당 부분 잃긴 했어도 여전히 건재한 세력임을 보여주기 위한 것이었다. 한창때 이슬람 제국은 대서양 쪽 아프리카에서부터 히말라야까지 뻗어 있었다. 지금은 그 정도는 아니지만, 이슬람 제국의 영토는 인도에서 사자와 코끼리와 불 곡예사를 데려올 수 있을 만큼 광대했고 이슬람 제국은 여전히 건재함을 과시할 수 있었다. 그리고 수도 바그다드는 여전히 학문의 중심지였다.

그렇더라도 바그다드는 쇠락하는 중이었다. 한 세기 전만 해도 바그다드는 황금기의 정점에 있었다. 아름다움과 세련됨, 학문과 경이로움에서 바그다드에 필적할 만한 곳은 세상 어디에도 없었다. 의기양양 뻗어 나가던 아바스 왕조의 첫 세기에 칼리파('지상에서의 신의 대리자')는 전례 없이 장엄하고 막강한 통치자였다. 초창기에 세 명의 칼리파가 특히 중요한 업적을 남겼다. 아바스 왕조의 제2대 칼리파 알 만수르 Al-Mansur(714~775)는 계획도시 바그다드를 건설했고 후한 지원으로 학문을 활짝 꽃피웠다. 그의 손자 하룬 알 라시드Harun al-Rashid(763~809)는 홍미진진하지만 대개는 허구인 《천일야화》 속 모험 이야기로 많이 알려져 있는데, 사실 무시무시한 전사이자 세계를 호령한 통치자인 한편으로 학문의 열렬한 후원자이기도 했다. 세 번째는 하룬의 아들 알 마문 Al-Ma'mun(786~833)으로, 그의 치세에 바그다드는 당대의 모든 지식인을 자석처럼 끌어들이는 곳이 되었고 그는 부, 계몽, 호기심, 야망을 결합해 인류의 지식을 한층 더 진전시켰다.

비잔티움의 사신들이 초현실적인 분위기의 궁정을 벗어나 바그다드를 둘러보았다면 인구가 50만이나 되는 생명력 넘치는 도시의 모습을 볼 수 있었을 것이다. 바그다드에서는 아랍인, 페르시아인, 튀르크족, 베두인족, 아프리카인, 그리스인, 유대인, 인도인, 슬라브인 등 다양한 인종과 민족이 교류하고 맞부딪치며 생존과 성공을 위해 경쟁했다. 인종과 민족의 가장 거대한 용광로에서 이들은 나란히 먹고 마시고 기도하고 일했다. 많은 이들이 노예로 끌려온 경우였는데, 당시에는 실크보다 인간을 나르는 교역이 더 수익이 높았을 정도였다.* 자유 의지로 온 사람들은 꿈을 찾아온 사람들이 많았다. 상인은 부를 거머쥐기 위해, 가수는 이름을 날리기 위해, 학자는 새로운 발견을 하기 위해 바그다드로 왔다. 인종, 언어, 종교의 전례 없는 혼합은 바그다드의 학문에도 매우 중요한 영향을 미쳤다. 서적은 여러 언어로 번역되어 지식이 다양한 문화권에 도달할 수 있었고, 학자들은 자신의 학문적 전통과 개념을 다른 이들의 전통과 개념 앞에 내놓을 수 있었다. 문화의 교류가 자유롭게 이루어지면서 모든 종류의 지식이 폭발적으로 발달했다. 우리의 관심사인 과학 분야만이 아니라 신학, 정치학, 철학, 법학, 역사학, 문학 모두 마찬가지였고, 특히 시의 발달이 두드러졌다. 칼리파와 궁정 관료들은 시를 숭앙했고 자주 낭송했다. 이는 아랍 문학 특유의 구전 전통에 속하는 것이기도 했다. 시를 노래하고 낭송하는 여성 노예와 가수 들은 부와 명성과 명예를 누릴 수 있었다.

아바스 왕조의 칼리파들은 모두 그들의 유일신에게 헌신했고 '신도들의 사령관'이라는 역할을 자임했다. 그들의 왕조가 자손만대로 이곳을 통치하도록 예정되어 있다는 믿음이 여기에 결합했다. 중세 이슬

---

* 피터 프랭코판Peter Frankopan이 저서 《실크로드 세계사*The Silk Roads*》에서 언급했듯이, 이 시기는 노예 수요가 막대했으며 많은 이들이 붙잡혀 이곳으로 끌려온 뒤 노예로 팔렸다.

람과 기독교 세계 모두에서 이러한 예정설은 사람들에게 우리의 상상을 훨씬 넘어서는 중요성을 띠고 있었을 것이다. 말할 수 없이 위험하고 혼란스러운 세계에서, 지금 내가 하고 있는 일이 신성한 계획의 일부라는 생각은 실로 중대한 의미를 지녔을 것이다. 이는 작물을 심는 농부나 항해를 떠나는 무역상이나 제국을 통치하는 칼리파 모두에게 마찬가지였다. 당신이 숭배하는 신(어떤 신이든 간에)이 당신의 계획을 승인했는지 알아보는 방법은 다양하게 존재했지만, 그중에서도 강력한 수단은 밤하늘에 있었다. 인류 문명이 시작되었을 때부터 인간은 별에 매료되었고 중세 바그다드 사람들도 예외가 아니었다. 길고 어두운 밤에 사람들은 평평한 지붕에 누워 반짝이는 창공을 올려다보면서 별에 중대한 의미를 부여했다. 칼리파 알 마문도 이렇게 언급한 바 있다.

> 잠이 오지 않을 때면 나는
> 천구의 움직임으로 추동되어 회전하는 천체를 본다.
> 별은 (어떻게 해서인지는 모르지만)
> 미래의 행운과 액운을 모두 담고 있다.
> 별들이 놓여 있는 천구로 날아가
> 서쪽을 향해 가는 천체의 움직임에 동참할 수 있다면,
> 나도 하늘을 가로질러 여행하면서
> 그 아래에 있는 모든 것의 운명을 알 수 있을 텐데.[2]

끔찍하리만큼 불확실한 세상에서 별은 미래에 대한 지도를 제공해주었다. 이는 신비로운 천상을 엿보는 창이기도 했고 지상의 비밀

을 발견할 열쇠이기도 했다. 오늘날에는 별과 행성을 연구하는 천문학과 별과 행성이 인간사에 미치는 영향을 해석하는 점성학을 구분하지만, 중세의 바그다드에서는 둘 사이에 구분이 없었다. 사람들은 점성학으로 날씨, 재해, 역병을 예측할 수 있을 뿐 아니라 개인의 건강, 행운, (별자리로 결정되는) 성격도 알 수 있다고 믿었다. 그들은 삶의 모든 영역에서 점성학을 의사 결정에 사용했다. 점성학은 인간 세계와 신의 세계를, 그리고 알려진 세계와 미지의 세계를 잇는 다리였다.

중세 초기까지 몇 세기를 거슬러 올라가 바그다드를 살펴보고자 한다면, 정확히 무슨 일이 있었는지는 알기 어렵더라도 당대의 바그다드 역사가들이 남긴 풍성한 기록에서 도움을 얻을 수는 있다. 특히 페르시아의 위대한 학자 알 타바리Al-Tabari는 《예언자와 왕의 역사*Tarikh al-Rusul wal-Muluk*》에서 칼리파의 생활과 행동을 때로는 입이 떡 벌어질 정도로 상세하게 묘사했다. 총 38권에 달하는 이 저술은, 재미의 측면에서 가장 흥미로운 기록은 아니어도, 915년까지의 시기에 대해 가장 균형 잡힌 서술을 하고 있는 사료로 꼽힌다. 이보다 훨씬 흥미로운 기록은 10세기 말에 쓰인 이븐 알 나딤Ibn al-Nadim의 《피흐리스트*Kitab al-Fihrist*》다. "아랍인, 외국인을 통틀어 모든 민족의 모든 사람이 다양한 학문에 대해 집필한 아랍어 저술 목록과 그것의 내용을 담은 카탈로그"로, "저자에 대한 설명도 담고" 있었다.[3] 《피흐리스트》는 당시 아랍 세계에 존재했던 모든 종류의 지식, 저자, 학자에 대한 핵심적인 사료다. 바그다드 서적상의 아들로 태어나 학자와 책에 둘러싸여 자란 이븐 알 나딤은 황금기의 바그다드에서 학문 활동이 어떻게 펼쳐졌는지를 《피흐리스트》에 생생하게 담았다. 이 대작은 그가 바그다드의 학문 환경을 면밀히 조사하고 흥미로운 뒷이야기도 수집하면서 보낸 평생의 결과물이다.

바그다드에 수없이 존재했던 책방에서 학자들이 《피흐리스트》를 열심히 들춰 보고 있었을 무렵이면 그리스, 이집트, 인도, 페르시아 등지에서 나온 고대 세계의 지식이 거의 모두 발굴되고, 복원되고, 아랍어로 번역되고, 평가되고, 편집되어 있었다. 유럽에서는 많은 사람들이 바이킹이 쳐들어올까 두려움에 떨며 순무로 끼니나 겨우 때우던 시절에,* 바그다드에서는 과학자들이 지구의 둘레를 재고, 천체 연구를 혁신하고, 엄정한 과학적 방법론과 번역의 표준을 개발하고, 세계 지도를 제작하고, 오늘날 사용되는 현대적인 숫자 체계의 기초를 확립하고, 대수학을 정립하고, 의학의 새로운 분야들을 개척하고, 몇 가지 질병의 증상을 파악해냈다. 아바스 왕조의 왕과 신민 들은 놀라울 정도로 짧은 기간에 지식의 지도를 새로 그렸고, 바그다드는 학문의 황금기를 구가하며 발견과 계몽의 빛이 넘쳐흐르는 과학 연구의 중심지가 되었다.

두 세기 전만 해도 바그다드는 티그리스강 유역에 세워진 한 네스토리우스파 수도원 주변에 사람들이 옹기종기 모여 사는 페르시아의 작은 마을에 불과했다.[4] 그래도 티그리스강과 유프라테스강이 나란히 붙어서 흘러가는, 지리적 이점이 매우 두드러지는 장소였다. 바그다드는 현대의 저술가들이 '배꼽'이라든가 '우주의 교차점'이라든가 하는 말로 묘사하곤 하는 비옥한 고대 메소포타미아의 중심에 위치해 있다.

* 이 시기에 샤를마뉴Charlemagne의 궁정과 몇몇 수도원에서 문화 활동과 서적 필사가 이뤄지기는 했지만 비중 있는 과학 연구는 이뤄지지 않았다.

5000여 년 동안 사람들은 메소포타미아에 정착해 마을을 일구고 작물을 심고 관개 수로를 냈다. 농업이 번성했고, 먹을 것이 매우 풍부해서 (삼모작이 되는 때도 있었다) 많은 사람들이 이곳을 에덴동산이 있던 곳이라고 믿었다. 풍성한 산출에서 나오는 막대한 부로 인해 두 강 사이의 이 비옥한 충적토 지대에 수많은 제국이 눈독을 들였다. 바빌로니아, 수메르, 아시리아, 아케메네스, 알렉산드로스 대왕 시기의 마케도니아, 셀레우코스 왕조 등이 시기를 달리하며 메소포타미아를 기반으로 번성했다. 기원전 150년부터는 〔고대 이란의〕 파르티아 제국이 이곳을 통치하다가 서기 224년에 페르시아의 사산 왕조에게 지배권이 넘어갔으며 사산 왕조가 그때부터 7세기까지 메소포타미아를 지배했다.

수 세기 동안 아라비아의 베두인족이 때때로 험난한 유목 생활을 버리고 더 나은 삶을 찾아 메소포타미아의 마을들로 내려오곤 했다. 그런데 7세기 중반에 역사의 경로를 바꾸게 될 사건이 일어난다. 메카라는 도시의 어느 고지대 동굴에서 40세의 상인 무함마드에게 지브릴 대천사가 나타나 계시를 내린 것이다(이 계시는 나중에 《쿠란》의 내용이 된다). 이렇게 해서 이슬람교가 탄생했다. 이후 몇십 년 동안 무함마드는 처음에는 메디나에서, 이후에는 메카 및 아라비아반도의 여러 지역에서 그 메시지를 전파했고 추종자가 기하급수적으로 늘어났다. 새 종교는 분절되어 있던 아라비아의 부족들이 하나의 지향 아래 모일 수 있게 했고 그들에게 삶의 지침으로 삼을 수 있는 통합된 신조를 제공했다. 무함마드는 632년에 숨졌지만 사도들은 새 종교를 전파하려는 열정으로 훌륭한 말에 올라 맹렬한 속도로 내달리며 이집트, 시리아, 페르시아를 휩쓸었다. 타이밍은 이보다 더 좋을 수 없었다. 한때 막강했던 사산 왕조의 페르시아 제국은 이웃의 비잔티움 제국과 벌인 수십 년간의 전쟁으로 쇠약해져 붕괴 일보 직전이었다.* 많은 경우에 무슬림 정복자가 성문에 당도해서 무섭게 쳐다보기만 해도 그곳 사람들은 항복하고 막대한 조공을 바쳤다. 이집트가 쉽게 이슬람의 수중에 들어왔고, 무슬림은 사산 왕조를 무너뜨리고 비잔티움 제국의 상당한 지역을 정복하면서 중동 전체와 그 너머의 지역까지 다스리게 되었다. 광대한 정복지에서 들어오는 물자는 굉장한 수입을 가져다주었고 이러한 부는 (곧 무슬림의 왕과 귀족 들이 전설적으로 유명해지게 되는) 엄청나게 사치스럽고 향락적인 소비에 불을 질렀다. 8세기 초 무렵이면 이슬람 제국은 로마 제국 전성기 때보다 영토가 컸다(도합 약 1300만 제곱킬로미터에 달했다). 옛날 알렉산드로스 대왕에 의해 통일되었던 땅들이 1000년 만에 처음으로 다시 한 번 하나의 통치자 아래 통합되었다.

이러한 변화가 문화에 미친 중요성은 실로 막대했다. 1000년 전에 알렉산드로스 대왕은 마케도니아의 바실레우스〔고관〕이자, 헬레니즘 동맹의 헤게몬〔패권자〕이자, 페르시아의 샤한샤이자, 이집트의 파라오이자, 아시아의 군주이자, 아마도 가장 중요하게는 아리스토텔레스의 제자로서, 그리스의 언어, 철학, 종교, 전통을 자신의 제국 전체에 전파했고 멀리는 중국과의 경계에까지 헬레니즘 세계의 전초 기지들을 세웠다. 겸손하게도 그는 스무 개 도시만 자신의 이름을 따서 명명했다. 이 '알렉산드리아'들의 네트워크에서는 그가 사망한 후에도 수 세기 동

---

* 이때 사산 왕조 페르시아 제국은 이란, 이라크, 시리아, 캅카스를 포함하고 있었고, 북으로는 중앙아시아 평원, 동으로는 중국의 산악 지대와 맞닿아 있었다.

안 그리스 문화가 융성했다. 알렉산드로스 대왕이 추동한 "문화의 방대한 확산 운동"은 느리게 전개되었지만 그 영향은 지극히 오래 지속되어서 거의 1000년이나 이어졌다.[5] 그가 사망하고 1000년이 지나서도 메르브, 알레포, 알렉산드리아, 박트리아, 바알베크 등 알렉산드로스 대왕의 많은 도시가 지식의 지도에서 밝게 빛나고 있었다. 그리고 이제 이 도시들 모두가 아바스 왕조 칼리파의 영토 안에 있게 되었으므로, 바그다드의 황금기에 이 도시들은 사상, 학자, 서적을 바그다드에 공급했다.

무슬림이 이곳들을 정복하고서 몇십 년 동안 수많은 아랍인이 북쪽으로 이주해 들어와 이라크, 이란, 그리고 방대한 호라산 지역에 정착했다. 호라산은 발흐, 메르브, 니샤푸르, 사마르칸트 등 실크로드의 화려한 도시들이 있는 비옥하고 번성하는 지역이었다. 과거에 알렉산드로스 대왕이 그랬듯이, 무슬림 통치자들은 무력에 의존해 새로운 제국을 통치하기란 불가능하다는 것을 곧 깨달았다. 지배층은 상대적으로 수가 너무 적었고 광대한 영토에 너무 엷게 퍼져 있었다. 따라서 이들은 비무슬림 거주자를 포용하는 관용 정책을 펼쳤고, 다만 이슬람법에 맞도록 그들에게 조세를 부과했다. 무슬림 통치자들은 신민들이 살던 곳에서 계속 안정적으로 농사를 지으며 살아갈 수 있도록 연속성을 독려했고, 사산 왕조의 지배층을 요직에 고용하고 그들의 생활 양식을 본받고 그들과 친구가 되면서 기존의 정부 시스템을 받아들였다.

사산 왕조의 문화가 지구상에서 가장 세련되고 정교하고 놀라운 문화였던 반면 아랍 문화는 역사도 짧고 상대적으로 원시적이었다는 점이 이와 같은 정책을 가능케 한 중요한 요인 중 하나였다. 한두 세대 전만 해도 무함마드의 사람들은 아라비아 사막을 떠돌던 베두인족 유목민이었다. 그러나 이제는 감히 꿈꾸어본 그 어떤 정도보다도 훨씬 더 부유해진 만큼 이들은 그에 걸맞은 생활 양식을 원했다. 페르시아의 사산 왕조 사람들은 이들과 달리 고급스러운 음식을 먹고 화려한 집에 살고 수많은 뛰어난 학자, 음악가, 시인을 가까이 두고 살아왔다. 아랍 사람들은 그러한 문화에 매료되었고 사산 왕조의 페르시아가 제공할 수 있는 것들을 열렬히 흡수해 자신의 궁정 전통과 결합하면서 이제껏 세상에 존재한 적이 없었던 화려하고 놀라운 문화를 일구어냈다. 바그다드는 바로 이러한 융합의 궁극적인 체현이었고, 이는 아바스 왕조의 미래 지향적이고 비전 있는 칼리파들 덕분에 가능했다.

750년까지는 우마이야 왕조가 이슬람 제국을 통치했다. 하지만 예언자 무함마드가 사망하자마자 생기기 시작했던 실금이 깊어지고 있었다. 이후로 영원히 중동을 분열시키게 되는 수니파와 시아파 사이의 분열이었다. 예언자 무함마드의 계승자를 자처하는 사람들이 누가 권력을 잇기에 가장 적격인지를 두고 싸우는 동안, 아바스 가문 사람들(예언자 무함마드의 삼촌인 아바스의 후손들)은 조용히 불만과 저항을 키워가고 있었다. 747년에 '유혈자'라는 의미심장한 이름 알 사파Al-Saffah로 통하는 아바스 일가의 지도자가 검은 깃발을 휘날리며 메르브에서 혁명을 일으켰다. 권력을 잡은 알 사파는 우마이야 왕조를 몰살시킬 작정으로 샅샅이 찾아내 잔혹하게 학살했다. 당대의 기준으로 보더라도 끔찍했을 정도였다. 전하는 이야기에 따르면 나중에는 무덤까지 파내고 불을 질렀다고 한다. 하지만 우마이야 왕조의 왕자 중 한 명인 라흐만Rahman이 무사히 스페인으로 탈출해 라이벌 왕조를 세웠다. 다음 장에서 보겠지만, 그의 후손은 코르도바에 활발한 학문 중심지를 일구게 된다. 알 사파의 통치는 잔혹했던 정도만큼이나 짧게 끝났다. 그는 754년에 천연두로 숨졌고 칼리파의 칭호는 그의 형 아부 자파르 압둘라 이븐 무함마드 알 만수르Abu Ja'far Abdullah ibn Muhammad al-Mansur(714~775)에게 넘어갔다.

다행히 알 만수르는 동생과 매우 다른 사람이었다. 큰 키에 덥수룩한 수염, 꿰뚫어 보는 듯한 눈을 가진 알 만수르는 재위 기간 동안 권력을 공고히 하고 안정을 다졌다. 그의 가장 큰 업적은 새 수도의 건립이었다. 그는 새 수도를 '평화의 도시'라는 뜻의 '마디나트 앗 살람Madinat as-Salam'이라고 불렀는데, 이곳이 오늘날의 바그다드다. 제국의 권력을 우마이야 왕조 통치기에 아랍의 중심지였던 다마스쿠스에서 새 수도로 옮기면서도, 알 만수르는 의도적으로 옛 사산 왕조 지배층과의 유대를 강화했다. 덕분에 그의 새 도시는 고대 페르시아 유산의 영광에 뿌리를 둘 수 있었다. 이러한 융합은 공식적인 것이기도 했지만 개인적인 것이기도 했다. 알 만수르의 가장 친한 친구는 호라산 출신의 페르시아인인 할리드 이븐 바르마크Khalid ibn Barmak였다. 페르시아의 명문가인 바르마크 가문은 아바스 혁명을 지원한 개국 공신 가문이었다. 이국적이면서 학식과 교양도 높았던 바르마크 가문 사람들은 페르시아 제국 북단의 발흐 출신으로, 그곳에서 아리스토텔레스를 공부하고 그리스어를 배웠다. 페르시아의 어느 가문도 새로운 아랍 군주[아바스 왕조]를 그토록 매혹한 세련됨과 지성을 이들만큼 체현하고 있지 못했을 것이다. 바르마크는 알 만수르가 새 수도 자리를 알아보는 것도 도왔다. 그들은 남쪽을 돌아보고서 옛 사산 왕조 수도 크테시폰에서 북쪽으로 불과 30킬로미터 정도 떨어진 작은 마을 바그다드를 선택했다.

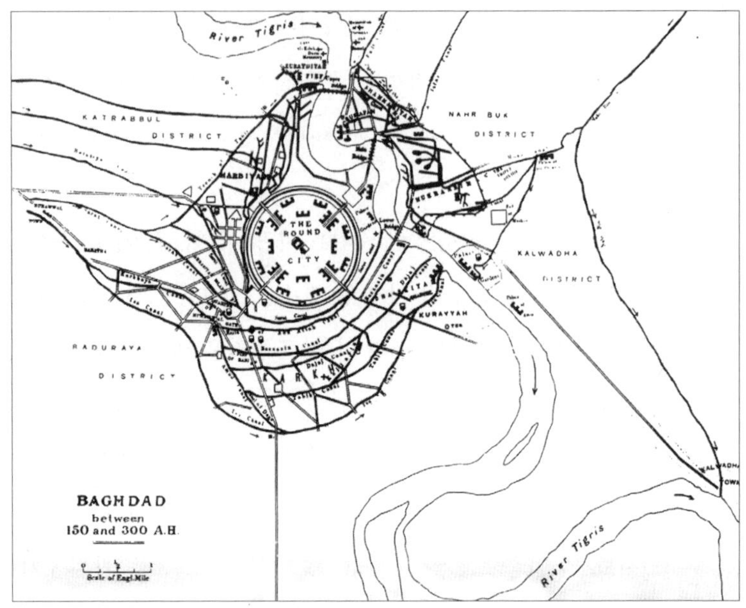

6 초창기 바그다드를 재구성한 지도. 중심에 원형 도시와 네 개의 성문, 그리고 주변 지구들을 가로지르는 수많은 수로가 보인다. 지도의 왼쪽, 티그리스강 건너편은 알 마문이 천문대를 지은 샤마시야 지구다.

알 만수르는 휘하의 장수들에게 이렇게 설명했다. "여기에 티그리스강이 있고 우리와 중국 사이에는 가로막는 것이 아무것도 없다. 바다에서 오는 모든 것은 이 강을 통해 우리에게 올 수 있고, 자지라, 아르메니아, 기타 그 주변 지역에서 오는 것도 마찬가지이기 때문이다. 그리고 저기에 유프라테스강이 있다. 그 강을 통해서는 시리아, 라카, 기타 그 주변 지역에서 나는 모든 것이 우리에게 올 수 있다."[6] 바그다드의 입지는 실로 이상적이었다. 알 사라트 운하와 나흐르 운하를 통해 주요 교역로에 직접 접할 수 있었다. 북쪽으로 유프라테스강을 따라 올라가면 시리아와 그 너머 지역으로 갈 수 있었고, 북동쪽으로는 티그리스강을 따라 모술과 그 너머 지역에 갈 수 있었으며, 남쪽으로는 페르시아만이 인도, 중국, 극동 지역으로 이어지는 관문 역할을 했다. 바그다드는 물길뿐 아니라 육로의 결절점이기도 했다. 동쪽에서 오는 여행자와 상인 들은 카라반의 긴 행렬을 이루어서 실크로드를 따라 내려와 이란의 산맥을 가로지른 뒤 북아프리카, 아라비아, 시리아, 지중해 연안, 그리고 유럽으로 갈 수 있었을 것이다.

게다가 현지의 기독교도들 사이에 "미클라스라고 불리는 왕이 이곳에서 위대한 도시를 지으리라"는 예언이 전해 내려온다고 했다. 알 만수르와 바르마크에게 이것은 하늘의 별도 이 자리를 점지했다는 신호로 보였다. 알 만수르는 어린 시절 자신의 아명 중 하나가 '미클라스'였던 것을 떠올리고서 환호하며 이렇게 외쳤다고 한다. "신의 뜻에 의해, 내가 바로 그 사람이다!"[7] 알 만수르의 궁정 점성학자 팀을 이끌던 페르시아의 유대인 학자 마샬라Mash'allah, 아랍 학자 알 파자리Al-Fazari, 페르시아의 조로아스터교도 학자 나우바흐트Nawbakht가(이들에게서 보이는 인종과 종교의 다양성은 이후 바그다드 학문 세계가 드러내게 되는 다문화적 특징을 예언하는 듯하다) 차트를 그려가며 새로운 도시 건설에 착수하기에 가장 상서로운 때를 알아냈다. 그것은 762년 7월 30일 오후 두 시였고, 알 만수르가 첫 번째 돌을 놓았다.

알 만수르는 제국 전역에 칙령을 내려서 수천 명의 숙련된 직공, 측량사, 공학자, 건축가, 석공, 목수, 설계사, 노예를 소집해 허허벌판에서 자신의 비전을 건설해냈다. 그는 자신이 구상한 성의 외곽선을 목탄으로 땅에 표시했고, 그것에 따라 매우 독특한 원형 도시가 세워졌다. 그는 도시 건설을 세부 사항 하나하나까지 직접 챙겼고 직공들을 공포에 떨게 할 정도로 지출을 꼼꼼하게 관리했다. 동전 한 푼이라도 계산이 맞지 않으면 가차 없이 감옥행이었다. 일꾼은 하루에 은 2, 3그레인을 받았고 건축 장인은 은화 24분의 1 디르함을 받았다. 벽돌은 하나하나 무게를 쟀고 지출은 마지막 한 푼까지 계산했다. 세상에서 가장 규모가 큰 도시를 짓고 있었는지는 몰라도 그는 점토 한 줌이라도 낭비할 생각이 없었다. 훗날 알 타바리가 기록한 바에 따르면, 원래의 성벽에 있던 벽돌 하나가 나중에 발견되었는데 옆면에 정확한 무게가 새겨져 있었다고 한다. 원형 도시는 진흙으로 구운 벽돌로 쌓은 이중의 동심원 벽이 약 6킬로미터의 원주를 형성하고 있었고, 바깥쪽 원 둘레에는 해자를 팠다. 안쪽의 세 번째 벽은 행정 관청과 주거 공간이 들어설 곳을 구획 지었다. 이중 돔으로 된 네 개의 거대한 성문은 제국의 각 지역을 향해 나 있었다. 북동쪽으로는 호라산과 라이, 북서쪽으로는 시리아, 남서쪽으로는 메카, 남동쪽으로는 바스라와 페르시아만 방향이었다. 알 만수르는 뜨거운 여름날 오후에 북동쪽 성문 위층에 앉아 산들바람을 맞으며 멀리 호라산 지방을 바라보는 것을 좋아했다고 한다. 호라산은 그의 왕조가 혁명을 일으켜 권력을 잡는 데 기여한 공신들의 지역이었다.

그의 후손 대부분과 몹시 대조적으로, 알 만수르는 돈을 펑펑 쓰는 사람이 아니었다. "대가로 무언가 얻을 것이 있을 때는 후한 지출을 꺼리지 않았지만 손실을 유발할 것 같은 경우에는 아무리 작은 혜택도 베풀려 하지 않았다." 구두쇠 같은 성격 덕분에 알 만수르가 사망했을 때 왕실의 재정은 1400만 디나르와 6억 디르함에 달했다.[8] 알 타바리에 따르면 당시 양이 한 마리에 1디르함 정도였고 은화 약 20디르함이 금화 1디나르였다. 알 만수르는 추진력, 비전, 열정 등 아바스 왕조 일가의 특성을 공유하고 있었지만, '푼돈의 아버지'라는 뜻의 별명 '아불 다와니크'가 말해주듯이 그의 후손 하룬 알 라시드와 알 마문이 보여주게 될 종류의 전설적인 사치와 향락의 습관은 가지고 있지 않았다. 독실한 신도이며 구두쇠였던 알 만수르는 음악을 싫어했고 파티를 혐오했다. 자손들이 《아라비안 나이트》의 짜릿한 이야기 같은, 혹은 칼리파 알 무타와킬 Al-Mutawakkil이 침상에 4000명의 궁녀를 들였다는(물론 한꺼번에는 아니었겠지만) 이야기 같은 향락을 즐기는 것을 보았다면 알 만수르는 경악을 금치 못했을 것이다. 그러한 생활 대신 알 만수르는 친구 바르마크의 지침하에 학문의 세계에 뛰어들었다. 766년에 그는 원형 도시의 〔주거지〕 '금문 궁' 옆에 알 만수르 대모스크를 지었고, 머지않아 이곳은 자석처럼 학자들을 끌어들이는 곳이 되었다.

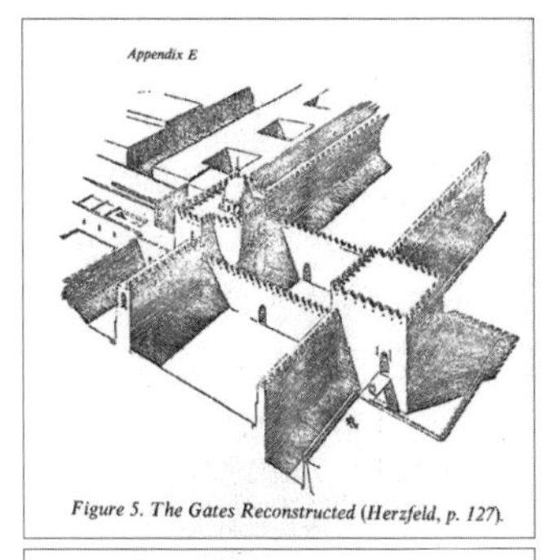

Figure 5. The Gates Reconstructed (Herzfeld, p. 127).

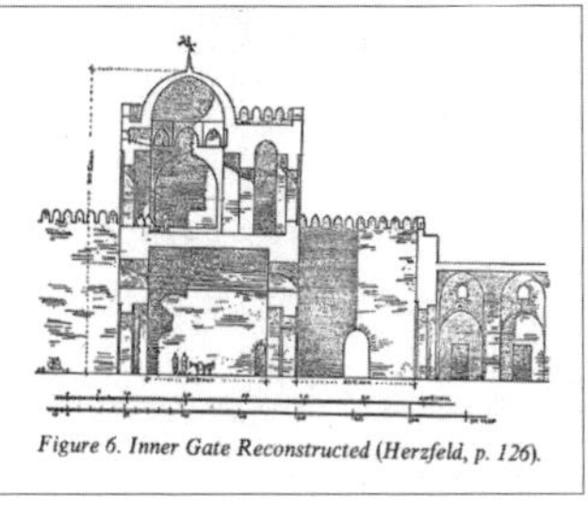
Figure 6. Inner Gate Reconstructed (Herzfeld, p. 126).

7 바그다드 성문 구조도. 이중으로 된 벽과 이층으로 된 성곽 구조가 보인다.

오늘날에도 그렇듯이 모스크와 부속 학교는 신을 경배하기 위한 예배의 장소이면서 교육과 학문을 이끄는 곳이기도 했다. 모스크는 지역민들이 사상을 배우고 공유하고 논할 수 있는 장소였고 서적과 도서관이 있는 장소였다. 학문과 배움에 대한 무슬림의 사랑은 예언자 무함

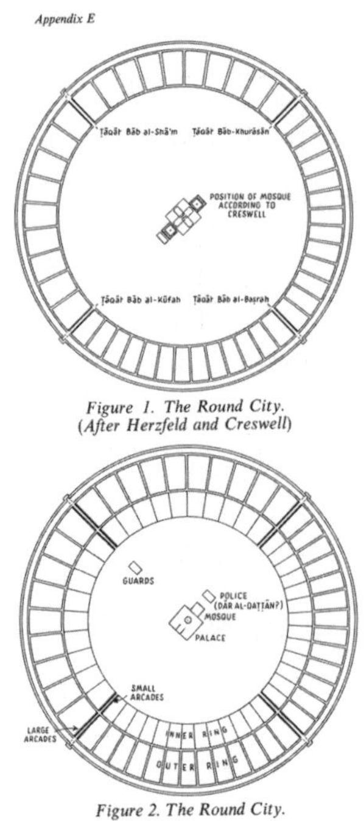

8 원형 도시의 상세 지도. 대大모스크와 방어용 이중 성벽이 보인다.

마드의 가르침에서 직접 내려오는 것이었다. "신이 보시기에, 과학을 배우고 그것을 가르치는 자를 보는 것보다 더 좋은 것은 없다."[9] 처음 몇 세기 동안 과학과 종교는 조화를 이루고 있었다. 종교적 진리를 추구하는 것은 폭넓고 철학적인 수준에서 지적 탐구를 촉진했을 뿐 아니라 구체적이고 실용적인 문제들에 대해서도 지식의 발견을 촉진했다. 가령, 기도 매트를 제대로 놓으려면 메카가 정확히 어느 방향에 있는지 알아야 했고, 기도 시간을 알려면 정확한 시각을 알아야 했다. 아직 종교적인 교리는 화석화되지 않았고 이후 몇 세기 동안 과학을 질식시키게 되는 보수주의의 벽을 쌓지도 않았다. 현재로서는 이슬람 경전을 존중한다는 것은 곧 모든 서적을 존중한다는 의미이기도 했다. 서적이야말로 "내면의 삶의 무한한 샘"이었기 때문이다.[10]

8세기 말, 서적의 세계를 영원히 변모시키게 될 물질 하나가 바그다드에 들어왔다. 바로 종이였다. 751년에 아랍은 탈라스(오늘날의 키르기스스탄 영토로 광대한 중앙아시아 평원 깊숙한 곳이다) 전투에서 중국(당나라)을 누르고 승리했는데, 전하는 이야기에 따르면 그때 사마르칸트로 끌려온 중국인 전쟁 포로 두 명이 아마 등의 섬유질 식물로 종이 만드는 법을 알려주었다고 한다. 사마르칸트에 아랍 세계 최초의 종이 공장이 지어졌고 점차 제지술은 실크로드를 따라 전해져 793년에 바그다드에도 들어오게 되었다.

종이가 들어온 것과 비슷한 시기에 잉크와 풀 제조 기술과 서적 제본 기술도 발달했다. 이러한 요인들이 합쳐져서 서적은 더 아름다운 물건이 되었을 뿐 아니라 내구성도 높아졌다. 서적 수요가 증가하면서 캘리그래퍼, 채색화가, 세밀화가도 호황을 맞았다. 이 업계에서 특히 중요한 존재가 '종이와 관련된 일을 하는 업자' 와라킨warraqeen이었는데, 이들은 책방도 운영했다. 9세기 말의 학자 알 야쿠비Al-Ya'qubi에 따르면, 바그다드 교외의 와다 지역에만 이러한 책방이 100곳이 넘었다. 그곳에는 서적 전문 시장이 형성되어 있었고 상당수의 와라킨이 판매할 책을 생산하기 위해 필경사를 두고 있었다. 이들은 책을 가대식 탁자에 진열해 사람들이 마음껏 둘러볼 수 있게 했다. 많은 와라킨이 본인도 학자였고 그들의 책방은 지적인 모임 장소이자 비공식 학계이자 열띤 과학 토론의 장이었다. 어떤 이들은 필사본 원고를 찾는 일에도 나서서 과거 문명들의 보물을 발굴하기 위해 멀리까지 수많은 지역을 돌아다니기도 했다. 또한 와라킨은 학자들이 글을 써서 먹고살 수 있는 길을 여는 데 일조했고 서적 교역을 발달시킴으로써 바그다드에서부터 '다르 알 이슬람Dar al-Islam'(이슬람권 세계를 이렇게 불렀다) 전역으로 지식을 전파하는 데 기여했다. 11세기 말이면 무슬림 저자의 수가 5000명이 넘었던 것으로 추산되는데, 와라킨이 없었다면 아랍어권 세계가 그렇게 방대한 문헌을 산출하지 못했을 것이다.

세워진 지 불과 40년 만에 바그다드는 번성하는 메트로폴리스가 되었다. '다르 알 이슬람' 전역에서, 그리고 더 멀리서도 관용과 평화의 약속에 이끌려 사람들이 모여들었다. 인구가 급증하고 도시 규모가 기하급수적으로 커지면서 적절한 위생, 식품 공급, 조세 부과 같은 문제를 해결해야 할 현실적인 필요성도 급격히 높아졌다. 또 제국을 운영하려면 도로, 교량, 관개 시스템, 운하 등의 인프라가 필요했는데 모두 기술과 설계 역량에 크게 좌우되는 것들이었다. 기초적인 공학 프로젝트도 수학적 계산이 필요했다. 질병을 치료하고 생명을 구하려면 의학 지식이 있어야 했다. 점성학은 삶의 모든 면에서 필수 불가결했고 특히 의학에서 병을 진단하는 데 매우 중요했다. 그리고 점성학에는 천문학이 필수적이었고 모든 종류의 지리적 조사, 항해, 지도 제작에도 천문학은 근본적으로 중요했다(따라서 군사적인 중요성도 컸다). 측정, 계산, 정확성의 언어인 수학 없이는 이 중 어느 것도 수행될 수 없었다. 학술적인 연구와 실용적인 지식이 결합했고 이는 문화 생산과 과학적 탐구의 엔진에 불을 지폈다.

8세기에 이르러 모호한 구어들의 모음이었던 아랍어가 공식적인 행정 문서에 사용되는 언어가 되면서 페르시아어와 팔라비어(중부 페르시아의 문자 언어) 문서를 아랍어로 번역하는 작업이 대대적으로 시작되었다. 아랍어 번역의 첫 번째 파도에서 생산된 문서는 대부분 정부, 행정, 조세에 대한 실용적인 내용들이었지만, 곧 점성학과 천문학에 대한 페르시아의 고전 문헌들로 확대되었다. 사산 왕조 페르시아의 국교였던 조로아스터교에서 별은 매우 중요했기 때문에 수 세기 동안 학자들은 천체를 정교하게 연구했고, 이들의 연구에는 인도, 그리스, 이집트, 그리고 기원전 1800년으로 거슬러 올라가는 바빌로니아 문명까지 다양한 원천에서 나온 사상과 개념도 통합되어 있었다.

서적은 바그다드 안팎으로, 또 아랍 세계 전역으로 비교적 쉽게 이동했다. 아랍 제국 전역에 운영되던 국가 우편 서비스의 발달이 여기에 크게 기여했다. 서적과 서신은 낙타, 나귀, 말, 비둘기 들의 릴레이를 통해 매우 멀리까지 전해질 수 있었다. 바그다드의 우편소에는 여행자나 순례자가 여정을 짤 수 있도록 벽에 커다란 지도가 걸려 있었다. 순례자, 상인, 보부상, 군인, 전령, 설교사 등을 위해 곳곳에 카라반사라이karavan sarai(여행자용 숙소), 병원, 식수대 등이 마련되었다. 길고 긴 밤에 사람들은 카라반사라이의 모닥불 주위에 모여서 먹고 마시고 휴식을 취했다. 무엇보다, 그들은 이야기와 소문을 나눴다. 이러한 곳들은 정보 교류의 중심지이자 네트워크의 중심지였다. 여행자들은 각종 물자를 제국 전역에 실어 나르는 낙타 카라반의 긴 대열에 합류해 이동했다. 위험으로 가득한 아라비아, 북아프리카, 이란의 사막을 건너야 하는 여행자가 안전을 기하기에 가장 좋은 방법이었다. 이러한 여행자 중에는 귀중한 사상과 개념이 영원히 사라질지 모른다는 두려움에서 모래 폭풍, 질병, 홍수, 도적, 야수 등의 위험을 무릅쓰고 서적을 찾고자 먼 길을 나선 학자들도 있었다. 이들은 동쪽으로 페르시아를 가로지른 후 북쪽으로 방향을 바꾸어 여전히 그리스어가 주로 쓰이던 비잔티움 제국의 아나톨리아로 향했다. 아나톨리아에도 많은 서적을 소장한 옛 사원과 수도원이 있는 고대의 도시들이 있었다.

770년대와 780년대 초에 알 만수르와 할리드 이븐 바르마크는 바그다드에 과학이 융성할 수 있는 완벽한 조건을 만들었다. 할리드의 아들로 매우 학식이 높았던 야히아Yahya가 만수르의 손자인 하룬 알 라시드의 개인 교사로 임명되었다. 당시만 해도 두 집안의 운명은 사랑과 상호 존중의 관계로 단단하게 묶여 있었다. 786년에 칼리파가 된 하룬은 친애하는 스승을 불러 이렇게 말했다. "친애하는 작은아버지, 저를 이 왕좌에 오르게 한 주인공은 바로 당신입니다. 당신의 도움과 천상의 축복 덕분입니다. 정말입니다. 당신의 행복한 영향력과 현명한 조언 덕분입니다! 이제 저는 당신께 절대적인 권력을 드립니다."[11] 야히아는 《원론》의 번역을 처음으로 발주했고 곧 바그다드의 지배층 전체가 그의 학구적인 모범을 따라 고대 문헌을 재발굴하는 데 돈을 쏟아붓기 시작했다. 필사실에서는 여러 명의 필경사가 문헌을 한꺼번에 받아쓰는 대량 생산 방식이 도입되어 책 생산량이 급증했고 하나의 문헌에 대해 동시에 여러 개의 사본이 제작될 수 있었다. 불과 한 세대 만에 바그다드의 내로라하는 궁이나 저택치고 책이 가득하고 학자와 필경사 들이 고용되어 있는 도서관 하나 갖추지 않은 곳이 없게 되었다.

하룬 알 라시드는 무척이나 모순적인 인물이었다. 그는 향락적이고 열정적이고 폭력적이고 경건하고 너그럽고 잔인하고 영민했다. 그의 궁정이 얼마나 화려하고 사치스러웠는지는 전설적일 정도다. 왕비 주바이다Zubaydah의 소비 수준에는 오늘날의 억만장자도 혀를 내두를 것이다. 주바이다는 금과 은으로 된 식기를 사용했고 루비로 장식한 신발을 유행시켰다. 옷을 온갖 보석으로 치장해서 자리에서 일어나려면 양옆에서 하인이 붙잡아 일으켜줘야 했다고 한다. 남편 하룬도 매 순간을 다음 순간이 없는 듯이 살았다. 하룬은 전쟁을 일으키기를 좋아하는 것만큼이나 애정 행각을 좋아하는 것으로도 유명했는데, 학문에 대한 욕심도 그에 못지않았다. 권좌에 오른 뒤에는 칼리파로서의 막강한 힘을 고대 문헌을 확보하는 데 사용했다. 선조들이 그랬듯이 비잔티움 제국의 남부 지역에 군단을 보내 많게는 1년에 세 차례나 서적을 약탈해 오게 했다.[12] 습격으로 혼란해진 틈을 타서 군인들은 닥치는 대로 약탈을 했는데, 서적은 매우 귀중한 전리품이었다.[13]

하룬은 이렇게 모은 서적과 그것을 연구할 학자들을 위한 공간으로 바그다드에 '지혜의 집'이라는 뜻의 '바이트 알 히크마Bayt al-Hikmah'를 설립했다. 이곳이 실제로 어떻게 생겼는지, 구체적으로 어떻게 기능했는지, 위치가 어디였는지 등에 대해서는 남겨진 정보가 거의 없어서, 이와 비슷한 장소들에 대해 남아 있는 묘사에다 아주 많은 상상력을 더해서 짐작만 해볼 수 있을 뿐이다.* 하지만 여기에 도서관이 있었다는 사실만큼은 분명하다. 수집된 서적을 보관하고 새 서적을 생산하는 방(혹은 여러 개의 방들)이 있었을 것이고 따라서 필경사들이 작업하는 공간과 학자들이 번역을 하는 공간도 있었을 것이다. 또 운영 관리 인력도 상당수 고용되어 있었을 것이다. '지혜의 집'에서 일한 몇몇 사서와 관리자, 학자 들이 《피흐리스트》에 언급되어 있다. 전령, 사신, 짐꾼, 청소부 등 그 밖의 지원 인력에 대해서는 추측만 해볼 수 있을 뿐이지만, 아무튼 상당히 많은 인력이 존재했으리라고 가정하는 데는 무리가 없을 것이다. 또한 이 시기에 지식의 중심지였던 다른 도시들이 학자들에게 숙식을 제공했던 것으로 미루어 볼 때 바그다드의 '지혜의 집'에도 음식을 먹으며 친교를 다지는 공간이 마련되어 있었을 것이다. 아마도 그곳

* '지혜의 집'이 실제로 어디에 있었는지에 대해서는 증거가 남아 있지 않다. 그래서 오늘날 몇몇 학자들은 '지혜의 집'이 하나의 특정한 장소가 아니라 여러 곳에서 수행되던 기능을 통틀어 일컫는 상징적인 표현이었으리라고 보기도 한다.

에는 양탄자가 깔려 있고 낮은 탁자들이 놓여 있었을 것이다. 책은 선반형 책꽂이보다는 궤짝에 보관되어 있었을 것이고 책을 찾아서 살펴볼 수 있는 책상, 종이와 갈대로 된 펜 같은 문구도 넉넉하게 제공되었을 것이다. '지혜의 집'이 넓디넓은 궁정 단지의 내부에 있었는지 아니면 별도의 장소에 있었는지는 알 수 없다. 하지만 9세기 말에 하룬의 후손인 칼리파 알 무타디드Al-Mutadid가 지은 새 궁전에는 학자들의 숙소와 연구 공간이 부속 건물로 딸려 있었다. 알 무타디드는 알 마문의 도서관도 이곳으로 옮겨 오려 했던 것으로 보인다. 이 부속 공간이 '지혜의 집'을 본뜬 것이었을까? 아니면 디자인을 더 개선하고 왕궁의 중심에 더 가깝게 두려 한 것이었을까? 어떻든 간에, 이곳에서 학자들은 꽤 자유롭고 유연한 생활을 했을 것이다. 큰 프로젝트가 있을 때는 '지혜의 집'에서 늦은 저녁까지, 때로는 밤을 새우면서 일하고, 비교적 한가할 때는 바그다드의 다른 곳에서 가족과 함께 시간을 보냈을 것이다.

바그다드 바로 외곽의 카르카르라는 마을에서 알 무나짐Al-Munajjim이라고 불리는 귀족이 매우 중요한 서적들을 소장하고 있었는데, 그의 도서관도 '지혜의 집'과 비슷한 방식으로 운영되었을 것이다. 여러 나라에서 학자들이 연구를 하기 위해 알 무나짐의 도서관을 찾아왔다. 알 무나짐은 찾아오는 학자들을 손님으로 잘 대접했고, 다시 그 학자들은 학식 있고 계몽된 '학문의 후원자'라는 알 무나짐의 평판을 더욱 드높여주었다. 이러한 일은 이슬람 제국 전역에서 일어났다. 지배층은 매우 진지하게 학문을 후원했고 학자들을 챙겼으며, 학자들이 학문적 기량을 최대한 발휘하는 데 필요한 모든 것(집필 도구, 숙식, 돈, 책, 학문적 격려)을 제공했다. 이 모든 것이 '지혜의 집'에서도 제공되었을 것이다. 또한 '지혜의 집'은 학자들이 자신의 이론과 역량을 다른 이들과 공유하기도 하고 서로를 능가하기 위해 애쓰기도 하면서 협업과 경쟁이라는 강력한 동인에 의해 돌아갔을 것이고, 이러한 분위기에서 지식의 경계가 계속해서 확장되었을 것이다.

바그다드에는 공공 도서관이 많았다. 대개 모스크나 모스크에 딸린 교육 기관인 마드라사*에 속해 있었으며, 책을 존중하는 이슬람 문화에서 매우 중요한 공간이었고 후한 기부와 후원 덕분에 번창하고 성장했다.[14] 또한 공공 도서관은 더 많은 대중이 학문을 접할 수 있게 해주었다. 종이가 도입되긴 했어도 책은 여전히 매우 비싼 물건이었기 때문이다. 알 타바리의 《예언자와 왕의 역사》처럼 여러 권으로 된 책은 아무리 못해도 100디나르는 족히 나갔다. 하지만 지배층에게는 돈을 쓰기에 이보다 더 좋은 용처가 없었다. 바그다드에는 개인 도서관도 많았고 이러한 도서관은 학자들과 후원자들이 모이는 장소이자 비공식적인 학문 토론의 장으로 기능했다. 도서관은 궁극의 지위 상징재였다.

하룬 치하에서 바그다드의 학문은 활짝 꽃을 피웠다. 하지만 문제가 생겨나 끓기 시작하다가 803년에 첫 폭풍이 닥쳤다. 명확하지 않은 이유로 하룬은 갑자기 바르마크 가문에 등을 돌리고서 이제는 노년이 된 스승 야히아를 투옥하고 그의 아들 자파르를 잔혹하게 살해했다. 페르시아의 명문 가문으로 궁정 정치의 지뢰밭을 수완 좋게 헤쳐나가며 왕실의 신임을 얻는 데 그토록 뛰어났던 바르마크 가문은 이렇게 무너졌고 다시는 부활하지 못했다. 이어서 하룬은 후계자 문제를 처리해야

* 이슬람의 교육 시설로, 오늘날에도 모스크에 부속 마드라사가 있는 경우가 많다.

했는데, 노예 여성과의 사이에서 낳은 아들 아브드 알라 알 마문을 적장자인 알 아민Al-Amin에 이어 2순위자로 두었다. 알 아민은 어마어마한 사치로 유명했던 주바이다의 아들이다. 809년에 사망할 때까지 하룬은 적장자 알 아민이 평화롭게 칼리파 지위를 이어받을 수 있게 하려고 노력했지만 운명은 그렇게 흘러가지 않았다. 장차 아랍 학문의 가장 위대한 시대를 열게 될 알 마문은 2순위자의 위치를 참고 있을 사람이 아니었다. 아바스 왕조를 연 작은할아버지 알 사파의 피비린내 나는 선례를 따라 알 마문은 메르브에 권력의 기반을 구축하고(메르브는 북부의 광대한 지역인 호라산 지방의 수도였고 그의 어머니의 고향이었다) 14개월간의 바그다드 봉쇄로 정점에 이르는 형제의 난을 일으켰다. 알 아민은 그의 적수가 되지 못했다. 알 마문은 영민하고 카리스마가 넘쳤으며 무엇도 그를 멈출 수 없었다.

알 마문은 813년에 칼리파 자리에 올랐다. 하지만 몇 년 동안 계속 메르브에 있다가 819년에 약 1600킬로미터의 여정을 거쳐 바그다드로 돌아왔다. 바그다드는 내전에서 완전히 회복되지 못한 상태였고 알 마문이 강력한 통치자이긴 했지만 폭력 사태와 파벌 간 알력이 지속적으로 벌어졌다. 아버지처럼 알 마문은 엄청나게 호사스러운 생활을 했다. 가장 아름다운 물건으로 궁을 장식했고 신하들에게 가장 화려한 연회를 베풀었다. 그들은 실크로 된 방석에 앉아서 멋진 환관과 시녀가 내오는 무화과, 피스타치오, 포도, 석류, 사프란이 들어간 꿀 과자 바클라바 등을 먹으며 무희의 춤을 즐겼다. 연회나 환락을 즐기지 않을 때는 마상 경기, 펜싱, 사냥, 경마를 했다.

강도 높은 향락만큼이나 학문 활동도 강도 높게 벌어졌다. 바르마크 가문은 알 마문에게 세상에 대한 호기심과 그리스에 대한 존경심을 심어주었다.[15] 아리스토텔레스가 그의 꿈에 나왔을 정도였다. 알 마문의 학문적 호기심은 끝을 몰랐다. 이집트 원정을 갔을 때는 이집트 상형문자의 뜻이 너무나 알고 싶어서 현지 학자에게 그것을 글자로 풀어 달라고 한 뒤 머리를 싸매고 뜻을 연구하기도 했다. 아바스 왕조의 지도자 중 과학에 가장 관심이 많았던 사람이 알 마문일 것이다. 바그다드로 돌아와서는 아버지가 세웠던 '지혜의 집'을 재건해 아랍 학문의 중심지가 되게 했고, 이는 국가가 후원하는 과학 진보의 새 시대를 열었다. 대대적으로 서적을 확보하고 수집하는 일에 착수한 알 마문은 비잔티움 황제에게 "그곳에 소중하게 보관되어 있는 몇몇 고대 과학 문헌들을 빌릴 수 있도록 허락을 구한다"고 요청하는 편지를 보낸 뒤 "콘스탄티노플에 바이트 알 히크마(지혜의 집) 관리자인 살만을 포함해 (……) 사신단을" 보내 그것들을 가져오게 했다.[16] 9세기 중반이면 '지혜의 집' 도서관은 세계 최대 규모의 장서를 보유하게 된다.

모든 방향에서, 그리고 온갖 언어로 지식이 바그다드에 흘러 들어왔다. 중동 지역에는 기독교 공동체가 꽤 탄탄하게 확립되어 있었고, 교리상의 차이로 동방 정교회에서 분리되어 네스토리우스파를 이룬 시리아 기독교도들이 들어오면서 그 수가 크게 증가했다. 이들은 5세기에 비잔티움의 박해를 피해 페르시아 제국으로 도망쳤고, 안티오크와 에데사에서, 나중에는 흰 장미와 와인과 전갈의 도시인 누사이빈 등에서 기독교 학문의 중심지를 일구었다. 이 도시들에서 학자들은 아람어 방언이자 중동 지역 기독교 공동체의 문자 언어인 시리아어로 그리스 신학, 철학, 의학, 천문학을 공부했다. 아바스 왕조의 수석 궁정 점성학자가 되는 에데사의 테오필로스Theophilus of Edessa 같은 학자들은 아리스토텔레스를 비롯해 그리스 철학자들의 저술을 바그다드로 가지고 왔다. 네스토리우스파 기독교도들은 고대 그리스 학문과 밀접하게 연결되어 있었고, 그리스 문헌을 시리아어에서 아랍어로 번역한 이들의 초창기 번역서와 전문 지식은 바그다드 과학 발달의 토대가 되었다. 시리아 학자인 세베루스 세보크트Severus Sebokht(575~667)는 《알마게스트》를 연구하고 천문학 이론서도 집필했는데, 이 저술에서 그는 천문학을 더 깊이 알고 싶은 사람이라면 반드시 《알마게스트》를 봐야 한다고 언급했다.

시리아어와 팔라비어 문헌들이 아랍어로 번역되면서 바그다드 학자들은 고대 학문의 폭과 깊이를, 그리고 자신들이 아직 접하지 못한 곳에 얼마나 더 많은 것이 있을지를 깨닫게 되었다. 알 만수르도 비잔티움 제국 황제에게 서신을 보내 과학 서적을 빌려달라고 부탁했다. 콘스탄티노플에 그리스 문헌이 많이 있다는 것은 비밀이 아니었다. 콘스탄티노플은 외침을 잘 피해왔기 때문에 고대의 기념비적인 건축물과 도서관 들이 잘 보존될 수 있었다. 알 만수르의 요청에 콘스탄티노플의 황제는 과학 서적을 한 궤짝 보내는 것으로 화답했다. 여기에는 유클리드의 《원론》도 있었는데, 이후 몇십 년간 바그다드의 학자들은 《원론》을 아랍어로 번역해 수학 연구의 풍성한 전통을 열기 시작한다. 이때 들어온 필사본 자체는 남아 있지 않지만 그것과 비슷한 버전이 하나 있다. 약 100년쯤 뒤에 콘스탄티노플에서 제작된 것으로, 현재 보들리언 도서관에 소장되어 있다. 수학 이론을 설명하는 깔끔한 다이어그램들과 함께 그리스어로 신중하게 쓰인 이 사본에는 첫 소유자였던 파트라이의 아레타스Arethas of Patrae(카이사레아의 주교)가 유클리드의 공리들을 이해하려고 고전하면서 여백에 달아놓은 설명이 남아 있다. 알 만수르가 콘스탄티노플에 요청해 확보한 필사본이 우리가 아는 한에서는 바그다드에 들어온 최초의 《원론》이다. 그보다 먼저 시리아어로 된 버전이 들어와 있었을지도 모르지만 현전하지 않는다. 그리고 알 만수르는 《원론》을 확보하자마자 곧바로 아랍어 번역에 착수하지는 않은 것 같다. 《원론》의 첫 아랍어본은 하룬 알 라시드 치세 때 나온다.

수학 이론은 동쪽의 아시아로부터도 들어왔다. 771년에 한 여행자가 인도 수학자 브라마굽타Brahmagupta(598~668)가 쓴 힌두 천문학 서적 《싯단타*Siddhanta*》('우주를 열다'라는 뜻이다)를 바그다드에 가지고 왔다. 유클리드와 달리 브라마굽타는 수학 명제를 증명과 함께 명료하게 기술하지 않고 인도 수학의 전통대로 시를 통해 모호하게 표현했다. 시의 베일을 덮은 그의 수학은 아름답기는 했지만 이해하기는 몹시 어려웠다. 알 만수르는 궁정 점성학자 알 파자리에게 《싯단타》를 번역하는 어려운 임무를 맡겼다. 이 책은 바그다드에 '위치 기수법'이라는 개념을 소개했다. 오늘날 우리가 숫자를 쓸 때처럼 1부터 9까지 아홉 개의 숫자를 1의 단위면 첫째 자리, 10의 단위면 둘째 자리, 100의 단위면 셋째 자리에 쓰는 식으로 배치하는 표기법을 말한다. 이 체계가 열어준 가능성은 실로 무한했다. 훗날 이 표기법이 받아들여졌을 때, 기존의 로마 숫자 체계로는 할 수 없었던 계산이 가능해지면서 수학이라는 학문 자체가 변모하게 된다. 시리아에는 이미 위치 기수법이 알려져 있었고 세베루스 세보크트도 662년에 인도 수학자들이 사용하는 '아홉 가지 기호'에 대한 글에서 이를 매우 높이 평가한 바 있었다.

《싯단타》에 담긴 또 하나의 혁신적인 내용은 '영(0)'에 대한 규칙들을 정리한 것이었다. 영은 "무존재"를 표시하는 신비로운 기호로, "음수와 양수 사이에 있는 버팀목"이며 "우주의 비밀을 풀어주는 열쇠"였다.[17] 실로 근본적인 수학 개념인 '영'은 몇몇 지역에서 서로 다른 형태로 발달했다. 알려진 바에 따르면 '영'을 나타내는 최초의 기호는 무려 기원전 3000년으로까지 거슬러 올라가는데, 아이러니하게도 바그다드 바로 위에 있는 수메르에서 발견되었다. 여기에서 '영'(사선으로 된 두 개의 쐐기로 표시되었다)은 숫자들이 죽 나열되어 있을 때 사이사이에 간격을 두는 용도의 간단한 기호였다.

'영' 개념은 점차 퍼져 나갔다. 간격을 두는 기호로서 회계에서 중요한 도구가 되면서, '영'은 나무껍질로 만들어진 영수증에 적혀 상인들이 실크로드의 장터와 페르시아만의 항구를 이동할 때 함께 전파되었다. 인도에서는 '영'이 무언가가 부재한다는 것을 나타내는 회계 기호이던 데서 무無에 대한 보편적이고 추상적인 개념으로 발달했고 그 자체가 하나의 숫자를 의미하게 되었다. '영'이라는 개념은 원래 '공空'을 의미하는 인도 단어 '순야sunya'에서 나왔는데 이것은 불교철학에서 매우 중요한 개념이다. 인도에서 수학은 거대한 수에 대한 매혹과 자이나교도들 사이에 존재했던 '무한대'라는 개념 덕분에 철학의 영역으로 올라갔고, 일상의 구체적 필요에만 밀착되어 있던 제약을 벗어나 추상적인 개념이 되었다.[18] 그리고 숫자는 더 이상 낙타나 살구나 은화를 세는 도구에만 그치지 않고 그 자체로 중요한 실체가 되었다.

고대 인도 수학자들이 인간의 인지 범위를 넘어서는 규모의 거대하고 추상적인 숫자들과 씨름하고 있었을 때, 고대 그리스 학자들은 기하학에 초점을 두고서 수학의 문제를 숫자보다는 길이와 도형으로 접근하고 있었다. 이들에게는 '영'도, 나아가 상업의 도구인 산술 자체도 별 쓸모가 없는 것이었다. 하지만 이슬람 제국은 상업의 기반 위에 세워진 제국이었고 예언자 무함마드도 원래 상인이었다. 그래서 바그다드의 학자들은 산술에 대해 고대 그리스 수학자들이 가지고 있었던 편견이 없었다. 그러한 바그다드 학자 중 한 명이 9세기의 위대한 수학자 무함마드 이븐 무사 알 콰리즈미Muhammad ibn Musa al-Khwarizmi(라틴어로는 '알고리스무스Algoithmus'라고 불렸다)다. 그는 820년에 저서 《키타브 알 제브르*Kitab al-Jebr*》('대수학에 관한 서'라는 의미로, 대수학의 영어 단어 'algebra'가 여기에서 유래했다)에서 알고리즘의 개념을 발달시킨 페르시아의 천재였다. 이 책은 처음으로 대수학을 하나의 독립된 학문으로 정립했다. 알 콰리즈미는 세금을 계산하거나 관개를 위해 토지를 분할하는 것과 같은 일상의 문제를 해결하는 데 도움을 주기 위해 이 책을 고안했는데, 수학을 한 단계 높은 추상의 수준에 놓고 그것으로부터 다양한 문제에 두루 적용될 수 있는 일반 법칙들을 발달시킴으로써 이를 달성했다. 이로써 수학은 굉장히 광범위한 사람들에게 유용성을 갖게 되었다. 일례로 알 콰리즈미는 이차 방정식의 몇 가지 유형과 그 해를 구하는 방법을 처음으로 제시했다. 바그다드에서 나온 다른 많은 과학 저술들처럼, 이 책은 여러 차례 필사되었고 이슬람 제국 전체에 퍼졌다.

알 콰리즈미의 생애에 대해서는 알려진 것이 거의 없지만, 적어도 그의 이름에서 그가 멀리 아랄해에 있는 건조한 지역인 호라즘 출신이라는 것을 알 수 있다(알 콰리즈미는 '호라즘Khwarezm 사람'이라는 뜻이다). 어느 시점에 그곳 사람들은 고대의 실크로드를 따라 서쪽으로 긴 여정을 시작해 맛있는 피스타치오와 석류가 나는 니샤푸르에서 자그로스산맥을 지나 다시 아래로 이동해 초록이 무성하고 과수가 잘 자라는 바그다드 외곽 지역에 당도했다. 알 콰리즈미는 이곳에 살면서 '아랍인의 철학자'로 불리던 친구 아부 유수프 야쿠브 이븐 이스하크 앗 사바 알 킨디Abu Yusuf Ya'qub ibn Ishaq as-Sabbah al-Kindi(801~873)와 함께 연구했다.[19] 알 콰리즈미와 알 킨디 모두 인도-아라비아 십진법에 대해 글을 남겼고 이 표기 체계의 아름다운 단순함과 무한한 잠재력에 찬사를 보냈다. 하지만 사람들이 옛 방식의 숫자 표기법과 셈법을 버리고 인도-아라비아 십진법을 받아들이게 하는 데는 성공하지 못했다. 이렇게 대대적인 패러다임 변화에는 시간이 오래 걸리는 법인지라, 이후에도 수 세기 동안 주되게 쓰인 것은 바빌로니아의 60진법(오늘날에도 시간 단위 등에 남아 있다)과 로마 숫자였다.

《싯단타》는 오늘날의 이란에 있는 도시인 군데샤푸르를 통해 바그다드로 들어왔을 것이다. 이곳은 수 세기 동안 의학의 중심지였고 그리스와 이집트의 의학이 극동 지역의 의학 전통과 만나 혼합되는 장소였다. 3세기에 매우 학구적이던 페르시아 왕 샤푸르 1세Shapur I는 로마 여인을 왕비로 맞았다. 왕비는 그리스 의사 두 명과 함께 군데샤푸르에 도착했고, 이들이 갈레노스와 히포크라테스의 이론을 가르치면서 군데샤푸르는 병원, 의학교, 도서관을 갖춘 의학 연구와 치료의 중심지가 되었다. 529년 이후에는 비잔티움의 박해를 피해 아테네의 그리스 철학자들이 이곳으로 들어왔고 네스토리우스파 기독교인들도 동쪽으로 이주해 이곳에 고대 그리스 문헌들을 가지고 왔다. 6세기에 사산 왕조의 왕 호스로Khusraw는 의학 지식을 교류하기 위해 궁정 의사 한

명을 인도와 중국에 보내 그곳 학자들을 군데샤푸르로 초청했다. 이러한 지식들은 유대, 페르시아, 그리스, 시리아의 의학 전통과 결합되었다. 그리고 이제, 이렇게 다양한 의학 전통이 알 만수르에 의해 바그다드로 들어오게 된다. 심한 복통으로 고생하던 알 만수르는 페르시아어로 '예수가 구원한 사람'이라는 뜻의 우아한 이름을 가진 군데샤푸르의 네스토리우스파 의사 유리스 이븐 지브릴 이븐 바흐티슈Jurjis ibn Jibril ibn Bakhtishu를 바그다드로 불렀다. 바흐티슈는 알 만수르의 복통을 치료했고 이후에도 바그다드에 계속 머물면서 궁정 의사의 계보를 열었다. 그는 군데샤푸르의 풍성한 의학 지식을 통째로 가지고 와서 바그다드가 군데샤푸르를 잇는 의학의 중심지가 되게 했다. 그리고 계속해서 바그다드에서 학문과 번역의 중요한 후원자 역할을 했다.

바흐티슈의 손자 지브릴은 805년에 궁정 의사로 임명되었고, 30년간 이 지위를 간헐적으로 유지하면서 알 마문을 포함해 여러 칼리파를 모셨다. 바흐티슈 가문은 고전 그리스 지식을 바그다드 학계의 최전선에 가져오는 데 혁혁한 공을 세웠다. 알 마문 치세는 고전 그리스 지식을 확보하고 연구하는 활동이 정점을 이룬 시기였으며, 이때 아랍 과학은 고대의 학문을 넘어서서 그 자체로 중요한 학문 전통이 되었다. 알 마문의 개인적인 호기심과 비전이 이 과정의 주된 촉진제 중 하나였다. 알 콰리즈미가 대수학에 대한 논문을 쓸 수 있었던 것도 알 마문의 독려 덕분이었다. 무타질라파 신학〔이슬람 신학에 그리스 철학을 결합한 이성주의 신학〕을 받아들인 알 마문은 '신의 칼리파'로서의 지위를 공고히 다지고 정치적 권력뿐 아니라 종교적 권력까지 전적으로 칼리파에게 집중시키기 위해 여러 정책을 도입했다〔알 마문은 그때까지 종교학자(울라마)

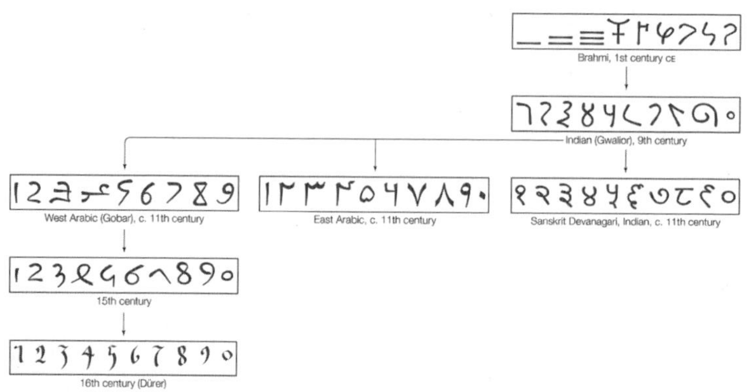

9 인도-아라비아 숫자의 발달과 지리적 이동. 서기 100~1600년. 오른쪽 위부터 왼쪽 아래 방향으로 브라흐미 숫자(1세기), 인도 괄리오르 숫자(9세기), 인도 산스크리트 데바나가리 숫자(11세기), 동부 아랍 숫자(11세기), 서부 아랍 고바르 숫자(11세기), 15세기, 16세기(뒤러).

들이 소유했던 종교적 권위를 칼리파에게 집중시키려 했으며, 전통의 권위에 기초한 종교학자들의 교조적인 교리 대신 토론과 논증을 통해, 즉 궁극적인 기준인 이성에 기초해 경전을 해석하고 다른 해석들을 논파함으로써 이를 달성하려 했다. 디미트리 구타스, 《그리스 사상과 아랍 문명》, 정영목 옮김(글항아리, 2013) 참고〕. 그는 율법상의 쟁점에 대해 명확히 판단을 내리고 이성적 교리 해석을 강요하기 위해 이슬람 세계 최초로 일종의 종교 재판인〔철저한 신앙 조사〕'미흐나mihna'를 실행했고, 그리스 철학과 변증법(논증법)을 사용하는 무타질라파의 전통을 추구함으로써 지적인 탐구와 학문에 우호적인 환경을 만들었다. "알 마문은 교양 있는 사람 중 율사와 학자 들을 자신의 회의에 참여시켰다. 그는 다양한 도시에서 이러한 사람들을 영입했고 이들에게 보수를 지급했다. 그 결과 이론적인 연구에 사람들이 관심을 갖게 되었고 연구 방법론과 변증법을 사용하는 법을 익히게 되었다."[20]

바그다드로 들어온 다양한 학문 전통이 알 마문의 '지혜의 집'으로 흘러 들어와 그가 고용한 학자들에 의해 번역되고 통합되고 한층 더 발달하면서, 지식의 지도가 새로 그려졌다. 민족적으로 아랍인인 사람은 많지 않았고 상당수가 페르시아인(일부는 기독교도, 일부는 조로아스터교도였다)이었는데, 많은 이들이 지배층에 동화되고 경력상의 진전을 이루고자 이슬람으로 개종했다. 부, 기술, 후원, 종교적 관용이 존재하는 환경에서 학문이 융성했다.

알 마문은 까다롭지만 비전 있는 후원자였고 지나치게 거만했지만 어린아이와도 같은 열정이 있었다. 그는 학자들에게 불가능해 보이는 것을 기대하며 끝없이 질문했다. 다행히 그의 질문에 답을 낼 수 있을 만한 상상력과 지성을 갖춘 사람이 주위에 많이 있었다. 그중에서도 제일을 꼽으라면 바누 무사Banu Musa 삼형제를 들 수 있을 것이다. 메르브에서 알 마문의 점성학자로 일했던 사람의 아들들로, 아버지가 예기치 않게 숨지자 알 마문이 이들을 거두어서 그리스식 교육 과정에 따라 교육시켰고 바그다드로 돌아올 때 데리고 왔다. 이름은 무함마드, 아흐마드, 알 하산이었다. 이들은 수준 높은 교육과 엄청난 지적 역량을 토대로 수로, 다리, 관개 시설 등을 설계하는 공학 프로젝트에 수학을 활용했다. 칼리파 알 마문에게 없어서는 안 될 존재가 된 삼형제는 칼리파가 제시한 것 중 가장 대담하다 할 만한 프로젝트에도 기꺼이 도전했다. 바로 이 세상의 크기를 재는 것이었다. 사실 이 도전은 아주 오래전에 이미 수행된 적이 있었다. 고대에 프톨레마이오스가 더 과거의 천문학자들이 산출한 데이터를 사용해서 지구 둘레를 18만 스타디움이라고 계산했던 것이다. 그런데 바그다드의 학자들은 1스타디움이 얼마큼인지 알 수 없었고, 이는 작지만 매우 심각한 문제였다. 어쨌든 바누 무사 삼형제와 알 마문의 천문학자들은 적어도 프톨레마이오스의 계산이 매우 간단한 전제에 기반하고 있다는 사실은 알고 있었다. 구형의 지구 표면에서 각도 1도만큼의 거리가 얼마인지 알 수 있다면 360을 곱해 전체 둘레를 구할 수 있다는 것이었다. 가장 뛰어난 천문학자들이 이라크 북서부 신자르의 넓은 평원에 파견되었다. 밤이 되자 이들은 두 팀으로 나뉘어 한 팀은 정북 방향으로, 다른 팀은 정남 방향으로 걸었다. 그러다가 별의 위치로 각도를 가늠해 1도만큼 갔을 때 걸음을 멈추고 뒤로 돌아 출발점으로 돌아오면서 출발점에서부터 이동한 거리를 쟀다. 그 다음에 두 팀이 이동한 거리의 평균을 내고(56.6아랍마일이었고, 현재의 단위로는 109킬로미터에 해당한다) 360도를 곱해 전체 둘레를 계산했다. 그들이 구한 값은 약 3만 9400킬로미터로, 오늘날 알려진 실제 지구 둘레 약 4만 킬로미터에 매우 근접한 수치다. 실로 굉장한 업적이었고 그들이 사용한 도구가 얼마나 원시적이었는지를 생각하면 더욱 그렇다. 물론 알 마문은 천문학자들이 실제의 지구 둘레에 얼마나 근접하게 계산했는지를 알 수 없었다. 그래서 최대한 정확한 답을 내기 위해 또 다른 팀을 시리아의 사막에 보내 동일한 실험을 되풀이하게 했다. 이들이 구한 둘레는 앞의 팀이 계산한 것보다 컸고 (이것 또한 그들로서는 알 수 없었겠지만) 실제 지구 둘레와의 차이도 더 컸다.

이러한 위업은 9세기 바그다드의 분위기를 단적으로 보여준다. 바누 무사 삼형제와 동료 학자들은 마음껏 상상력을 펼칠 수 있었고 부와 지식을 과학적 발견을 추구하고 학문적 탁월함을 성취하는 데 쏟을 수 있었다. 바누 무사 삼형제는 번역 활동을 후원한 것으로 특히 유명하다. 그들은 문헌을 찾아내고 입수해 올 팀을 꾸려 각지에 보냈고 책을

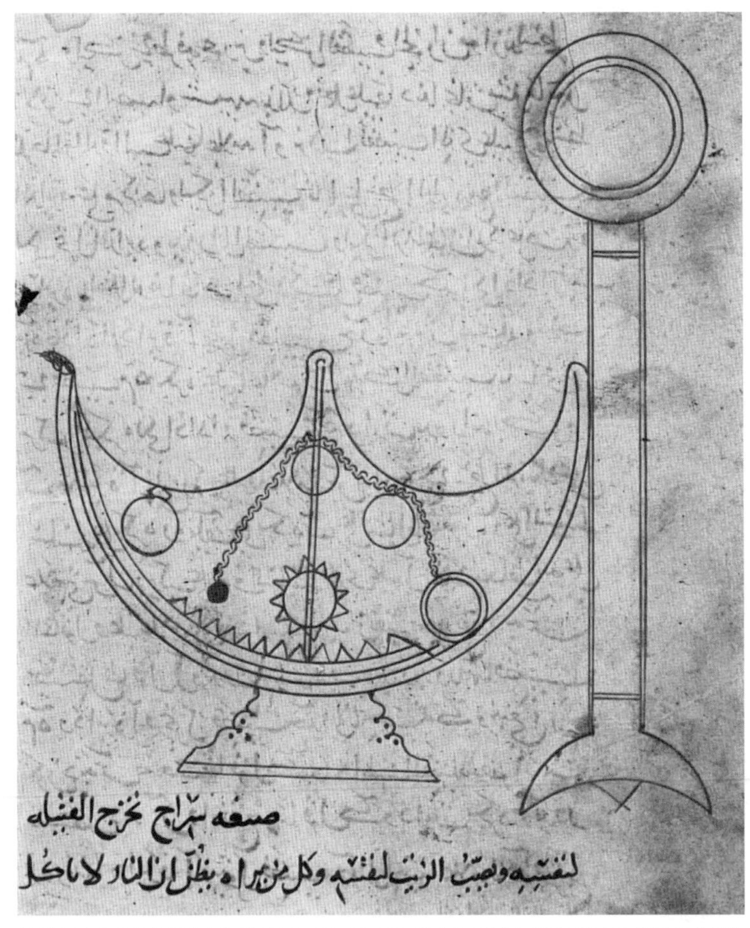

10 바누 무사 삼형제가 발명한 자동 심지 조절 램프. 그들의 저서《기발한 장치들에 관한 서》에 실려 있다.

만드는 데 많은 돈을 지출했다. 이븐 알 나딤에 따르면 그들은 번역가에게 한 달에 500디나르를 지급했는데, 1디나르는 순금 4.25그램을 담고 있었으므로 오늘날의 가치로 1만 8000파운드 정도〔약 2800만 원〕의 월급을 지급한 셈이다.[21] 이것은 "고위 공직자의 월급과 비슷했고 일반적

인 장인이나 군인의 월급보다 훨씬 많은" 액수였다.[22]

바누 무사 삼형제는 직접 집필을 하기도 했다. 가장 유명한 저서는 《기발한 장치들에 관한 서*Kitāb al-Hiyal*》로, 새로 발명했거나 기존 발명품을 개량한 기계 장치 100가지를 소개한 책이다. 바람이 불어도 꺼지지 않는 횃불, 저절로 소리를 내는 피리, 넘어지지 않는 항아리, 스스로 심지를 조절하는 램프 같은 것들이 포함되어 있었는데, 재미 용도에 더 가까운 것들도 있었고 유용성을 염두에 둔 것들도 있었다. 이 장치들은 모두 중력이나 부력 같은 자연 에너지를 활용하거나 에너지를 장치의 한 부분에서 다른 부분으로 옮기는 메커니즘을 통해 작동하게 되어 있었다. 또한 이 장치들 모두 이런저런 형태로 지금도 사용되고 있다. 크랭크축이 그런 사례 중 하나인데, 로마 시대의 설계를 바누 무사 삼형제가 개량한 이 혁명적인 기술은 14세기 말에 유럽에 전해졌고 오늘날에도 모든 종류의 엔진에 들어가는 핵심 장치다. 비잔티움 제국의 사신들이 입을 다물지 못했을 '나무의 방'도 바누 무사 삼형제의 설계를 토대로 지어졌을 것이다. 《기발한 장치들에 관한 서》는 아랍 세계에서 널리 읽혔고 여기에 실린 아이디어는 이슬람권 스페인으로 넘어갔다가 라틴어로 번역되어 서유럽으로 전해졌다.

바누 무사 삼형제가 고용한 뛰어난 번역가 중에 젊은 네스토리우스파 기독교도인 후나인 이븐 이스하크Hunayn ibn Ishaq(809~873)가 있었다. 바그다드 남쪽, 유프라테스강 옆에 있는 알 히라* 출신으로, 시리아

* 알 히라는 이슬람 이전 시기의 페르시아 제국에서 아랍 사람들의 주요 정착지 중 하나였다. 이라크 중남부 알 쿠파의 남쪽 지역에 위치해 있다.

어와 아랍어를 할 줄 알았다. 그는 군데샤푸르 출신의 저명한 의사 유한나 이븐 마사와이Yuhanna ibn Masawayh 밑에서 공부를 하려고 고향을 떠나 바그다드로 갔다. 유한나는 전통적으로 은행가나 상인이던 알 히라 사람들을 좋게 보지 않아서 이곳 출신인 후나인을 하찮게 여겼지만 그래도 제자로 받아들였다. 하지만 후나인의 그칠 줄 모르는 탐구심과 끝없는 질문에 질린 나머지 결국 그를 쫓아내고 만다. 이러한 좌절도 젊은 후나인의 뜻을 꺾지는 못했다. 그는 바그다드를 떠나 "고대의 책들을 찾기 위해 전국 방방곡곡을 돌아다녔고 비잔티움 제국에까지" 갔다.[23] 그 과정에서 그리스어를 배워 몇 년 뒤 바그다드에 돌아왔을 때는 "호메로스를 암송할 수" 있었다. 또 상당한 양의 서적도 수집해서 곧 그것을 아랍어로 번역하기 시작했는데, 종종 시리아어본을 토대로 작업했다.[24] 후나인은 탁월한 실력으로 빠르게 명성을 얻었고 바그다드의 여러 후원자로부터 일을 의뢰받았다. 알 마문도 의사이자 번역가로 그를 고용했다. 이후에 후나인은 아들과 조카까지 포함하는 팀을 이끌면서 번역 과정을 혁신했다. 그는 시리아어, 그리스어, 아랍어에 모두 통달한 점을 십분 활용해서, 단순히 단어를 1대 1로 옮기기보다 문장의 정확한 의미를 제시하고자 했다. 이 방식으로 번역을 하려면 번역가가 매우 높은 수준의 전문 지식을 갖추고 있어야 했다. 언어 역량만으로는 충분치 않았다. 후나인은 번역가들과 긴밀하게 협업하면서 매우 엄정한 기준을 수립했고 그 기준에 따라 사본 하나하나를 수차례 점검하고 교정했다. 또한 후나인의 팀은 복잡한 과학 개념을 아랍어로 옮기기 위해 전문 용어 일체를 새로 만들어냈고 자신들이 번역한 글을 다시 퇴고하고 개선하면서 번역의 황금률을 확립했다.

후나인이 이룩한 또 하나의 혁신은 (종종 여러 언어로) 최대한 많은 저본을 수집해 종합함으로써 가장 권위 있는 정본을 만들었다는 점이다. 그는 갈레노스의 《의학의 분파에 관하여*De sectis*》 번역에 대해 다음과 같이 설명했다. "나는 군데샤푸르의 한 의사에게 의뢰를 받아 그것을 번역했다. (……) 처음의 저본은 오류가 많은 그리스어 필사본이었다. (……) 그사이에 그리스어 필사본을 여러 권 구해서 이것들을 종합해 더 정확한 원고를 만들 수 있었다. 그다음에 시리아어로 된 것을 또다시 종합했다. 나는 내가 번역한 모든 저술에 이 방식을 적용했다. 몇 년 뒤에는 아부 자파르 무함마드 b. 무사(알 콰리즈미)의 의뢰로 시리아어본을 아랍어로 번역했다."[25] 후나인의 번역 방식과 그 방식으로 만들어진 번역서들의 중요성은 아무리 과장해도 지나치지 않을 것이다. 그의 번역본을 보면서 학자들은 고대의 개념과 사상을 깊이 이해할 수 있었고, 이를 바탕으로 그 개념과 사상을 조직하고 평가하고 검증하고 오류를 수정할 수 있었으며, 그다음에 그것들을 토대로 새로운 발견을 할 수 있었다. 후나인의 번역본은 많은 그리스 저술의 정본으로 자리 잡았고 이후 몇 세기 동안 계속해서 널리 전파되었으며 나중에 라틴어로도 번역되었다. 그는 갈레노스의 저술 129편을 번역했는데 상당수가 직접 찾아낸 저본으로 작업한 것이었다. 그중 하나가 《입증에 관하여*De demonstratione*》인데, 저본이 될 원고를 확보하기 위해 노력한 과정을 그는 이렇게 기록했다. "나는 그것을 열심히 찾아 나섰다. 메소포타미아, 시리아, 팔레스타인, 이집트 등지를 돌아다니며 알렉산드리아에까지 갔는데 아무것도 찾을 수가 없었다. 다마스쿠스에서 그것의 절반을 발견한 것이 전부였다."[26]

후나인은 번역가로 가장 잘 알려져 있지만 알 마문의 궁정 의사이기도 했고 직접 집필한 저술도 여러 권 있었다. 그중 하나인 《눈에 관한 열 편의 논문*Ten Treatises on the Eye*》은 "최초의 체계적인 안과학 교과서"[27]라고 볼 수 있으며 사람의 눈을 그린 최초의 해부학적 그림도 실려 있다. 번역 작업에서 후나인의 목표 중 하나는 바그다드 의학교에서 갈레노스의 저술을 가르칠 때 사용할 교재를 만드는 것이었다. 그가 이 책으로 공부할 미래의 의학도로 염두에 둔 사람 중에는 자신의 아들 이스하크 이븐 후나인(830~910)도 있었다. 아들도 아버지의 걸출한 족적을 따라 왕성한 번역가이자 아바스 왕조의 궁정 의사가 된다.

후나인의 학문적 유산은 9세기 말에 페르시아에서 무함마드 이븐 자카리야 알 라지Muhammad ibn Zakariyya al-Razi(854~925)*〔서구에서는 '라제스Rhazes'라고 불린다〕가 바그다드로 오면서 한층 더 발달하게 된다. 알 라지는 후나인이 작업한 갈레노스와 히포크라테스의 뛰어난 번역본을 이용해서 정신의학 및 소아과학 분야를 개척했다. 그는 바그다드와 고향인 라이(현재 테헤란 근교)에 병원을 세우는 데도 일조했는데, 당시에 이슬람 문화권에서는 병자를 돌보기 위한 용도의 기금을 후원하는 일이 많았다. 알 라지는 또한 대조군을 사용하는 임상 시험 규칙을 만들었고 의학 교육의 중요성을 강조했으며 화학 원소를 체계적으로 분류해 주기율표의 원형을 만들었다. 천문학, 기하학, 화학〔연금술〕부터 과일, 영양, 정신 치료까지 다양한 분야에 대해 저술도 많이 남겼다. 그중 두 편

---

* 이란 사람들은 지금도 8월 27일을 '라지의 날'로 기념하며 이란 곳곳에 그의 이름을 딴 병원과 학교가 있다.

이 가장 유명한데, 하나는 홍역과 천연두의 차이를 설명해서 처음으로 두 질병의 정확한 진단과 치료를 가능하게 한 논문이고, 다른 하나는 방대한 의학 백과사전인 《의학 전서》(아랍어로는 '알 키타브 알 하위 피 알 티브Al-Kitab al-Hawi fi al-Tibb', 라틴어로는 '리베르 콘티넨스Liber continens'라고 불린다)다. 알 라지 사후에 그의 충실한 제자들이 23권이나 되는 스승의 자료 묶음을 모아 정리한 것으로, 이 책은 이후 수 세기 동안 가장 중요하고 신뢰할 만한 의학서 반열에 올라 유럽, 북아프리카, 중동 전역에서 널리 쓰였다.* 과거에 갈레노스도 그랬듯이 알 라지는 구할 수 있는 모든 의학 지식을 모아서 평가하고 구조화하고 분류해 임상에 적용하기 쉽게 만들었다. 역사가 이븐 알 나딤의 기록에 따르면 "포대 같은 머리를 한 노인"인 알 라지는 "너그럽고 뛰어나고 고결했으며" "가난하고 아픈 사람들에게 너무나 자상하게 공감하는 사람"이었다고 한다. 행동으로 본을 보이는 의사였던 그는 의학 윤리에 대한 입장, 실용적인 개념, 과학적인 엄정성으로 의학을 혁신했다.[28]

후나인이 873년에 숨지고 나서도 아들 이스하크와 조카들은 바그다드 학문 공동체의 중요한 일원으로서 번역 작업을 이어갔다. 아버지와 아들은 갈레노스의 의학 저술을 함께 번역했지만 궁극적으로 이스하크는 수학에 더 관심이 있었다(처음으로 의학의 역사를 철학 및 종교와 관련하여 다룬 저술을 남기는 등 의학에의 공헌도 적지는 않았다). 과학의 역사에 그가 남긴 가장 위대한 업적은 《원론》과 《알마게스트》의 새 번역본을 펴낸 것이다. 둘 다 동료인 사비트 이븐 쿠라Thabit ibn Qurra(901년 사망)

* 이 책은 14세기 말 파리 대학의 의학 도서관에 소장되어 있었던 아홉 권의 서적 중 하나다.

의 수정을 거쳤기 때문에 이스하크/사비트본이라고 불린다. 이스하크/사비트본에 앞서 알 핫자즈 이븐 유수프 이븐 마타르Al-Hajjaj ibn Yusuf ibn Matar(786~830년경 활동)가 번역한 아랍어본이 있었다. 알 핫자즈의 생애에 대해서는 전해지는 자료가 없지만 그가 번역한 《원론》과 《알마게스트》의 막대한 중요성만큼은 분명하며 이스하크/사비트본이 나온 뒤에도 완전히 밀려나지 않고 계속 유통되었다. 알 핫자즈는 만수르의 손자 하룬의 치세 때 《원론》을 처음 번역했고 몇십 년 뒤 알 마문 치세 때 다시 새로 번역했다. 이스하크/사비트본이 더 나은 저본들을 가지고 작업한 것이어서 알 핫자즈본보다 양호하다. 이스하크/사비트본이 저본으로 삼은 그리스어 필사본들은 833년에 알 핫자즈가 숨진 다음에야 바그다드에 들어왔을 것이다. 그래도 이스하크/사비트본과 알 핫자즈본 모두 아랍 세계에 널리 퍼졌고 곧 학자들은 두 버전을 비교하고 종합하면서 다양한 새 버전들을 만들어냈다. 사실, 현전하는 《원론》의 모든 아랍어본은 이 두 버전이 이렇게 저렇게 혼합된 것이며 둘 다 본래의 버전으로는 남아 있지 않다. 또한 이스하크는 아르키메데스의 《구와 원기둥에 관하여*On the Sphere and the Cylinder*》, 메넬라오스Menelaos의 《구면 기하학*Sphaeric*》, 유클리드의 《자료론*Data*》과 《광학*Optica*》 등도 번역했는데, 이 저술들은 《원론》을 떼고 나서 《알마게스트》에 들어가기 전 단계에서 배우는 교재인 《중간 모음*Middle Collection*》(《작은 천문학*Little Astronomy*》이라고도 불렸다)의 내용을 구성하게 된다.

《알마게스트》의 첫 아랍어 번역본은 9세기 초에 알 핫자즈가 펴낸 것인데, 아랍어 전문 용어를 사용하고 원전의 부정확한 부분을 상당히 많이 수정한 버전이었다. 《알마게스트》도 오늘날 현전하는 필사본은 대개 알 핫자즈본 혹은 이스하크/사비트본을 토대로 하고 있으며 상당수는 두 버전의 이러저러한 혼합이다. 이는 두 버전이 나온 이후에 《알마게스트》 아랍어본을 만든 사람들이 여러 개의 저본을 놓고 작업했으며, 손으로 필사를 하는 과정에서 각자 조금씩 다른 결과물을 내놓게 되었으리라는 의미다. 안정적이고 표준화된 정본이라는 개념은 15세기에 인쇄기가 나오고 나서야 생길 수 있었다.

프톨레마이오스의 우주 모델은 많은 면에서 매우 뛰어났고 1500년 동안 흔들림 없이 독보적인 위치를 차지했지만, 불일치하는 부분과 오류도 많았다. 프톨레마이오스가 처음으로 집필을 하고서 700년이 지난 이 시점이면 명백한 관측상의 실수가 많이 드러나 있었다. 알 콰리즈미, 알 킨디 등 바그다드의 천문학자들은 《알마게스트》의 관측 자료를 자신이 직접 관측한 값을 토대로 수정하고 개선하는 작업에 착수했다. 이들은 알 마문이 이슬람 세계 최초로 바그다드의 샤마시야 지구에 세운 천문대에서 프톨레마이오스 시절보다 훨씬 더 효과적으로 관측을 할 수 있었다. 관측 장비와 관측 방법이 모두 개선되면서 데이터도 프톨레마이오스 때보다 훨씬 정확해졌고 이를 통해 프톨레마이오스의 모델을 현저하게 개선할 수 있었다.

알 마문은 다마스쿠스 바로 외곽에도 천문대를 지었고, 학자들은 두 곳의 데이터를 비교해 더 높은 정확성을 기할 수 있게 되었다. 알 마문의 천문학자들은 복잡하고 정교한 아스트롤라베를 고안하고 제작했으며,[29] 사분의나 해시계(그림자의 길이로 태양의 고도를 잴 수 있었다) 같은 여타의 관측 장비들도 만들었다. 이러한 도구들을 활용해서 아랍 학자들은 《알마게스트》를 수정하고 확장해 프톨레마이오스의 《천문표》

(아랍어로는 '지즈Zij'라고 불렸다)를 훨씬 개선한 새 천문표들을 내놓았다. 《지즈》는 《알마게스트》 곳곳에 흩어져 있는 항성표를 일목요연하게 정리해 쉽게 사용할 수 있게 한 소책자였다. 《지즈》는 천문학과 점성학에 일대 혁명을 가져왔다. 학자들은 《지즈》에 있는 데이터를 자신의 좌표에 맞게 조정해서 별과 행성의 위치를 전보다 훨씬 정확하게 계산할 수 있었다. 《지즈》는 너무나 유용해서 아프리카, 스페인, 시칠리아 등지와 유럽 전역에 빠르게 전파되었고 별과 행성의 움직임을 예측하는 데 없어서는 안 될 도구가 되었다.

중세 아랍의 과학 세계를 살펴보면 천문학, 점성학, 철학, 수학, 지리학이 복잡하고 섬세하게 상호 연결되어 있었음을 알 수 있다. 관심사의 범위와 지식의 전문성이라는 면에서 바그다드의 학자들은 르네상스 시대의 모습을 몇 세기 먼저 보여준 '르네상스형 인간'이었다고 말할 수 있을 것이다. 알 마문이 사막으로 학자들을 보내 관측과 측량을 하게 한 것은 그의 과학자들이 채택하고 있었던 엄정성과 신중함을 잘 보여준다. 자연 현상을 정밀하게 관측·측량하고, 데이터를 신중하게 확인하고 비교하며, 이를 토대로 가설을 세우고 검증하는 방법론은 현대의 과학자들에게도 익숙한 방법론이다. 이러한 과학 연구의 원칙, 그리고 알 라지가 이룩한 의학 분야에서의 혁신은 학문에 새로운 시대를 열었고 이후 수 세기 동안 전해져 내려오면서 오늘날 '과학적 방법론'이라고 불리는 것의 토대가 되었다.

바그다드의 학문은 11세기까지도 계속해서 밝게 빛났다. 하지만 아바스 왕조의 권력은 약해지고 있었다. 바그다드는 오랜 싸움과 격동을 겪다가 1258년에 칭기즈 칸의 무시무시한 손자 훌라구 칸(1218~1265)

이 이끄는 몽골군에 멸망한다. 전하는 이야기에 따르면, 훌라구 칸은 아바스 왕조의 마지막 칼리파 알 무스타심Al-Mustasim이 본인이 소유했던 화려한 양탄자에 둘둘 말린 채로 말발굽에 짓밟혀 압사하게 만들었다고 한다. 아바스 왕조는 한 바퀴를 돌아 제자리로 돌아왔다. 출발처럼 잔혹한 폭력으로 끝을 맺었으니 말이다. 하지만 파괴의 와중에도 지식의 흐름은 살아남았다. "연금술과 점성학에 중독되어 있었던"[30] 훌라구 칸은 바그다드의 도서관을 약탈하게 했고 그의 학자들은 관심 있는 책들을 이란 북서부 마라게에 있는 훌라구 칸의 천문대로 가져갔다. 나머지 책들은 그의 군대가 바그다드를 불태웠을 때 소실되었다. 나시르 알 딘 알 투시Nasir al-Din al-Tusi(1201~1274) 같은 천문학자들은 알 킨디와 알 콰리즈미가 하던 연구를 훌라구 칸의 마라게 천문대에서 이어갔다. 더 정밀한 도구가 개발되면서 관측의 정확성도 점점 더 높아졌고, 이렇게 해서 산출된 데이터 덕분에 학자들은, 가령 행성 운동에 '역행'의 개념을 도입하는 등 프톨레마이오스 모델의 문제점을 파악해 수정할 수 있었다.

바그다드의 황금기는 끝났지만 바그다드 학자들의 명성은 널리 퍼져 많은 곳에 영향을 미쳤다. 황금기의 정점이던 시절에 아바스 왕조의 칼리파들과 이들의 궁정은 페르시아, 중앙아시아, 북아프리카, 스페인, 아라비아반도 전역의 통치자들이 학자들을 등용하고 자녀들을 잘 교육하고 서적 확보에 자금을 대고 도서관을 짓도록 영감을 주었다. 학문을 후원하는 것은 카이로, 모술, 바스라, 다마스쿠스, 쿠파, 알레포, 트리폴리, 부하라, 시라즈 등지에서 유행처럼 모방되었고 이러한 도시들에서는 거대한 도서관이 번성했다. 또한 이븐 시나Ibn Sina(980~1037, 서구에서는 주로 아비센나Avicenna라고 불린다), 알 비루니Al-Biruni, 알 투시, 이븐 알 하이삼Ibn al-Haytham 등 새로운 세대의 학자들이 부상했다. 이들은 과학에 자신의 독자적인 족적을 남겼고 가즈니, 메르브, 카이로 같은 도시들에서도 학문이 융성하게 했다.

하지만 뭐니 뭐니 해도 가장 밝은 별은 멀리 서쪽의 스페인에서 빛나고 있었다. 아바스 왕조 때문에 거의 몰살 직전까지 갔던 우마이야 왕조의 명맥이 어찌어찌 이어져서, 하룬과 알 마문의 바그다드와 경쟁하면서 스페인 남부에서 빛나는 자취를 만들어가고 있었다. 코르도바는 세상의 학문이 그곳을 중심으로 도는, 학문의 새로운 축이 되려 하고 있었다. 이곳이 우리가 찾아갈 다음 도시다.

4장

코르도바
Córdoba

코르도바는 우마이야 왕조 술탄들의 치하에서 이슬람을 하나로 아우르는 큰 텐트가 되었고 학자들의 은신처가 되었다. (……) 세계 각지에서 배움을 구하려는 사람들이 시를 연마하러, 과학을 공부하러, 신학과 법학을 배우러 찾아왔다. 코르도바는 모든 분야의 뛰어난 사람들이 만나는 장소가 되었고 학자들의 거주지가 되었으며 학식을 구하는 사람들이 의지하는 곳이 되었다.
코르도바의 목걸이는 시인과 낭송가가 언어의 대양에서 수집한 비할 데 없는 진주로 만들어져 있었고, 코르도바의 망토는 과학의 휘장으로 지어져 있었다…….
—아흐마드 이븐 무함마드 알 마카리Ahmad ibn Muhammad al-Makkari, 《스페인 이슬람 왕조들의 역사*History of the Mohammedan Dynasties in Spain*》

세계의 가장 훌륭한 장식품이 서쪽에서 빛나노니, 스페인 정착민들의 땅에 새로운 군사적 강성함을 바탕으로 세워진 위풍당당한 도시, 그 이름은 코르도바로다. 부유하고 매혹적인 것들로 명성이 자자한 도시, 모든 자원이 장엄함을 뽐내는 도시이며, 무엇보다 일곱 줄기 지혜의 강이 흐르는 도시이고 끝없이 승리를 기록하는 도시로다.
—간더스하임의 흐로스비타Hroswitha of Gandersheim, 《펠라기우스의 수난*Passion of Pelagius*》

루사파 한가운데 종려나무 한 그루가 서 있다.
멀리 서쪽 땅에서 온 나무다.
나는 나무에게 말했다.
먼 곳으로 망명해 가족과도 친구와도 기약 없이 떨어져 있는 것이
어쩌면 나와 이리도 같으냐?
너는 낯선 땅에서 피어났구나.
나 역시 너처럼 고향에서 멀리 떨어져 있단다,
새벽의 구름이 너를 적시고 천상의 물줄기가 네게 내리기를.
—라흐만 1세Rahman I

석류나무 그늘에 한 남자가 누워 있다. 긴 인생의 막바지에 이른 노인이다. 주름진 얼굴에는 세월의 흔적이 역력하다. 눈은 움푹 들어가 있고 지쳐 보인다. 하지만 검은 눈동자는 여전히 당신을 꿰뚫어 볼 수 있다. 정원을 가로지르는 수로들에 물이 졸졸 흐르고 새들이 내려와 물을 마신다. 세상은 잘 돌아가고 있다. 그는 평화롭게 노년을 누리면서 여기에 누워 있을 수 있는 것에 대해 신께 감사를 드린다. 실크 쿠션에 편히 등을 대고 누워서 따가운 태양으로부터 그늘을 만들어주고 있는 나무를 올려다본다. 그의 마음은 길었던 생애의 더 이른 시기로, 그리고 먼 동쪽으로 향한다. 사막을 가로질러 수천 파라상〔페르시아의 거리 단위〕을 가야 나오는 그의 고향 시리아로. 그의 마음은 다른 정원에 있는 또 하나의 석류나무를 본다. 지금 그에게 그늘을 만들어주고 있는 나무의 조상이다. 알 안달루스의 첫 에미르〔왕〕인 아브드 알 라흐만 이븐 무아위야 이븐 히샴 이븐 아브드 알 말리크 이븐 마르완Abd al-Rahman ibn Mu'awiya ibn Hisham ibn Abd al-Malik ibn Marwan(731~788)은 눈을 감고 어린 시절에 형제들, 사촌들과 함께 궁정 뜰에서 물웅덩이를 건너뛰고 분수대 뒤에 숨으며 신나게 술래잡기를 하면서 지르던 소리를 듣는다. 그의 마음은 옛날의 루사파 궁전에 가 있다. 할아버지뻘인 우마이야 왕조의 칼리파 마르완 2세Marwan II(744~750년 재위)가 다마스쿠스 바로 외곽에 지은 그 궁전은 라흐만에게 지상 낙원의 광경이었고, 그를 평생 따라다닌 환영이었으며, 지금 그가 누워 있는 정원에 영감을 준 비전이었다. 라흐만은 그곳의 아름다움을 떠올린다. 시원하게 그늘이 드리운 그곳의 정원에서 근심 걱정 없이 보냈던 어린 시절을 떠올린다. 평온하고 행복했던 시절을 떠올린다. 그러다 밝은 해가 비추던 세계가 갑자기 검게 변했던 순간을 떠올리자 그의 몸이 경련을 일으킨다.

750년에 라흐만은 스무 살 젊은이였다. 그는 우마이야 왕조의 칼리파 히샴 이븐 아브드 알 말리크Hisham ibn Abd al-Malik의 많은 손주 중 한 명이었다. 어린 시절에 그는 사촌들과 함께 짐승 사냥과 매사냥을 하고 노예 소녀를 희롱하고 누이들을 골리면서 왕족이 누릴 수 있었던 특권적이고 쾌락적인 삶을 살았다. 하지만 그해 봄에 태평하던 그의 세계가 뒤집혔다. 아바스 가문이 혁명을 일으켜 권력을 잡고 다마스쿠스로 내려와 우마이야 왕족 일가를 몰살하려 한 것이다. 라흐만은 동생과 하인 바드르와 함께 도망쳤다. 아바스 일가 기병대의 사악한 검은 깃발이 그들을 바짝 쫓아왔다. 이후 몇 주간 그들은 다른 것은 아무것도 생각할 겨를 없이 절박하게 추격자를 피했다. 숲에 숨고, 마을에서 몸을 피할 곳을 애걸하고, 문자 그대로 걸음아 날 살려라 내달려야 했다. 이

옥고 유프라테스강 유역에 도착한 그들은 아바스의 병사들이 뒤쫓아오는 가운데 물에 뛰어들어 강을 건너기 시작했다. 강둑에서 아바스의 병사들은 해치지 않을 테니 돌아오라고 소리쳤다. 라흐만의 동생은 너무 지쳐서 적들이 있는 곳으로 돌아가려 했다. 라흐만은 계속 헤엄쳐 반대편으로 가야 한다고 필사적으로 말렸지만 동생은 돌아갔고, 라흐만은 아바스의 병사들이 동생을 물에서 끌어내 그 자리에서 참수하는 것을 속수무책 지켜볼 수밖에 없었다. 무사히 반대편에 도착한 라흐만과 바드르는 지쳐 쓰러질 때까지 달렸다. 그들은 일단 목숨을 구했다. 하지만 이들은 영영 시리아에 돌아가지 못한다.

라흐만은 그다음 4년도 (계속 내달리면서는 아니었더라도) 계속 이동하면서 보냈다. 그는 이집트를 출발해 베르베르족 유목민의 땅을 지나 북아프리카 사막을 가로질렀다. 친절히 대해주는 사람도 있었지만 강력한 아바스 일가(이제 이들이 칼리파를 자칭하고 있었다)의 촉수는 멀리 뻗어 있었고 지역 군주들은 라흐만이 위험인물이라는 아바스의 말에 쉽게 넘어갔다. 라흐만은 몇 번이나 죽기 일보 직전에 구사일생으로 위기를 모면했다. 한번은 어느 부족장 아내의 옷 무더기 속에 몸을 숨겨 목숨을 건지기도 했다. 곡절 끝에 마침내 그는 현재의 모로코에 해당하는 지역에 당도했다. 어머니의 부족인 나프자 베르베르족의 지역이었다. 그제야 라흐만은 시리아를 정신없이 탈출한 이후 처음으로 안도의 한숨을 쉴 수 있었을 것이다. 아바스 일가로부터 수천 킬로미터 떨어진 곳까지 무사히 도망쳤고, 외가 친지들 사이에서 은신처를 찾았으며, 다른 것 다 떠나서, 정말 믿을 수 없게도 그는 아직 살아 있었다. 라흐만은 진정으로 행운이라고 생각했을 것이다. 그렇긴 해도 그는 무일푼의 도망자 신세였다. 자라서 어른이 되면 막강한 통치자가 될 것이라고 생각하며 어린 시절을 보냈건만, 지금의 처지는 막강한 통치자와는 거리가 한참 멀었다. 그의 혈통은 지역 군주들을 불안하게 했다. 장래에 칼리파 자리를 노릴지 모를 이가 근처에 와서 사는 것을 아무도 달가워하지 않았다. 가는 곳마다 그는 의심과 불만의 대상이 되었다. 라흐만은 출신 배경에서 도망칠 수 없었고, 사실 도망치려 하지도 않았다. 신이 그에게 목숨을 허락하신 데는 필시 이유가 있을 터였다. 즉 우마이야 왕조의 미래가 그에게 달려 있었다. 그리고 라흐만은 그 운명을 이루고자 한다면 자신에게 무엇이 필요한지 잘 알고 있었다. 새로운 영토를 정복해서 새로운 제국을 세워야 했다. 이프리키야(튀니지)를 확보하려던 원래의 계획이 실패하자 그는 대서양과 지중해를 연결하는 좁은 해협 건너편에 있는 북쪽의 스페인으로 눈을 돌렸다. 당시에 이곳은 40년 전에 들어온 아랍인과 베르베르족이 지배하고 있었다.

라흐만은 그의 앞에 놓인 땅에 대해 무엇을 알고 있었을까? '황소 모양'의 너른 반도인 이곳은 만년설이 덮여 있고 광물이 풍부한 산맥, 구비구비 흐르는 강, 원시의 높은 고원들이 있었다. 한마디로, 그가 떠나온 시리아의 사막과는 완전히 다른 세계였다. 중세 아랍 저술가들은 화려하고 장식적인 문체로 유명한데, 알 안달루스(오늘날의 안달루시아)에 대해 남긴 묘사도 예외가 아니다. 시인들은 아름다운 자연을 보고 환희에 벅차 새 이슬람 제국의 땅이 된 이곳의 "부드러운 언덕과 비옥한 평원, 달콤하고 건강에 좋은 먹을거리 (……) 수많은 유용한 동물 (……) 풍부한 물 (……) 맑은 공기 (……) 서서히 전개되는 계절의 변화" 등을 황홀하게 노래했다.[1] 충분히 이해할 만한 반응인 것이, 북아프리카와 중동의 사막에서 온 이들에게 푸르른 온대의 땅은 지상 천국으로 보였을 것이다.

이들이 이곳에서 이베리아반도의 경이로움을 발견한 첫 외지인은 아니었다. 고대에는 그리스인과 페니키아인이 지중해 연안을 따라 이곳에 교역 도시들을 세웠고, 몇 세기 뒤인 기원전 218년에는 로마인이 들어와 이베리아반도를 내륙의 상당 부분까지 장악했다. 특유의 효율성으로, 로마인들은 히스파니아(당시에 불리던 지명이다)를 여러 행정 지방으로 나누고 코르도바, 메리다, 타라고나를 각 지방의 수도로 삼고서 풍부한 자연 자원을 개발하고 완전히 새로운 사회를 건설하면서 풍경을 변모시키기 시작했다. 금과 은을 포함해 광물의 매장량이 많아서 광산업은 규모가 큰 산업이었다. 연장자 플리니우스〔가이우스 플리니우스 세쿤두스Gaius Plinius Secundus. 조카인 가이우스 플리니우스 카이킬리우스 세쿤두스Gaius Plinius Caecilius Secundus와 구별하기 위해 '연장자 플리니우스' 또는 '대大플리니우스'라고 불린다〕는 이베리아반도에서 한 달에 금 2만 로마파운드가 생산된다고 추산한 바 있는데, 이는 약 6.5톤에 해당한다. 농업도 혁신적으로 발달해서 곡물, 포도, 올리브가 제국 전역에 수출되었다. 또한 로마인들은 막대한 도로망을 구축하고 곳곳에 이정표, 숙박 시설, 교량도 마련했다. 이 도로망은 지금도 스페인 교통 시스템의 토대다. 어업도 번성했다. 참치, 고등어, 정어리 등이 수백만 마리 염장되어 지중해 전역에 판매되었고 양념에 쓰이던 매콤한 생선 액젓 '가룸'도 마찬가지였다. 로마인들은 이곳에 정착하고 이베리아 토착민과 혼인도 하면서 700년 동안 스페인을 통치했다. 비교적 안정된 환경에서 도시가 성장하고 문화가 융성했으며 이베리아반도는 말, 곡물, 금속으로 유명해졌다.

그러나 4세기 말이면 로마 제국은 안팎에서 무너지고 있었다. 409년 초가을에는 20만 명의 반달족, 수에비족, 알란족이 피레네산맥을 넘어 히스파니아로 들어와 로마의 지배를 흔들었다. 그 이후 격동의 한 세기 동안 또 다른 게르만족인 서고트족이 부상해서, 전반적으로 쇠락해가던 두 세기 동안 이 지역을 통치했다. 서고트족은 전사 부족이어서 이들의 사회가 성공적으로 유지되려면 지속적인 승리가 필요했고 따라서 지속적으로 전투가 필요했다. 그래야만 계속해서 새로운 영토를 정복하고 전리품을 확보할 수 있었다. 이들은 소수 지배층으로서 이베리아반도를 통치했고, 이전의 로마와는 대조적으로 새로운 사회를 건설하거나 토착 사회와 동화되지는 않았다. 계속되는 내분과 점점 심해지는 피통치민에 대한 억압(특히 이베리아반도에서 상당히 큰 공동체를 이루고 있었던 유대인들에 대한 박해)으로 삶의 모든 측면이 정체되었다. 교역은 급감했고 도시 인구가 크게 줄었으며 문화도 대거 위축되어 어떤 역사가들은 서고트족Visigoths을 '보이지 않는 고트족Invisigoths'('보이지 않는'이라는 뜻의 영어 단어 invisible을 이용한 언어유희)이라고 부르기도 한다.

이베리아반도의 역사에서 이 암울한 시기는 중동 전역의 아랍 부족이 모로코의 베르베르족과 결합해 13킬로미터의 바다를 건너와 이베리아반도 남부 연안에 당도하면서 711년에 갑자기 끝난다. 이들의 막강한 군사력과 너그러운 항복 조건에 서고트족 지배층의 저항은 무력했다. 새 정복자는 불과 3년 만에 주요 도시를 모두 장악하고 이베리아반도의 남쪽 절반을 차지했다. 현지인들의 호응에 힘입은 바도 컸다. 현지인들은 서고트족의 압제와 오랜 기아에 진력이 나 있었던 터라* 새로 입성한 사람들을 해방군으로 여겨 반겼다. 지역 통치자들과의 협상이 이루어졌고 땅과 돈이 아랍과 베르베르 정복자들 사이에 분배되었다. 이렇게 해서 이베리아반도의 역사에 새로운 장이 열렸다. 직후 몇십 년간은 아프리카와 중동에서 사람들이 몰려와 정착하면서 정신없는 시기가 이어졌다. 인종, 종교, 부족의 용광로에서 여러 분파가 우위를 점하기 위해 투쟁했다. 튀니지 왕의 임명을 받아 부임하는 총독마다(튀니지 왕 본인은 아바스 혁명으로 우마이야 왕조가 무너지는 747년까지 다마스쿠스의 우마이야 왕조 칼리파의 통치를 받았다) 분파를 통합하고 지역을 안정시키려 했지만 매번 실패하면서 다들 오래 못 가고 계속 바뀌었다. 이렇게 불안정한 인종과 민족의 혼합이 통제될 수 있으려면 강력하고 직접적인 통치자가 필요했다. 알 안달루스는 강력한 통치자를 절실히 구하고 있었고 라흐만은 우마이야 왕조를 다시 세울 장소를 절실히 구하고 있었다. 라흐만과 측근들은 이것이 신이 계획하신 바라고 믿지 않을 수 없었을 것이다.

라흐만은 755년에 이베리아반도에 발을 내디뎠다. 그가 도착한 곳은 말라가의 바로 동쪽인 알무네카였다. 그는 곧바로 지지자를 모으기 시작했다. 아바스 일가로부터 탈출해 기적처럼 생존한 이야기가 전해지면서 많은 이들이 라흐만의 휘하로 몰려와 충성을 맹세했다. 대다수가 우마이야 왕조와 관련 있는 시리아인으로, 740년대에 알 안달루스에 들어와 살던 사람들이었다. 라흐만은 세비야를 평화롭게 정복했고 불과 25세이던 756년 봄에 코르도바의 진입로에 당도했다. 과달키비르강의 흙탕물이 코르도바 입구의 고대 로마 다리 아래를 콸콸 휘감아 흘

* 707년에서 709년 사이에 인구의 거의 절반이 숨졌다.

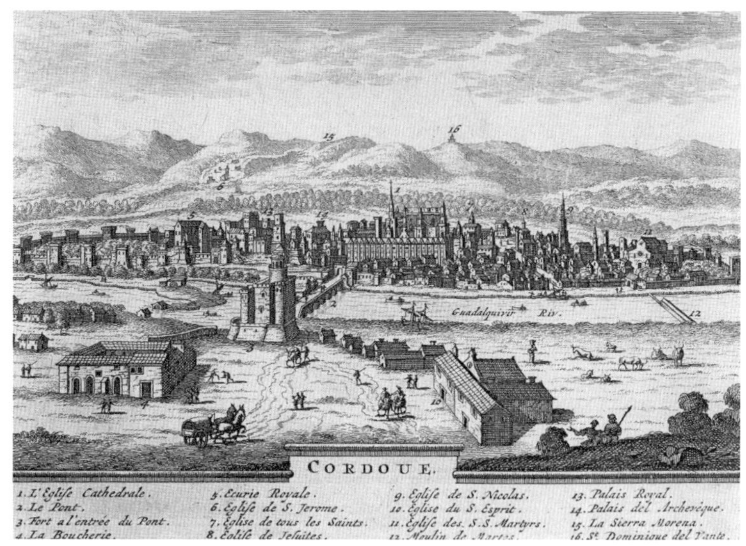

11 18세기 초의 코르도바 모습.

렀다. 성안에서는 당시 에미르이던 알 피흐리Al-Fihri가 침입에 대비하고 있었다. 전투가 시작되었고 라흐만은 알 피흐리를 무찌른 뒤 강을 건너 의기양양하게 코르도바에 입성했다. 도망자로 수년을 보낸 뒤 마침내 그는 새로운 고향을 발견했다. 라흐만은 요새화된 서고트족의 궁으로 들어가 '에미르 라흐만 1세'임을 선포하고 알 안달루스에서 권력을 강화하는 일에 돌입했다. 또한 그는 도처에서 볼 수 있는 고대 사원의 유적, 버려진 목욕탕, 부서져가는 공공 건축물과 동상과 모자이크, 정교한 관개 시스템의 흔적 등 찬란했던 로마 문명의 자취에서 영감을 받아 코르도바에서 대대적인 도시 건설 프로젝트를 시작했다.

라흐만의 도시 건설 프로젝트에 영감을 준 또 하나의 원천은 그가 두고 올 수밖에 없었던 고향이었다. 이 장의 첫머리에 소개한 시가 보여주듯이 그는 한시도 시리아를 잊은 적이 없었다. 시리아는 알 안달루스에서 새로운 세계를 창조할 때 그가 지침으로 삼은 등대였다. 784년에 라흐만은 그때까지 기독교도와 무슬림이 예배 장소로 함께 사용하고 있었던 서고트 시절의 산빈센테 교회 자리에 커다란 모스크('메스키타La Mezquita')를 건설하라고 지시했다. 도시 바로 안쪽, 커다란 다리 옆이자 알카사르(아랍어로 '요새'라는 뜻이다)라는 새 이름이 붙은 궁전 성채 가까이에 위치한 이곳은 로마가 처음 사원을 지은 이래 1000년 넘게 성스러운 장소였다. 라흐만의 메스키타는 소년 시절 다마스쿠스에서 예배를 드렸던 모스크의 양식으로 만들어졌지만, 나중에 그의 후손들이 이런저런 부분을 덧붙이면서 로마, 시리아, 서고트, 이베리아 양식이 혼합된 매우 독특한 건축물이 되었다. 800개가량의 기둥(상당수가 로마 시대 건축물의 폐허에서 수거한 것들이었다)이 붉고 흰 줄무늬의 이중 아치를 떠받치면서* 어질어질할 정도로 황홀한 패턴과 대칭 구도의 장관을 이루고 있는 메스키타는 보는 이를 압도할 만큼 장대했다. 서구의 이슬람 건축물 중 가장 웅대한 작품이라고 말해도 과언이 아닐 것이다. 하지만 1236년에 코르도바를 정복한 유럽 북쪽의 기독교도들은 지체하지 않고 이곳에 미사용 제단을 설치하고 건물을 축성해 성당으로 기능을 바꾸었다. 한두 세기 뒤에 코르도바의 주교 알론소 만리케Alonso Manrique는 그래도 여전히 너무 이슬람 사원 같아 보인다고 생각해서 한가운데에 성당 건물을 지을 수 있게 허락을 받아냈다. 오늘날 메스키타에 들어가

* 흰색은 우마이야 왕조를, 붉은색은 예언자 무함마드를 의미한다. 라흐만이 가장 좋아하는 색으로, 피와 삶을 뜻하는 것이었다고 한다.

보면 먼저 수많은 기둥이 어질어질하도록 화려하게 줄지어 있는, 딱 봐도 이슬람처럼 보이는 공간을 마주하게 된다. 하지만 중앙으로 가면 천장이 급격하게 높아지면서 뾰족한 아치와 화려한 부채꼴 모양의 천장 궁륭이 나타나고 마호가니로 된 성가대 좌석과 십자가가 있는 고딕 양식의 성당 안에 서 있게 된다. 세계에서 가장 희한한 건물이라 불러도 손색이 없을 것이다. 한가운데 성당을 품은 모스크라니, 두 종교 사이에 벌어진 투쟁의 거대한 체현물인 셈이다.

도시 밖의 풍경도 변모하고 있었다. 서고트의 봉건제에서와 달리 이슬람식 임차 체제에서 농민들은 정해진 금액이 아니라 수확물의 일정 비율을 지대로 냈다. 따라서 작황이 좋으면 모두에게 이익이었고 장기적인 전망을 가지고 농업 인프라에 투자할 유인이 있었다. 지주는 장비를 제공하고 농민은 노동을 제공했다. 또한 아랍 사람들은 수 세기 동안 세상에서 가장 건조한 곳에서 농사를 지으며 발달시킨 관개 기술을 이곳에 들여왔다. 오늘날 관개와 관련된 거의 모든 스페인어의 어원이 아랍어라는 것은 놀라운 일이 아니다. 알 안달루스 전역에서 사람들은 물레방아('노리아'라고 불렸다)를 만들어 관개용수를 댔고 토양을 연구해 토질을 개선했으며 비탈에 계단식 밭을 만들었다. 또 산에서 내려오는 계곡물의 물길을 돌려 저수조를 지었고 로마의 수로를 복원하고 확장했다. 그렇게 해서 비옥한 땅이 늘고 수확도 늘었다. 밀 한 알을 심으면 여섯 알을 수확했는데 프랑스에서는 이 비율이 1대 3에 불과했다. 정치적으로도 비교적 안정되어서 농민들은 장기적인 전망이 있어야만 선택할 수 있는 수익성 높은 작물들을 심을 수 있었다. 가령, 올리브(성숙하려면 길게는 40년이 걸린다)와 포도를 심어 기름과 와인을 생산했다.

농업 발달의 마지막 특징은 새로운 작물이 들어온 것이었다. 특히 인도에서 들어온 많은 작물이 이슬람 제국이 확장되면서 제국 전역에 퍼졌다. 면화, 사탕수수, 바나나, 쌀, 오렌지, 수박 같은 온대 작물은 관개만 잘되면 이베리아반도에서도 잘 자랐다. 풍부한 토착 작물에 더해 대추, 살구, 가지, 콩, 복숭아, 사프란, 무화과 등 이국적인 작물이 알 안달루스의 밭과 식탁을 변모시켰다. 풍족한 식품 덕분에 코르도바는 늘어나는 인구를 지탱할 수 있었고 국고도 든든해져서, 라흐만 1세의 치세가 끝날 무렵에는 코르도바 에미르국의 국고 수입이 연간 10만 디나르에 달했다. 불과 10, 20년 전에 지중해 건너편에서 무일푼으로 온 사람이 일군 결과로는 무척 괜찮은 성공이었다.

12 복원된 아랍 물레방아. 코르도바 진입로인 과달키비르강 위의 옛 로마 다리 근처에 있다.

지극한 식물 사랑으로 라흐만 1세는 녹색 혁명의 군주가 되었다. 그는 코르도바 바로 북쪽에 정원 궁전을 짓고 할아버지가 다마스쿠스 외곽에 지었던 지상 낙원의 이름을 따서 '알 루사파'라고 불렀다. 그리고 북아프리카, 중동, 시리아에 사람들을 보내 식물과 씨앗을 가져오게 했다. "모든 나라에서 모든 종류의 희귀하고 이국적인 식물과 좋은 나무"를 구해 오라는 것이었다.[2] 이렇게 해서 그는 어린 시절의 과일나무와 꽃나무를 다시 주위에 둘 수 있었고 방대한 식물종을 확보하게 되었다. 전하는 이야기에 따르면, 아바스의 학살에서 살아남아 시리아에 살고 있던 누이를 알 안달루스로 데려오기 위해 전령을 보냈는데 누이는 떠나기를 거부하고 그 대신 행복했던 어린 시절을 떠올리게 해주는 추억의 선물로 시리아 석류 한 바구니를 전령에게 들려 보냈다. 돌아오는 길에 뜨거운 날씨를 이기지 못하고 석류는 썩었지만 라흐만 궁정의 신하 한 명이 씨앗을 심었고 여기에서부터 스페인 전역에 석류나무가 퍼졌다고 한다.* 알 루사파는 전문가들이 식물을 연구하고 약재를 개발하고 이국의 식물종을 토착화해 질병 치료에 사용하는, 안달루시아에 곧 널리 퍼지게 될 차세대 식물원의 전조라 할 만했다. 원예학이 번성해 안달루시아의 의학 발달에 핵심적인 역할을 했으며, 나중에 기독교의 통치로 넘어간 뒤에는 수도사들이 약초를 재배하고 약재를 만들던 수도원의 '약초 식물원'이 이 전통을 이어가게 된다. 이 모든 것이 라흐만이 사랑하던 정원 알 루사파에서부터 시작되었다. "먼 지역과 온갖 다양한 기후대의 산물들이 알 루사파에서는 뿌리를 내리고 꽃을 피우고 열매를 맺지 않을 수 없었으며, 그 이후에 온 나라에 퍼져서"[3] 알 안달루스의 의학과 농업을 변모시켰다.

라흐만 1세가 사망한 788년 무렵이면 코르도바는 상업과 문명의 중심지로 번성하고 있었다. 그의 명령으로 지어지기 시작한 메스키타는 지금까지도 코르도바의 스카이라인을 지배하고 있다. 또한 그는 후

---

* 이 이야기의 또 다른 버전에 따르면, 라흐만이 시리아의 버려진 루사파 정원에 사람을 보냈고 그가 그곳에서 석류나무를 가지고 돌아왔다고 한다.

대의 우마이야 왕조 왕들이 정치권력을 강화해나갈 수 있는 기틀을 닦았다. 알 안달루스를 아바스 왕조의 정치적 영향력에서 해방시키는 과정은 763년에 라흐만이 바그다드에서 온 침략군을 물리치면서 가속화되었다. 라흐만은 적 지휘관들의 목을 베어 소금에 절인 후 바그다드의 칼리파 알 만수르에게 돌려보냈다. 이 끔찍한 배달물을 받은 알 만수르는 "신께서 우리 사이에 바다를 놓지만 않으셨어도!"라고 한탄했다.[4] 그 이후로 아바스 왕조는 알 안달루스의 정치에 간섭하지 않았다.

라흐만 1세는 아바스 왕조의 숙적이었다. 강하고 결단력 있고 공포스러웠으며, 그러면서도 실용적이고 열린 마음을 가지고 있었고 감수성이 무척 예민했다. 그는 제국 전역에서 무슬림 사람들이 실천하고 있었던 종교적 관용 정책을 이어갔다. 이베리아반도의 현지 인구는 주로 기독교도였지만 유대인 공동체도 규모가 상당히 컸다. 서고트 치하에서 극심한 핍박을 당했던 유대인들은 이제 비非무슬림 거주민에게 부과되는 세금인 지즈야jizyah 등 몇 가지 규칙만 따르면 종교의 자유를 누릴 수 있었다. 이러한 관용과 협력은 이후로도 몇 세기간 안달루시아 사회를 규정하는 중요한 특징이 되며 이곳의 학문에도 깊은 영향을 미친다. 이러한 계몽적인 태도는 막대한 (그리고 꾸준히 늘어가던) 노예에게도 확대되었다. 많은 노예가 알 안달루스의 성공과 번영에 큰 공헌을 했는데, 상당수가 그들이 살던 지역의 동쪽 변경에서 벌어진 전쟁 통에 프랑크족 전사들에게 사로잡혀 스페인으로 팔려 온 슬라브인들이었다. 어린 나이에 잡혀 온 사람들은 새로운 곳의 문화 속에서 자랐고 많은 이가 이슬람으로 개종해 자유인이 되었다.

라이벌 도시이던 아바스 왕조의 바그다드에 비하면 코르도바가 권력의 중심지로 발달해간 과정은 느린 편이었다. 라흐만 1세의 증손자인 라흐만 2세가 즉위한 무렵에 바그다드는 이미 학문의 황금기를 구가하고 있었다. 두 도시의 관계는 복잡했다. 두 왕조의 쓰디쓴 경쟁과 알력 관계는 전설적일 정도이며, 아바스 왕조의 정치적 영향력에서 완전히 독립하려는 〔후기〕 우마이야 왕조의 강한 열망은 10세기 초에 스스로 또 다른 칼리파를 칭하면서 정점에 올랐다. 이렇게 정치적으로는 분리되어갔지만 문화, 행정, 상업은 그와 반대였다. 교역망은 이슬람 제국 전체로 확대되었고 코르도바와 바그다드를 (그리고 그 사이의 모든 곳을) 오가는 재화의 흐름은 물동량이 늘 넘쳐났다. 9세기에 바그다드는 '다르 알 이슬람'의 문화적 중심지였고, 아랍 세계(사실상 알려진 세계 전체)의 끄트머리에 치우쳐 있던 코르도바는 바그다드를 모든 것에 대한 아이디어를 얻는 원천으로 삼았다. 우편 시스템, 수출입 관세, 화폐 등 우마이야 왕조의 국가 시스템도 상당 부분 중세 이라크의 국가 구조에서 따온 것이었다.

두 나라 사이에 활발히 이뤄졌던 문화적 교류를 체현한 인물로 전설적인 페르시아 가수 지르야브Ziryab를 들 수 있다. 그는 822년에 아바스 왕조의 바그다드 궁정을 떠나 코르도바에 도착했고 이후 평생을 안달루시아 사람들에게 세련된 생활 양식을 가르치면서 보냈다. 지르야브는 도착한 순간부터 안달루시아 사람들이 동쪽의 문화에 대해 품고 있는 존경심을 여실히 느낄 수 있었을 것이다. 라흐만 3세가 "몸소 지르야브를 맞이하기 위해 말을 달려 나왔을 뿐 아니라 자신의 궁에서 몇 달이나 그를 융숭히 대접했고 많은 선물을 베풀었다".[5] 지르야브는 굉장한 목소리뿐 아니라 아바스 궁정의 경이로움과 세련됨을 통째로 가지고 왔다. 그는 치약, 코스 요리, 아스파라거스, 식기, 식탁보, 헤어스타일, 복식, 새로운 악기와 음악 양식 등 온갖 혁신적인 유행을 소개해, 알안달루스가 9세기에 걸맞은 세계로 들어서게 했다는 평가를 받는다. 그는 왕의 측근이 되었고 왕은 이 세련되고 매혹적인 가수의 매력에 푹 빠져들었다. 또한 지르야브는 학식이 높은 사람이기도 해서, 코르도바 궁정에서 천문학과 지리학 연구를 독려했다. 그는 안달루시아 사람들에게 동쪽에서 무엇을 배울 수 있는지 알려주고 그들 스스로도 새로운 개념을 발전시킬 수 있다는 자신감을 불어넣은, 문화적 상징이었다.

9세기에 안달루시아의 문화가 발달하면서, 여행을 통해 지식을 추구해야 한다는 생각이 뿌리내리기 시작했다. 이는 동쪽의 지적 탁월함에서 고무된 면이 컸다. 젊은이들이 '자신을 발견하러' 미지의 곳으로 길을 나서서, 중세 초기의 장거리 여행이 수반하는 결핍과 공포를 감수하면서 당대에 가장 뛰어난 사상가들이 있는 곳을 찾아가 공부했다.* 이러한 지식 순례를 '리흘라 rihla'라고 불렀는데, 주로 종교적 계몽을 추구하는 것이었지만 비종교적이고 과학적인 지식의 추구를 아우르기도 했다. 사실 이때는 둘 사이에 구분이 없었다. 이는 이슬람의 교육 시스템과도 관련이 있었는데, 이슬람 세계에서 스승은 존중을 받았고 열린 마음으로 배움을 구하는 사람은 누구든지 스승의 가르침을 얻을 수 있었다. 교역은 이미 이슬람 제국을 다른 지역들에 열어놓았고 통치자들은 도로를 짓고 관리해 사람과 물자가 용이하게 이동할 수 있는 인프라를 만들었다.

---

* 이 시기에 지식을 얻는 주된 수단으로 서적이 스승을 대체할 것인가를 두고 논쟁이 벌어졌다.

학자들은 상인들의 카라반에 합류해 이동하면서 사막의 긴 밤을 카라반사라이의 모닥불 주위에서 보냈다. 당연하게도 상인들은 코즈모폴리턴적이고 열린 마음을 가지고 있었고 학자를 겸하는 경우도 많았다. 이들은 상업에 종사하고 있다는 점을 활용해 각지에서 서적을 구해와 알 안달루스에서 판매하거나 필사본을 생산했다. 이 무렵이면 서적과 종이 거래에 특화한 상인들이 카이로, 페스, 바그다드, 팀북투, 코르도바 등지의 커다란 서적 시장들 사이에서 서적을 유통시키는 역할을 했다. 이는 이슬람 제국 전역에 지식의 강이 흐르게 하는 주요 수로였다. 상인, 학자와 더불어 또 다른 유형의 여행자가 있었는데, 바로 순례자들이었다. 이슬람교에서 메카 순례인 '하지hajj'는 매우 중요하고 신자라면 일생 중 적어도 한 번은 꼭 해야 하는 일이었기 때문에 무슬림들의 삶에서 장거리 여행은 필수적인 부분을 차지했다.

수백 명의 학자와 순례자가 동쪽으로 고된 여정을 밟아 아라비아와 이라크에 가서 새로운 사상과 서적을 가지고 알 안달루스로 돌아왔다. 820년대에 이라크에서 무타질라파 교리를 접한 학자들은 이것을 코르도바에 들여왔고, 안달루시아 지식인들은 그리스 논리학이 이슬람 세계의 맥락에서도 철학적 탐구의 기틀로 사용될 수 있음을 알게 되었다. 이것은 그다음 세기에 최초의 이슬람 철학자 무함마드 b. 마사라 알 자발리Muhammad b. Masarra al-Jabali(883~931)를 필두로 다양한 학자들을 배출하게 될 학문적 전통의 시작이었다. 알 자발리의 아버지는 850년대 중반에 동쪽의 바스라〔이라크〕로 가서 무타질라파의 개념을 접하고 관련 서적들을 가지고 돌아왔다. 당시에 알 안달루스는 종교적인 보수파가 지배하고 있었기 때문에 초창기 무타질라파 학자들은 당국의 관심

13 코르도바 서쪽 과달키비르강의 로마 다리. 메스키타 대모스크 꼭대기의 성당 지붕이 분명하게 보인다. 사진의 오른쪽, 다리의 반대쪽 끝에는 칼라오라 탑이 있다.

을 너무 끌지 않게 조심해야 했다. 어떤 이들은 박해를 받았고 책이 불태워지기도 했다. 처음에는 지하 활동을 통해 연구되었지만 무타질라파 신학은 알 안달루스에 고전 학문을 가져오는 데도, 또 그 이후 라흐만 3세와 알 하캄 2세Al-Hakam II와 같은 계몽된 군주들의 치세 때 (알 마문의 바그다드에서 그랬듯이) 안달루시아에서 학문이 독자적으로 성장하는 데도 큰 영향을 미쳤다.

라흐만 2세(822~852년 재위)는 콘스탄티노플의 비잔티움 제국과 동맹을 맺음으로써 지중해에 교역로를 열었다. 이로써 안달루시아의 농산품, 광물, 직물이 교역될 수 있는 기회가 커졌고 막대한 부를 얻을 수 있었으며 이베리아반도가 더 넓은 세상과 연결되었다. 라흐만은 후하게 학문을 후원하는 군주이기도 해서, 코르도바의 학문을 장려하기 위해 할 수 있는 모든 것을 했다. 9세기 중반이면 코르도바에 아랍 문화가 너무나 융성해서, 기독교도 학자인 파울루스 알바루스Paulus Alvarus는 젊은 기독교도들이 아랍어와 아랍 시에만 푹 빠져 있는 것을 다음과 같이 한탄했다. "재능 있는 젊은 기독교인들이 아랍 책을 읽고 배우는 데만 열광하고 있다. 그들은 자신의 언어는 잊고서 (……) 엄청난 돈을 들여 아랍 책들을 무수하게 사 모은다."[6] 그가 말한 "자신의 언어"는 라틴어이다. 라틴어는 아이디어의 결핍과 종교적인 쇠퇴로 죽어가고 있었던 반면에 아랍어는 이국적이고 시적이며 미래의 언어이자 과학의 언어로 각광받고 있었다. 젊은 기독교인들이 아랍어 배우기에 열중하면서 자신이 사는 도시를 변모시킨 새롭고 흥미로운 문화에 참여하고 싶어 한 것은 이상한 일이 아닐 것이다. 이렇게 아랍화된 기독교도는 '모사라베mozárabe'라고 불리게 되는데, 상당한 규모와 영향력을 가진 공동체로 발달해 안달루시아 전역에 퍼졌다.

이제는 이등 시민 처지가 된 파울루스 알바루스 같은 보수적 기독교도들이 다문화적이고 무슬림 지배적인 사회였던 코르도바에서 주변화되고 위협당하고 있다고 느낀 반면, 코르도바에 상당히 큰 규모로 존재하던 세파르디 유대인들은 그와 정반대로 느꼈다. 서고트족의 박해에서 살아남은 세파르디 유대인들은 비교적 포용적인 새로운 당국 치하에서 융성했다. 새 통치자는 알카사르 바로 북쪽의 유대인 지구에서 이들이 유대교 회당을 짓고 평화롭게 살아갈 수 있게 허용했다. 아랍인과 이슬람교에 밀려 지배적 위치를 잃은 기독교도와 달리 유대인들은 어느 곳이든 자신이 살고 있는 곳의 지배적인 언어, 종교, 사회 속에서 자신의 언어, 종교, 사회를 유지하는 데 단련이 되어 있었다. 유대인 젊은이들도 아랍어와 아랍 문화를 열렬히 흡수했고, 우마이야 사회의 관용적인 분위기는 그들이 많은 영역에서 성공적으로 공직에 진출하고 재능이 닿는 만큼 높은 자리에도 올라갈 수 있게 허용했다. 이후 수 세기 동안 유대인 학자들은 과학의 전승에서 근본적으로 중요한 역할을 하게 되며, 유대인 공동체는 코르도바의 시민적이고 공적인 삶에서 계속해서 중요한 기둥 역할을 한다. 그들은 특히 의학 분야에 많이 진출해서, 인구 비중은 전체의 10퍼센트 정도였지만 의사의 무려 50퍼센트를 차지했다.

과학 이론이 동쪽에서 코르도바로 대거 들어오기 시작한 것이 바로 이 무렵이다. 앞에서 보았듯이 9세기 초 무렵이면 바그다드에서는 대대적인 번역 프로젝트가 진행되고 있었고 이슬람의 서적 교역이 활황을 이루었다. 라흐만 2세의 뒤를 이은 무함마드 1세(852~886년 재위)는 당대 최대 규모의 장서를 보유한 왕궁 도서관을 지었고 안달루시아의 지배층은 수천 디나르를 써가며 그의 본을 따랐다. 자신의 도서관을 채울 귀한 서적들을 확보하려는 부자들로 서적 시장이 북적였다. 하지만 학자들에게는 이것이 꼭 좋은 일은 아니었다. 한 학자는 몇 달이나 찾아 헤매던 책이 드디어 경매에 나왔는데 호가가 너무 높이 올라가서 포기할 수밖에 없었다. 그런데 낙찰 받은 사람이 책의 내용에 대해서는 아무것도 모르면서 단지 "내가 만들고 있는 도서관을 채워 지배층 사이에서 나의 평판을 올려줄 책들을 확보하고 싶어서 입찰한 것이었을 뿐"이라는 말을 듣고 그의 실망은 분노로 바뀌었다.[7] 부유한 딜레탕트와 가난한 학자 사이의 오랜 알력이 알 안달루스에서도 예외 없이 펼쳐졌다.

각각의 저술이 어떻게 이곳에 들어오게 되었는지에 대해서는 정보가 거의 없지만, 이집트와 이라크에 오래 살았던 시인이자 율사 아바스 이븐 나시흐Abbas ibn Nasih가 많은 서적을 코르도바로 가져와 라흐만 2세에게 바쳤다는 이야기가 전해진다. 그는 한 사례일 뿐이고, 이렇게 알 안달루스로 오면서 이곳의 학자나 장서가에게 서적을 선물하거나 판매한 사람이 그 밖에도 많이 있었을 것이다. 이 시기에 이라크에서 코르도바로 서적을 가져왔을 것이 분명한 또 다른 인물은 아바스 이븐 피르나스Abbas ibn Firnas(810~887)다. 810년에 론다에서 태어난 그는 안달루시아 학문의 전당에 처음으로 이름을 새긴 대가이기도 하다. "이슬람권 스페인의 레오나르도 다빈치"[8]라고도 불릴 만큼 관심 분야가 방대했던 그는 라흐만 2세에게 궁정 점성학자로 고용되었다. 그의 생애에 대해 남아 있는 정보의 진위를 확인하기는 쉽지 않지만, 바그다드에서 유학을 하고 알 안달루스로 들어와 수학과 음악을 가르치고 시를 쓰고 독창적인 수정 커팅 기술을 발명하고,* 물시계, (천문학 도구인) 혼천의, 플라네타륨 같은 도구도 개발했다고 전해진다. 하지만 그에 관해 가장 유명한 일화는 하늘을 나는 것을 시험해보기 위해 특수 제작된 깃털 날개를 달고 높은 탑(또 다른 이야기에 따르면 절벽)에서 뛰어내렸다는 이야기일 것이다. 60대의 나이였는데도 기적적으로 무사했고, 이 실험을 통해 그는 착지 때 새의 꼬리가 매우 중요하다는 점을 미처 감안하지 못했다는 결론을 내렸다고 한다.

---

* 이곳 장인들은 수정으로 아름다운 항아리와 유리를 만들었는데 고통스러운 세공 과정을 거쳐야 했다.

이렇게 무모하고 위험한 실험들에 몸을 던졌는데도 이븐 피르나스는 장수했다. 그가 일조해 기틀을 놓은 학문의 전통은 다음 세기 라흐만 3세 치하에서 정점에 오르게 된다. 아브드 알 라흐만 3세는 891년에 제7대 에미르 압둘라Abdullah의 손자로 태어났다. 압둘라는 엄청난 논란을 불러일으키면서 아들 네 명을 다 건너뛰고 손자를 후계자로 지명했다. 라흐만의 어머니는 기독교도 노예였고 할머니는 팜플로나 왕의 딸인 기독교도 공주였다. 그래서 라흐만 3세는 인종적, 종교적으로 혼합적인 배경을 가지고 있었다. 외모도 푸른 눈에 금발이었는데, 나중에 더 아랍인처럼 보이려고 염색을 했다. 압둘라가 라흐만 3세에게 넘겨준 알 안달루스는 혼란스러웠다. 내분과 반란이 그치지 않았고 북쪽에서는 아스투리아스의 기독교도 왕이, 남쪽에서는 북아프리카의 파티마 왕조가 위협하고 있었다. 당대의 정치 평론가들은 스물한 살의 젊은 라흐만이 왕위를 이어받았을 때 그다지 낙관적인 전망을 하기 어려웠을 것이다. 그가 이슬람권 스페인 역사상 가장 중요하고 성공적인 지도자가 되리라는 것을 알 수 없었을 테니 말이다. 좋은 교육을 받고 박식했던 라흐만은 여러 언어를 유창하게 할 줄 알았고 열정적으로 학문을 후원했다. 메스키타에 대학을 세웠고 동방에서 들어온 과학 문헌을 연구하도록 학자들을 독려했다. 알 콰리즈미의 힌두 산술학 책과 《지즈》(둘 다 9세기 중반에 이븐 피르나스에 의해 알 안달루스에 들어온 것으로 보인다)는 안달루시아 천문학에 커다란 영향을 미쳤다. 라흐만 3세의 후원하에 알 마즈리티Maslama al-Majriti(이 이름은 그가 마드리드 출신임을 말해준다)는 《지즈》를 코르도바의 좌표에 맞게 수정해 별의 움직임을 예측하고 메카의 방향을 파악하고 정확한 기도 시간을 아는 데 쓸 수 있게 되었다. 천문학은 권력의 필수 도구였고, 라흐만은 별의 움직임을, 그리고 그것을 통해 미래를 예측하는 법을 연구하는 학자들을 왕궁에 포진시키는 것이 얼마나 중요한지 잘 알고 있었다.

알 마즈리티는 라흐만의 궁정 학자 중 리더 격이었다. 이곳에서 학자들은 정기적으로 관측을 했고, 천문표의 정확성을 높이고 천문학 이론을 수정하고 개선하기 위해 협업했다. 알 마즈리티는 후배 과학자들에게 뛰어난 스승이자 멘토이기도 해서 그의 주위로 하나의 학파가 생겨났다. 요컨대 그는 알 안달루스의 천문학과 수학 발달에 지극히 커다란 영향을 미친 인물이었고, 제자들은 다른 도시로 이동할 때 그의 가르침을 가지고 가서 전파했다. 알 마즈리티는 "《알마게스트》라고 알려진 프톨레마이오스의 책을 공부하는 것을 매우 좋아했"으며,[9] 프톨레마이오스의 《플라니스파이리움*Planisphaerium*》(《천체 투영 도법》)을 번역하기도 했다고 한다. 《플라니스파이리움》은 아랍어본으로는 현전하지 않고 12세기에 톨레도에서 제작된 라틴어본만 남아 있다. 알 마즈리티는 천문학 도구를 제대로 사용하는 법과 직접 제작하는 법도 가르쳤다. 아스트롤라베에 대한 알 마즈리티의 연구는 제자 알 사파르Al-Saffar가 계속 이어갔는데, 훗날 알 사파르가 쓴 아스트롤라베 지침서는 15세기까지도 천문학자들에게 널리 사용되었다. 알 마즈리티, 알 사파르, 그리고 역시 알 마즈리티의 제자인 알 삼흐Al-Samh 모두 알 콰리즈미가 만든 《지즈》에 코르도바의 좌표를 적용한 새 천문표를 만들었다. 또한 알 삼흐는 유클리드 《원론》에 담긴 기하학을 설명하는 책과 아스트롤라베에 대한 두 편의 논문도 집필했다.

이렇게 해서 알 안달루스는 장기간의 엄정한 관측을 토대로 하는 천문학의 풍성한 전통을 일굴 수 있었다. 알 안달루스의 천문학자들은 동쪽에서 들어온 최신 이론들을 현지의 지리와 필요성에 맞게 수정했고, 프톨레마이오스의 옛 저술로 돌아가 의문을 제기하고 수정하고 개선했으며, 인도 수학과 유클리드 《원론》에 나오는 개념을 활용해 그들 자신의 족적도 남겼다. 끊임없이 기존 지식을 평가하고 개선해가며 이뤄지는 과학 지식의 축적 과정에서 유의미한 일부가 된 것이다. 이들의 성취는 장인들의 높은 제조 기술과 공예 기술에 힘입은 바도 컸다. 특히 알 안달루스의 뛰어난 금속 세공 기술 덕분에 훨씬 더 정확하고 유용한 도구가 제작될 수 있었다. 알 사파르의 아버지가 청동 제조 장인이었다는 것도, 이 풍성한 예술과 과학의 공동체가 놀랍도록 아름다운 물건들을 생산했다는 것도 우연이 아닐 것이다.

이베리아반도 전역에서 뛰어나고 야심 있는 젊은 인재들이 라흐만 3세의 궁정으로 몰려들었다. 그중 특히 두각을 나타낸 사람으로, 하스다이 이븐 샤프루트Hasdai ibn Shaprut라는 하엔 출신의 젊은 유대인이 있었다. 원래는 궁정 의사로 고용되었는데, 그를 고용한 군주 라흐만처럼 다양한 언어에 능했고(당시에 소수의 기독교 사제들 사이에서만 사용되던 라틴어도 할 줄 알았다), 뛰어난 학자였으며, 매력적이고 우아하고 영리했다. 한마디로, 어느 왕이라도 자문을 맡기고 싶어 할 만한 사람이었다. 곧 하스다이는 라흐만에게 없어서는 안 될 사람이 되었고 코르도바의 세관과 수입을 담당하게 되었다. 이 지위를 활용해 그는 국고를 대대적으로 개선했다. 다재다능한 언어 능력, 뛰어난 지적 역량, 각지의 유대인 공동체에서 누린 특전 등은 그가 완벽한 외교관이 될 수 있는 조건을 제공했다. 그는 신성 로마 제국 황제 오토 1세의 궁정이 있는 프랑크푸르트, 비잔티움 제국의 수도 콘스탄티노플 등에 파견되었고, 외국의 사신들이 코르도바에 올 때 그들을 맞이하는 것도 그의 담당이었다. 프랑크푸르트에서 온 사신단의 일원이었던 수도사 고르체의 요한John of Gorze은 그에 대해 "이렇게 세련되고 지적인 사람은 본 적이 없다"고 평했다.[10] 하스다이의 능력은 한계를 모르는 것 같았다. '뚱보 왕'이라는 별명을 가진 레온의 왕 산초 1세Sancho I의 비만을 치료하기도 했다. 하스다이가 라흐만의 핵심 측근 중 한 명이 될 수 있었던 것은 엘비라의 주교 레세문도Recemundus를 통해서였다. 모사라베인 레세문도는 〔아랍화된 기독교도라는〕 종교와 배경 덕분에 콘스탄티노플과 프랑크푸르트에 파견되어 외교 임무를 수행하기에 적임자였다. 최근에 역사학계에서는 알 안달루스가 종교적으로 특별히 관용적이었다는 기존 해석에 도전하는 연구들이 나오고 있지만, 레세문도와 하스다이가 라흐만의 궁정에서 막중한 역할을 수행한 점을 보건대 적어도 상류층에서는 개방적이고 관용적인 태도가 지배적이었다고 해도 무방할 것이다. 오히려 그들이 무슬림이 아니었다는 사실이야말로 궁정에서 중책을 맡게 된 중요한 요인이었다.

929년 무렵 라흐만 3세는 잔혹한 무력과 수완 있는 협상을 조합해 알 안달루스를 성공적으로 안정시켰다. 이 시점이면 코르도바는 크고 부유한 도시였다. 놀랍도록 깨끗한 거리에는 밤이면 램프가 밝게 불을 비추었고, 시장은 맛있는 음식 냄새와 향신료 냄새가 가득했으며, 정교한 관개 시스템을 통해 집집마다 시원한 그늘이 드리운 뜰에 있는 분수대로 물이 흘러갔다. 공방에서는 장인들이 아름다운 문양의 가죽 제품, 정교한 누금 세공 보석, 화려한 직물, 그리고 매우 유명한 (구릿빛 청색과

망간 푸른색이 도는) 도기를 제작했다. 중동과 지중해 전역으로 교역되던 이러한 사치품들은 코르도바의 장인과 상인에게 막대한 부를 가져다주었다. 코르도바의 부자들은 과달키비르의 무성한 계곡에 화려한 저택과 성을 지었다. 도처에서 볼 수 있는 로마 시대 대저택의 흔적에서 영감을 받아 정원, 과수원, 목욕탕, 도서관도 들어섰다. 이슬람에 가장 적대적인 저술가라도 눈이 휘둥그레지지 않을 수 없어서, 코르도바를 "세계의 가장 훌륭한 장식품"이라고 묘사했다.[11] 드디어 코르도바가 오랜 라이벌 바그다드의 그늘에서 벗어났다. 두 가문 사이에 벌어진 왕조 전쟁의 마지막 반전이라 할 만했다. 929년에 라흐만 3세는 독자적인 칼리파국國임을 선포하고 바그다드와의 모든 연결을 끊음으로써, 무너지고 있던 아바스 왕조에 궁극적인 복수를 가했다.

하지만 라흐만은 단순히 스스로를 칼리파라 칭하는 것만으로는 부족하다는 것을 잘 알고 있었다. 새로운 권력과 지위를 반영하는 웅장한 무대를 건설할 필요가 있었다. 그래서 936년에 그는 코르도바에서 북동쪽으로 몇 킬로미터 외곽에 있는 시에라모레나산으로 올라갔다. 자발 알 아루스('신부의 언덕'이라는 뜻이다) 기슭을 절반쯤 올라갔을 때 과달키비르 전체가 한눈에 들어오는 곳을 발견한 라흐만은 이곳에 장엄한 궁정 도시를 짓고 이름을 마디나트 알 자흐라Madinat al-Zahra라고 지었다. 상당수의 노예도 포함해* 수천 명이 자급자족적인 인공 도시를 짓는 일에 투입되어 맹렬히 노동했다. 전체 면적이 1제곱킬로미터가

* 라흐만 3세의 노예에 대해서는 3750명, 6087명, 1만 3750명 등 다양한 추산치가 전해져 온다. 이들은 유럽과 흑해 지역에서 사로잡혀 팔려 온 사람들이었을 것이다.

넘었고 목욕탕, 공방, 모스크, 빵집, 요새, 그리고 물론 칼리파와 그의 가족이 거주할 공간과 집무를 볼 공간도 있었다. 산에서 흘러 내려오는 물줄기가 잘 복원된 로마 시대의 수로를 따라 거대한 저수조에 모였다가 다시 도시 구석구석에 물을 공급했다. 수평으로는 계단식으로 세 개의 층이 나 있었고 꼭대기 층에 궁이 자리했다. 이베리아반도와 북아프리카의 채석장들은 최고의 대리석을 생산하기 위해 박차를 가해야 했다. 장미색과 초록색은 카르타고에서, 흰색 대리석은 타라고나에서 들어왔다. 또 멀리는 나르본과 로마의 고대 건물에서 기둥 4000개를 약탈해 와 새 궁정 도시의 벽을 세웠다. 칼리파의 전당은 벽이 투명 대리석과 금으로 빛났고 천장에서 늘어뜨려진 거대한 진주가 벽에 비쳤다. 진주는 콘스탄티노플에서 선물로 보내온 것이었다. 바닥에는 수은이 든 수조에서 은빛이 찰랑거렸고 여기에서부터 방 주위에 플래시처럼 태양빛이 비추어서 방문객들을 경외감에 빠트렸다.

마디나트 알 자흐라의 장엄함을 후광처럼 두르고서 라흐만 3세는 중세의 여타 위대한 지도자들과 나란히 세계 무대에 올라왔다. 휘황찬란한 그의 응접실에는 프랑크, 랑고바르드, 사르디니아, 비잔티움, 북부 스페인의 기독교 왕국 등에서 온 사신이 끊이지 않았다. 또 라흐만 3세는 외교관 하스다이를 유럽과 동방의 궁정으로 파견했다. 활발한 외교 활동은 여러 가지 긍정적인 결과를 가져왔다. 라흐만의 칼리파로서의 입지가 확고하게 인정되었고 알 안달루스가 국제 정치에서 비중 있는 곳이 되면서 강력한 동맹도 맺을 수 있게 되었다. 또한 하스다이가 자랑스럽게 언급했듯이 "알 라흐만의 위대함과 권력을 알게 된 지상의 왕들은 그의 호의를 얻기 위해 값비싼 선물을 가져왔다. 프랑크의 왕, 게

발림의 왕(이들은 게르만인이다), 콘스탄티노플의 왕 등이 보내오는 선물은 내 손을 거치며, 나는 답례를 보내는 일을 담당한다".[12] 특히 자신의 부도 과시하고 아바스 왕조에 맞서 동맹을 공고히 하고자 했던 비잔티움 제국에서 후하게 선물을 보내왔다. 마디나트 알 자흐라는 콘스탄티노플에서 온 어마어마한 양의 보석, 대리석 기둥, 장식용 수조 등으로 번쩍거렸다.

그리고 949년에 콘스탄티누스 7세는 라흐만 3세가 과학과 학문에 관심이 많다는 소식을 듣고 보석보다 귀중한 것을 보내왔다. 디오스코리데스Pedanius Dioscorides가 1세기에 쓴 의학서《약물지*De materia medica*》였다. 다섯 권짜리 방대한 저술로, 600종의 식물과 그것의 의학적 효능이 설명되어 있었고 콘스탄티노플 최고의 삽화가가 그린 식물, 광물, 동물의 아름다운 삽화도 수록되어 있었다. 삽화는 단순히 장식용으로 들어간 것이 아니라 각각의 식물이 무엇인지 파악할 수 있게 해주는 중요한 도구였다.《약물지》는 지극히 중요한 저술로, 이전 수 세기 동안 수 세대의 의사들이 사용해왔고 갈레노스의 약초 연구에서도 중요한 원천이었다. 안달루시아 학자들은 바그다드에서 후나인 이븐 이스하크가 번역한 아랍어본으로《약물지》를 볼 수 있었지만 번역의 질이 좋지 않았다. 이라크에서는 자라지 않는 식물이 많아서 번역가들이 디오스코리데스가 묘사한 식물이 무엇인지 알 수 없기 일쑤여서 많은 식물이 특정되지 않은 채 아랍어를 음차만 해놓은 상태로 기술되어 있었고, 따라서 실제로 약재를 제조하는 데는 효용이 적을 수밖에 없었다.

《약물지》의 새 번역본이 나오면서 안달루시아의 의학은 분기점을 맞았다. 안달루시아 의학의 성과가 동방을 능가하고 독자적으로 의학을 발달시킬 수 있는 기틀이 마련된 것이다. 하지만 그것은 새 아랍어본이 나오고 난 뒤의 이야기이고, 일단 코르도바의 학자들이 그리스어본을 아랍어로 번역해야 했는데 알 안달루스에는 그리스어를 하는 사람이 없었다. 하스다이 이븐 샤프루트는 즉시 콘스탄티노플의 황제에게 서신을 보내 도움을 요청했다. 몇 년 뒤, 니콜라스Nicholas라는 이름의 비잔티움 제국 수도사 한 명이 찾아와 번역 팀에 합류했다. 니콜라스가 라틴어를 할 줄 아는 모사라베들에게 그리스어를 가르쳐서 그들이 니콜라스와 아랍인들 사이에서 통역을 할 수 있게 했다. 이렇게 해서 점차 《약물지》가 아랍어로 번역되었고 거의 모든 식물 이름이 현지어로 특정되었다. 하스다이는 다언어적이고 다인종적인 번역 작업을 지휘하면서 학자들을 독려하고 지원했으며, 아마 그 자신의 전문 지식으로도 상당한 기여를 했을 것이다.

《약물지》는 고대에서 그랬듯이 중세에도 가장 중요한 의학서가 되었으며 그리스어, 라틴어, 아랍어본이 생산되어 널리 퍼지면서, 집필된 이래 1500년 동안 줄곧 약재학 분야에서 가장 권위 있는 저술의 자리를 차지했다. 16세기와 17세기에는 프랑스어, 이탈리아어, 독일어, 영어, 스페인어로 번역되어 르네상스 시기의 여러 약초 관련 저술에 기초가 되었다. 또 책에 담긴 삽화는 오늘날까지도 예술의 세계와 과학의 세계에 다리를 놓고 있는 식물도감이라는 장르를 탄생시켰다. 삽화가 들어간 것 중 현전하는 가장 오래된 본은 5세기에 비잔티움의 공주 아니키아 율리아나Anicia Juliana를 위해 콘스탄티노플에서 제작된 것으로, 현재 오스트리아 빈의 한 도서관에 소장되어 있다. 아랍어본 《약물지》는 안달루시아의 식물학과 약리학 발달에서 결정적인 책이었다. 이것은 한 가지 식물로 만들어진 '단순 약재'를 연구하고 기록하는 긴 전통의 출발점이 되었고, 13세기 중반이면 안달루시아의 학자들은 단순 약재 3000가지 이상을 목록에 올리게 된다. 라흐만 1세가 루파사 정원에서 시작한 전통을 이어가면서, 학자들은 식물원에서 다양한 약초를 재배하고 개량하고 의학적 효능을 알아내고 치료법을 개발했으며 그럼으로써 현대 약리학의 토대를 닦았다.

디오스코리데스의 《약물지》에 앞서 갈레노스의 저술도 바그다드에서 후나인 이븐 이스하크의 팀이 번역한 아랍어본을 통해 이베리아 반도에서 널리 연구되고 있었다. 한 젊은 학자가 (아랍 세계의 많은 이들이 그랬듯이) 과학에 대한 관심을 시적인 재능과 결합해서 다음과 같이 우아한 운문으로 이러한 환경을 묘사했다.

손님이나 동료가 없을 때면
나는 히포크라테스, 갈레노스와 시간을 보낸다.
나는 그들의 책을 내 외로움의 치료제로 삼는다.
그들은 내가 치료하는 모든 상처에 대한 치료제다.[13]

많은 의사가 이라크의 고명한 스승에게 배움을 얻기 위해 동쪽으로 길을 떠났다. 형제지간인 우마르Umar와 아흐마드Ahmad는 알 안달루스를 떠나 바그다드에서 10년을 지내면서 사비트 이븐 시난Thabit ibn Sinan 밑에서 갈레노스를 공부했다. 이븐 시난은 저명한 사비교도 학자인 사비트 이븐 쿠라의 아들로, 눈 질환 치료를 전문으로 하는 의사였다. 962년에 알 안달루스로 돌아온 형제는 궁정 의사로 고용되었고 질병 치료, 특히 눈 질환 치료로 명성을 얻었다. 비슷한 시기에 또 다른 안달루시아 학자인 알 자발리Al-Jabali가 바스라에 머물면서 의학과 논리학을 공부했다. 이후에 그는 이집트로 가서 971년까지 병원장으로 일하다가 이베리아반도로 돌아왔다.* 그는 뛰어난 의사로 명성이 높았고 약재에 대한 깊은 이해와 방대한 지식으로 특히 유명했다. 동방에서 유학했다는 사실은 이들이 고향에 돌아왔을 때 권위를 한층 더 높여주었겠지만, 그들의 명성은 실제로 그들이 발휘한 뛰어난 치료 실력에 기반한 것이기도 했을 것이다. 또한 이 세 명의 의사는 최신 의학 지식과 고대 문헌의 번역본을 가지고 돌아와 알 안달루스의 차세대 의사들에게 전승하는 데에도 지대한 공헌을 했다.

그 차세대 의사 중에 독보적으로 걸출한 사람이 있었으니, 아부 알 카심 칼라프 이븐 아바스 알 자흐라위Abu al-Qasim Khalaf ibn Abbas al-Zahrawi(936~1013, 라틴어로는 알부카시스Albucasis라고 불렸다)이다. 의학의 역사에서 그는 진정한 거인이었다. 그가 배움을 구하러 동방에 갔는지는 알려져 있지 않지만, 어쨌든 그는 알 마즈리티 문하에서 수학했고 라흐만 3세의 아들이자 계승자인 알 하캄 2세에게 궁정 의사로 고용되어 생애의 상당 기간을 마디나트 알 자흐라에서 보냈다(그의 이름 알 자흐라위가 여기에서 나왔다). 말년에 알 자흐라위는 《키타브 알 타스리프*Kitab al-Tasrif*》라는 방대한 의료 서적을 집필했다.** 이 책은 중세 후기 의료의 주춧

---

* 코르도바의 병원에 대해서는 상세한 자료가 남아 있지 않다. 알 마카리는 50곳이 있었다고 주장했지만 이는 과장일 것이다. 어쨌든 알 자발리가 의학에 혁신을 일으킨 것은 사실일 것이고 바스라와 이집트에 머물다 돌아왔을 때 의료 지식을 가져왔다는 것도 사실일 것이다.

** 장엄한 원래의 제목은 '스스로는 〔의료 지식을〕 종합할 수 없는 사람을 위한 의료 지식 정리서'이며, 흔히 '의료 방법론'이라고 불린다.

돌이 되었고 알 라지의 《알 하위》(《의학 전서》), 이븐 시나의 《의학 정전 *Canon*》과 더불어 유럽 전역에서 의사들의 서가에 꽂히는 책이 되었다.* 의료에 대한 종합 지침서인 《키타브 알 타스리프》에는 원인, 증상, 치료, 식이요법, 단순 약재와 복합 약재, 붕대와 부목, 또 《약물지》의 전통을 잇는 약재와 고약 제조법 등이 30편의 논문으로 수록되어 있었다. 전체의 5분의 1을 차지하는 마지막 부는 수술을 다루었는데, 오늘날 알 자흐라위는 바로 이 수술에 대한 부분으로 가장 유명하다.

서문에서 알 자흐라위는 "우리 시대에는 수술을 할 수 있는 숙달된 의사가 전적으로 부족하다"고 한탄했다. 또한 그는 의료인이라면 "갈레노스가 기술한 대로 해부학을 배워야 하며 그럼으로써 신체 기관의 기능, 구조, 이상 반응, 또 신체 각 부분이 어떻게 결합되어 있으며 어떻게 분리될 수 있는지 등을 잘 알고 있어야" 하고, "뼈, 힘줄, 근육 등의 개수와 각각이 어디에 어떻게 붙어 있는지, 동맥과 정맥 모두를 포함해 혈관은 어떻게 되어 있는지 등도 숙지하고 있어야 한다"고 강조했다.[14] 그는 아랍 의사들(특히 알 라지)에게서도, 7세기에 의학 백과사전을 만든 아이기나의 파울로스Paulus Aegineta에게서도 많은 영향을 받았다. 파울로스가 수술에 대해 남긴 저술은 그에게 중요한 정보원이었다.

알 자흐라위의 실용적인 접근법은 그가 고안한 수술 도구들로 한층 더 탄탄하게 뒷받침되었다. 겸자, 검경, 뼈 절단기, 결석 제거용 메스, 접이식 칼, 외과용 후크, 편도 절단기, 스푼과 막대, 바늘과 주사 등

* 후대의 의사들은 알 자흐라위의 천재성에 경탄을 금치 못했다. 그의 의학적 기여를 히포크라테스나 갈레노스의 반열에 놓는 사람도 있다.

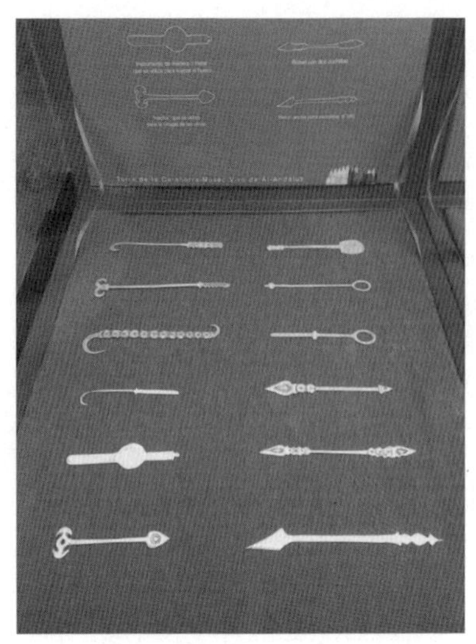

14 알 자흐라위가 개발하고 사용한 정교한 수술 도구 중 일부를 현대적으로 재현한 것. 코르도바의 칼라오라 탑 박물관 소장. 앞줄 왼쪽 도구에 대해서는 "정맥 수술에 사용되는 절개용 메스"라고 쓰여 있다.

많은 것이 오늘날에도 쓰인다. 또한 그는 이슬람 세계 최초로 수술 도구의 제작법과 사용법을 상세한 그림과 함께 설명했다. 이 설명을 바탕으로 재현한 수술 도구들이 현재 코르도바의 칼라오라 탑 박물관에 전시되어 있다. 밝은 붉은색 깔개 위에 놓여 있는 이 도구들은 아름다운 보석 세공품처럼 보이기도 하지만 설명서의 내용은 그것들의 기능이 무엇인지를 명백하게 보여준다. 가령, 한 도구에 대해서는 "정맥 수술에 사용되는 절개용 메스"라고 쓰여 있다. 의학에 대한 알 자흐라위의 접근법은 혁신적이고 실용적이었다. 그는 아편과 대마초에 적신 해면을 환자가 흡입하게 하는 마취법을 개척했고, 최초로 인체 내부에서 염증을 일으키지 않고 쉽게 분해되는 재질을 이용해 체내 봉합도 시도했다. 이 역시 오늘날에도 사용되는 방식이다. 또한 그는 심인성 증상 치료법도 개발했다. 그중 하나는 아편을 치료제로 사용하는 것이었는데, 그는 아편이 "즐거움과 기쁨을 가져다주는 물질"이며 "영혼을 이완하고 나쁜 생각과 근심을 흩어버림으로써 기질을 온순하게 하고 우울증을 쫓는 데 도움이 된다"고 설명했다.[15] 해부학과 생리학에 대한 강조와 윤리, 위생, 교육, 식이요법 등에 대한 그의 개념은 후대 의사들에게 큰 영향을 미쳤다. 또한 그는 정신의학과 아동 교육에도 관심이 많았으며 《키타브 알 타스리프》에서 이를 상세히 논했다. 하지만 무엇보다 후대에 가장 깊은 영향을 남긴 것은 외과술에 대한 부분이다. 이것은 이후에 톨레도에서 라틴어로 번역되었고 거기에서부터 다시 유럽 전역에 전파되었다.

알 자흐라위는 경력의 초기가 코르도바의 황금기인 라흐만 3세와 그의 아들 알 하캄 2세 치하와 겹치는 행운을 누렸다. 알 하캄은 아버지보다도 학문에 열정적이었고 젊은 시절부터 "과학을 지원하고 과학자들과 친교를 맺기 위해 노력"했다. "그는 바그다드, 이집트, 그리고 동쪽의 다른 나라들에서 옛것이건 새것이건 가리지 않고 가장 뛰어난 과학 저술과 가장 귀한 출판물들을 가져왔다."[16] 황태자 시절에 알 하캄은 자신의 신분을 십분 활용해서 방대한 학자들의 네트워크를 구성했고 '다르 알 이슬람' 전역에, 그리고 그 너머로도 사람을 보내 비용이 얼마가 들든, 또 고대의 것 최근의 것 할 것 없이, 코르도바에 있는 자신의 도서관에 소장할 서적을 사 오고 베껴 오고 빌려 오고 훔쳐 오게 했다. 11세기 과학사를 다룬 상세한 저서에서 사이드 알 안달루시Sa'id al-Andalusi는 알 하캄의 장서 규모가 "바누 아바스(바그다드의 바누 무사 삼형제)가 훨씬 더 오랜 시간 모은 양에 필적했으며 이는 과학에 대한 사랑, 과학과 관련해 선한 업적을 달성하려는 열망, 그리고 현명한 왕들의 본을 따르고 싶다는 야망 덕분에 가능했다"고 설명했다.[17]

이 과정에서 알 하캄은 가난한 아이들을 위한 학교를 27개 열었고, 아버지가 메스키타에 세운 대학에 후한 기금을 제공했으며, 동방에서 대가들을 초청해 코르도바에서 학문을 가르치게 했고, 수천 디나르를 들여 대학에 콘스탄티노플의 모자이크와 물 파이프를 설치해 이곳을 명소로 만들었다. 961년에 칼리파로 즉위한 다음에는 주요 궁정 도서관 세 곳(왕궁 도서관, 그의 형 무함마드의 장서, 그리고 자신의 장서)을 통합했고, 일설에 따르면 500명을 도서관에 고용했다. 사서인 탈리드Talid가 카탈로그를 작성해보니 장서가 40만 권에 달해 제목만으로도 카탈로그가 44권이나 되었다고 한다. 이 카탈로그가 현전했더라면 안달루시아의 학문 세계에 대해 매우 상세한 그림을 그려볼 수 있었겠지만, 이 도서관이 구체적으로 무엇을 소장했는지는 다른 사료에 남아 있는 언급을 통해 미루어 짐작해보는 수밖에 없다. 알 하캄 2세가 '다르 알 이슬람' 전역을 아우르는 문헌 수집 네트워크를 구축할 수 있었던 것은 본인 역시 명성이 높은 학자였다는 사실과 무관하지 않을 것이다. 한 안달루시아 역사학자에 따르면 그는 자신의 도서관에 있는 책을 거의 다 읽고 주해까지 달았다고 한다. 과장이 좀 있다 치더라도, 부유한 한량의 취미 생활로 책을 수집하는 차원은 아니었음이 분명하다. 그는 책을 수집하러 사람들을 보냈을 뿐 아니라 이집트와 바그다드의 외국 학자들까지 고용해 책을 수집하게 했고, 이라크의 한 저술가에게 그가 쓴 신간의 원고를 누구보다 먼저 자신에게 보내달라고 부탁하기도 했다.

학문의 위대한 중심지라는 명성이 높아지면서 코르도바는 멀리서부터 학자들이 찾아오는 곳이 되었고, 이는 특히 의학, 천문학, 종교법학, 문법학, 시학 분야에서 두드러졌다. 코르도바 사람들의 책 사랑은 아주 유명해서 "세비야에서 학식 있는 사람이 숨졌는데 후손이 그의 도서관을 처분하고 싶다면 대개 책을 코르도바로 보냈다"고 한다.[18] 위대한 이븐 후타이스Ibn Futays 가문도 도서관을 가지고 있었고 적어도 여섯 명의 필경사와 유명 작가이기도 한 사서를 한 명 두고 있었다. 또 다른 저명한 개인 소장자로는 시인인 아예샤Ayesha가 있다. "장서 수집 열풍이 불어 권력자나 고위직인 사람은 누구나 자신의 도서관을 하나 가져야 한다고 생각하게 되었고, 매우 좋은 도서관을 가진 사람이라거나 어떤 책의 유일한 본을 가지고 있는 사람이라거나 이러저러한 사람이 직접 필사한 책을 가지고 있는 사람이라는 등의 말을 듣기 위해 돈을 아끼지 않고 책을 수집했다."[19] 이 책들은 다 손으로 필사되어야 했으므로 10세기 코르도바에서 필사업이 번성한 것은 당연한 일이었다. 수백 명의 필경사가 고용되어 서유럽 세계에서 가장 큰 책 시장에서 팔릴 7만~8만 권가량의 책을 매년 생산했다.

코르도바의 별은 밝게 빛났지만 오래 빛나지는 못했다. 976년에 알 하캄이 숨지면서 안정성과 자유로운 학문도 함께 죽었다. 왕위를 이어받은 알 히샴Al-Hisham은 열한 살이었고 고위 귀족인 알 만수르(아바스 왕조의 칼리파 알 만수르와는 다른 사람이다)가 권력을 잡을 기회를 발견했다. 거대함에 대한 알 만수르의 집착은 끝을 몰랐다. 그는 코르도바의 다른 쪽에 자신의 궁을 짓기 위해 마디나트 알 자흐라를 파괴하고 약탈했다. 산기슭의 거대한 마법 도시 마디나트 알 자흐라는 제국이 무너지는 동안 여러 경쟁 분파들이 번갈아 들어와 기지로 사용하면서 점차 무너져갔고 그곳의 귀한 보물도 모두 털리고 말았다. 파이프, 기둥, 조각, 문짝, 기둥머리 등이 모조리 뜯겨 고가에 팔렸다. 그럼에도 마디나트 알 자흐라의 폐허는 지금도 무언가를 강력하게 환기하는 힘이 있다. 응접실의 거대한 아치, 정원 연못과 지극히 화려한 설계 등은 오늘날에도 수천 명의 관광객을 경탄하게 한다. 하지만 이 도시에 다시 생명을 불어넣는 것은 문설주를 받치던 동그란 구멍들, 궁정 마구간에서 말구유로 사용되던 로마 석관, 관개 시스템의 일부였던 납 파이프의 부서진 조각과 같은 섬세한 세부 사항들이다.

고위 귀족 알 만수르는 마디나트 알 자흐라뿐 아니라 코르도바 자체도 약탈 대상으로 삼았다. 보수적인 신학의 영향을 받은 그는 코르도바의 위대한 도서관들에 쳐들어가 "의학과 수학 책만 빼고 논리학, 천문학 등 고대의 과학을 다루는 책을 모조리" 찾아 없애려 했다. "언어, 문법, 시, 역사, 의학, 전통, 하디스, 기타 알 안달루스에서 허용된 것들"은 보존되었지만, 나머지는 파쇄 명령이 내려져 "극히 일부만 살아남을 수" 있었다. 파쇄되지 않은 것들은 "태우거나 궁정의 우물에 던져 넣고 흙과 돌로 덮었다". 조상들이 알지 못했으며 과거의 지도자들이 혐오했던 학문이기 때문에 파괴해야 한다는 것이 알 만수르의 논리였다.[20] 그에게 이 책들은 이단이었고 따라서 이러한 책을 추구하는 사람은 이슬람법을 따르지 않는다는 점에서 유죄였다. 어떤 책을 남기고 어떤 책을 파괴할지의 기준이 무엇이었는지는 알려져 있지 않다. 프톨레마이오스의 《알마게스트》가 수학 책인지 천문학 책인지는 판단하기 쉽지 않았을 것이다. 이후 몇십 년의 혼란스러운 시기 동안 코르도바는 몇 차례 더 약탈을 당했고 도서관들은 폐허가 되었다. 학자들이 도망갈 때 무사히 챙겨 가서 살아남은 책들은 세비야, 그라나다, 사라고사, 톨레도 등 "알 안달루스 여기저기에 흩어졌다".[21] 이곳의 소규모 무슬림 왕국들(타이파국國이라고 불렸다)은 11세기 초에 독립한 후 코르도바가 쇠락해가는 동안 번영을 누리고 있었다. 타이파국의 통치자들은 우마이야 왕조를 본받아 왕궁을 도서관과 학자가 있는 학문의 중심지로 만들고 싶어 했다. 얼마나 성공했는지는 각자의 운과 돈, 그리고 학문적 관심도에 따라 달랐다. 저명한 철학자가 많기로 유명했던 사라고사는 11세기 말에 이슬람권 스페인 전체에서 가장 뛰어나고 가장 독창적인 수학자로 꼽히는 유수프 알 무타민 이븐 후드Yusuf al-Mu'tamin ibn Hud가 통치했는데, 그가 남긴 저술로 미루어 볼 때 분명 그의 도서관은 유클리드의《원론》을 포함해 10세기에 구할 수 있는 중요한 수학서들을 거의 다 소장하고 있었을 것이다.

코르도바는 우마이야 왕조 시기의 영광을 다시 찾지 못했다. 하지만 서적과 학문 중심지로서의 역할은 계속 이어졌다. 12세기에 세계적인 사상가 두 명이 코르도바에서 태어난다. 한 사람은 마이모니데스Maimonides(1135~1204년경)라는 유대인 철학자로, 그의 저술은 중동과 유럽 전역의 학자들에게 큰 영향을 미쳤다. 또 한 사람은 이븐 루시드Ibn Rushd(1126~1198, 라틴어로는 아베로에스Averroës라고 불린다)로, 아리스토텔레스 철학에 대한 주해를 널리 전파해 서유럽에서 세속[비종교] 사상의 아버지로 통한다. 라파엘로의 벽화 〈아테네 학당〉 등장인물 중 그리스인이 아닌 유일한 사람이 바로 그다. 이후 스페인이 북쪽의 기독교 왕국들에 재정복되면서, 마이모니데스와 아베로에스의 저술과 사상은 [라틴어로 번역되고 유럽으로 전해져] 중세 초기의 아랍 과학과 중세 후기의 라틴 문화 사이를 연결하는 다리가 된다. 그런데 아랍어본으로는 현전하는 과학 서적이 거의 없다. 우리가 알고 있는 바로, 동쪽에서 코르도바로 들어온 유클리드의《원론》과 프톨레마이오스의《알마게스트》, 갈레노스의 현전 문서들이 필사되어 전국에 퍼졌고 많은 학자들이 이를 연구했으며 필사본의 일부는 톨레도로 들어가서 라틴어로 번역되었다. 하지만 많은 책이 이와는 다른 운명을 맞았다.

1492년에 무슬림이 지배하던 마지막 도시 그라나다가 기독교도에게 함락된다. 항복 조건은 너그럽고 계몽적이었다. 이슬람권 스페인에 살던 사람들은 평화롭게 살도록 허용되었고 자신의 종교와 관습도 유지할 수 있었다. 하지만 바람직한 출발은 곧 불관용과 박해에 밀려났다. 이사벨 1세와 페르난도 2세의 스페인에서 다른 문화와 종교는 허용되지 않았다. 그들은 수천 명의 유대인을 내쫓았고 무슬림을 억압했으며 700년 역사의 무슬림 문명을 파괴하기 시작했다. 정점은 1499년이었다. 이때 광기 어린 성직자 히메네스 데 시스네로스Jiménez de Cisneros 추기경이 이곳에 들어와 그라나다의 민족 구성을 바꾸고 이슬람 문화의 흔적을 모조리 제거하려 들었다. 그는 그라나다의 도서관에 있던 책 200만 권가량을 중앙 광장에 쌓아놓고 불태웠다. 이러한 "문화 홀로코스트"는 "글로 된 것을 파괴하는 것이 곧 문화에서 영혼을 제거하는 길이고 점차 정체성을 제거하는 길"이라는 신조에 따른 것이었다.[22] 이어서 아랍어로 글을 쓰는 것과 아랍어 책을 소유하는 것을 금지한다는 명령이 내려졌다. 히메네스 데 시스네로스의 정책은 크게 성공을 거두어 1609년이 되면 스페인에 아랍어 서적은 아주 소수밖에 남지 않게 된다. 가톨릭은 완전하게 승리했고 "텅 빈 궁전과 용도가 바뀐 모스크만이 살아남아 한때 융성했던 알 안달루스의 이슬람 문명이 무너지는 비극을 말없이 지켜보았다".[23]

인류 문명 전체의 입장에서는 다행스럽게도, 가장 중요한 과학 저술들은 상당수가 이미 안전하게 라틴어로 번역되어 있었고, 앞으로 보겠지만 지중해를 건너 유럽의 인쇄소로 갈 준비가 되어 있었다. 그곳에서 과학 이론과 개념은 혁신적으로 변모하고 발전해 근대 세계의 중요한 토대가 된다. 아랍어 과학 저술들이 대대적으로 라틴어로 번역된 곳은 코르도바에서 300킬로미터 북쪽으로 떨어진, 바위산 위의 그림같이 아름다운 도시 톨레도였다.

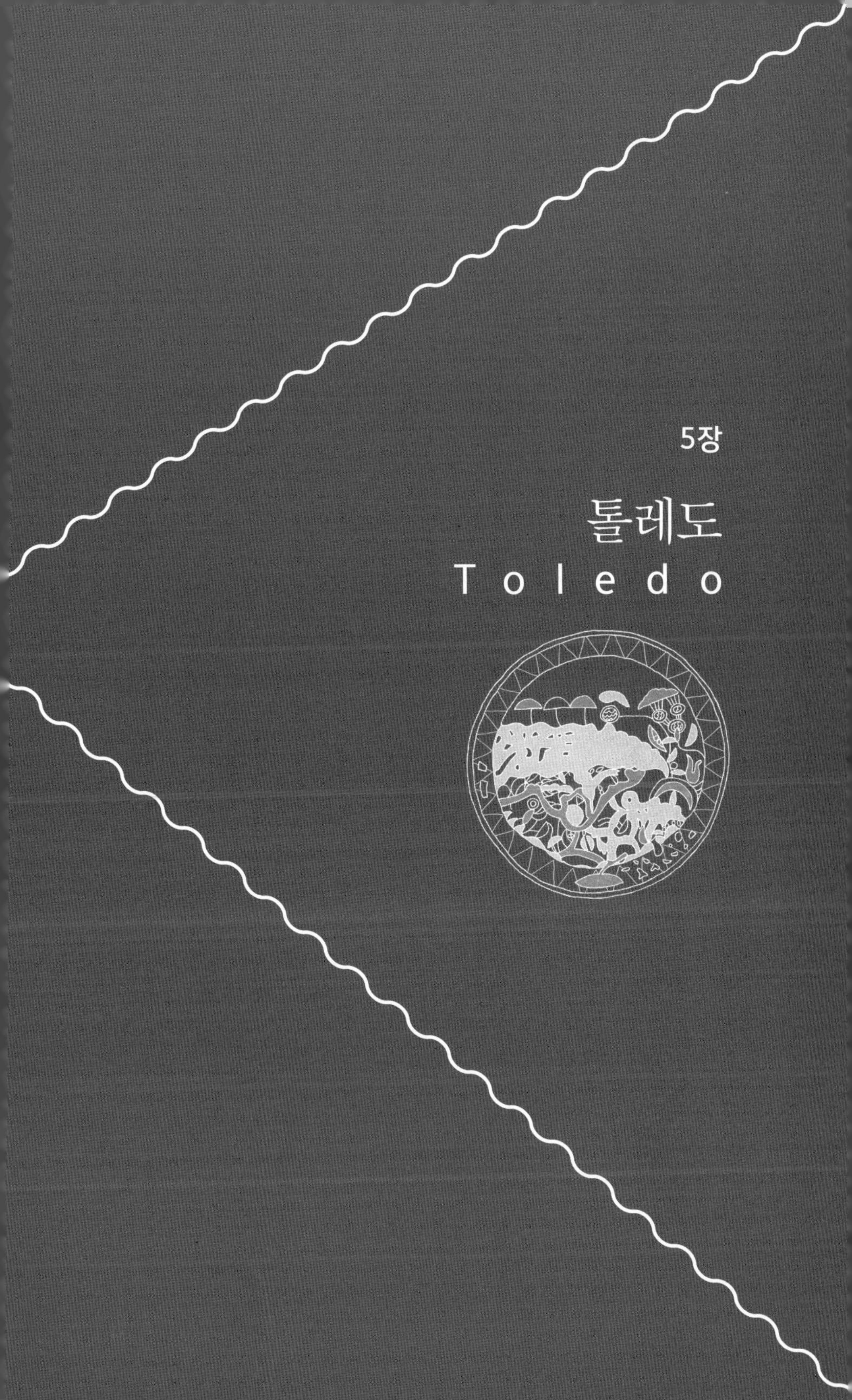

5장

톨레도

Toledo

코르도바와 톨레도의 아랍 학교들에서 그리스 학문의 희미해져가던 잉걸불이 우리를 위해 조심스럽게 수습되고 보존되었다.

—아흐마드 이븐 무함마드 알 마카리, 《스페인 이슬람 왕조들의 역사》

12세기 중반의 어느 날, 한 젊은이가 톨레도의 초입에 당도한다. 그는 타호강 협곡 끄트머리에서 도시로 들어가는 다리 앞에 서 있다. 그가 바위 언덕에 있는 건너편 도시를 바라보는 동안 한참 아래에서는 차가운 강물이 소용돌이치며 바위 사이로 지나간다. 그의 이름은 제라르도Gherardo da Cremona이며 그는 천문학에 관심이 많다. 이탈리아에서 배울 수 있는 것을 다 배운 뒤 지식을 더 구하러 고향 크레모나를 떠나 육로와 바닷길로 수천 킬로미터를 이동해 여기까지 왔다. 스페인의 톨레도라는 도시에 가면 아랍 사람들이 발견한 것을 공부할 수 있다고 들었기 때문이다. 운이 좋다면 이제까지 쓰인 것 중 가장 위대한 천문학 책 《알마게스트》를 한 권 구할 수 있을지도 모른다. 길에서 수많은 날을 보낸 터라 지치고 먼지 범벅이지만 그 긴 여정이 마침내 끝났다. 톨레도에 도착한 것이다. 좁은 길들의 어두운 타래를 보며 그는 앞에 있을 보물에 대한 기대로 몸을 떤다. 제라르도가 인생의 새로운 장으로 들어가는 문턱에 서 있었을 때, 기독교권 유럽도 학문의 발달에서 새로운 장으로 들어가고 있었다. 제라르도가 하게 될 작업 덕분에 톨레도는 과학 지식이 이슬람 세계에서 기독교 세계로 전파되는 데서 가장 중요한 중심지가 된다. 제라르도는 이후 평생을 톨레도에서 보내면서 아랍어본 서적을 라틴어로 번역했고, 그가 번역한 라틴어본 서적들은 손에 들려서, 궤짝에 담겨서, 등짐에 넣어져서, 수도원에서 성당 학교로, 대학에서 학자의 서재로 이동했다. 몽펠리에에서 마르세유까지, 파리에서 볼로냐까지, 샤르트르, 옥스퍼드, 피사, 그리고 더 멀리까지 각지로 전파된 이 책들은 이후 수 세기 동안 과학 연구의 틀을 형성하게 된다. 고대 그리스와 중세 이슬람의 위대한 사상을 서유럽에 들여오는 데 가장 크게 공헌한 사람을 딱 한 명만 꼽으라면 단연 크레모나의 제라르도일 것이다.

제라르도가 톨레도를 찾아왔다는 것은 아랍 학문의 명성이 서유럽의 먼 곳까지 이미 알려져 있었음을 말해준다. 무슬림 세계와 기독교 세계 사이에 위치해 있다는 지리적 특성 덕분에, 톨레도는 시칠리아의 팔레르모나 시리아의 안티오크처럼 지식이 지나가는 관문이 되었다. 11세기 후반은 서유럽의 부흥에서 결정적인 시기였다. 노르만족이 무슬림 통치로부터 시칠리아를 빼앗았고, 1095년에 교황 우르바노 2세 Urbanus II는 튀르크와 싸우고 있는 비잔티움 제국을 지원하고 이슬람으로부터 성지를 되찾자며 1차 십자군 전쟁을 일으켜 서유럽 전역에서 기독교도를 전장으로 내보냈다. 십자군은 1099년 여름에 예루살렘에 입성해 의기양양하게 성지를 탈환했다. 이것은 기독교도가 동쪽의 무슬림 세력에 맞서 벌인 일련의 십자군 전쟁 중 첫 번째였다. 거대한 두 종교가 예루살렘을 중심으로 영향권을 확장하려 하면서 12세기에 두 번, 13세기에는 여러 번 십자군 전쟁이 있었다. 안티오크, 트리폴리, 에데사 등지에 십자군 국가들이 세워졌고 이곳들을 놓고 싸움이 벌어졌다. 문화적 교류가 일부 이루어지긴 했지만 정치적으로 불안정하고 폭력 사태가 잦아서 학문의 전파는 제한적이었고, 시칠리아나 하물며 톨레도에서 벌어지던 학문 활동에는 비할 수 없었다.

기독교도의 스페인 북부 재정복은 11세기 후반에 본격적으로 시작되었고 톨레도는 1085년에 정복되었다. 곧 유럽 학자들 사이에서 톨레도에 가면 볼 수 있다는 경이로운 것들에 대해 소문이 돌았다. 이러한 소문은 잉글랜드, 독일, 프랑스, 헝가리, 〔크로아티아의〕 달마티아 연안 등 유럽의 더 먼 곳 사람들까지 유혹했다. 제라르도의 경우에는 직접적으로든 간접적으로든 고향 사람인 플라토 티부르티누스Plato Tiburtinus('티볼리의 플라토')의 발자취를 따라가고 있었던 것 같다. 1120년대와 1130년대에 플라토 티부르티누스는 바르셀로나에서 프톨레마이오스의 저술을 포함해 여러 가지 과학 서적을 번역하고 있었다. 제라르도가 그를 실제로 만났는지 아닌지는 모르지만 그가 번역한 책들을 공부했을 가능성은 상당히 높으며, 이는 더 많은 책을 찾고자 하는 마음에 불을 붙였을 것이다. 어쨌든 제라르도가 톨레도로 온 것이 《알마게스트》에 대한 사랑 때문이었다는 것만큼은 확실하다.[1]

제라르도는 "태어나자마자 철학의 무릎에서 교육을 받은 사람"[2]이었다고 하지만, 실제로는 크레모나에서 교육을 받기 시작했을 것이다. 처음에는 개인 교사에게 배우다가 몇 년 뒤에는 인근 수도원 학교에서 공부했을 것이다. 그 이후에는 이미 대학이 생겨서 법학 연구의 중심지가 되어 있었던 인근의 볼로냐로 갔을 것이다(볼로냐 대학은 유럽 최초의 대학이다). 그가 받은 교육에는 전통적인 '3학 4과' 중 4과의 일환으로 기초적인 수학과 천문학이 포함되어 있었을 것이다. 하지만 교재는 대부분 백과사전과 교과서였을 것이고, 여기에는 천문학의 권위자 프톨레마이오스, 기하학의 권위자 유클리드가 언급은 되어 있었겠지만 상세한 내용은 나와 있지 않았을 것이다. 그의 스승 중 적어도 한 명이 4과 중 과학 쪽에 관심이 있어서 젊은 제라르도의 과학에 대한 열정에 불을 붙였을 것이고, 그리하여 제라르도는 더 깊은 지식을 구하는 여정에 나섰을 것이다. 그다음에 제라르도가 간 곳은 어디였을까? 근처에서 곧바로 떠올려볼 만한 곳은 보비오 수도원*이다. 크레모나에서 남서쪽으로 80킬로미터밖에 떨어져 있지 않고 이곳의 도서관은 당시 천문학 서적을 소장한, 서유럽에서 몇 안 되는 곳이었다.

9세기에 보비오에는 아일랜드 출신 수도사 한 명이 살고 있었다. 이름은 던걸Dungal이었고 샤를마뉴에게 보낸 편지를 보면 놀랍게도 그는 810년에 있었던 두 번의 일식을 과학적으로 설명할 수 있었다. 바로 던걸이 보비오 도서관의 과학 서적을 상당수 수집한 주인공이다. 제라르도가 왔을 무렵에는 11세기에 수도사 헤르마누스 콘트락투스Hermannus Contractus가 수집한 천문학 서적들도 여기에 보태져 있었다. 콘트락투스는 아스트롤라베의 원리와 사용법에 대해 직접 책을 쓰기도 했다. 10세기의 보비오 도서관 카탈로그에는 보에티우스가 쓴 《알마게스트》

* 움베르토 에코Emberto Eco의 유명한 소설 《장미의 이름*Il Nome della Rosa*》의 배경이 된 곳이다. 이 소설은 보비오 수도원에서 일어난 의문의 살인 사건을 다루면서 14세기 수도원의 학문 세계를 탐험한다.

요약본도 올라와 있으며, 보에티우스가 "프톨레마이오스의 천문학을 이탈리아 사람들이 접할 수 있게 한 사람"이라고 묘사되어 있다.[3]

보비오와 관련된 또 다른 중요 인물은 나중에 교황 실베스테르 2세Sylvester II가 되는 프랑스 오리야크 출신 수도사 제르베르Gerbert(945~1003년경)다. 수학에 관심이 많았던 제르베르는 젊은 시절에 고향을 떠나 스페인 북부로 가서 비크의 주교 아토Atto 문하에서 수학했다. 그가 이 시기에 아랍 학문을 접했는지에 대해서는 논란이 있지만 수학, 기하학, 그리고 인도-아라비아 숫자가 쓰여 있는 특수한 주판을 사용하는 산법 등에 대해 몇몇 저술을 집필한 것으로 알려져 있다. 또한 그는 천문학에 관심이 많았고 혼천의를 제작하기도 했다. 제르베르는 짧은 기간 보비오의 수도원장을 지냈는데, 이때 쓴 편지들을 보면 그가 보비오 도서관에 소장할 책을 얼마나 열심히 구했는지 알 수 있다. 일례로, 983년 6월 22일에 랭스의 대주교 아달베로Adalbero에게 보낸 편지에서 그는 "보비오에서 최근에 발견한 여덟 권, 즉 보에티우스의 《점성학에 관하여*De Astrologia*》와 기하학에 관한 몇몇 아름다운 그림들"을 언급하고 있다.[4] 5년 뒤에는(이때는 랭스에 머물고 있었다) 보비오에 있는 친구에게 "내가 얼마나 열정적으로 모든 곳에서 책을 수집하고 있는지 잘 아시지요?"라고 말하고서 전에 필사했던 책들을 나열했다.[5]

제라르도가 스페인으로 가기 위해 택했을 법한 주요 경로는 두 가지다. 남쪽으로 시칠리아를 통해서 가거나 북쪽으로 프랑스의 연안을 둘러 가는 것이다. 보비오는 크레모나에서 가장 가까운 항구인 제노바로 가는 길목에 있기도 했으므로 둘 중 어느 경로를 택했더라도 이곳이 출발점이 되었을 가능성이 크다. 그리고 보비오 수도원 도서관은 귀한 장서, 특히 천문학 서적들로 명성이 높았을 것이므로, 스페인으로 떠나기 전 어느 시점에(꼭 스페인에 가는 도중에는 아니었더라도) 그가 보비오에 가보았으리라는 것은 충분히 있음직한 일이다. 또한 보비오 도서관에는 제라르도에게 《알마게스트》의 내용이 다 담긴 온전한 사본을 찾고 싶다는 열망을 불러일으켰을 법한 책들이 여럿 있었다.

제라르도는 1114년에 태어났고 적어도 첫 20년은 이탈리아 북부에서 보낸 뒤에 《알마게스트》를 찾는 여정에 나섰을 것이다. 그가 북쪽 경로를 택했다고 생각해보자. 그렇다면 제노바에서 수많은 상선 중 하나를 타고 이탈리아 북부 연안과 프랑스 남부 연안 사이를 따라가면서 앙티브, 프레쥐스, 이에르 등의 항구를 거쳤을 것이다. 중세에는 배가 가장 빠르고 덜 불편한 교통수단이었다. 4월부터 11월 사이에 지중해에는 되도록이면 연안에서 멀리 떨어지지 않으면서 승객과 상품을 항구에서 항구로 나르는 배들이 가득했다. 제라르도는 며칠 만에 마르세유에 도달했을 것이고 거기에서 내렸다면 매우 활발한 학문 활동의 분위기를 목격했을 것이다. 그가 여기에 머물면서 공부를 하기로 했다면 레몽Raymond이라는 천문학자를 만났을 가능성이 있다. 레몽은 1140년에 마르세유에서 이곳에 맞게 조정한 천문표를 만들고 있었다. 제라르도의 여정에 대한 이 묘사는 물론 다 상상이지만 가능성이 없지는 않다. 또한 이 설명은 그가 왜 《알마게스트》를 찾으러 톨레도로 갔는지, 톨레도에 가면 《알마게스트》를 찾을 수 있다는 정보를 어떻게 알게 되었는지에 대해서도 실마리를 준다. 톨레도와 마르세유 사이에는 학문적 연결 고리가 많기 때문이다. 그중 가장 중요한 것은 레몽의 천문표가 톨레도 천문표를 토대로 하고 있다는 점이다. 톨레도 천문표는 그 전 세기에 천문학자 알 자르칼리가 알 콰리즈미의 《지즈》를 토대로 만든 것이었다. 제라르도가 마르세유에 얼마간 머물렀다면 이곳 학자들이 그에게 톨레도에 가면 아랍의 과학과 뛰어난 과학자들, 그리고 그들의 혁신적인 저술 등 믿기 어려울 만큼 놀라운 것들을 찾을 수 있다고 말해주었을 것이다. 제라르도가 애초부터 톨레도에 가기로 생각하고 여정을 출발한 게 아니라면 마르세유에서 사람들의 이야기를 듣고 톨레도에 갈 생각을 하게 되었을 가능성이 있다.

그리하여 그날 타호강 협곡의 가장자리에 서게 된 제라르도는, 톨레도를 세운 사람들이 왜 이곳을 택했는지 대번에 알 수 있었을 것이다. 가파른 언덕 꼭대기에 위치해 있는 데다 삼면이 구불구불한 강으로 둘러싸여 있어서 방어에 매우 유리했다. 강을 건너 도시를 공격하는 것은 자살행위나 마찬가지일 터였다. 깎아지른 절벽 아래로 내려가는 것부터도 쉽지 않을 텐데, 급류를 건너가 반대편에서 다시 절벽을 올라 전투태세를 갖춘다는 것은 불가능했다. 로마 역사학자 리비우스Titus Livius가 말했듯이 이곳은 "작지만 지리적으로 천연 요새인 도시"였다. 로마 제국 시기에 톨레도는 '톨레툼Toletum'이라는 이름으로 번성했다. 톨레툼은 철기 제조업, 특히 놀라울 정도로 단단한 고품질 합금 생산으로 유명했고 로마 제국 군대에 무기를 공급해 부유해졌다. 이어 서고트족이 스페인을 지배하게 되었을 때 이들은 이베리아반도 정중앙에 있는 톨레도를 수도로 삼았고, 톨레도는 서고트 왕국의 정치, 종교, 문화 권력의 중심지가 되었다. 7세기에는 다양한 저술가들이 이곳에서 활동하고 적어도 두 개의 도서관이 생기면서 학문이 융성했다.

톨레도에서 학문이 융성하던 시기는 712년에 남쪽에서 아랍인들이 쳐들어와 스페인 남부를 점령하고 코르도바를 수도로 세우면서 갑자기 끝났다. 톨레도(아랍인들은 '툴라이툴라'라고 불렀다)는 이후 몇 세기간 무슬림 치하에 있게 되는데, 지방 호족들이 이곳을 통치했고 이들이 우마이야 왕조로부터 얼마나 자율성을 갖는지는 편차가 컸다. 기독교권인 북부 스페인과의 경계에 있는 변경 도시로서, 톨레도는 아랍 세계의 맨 가장자리에 위치해 있었다. 이후 몇십 년간 톨레도는 저항과 불만의 온상이 되고 지역의 전쟁 군주들이 휩쓸고 지나가고 내분이 끝없이 벌어지고 수시로 포위당하면서 쇠락의 길을 갔다. 하지만 1031년에 〔후기〕 우마이야 왕조가 무너지면서 톨레도는 독립적인 타이파국이 되었고 어느 정도 안정을 되찾았으며 문화와 학문이 다시 융성했다. 고대에 번성했던 금속 산업도 부흥해서 톨레도는 스페인에서 가장 부유한 도시가 되었다. 톨레도의 장인들은 매우 세밀하고 날카로운 칼, 아름다운 장식품, 독창적인 도구로 유명했는데, 그중에서도 가장 유명한 것은 검이었다. 톨레도 검은 전설적으로 품질이 좋아서 당대에 알려진 세계 전역에 수출되었다. 야망 있는 전사라면 누구나 톨레도 검을 갖고 싶어 했다.

1029년에 톨레도 변두리 마을의 어느 장인 집안에 한 아이가 태어났다. 이름은 '파란 눈의 작은 아이'라는 뜻의 알 자르칼리Al-Zarqali였다. 집안의 다른 아이들처럼 과학 도구를 만드는 장인으로 교육을 받았고 뛰어난 재능 덕에 지역의 판사이자 교사이며 《국가들의 범주에 관한 서 *Tabaqat al-'Umam*》라는 책의 저자인 사이드 알 안달루시의 눈에 띄게 되었다. 《국가들의 범주에 관한 서》는 여러 나라의 학자들, 그리고 거의 모든 지식에 대한 각국의 공헌을 조사해 나라별로 학문적 성취를 생생하게 비교해놓은 책이었다. 알 안달루시는 세상 사람을 두 계급으로 나누었다. 과학에 기여한 사람과 그렇지 않은 사람. 가장 흥미롭고 상세한 장은 물론 안달루시아를 다룬 장이지만, 전반적으로도 매우 영향력 있는 책이었다. 지금도 더 종합적인 내용을 담은 알 나딤의 《피흐리스트》와 더불어 과학사에서 매우 중요한 사료다.

알 안달루시의 후원으로 알 자르칼리는 복잡한 천체 관측 장비들을 만들었다. 그와 동시에 천문학을 공부했고 1062년에는 천체를 관측하는 학자들의 팀에 합류했다. 기술적인 전문성과 천문학에 대한 열정으로 그는 곧 전체 프로젝트의 책임자가 되었다. 이슬람 세계를 통틀어 가장 혁신적이고 뛰어난 천문 장비 생산자였던 알 자르칼리는 새로운 '범용' 아스트롤라베를 고안했다. '사파에아saphaea'라고 불린 이 아스트롤라베는 너무나 혁신적이어서 유럽, 중동, 북아프리카 전역, 그리고 멀리는 인도에서까지 제조되었다. 그는 그 밖에도 여러 가지 놀라운 도구들을 만들었는데, 가령 그가 만든 물시계는 전례 없이 정확하게 시간을 알려주어 멀리서부터 이 놀라운 장치를 보러 사람들이 찾아왔다. 알 자르칼리는 코르도바에서 유학한 후 톨레도로 돌아와서 몇몇 저서를 집필했다. 그중 하나가 톨레도 천문표의 사용법을 설명한 《천문표 작성의 규칙*The Canones*》이다. 크레모나의 제라르도가 이것을 라틴어로 번역했고 이 책은 유럽의 천문학에 이후 수 세기 동안 영향을 미치게 된다. 알 자르칼리는 천문학 논문도 한 편 집필했는데, 여기에서 수성의 공전 궤도가 당시 사람들이 생각한 원형이 아니라 타원형이라는 획기적인 주장을 펼쳤다. 16세기에 요하네스 케플러Johannes Kepler는 시대를 앞서간 알 자르칼리의 연구에 착안해 화성의 공전 궤도 또한 타원형이라는 것을 증명했다. 1085년에 카스티야의 알폰소 6세Alfonso VI에게 톨레도

15 1029년에 톨레도에서 제작된 아스트롤라베. 이때 톨레도는 무슬림 통치하에 있었다.

가 멸망하고 알 자르칼리는 톨레도를 떠나지만, 그의 이론은 기독교 학자들이 넘겨받아 유럽 전역에 전파했다.

많은 아랍인들이 그랬듯이 알 자르칼리는 남쪽으로 갔다. 그라나다, 아니면 아직 무슬림 지배하에 있던 안달루시아의 또 다른 도시 중 하나였을 것이다. 4세기 동안 이슬람 통치하에서도 기독교를 믿으며 서고트 시절에 받아들인 의례대로 종교 생활을 지속해온 모사라베들은 계속 톨레도에 남아 새로운 통치자가 로마의 라틴 의례를 따르는 가톨릭을 도입하려 하는 상황을 조심스레 지켜보았다. 이 지역에서 오랜 세월을 살아온 모사라베에게는 너무나 이상한 시기였을 것이다. 안달루시아의 세파르디 유대인들처럼 모사라베들도 정복자인 무슬림의 언어와 의복 등은 받아들였지만 이슬람권 스페인 안에 또 하나의 사회를 꾸려 자신들의 종교를 유지할 수 있었다. 이러한 혼합적 생활 방식은 그들이 속한 더 큰 사회의 다문화적 속성 덕분이었고 그 속성을 보여주는 상징이기도 했다. 그러다 기독교도가 무슬림을 몰아내고 톨레도에 들어왔을 때, 이곳의 모사라베들은 한편으로는 기독교가 승리해 기독교 권역에 들어가게 된 것에 조금은 안도했을 것이다. 하지만 다른 한편으로는 무슬림 친구와 동료를 잃어서 슬펐을 것이고 카스티야 왕 치하의 미래는 어떨지 걱정도 되었을 것이다. 괜한 걱정이 아니었던 것이, 이후 400년 동안 가톨릭 스페인은 모사라베들의 땅을 몰수하고 모사라베 공동체의 자치권을 인정하지 않으면서 모사라베 문화를 잠식했다. 약간의 흔적은 살아남았다. 1502년에 모사라베 미사 전례집이 수집되었고 톨레도 대성당은 예배당 하나를 모사라베들이 쓰게 허락했다. 그 예배당은 아직도 존재한다.

모사라베는 (무슬림 통치하의 기독교도로서) 두 문화 사이의 매우 독특한 영역을 점유하고 있었다. 아랍 문화와 관습을 받아들였지만 자신의 언어를 사용했고 자체적인 법에 따라 살았다. 경쟁 종교의 통치하에서 오랜 세월을 잘 살아왔는데, 크게 보면 같은 종교의 다른 분파인 가톨릭 통치하에서 박해를 받게 되었다니 아이러니한 일이다. 무슬림 시기에 모사라베가 누렸던 자율성은 이들의 굳센 의지도 말해주지만, 자신의 영향권 안에 여러 종교가 공존할 수 있게 했던 중세 이슬람의 포용력에 대해서도 많은 것을 말해준다. 유대인들 역시 서고트 치하에서는 박해를 받다가 우마이야 왕조하에서는 번성했는데, 다시 가톨릭 종교 재판에 의해 추방되고 살해당하기까지 했다. 물론 모든 무슬림 왕조가 그렇게 관용적이었던 것은 아니다. 11세기와 12세기에 이베리아반도의 상당 부분을 통치했던 알모하드 왕조와 알모라비드 왕조는 유대인과 모사라베를 모두 박해했고, 많은 이들이 북쪽으로 피신해 기독교 권역의 스페인으로 도망쳤다. 어쨌든 프랑크족의 몇몇 성직자가 초기에 보였던 적대를 제외하면 유대인과 모사라베를 희생양으로 삼는 행위가 대대적으로 시작된 것은 훨씬 나중인 15세기가 되어서였고, 처음에는 두 공동체 모두 톨레도에서 계속해서 번성했다. 특히 학문 영역에서 번성했는데, 그들이 가진 언어 역량과 지역 도서관들에 대한 지식은 매우 귀중했다.

톨레도가 다시 한 번 기독교의 지배하에 들어오면서 가톨릭교회는 이곳에서 종교적 지배력을 구축해야 할 필요성을 느끼게 되었다. 10세기에 베네딕토 수도회의 '흑의의 수도사'들이 루아르 계곡의 클뤼니 수도원으로부터 프랑스를 거치고 북부 스페인의 피레네 계곡을 가로질러 널리 퍼졌는데, 이 베네딕토 수도사들로부터 오늘날의 톨레도 성직자들이 나왔다. 베네딕토 수도사들은 톨레도 대성당 근처의 거리에 정착했다. 이 정착지인 '프랑크 구역'은 기독교가 톨레도를 재정복한 이후 몇십 년 동안 성직자, 학자, 외국인 등 톨레도에 새로 들어온 사람들이 거주하고 일하고 아이디어를 교환하는 곳이 되었다. 그 결과 톨레도와 프랑스 사이에 연결 고리가 생겼고, 특히 파리 및 샤르트르의 성당 학교들과 활발한 교류와 이동이 있었다.

이것이 제라르도가 도착한 12세기 중반 톨레도의 문화적 풍경이었다. 그는 옛 로마의 알칸타라 다리를 건너 톨레도로 들어가 좁은 골목길을 올라갔을 것이다. 그가 보았을 톨레도의 모습을 상상해보기는 그리 어렵지 않다. 지금도 별로 달라지지 않았기 때문이다. 좁은 골목길은 여전히 가파르고 그늘져 있다. 상점들은 지금도 벨벳으로 된 깔개 위에 반짝이는 칼과 검을 다양하게 전시해놓고 판매하며 무시무시해 보이는 갑옷도 전시되어 있다. 마지팬은 지금도 이곳 주위의 과수원에서 자라는 아몬드로 만드는데, 아랍인들이 사탕야자를 들여온 이후 만들기 시작한 전통 간식이다. 하지만 현재의 톨레도 대성당은 제라르도가 알아보지 못할 것이다. 이곳은 그가 사망한 뒤에 건축되었고, 그가 일하고 미사를 드리던 당시의 대성당은 같은 위치에 있던 모스크였다. 원래 모스크였던 건물이 기독교도가 톨레도를 재정복한 뒤에 성당 용도로 쓰이고 있었다. 제라르도는 추천장을 가지고 왔을 것이고 '프랑크 구역'으로 가서 묵을 곳을 구하고 학자들에게 궁금한 것들을 물어보았을 것이다. 이렇게 해서 프톨레마이오스의 위대한 저술을 찾는 일이 본격적으로 시작될 수 있었다. 아마도 제일 먼저 대성당 도서관에 가보았겠지만 관심 있는 책이 별로 없어서 다른 도서관들을 더 찾아보아야 했을 것이다. 톨레도에서는 무슬림 시절의 도서관들이 여전히 잘 운영되고 있었다. 그리스-아랍의 과학 문헌이 풍부하게 보관되어 있었고 유럽 학자들이 이미 이 책들을 연구하고 라틴어로 옮기기 시작한 참이었다. 마침내 《알마게스트》를 앞에 놓고 책상에 앉았을 때 제라르도는 얼마나 흥분했을까? 그리고 그것을 이해하고 번역하고 싶어서 아랍어가 얼마나 배우고 싶었을까? 제라르도의 제자들은 스승에 대해 짧은 전기를 써서 제라르도의 갈레노스 《의술론*Ars medica*》 번역본〔갈레노스 《의술론》의 제라르도 번역본은 《테그니*Tegni*》 또는 《마이크로테그니*Microtegni*》라고도 불렸다〕 서문에 담았는데, 여기에서 제라르도에 대해 이렇게 설명했다. "모든 주제에 대해 아랍어로는 책이 이렇게 많은데 라틴어로는 너무 적은 것을 한탄하면서 그 책들을 번역하기 위해 아랍어를 배웠다."[6]

이것은 결코 소소한 과업이 아니었다. 아랍어는 매우 복잡한 언어로 문자와 쓰는 방향도 달랐으며 발음 부호도 굉장히 복잡했다. 하지만 도와줄 수 있는 모사라베들이 많이 있었고, 제라르도는 《알마게스트》를 번역할 때 갈리브Ghalib라는 모사라베에게 도움을 받았다. 아마 아랍어도 그에게 배웠을 것이다. 톨레도 사람들은 로망어의 이베리아반도 방언을 사용했는데(이것이 현대 스페인어의 모태다), 제라르도는 갈리브 등 현지 사람들과 잘 소통하기 위해 이것도 배웠을 것이다. 유대인 학자들도 히브리어, 아랍어, 현지 로망어를 할 줄 알아서, 번역을 도우면서 과거의 아랍과 현재의 기독교 사이에 연속성이 유지되는 데 기여해 두 문화 사이에 중요한 다리 역할을 했다. 1085년에 카스티야의 알폰소 6세가 톨레도를 점령하면서 많은 무슬림들이 남쪽으로 떠났지만 남아 있는 사람들도 상당수 있었고 무슬림과 기독교도의 관계는 종종 꽤 가까웠다. 실제로 북부의 무슬림 가문들이 알 안달루스 지역에도 영향을 확대해오던 강성파 무슬림 알모라비드 왕조에 맞서 기독교와 동맹을 맺기도 했다.

그러한 북부의 무슬림 가문 중 하나가 1039년부터 1110년까지 사라고사를 통치한 바누 후드Banu Hud 가문이었다. 학자이기도 했던 이들은 매우 훌륭한 과학 도서관을 가지고 있었다. 앞 장에서 언급한 사라고사의 통치자 유수프 알 무타민 이븐 후드(1081~1085년 통치)는 이슬람권 스페인 전체에서 가장 혁신적인 수학자였을 것이다. 그는 유클리드의 《자료론》과 《원론》, 아폴로니오스Apollonios의 《원뿔 곡선론*Konika*》, 아르키메데스의 《구와 원기둥에 관하여》 등 자신의 도서관에 있는 책들을 토대로 기하학 종합서인 《완벽에 관한 서*Kitab al-Istikmal*》를 집필했다. 알모라비드 왕조에게 사라고사를 빼앗긴 바누 후드 가문은 아라곤의 기독교도인 알폰소 1세Alfonso I와 동맹을 맺고 에브로 분지에 있는 타라소나 근처의 루에다 데 할론으로 이주했다. 그들은 1118년에 기독교도가 알모라비드 왕조를 몰아내고 사라고사를 정복한 뒤에도 기독교도 군주들과 좋은 관계를 유지했다(바누 후드 가문의 마지막 통치자 사이프 알 다울라Saif al-Dawla는 알폰소의 대관식에 초대되기도 했다).

1119년부터 1151년까지 타라소나의 주교였던 미카엘Michael은 열정적인 천문학 서적 수집가였고, 바누 후드의 도서관에서 책들을 골라 후고 상크탈렌시스Hugo Sanctallensis에게 번역을 의뢰했다. 루에다 데 할론은 타라소나에서 그리 멀지 않았고, 기록에 따르면 후고는 그곳 "도서관의 깊숙하고 비밀스러운 곳"[7]에서 알 콰리즈미의 《지즈》에 대한 주해서를 발견했다고 한다.[8] 그것 말고 무엇을 더 발견했을지는 추측만 해볼 수 있지만, 바누 후드 가문이 과학에 관심이 많았다는 것을 생각할 때 분명 이들의 도서관은 12세기 학자와 번역가 들이 필요로 하는 서적들의 주요 원천이었을 것이다. 1141년에 바누 후드 가문은 톨레도 대성당 부지를 위해 땅을 내놓아야 했다. 이곳을 떠나면서 아마도 책들을 가지고 갔을 것이고, 그랬다면 새로 도착한 곳에서도 번역가들이 책을 쉽게 볼 수 있게 허용했을 것이다. 실제로 크레모나의 제라르도는 유수프 알 무타민 이븐 후드가 《완벽에 관한 서》를 쓸 때 참고했던 기하학 저술 몇 편을 번역하기도 했다.

바누 후드 도서관은 유수프 알 무타민 이븐 후드 덕분에 이곳에 소장되었던 몇몇 서적을 우리가 확실하게 알 수 있다는 점에서 중요하지만, 톨레도에는 우리에게 덜 알려진 다른 도서관도 많았다. 톨레도는 10세기와 11세기에 중요한 학문의 중심지였고 1085년에 기독교도가 재정복했을 때 비교적 평화롭게 권력이 이양되었기 때문에, 무슬림 지배층 상당수가 남쪽으로 이주했어도 무슬림 문화는 보존되었고 도서관도 지켜졌으며 유대, 아랍, 모사라베, 기독교 학자들이 함께 일할 수 있었다. 이러한 분위기는 아랍어본을 (종종 히브리어나 로망어를 통해) 라틴어로 번역하는 프로젝트에서 특히 중요했다. 중세 초기에 스페인은 다언어 사회였다. 무슬림 치하에서 교육과 통치의 언어는 아랍어였지만 일상생활에서는 로망어가 쓰였고 여러 가지 베르베르 사투리도 혼용되었다. 또 모사라베 교회의 언어는 라틴어였고 규모가 큰 유대인 공동체에서는 히브리어가 보존되었다. 기독교도가 톨레도를 재정복하면서 가톨릭교회의 언어인 라틴어가 점점 더 중요해졌지만 모사라베들은 14세기까지도 아랍어를 계속 사용했다.

기독교도의 재정복 직후 톨레도에 들어온 유럽 학자들은 이곳에서 발견할 수 있는 지식의 풍성함에 크게 놀랐다. 중세에 아랍의 서적 문화가 거인이었다면 서유럽의 서적 문화는 왜소하기 짝이 없었다. 12세기 유럽 학자인 베르나르 드 샤르트르Bernard de Chartres('샤르트르의 베르나르')는 24권의 책을 소장한 것을 자랑스러워했지만 1258년에 바그다드에

16 15세기 톨레도의 모습을 담은 판화.

는 36개의 공공 도서관과 100명이 넘는 서적상이 있었다. 중세에 기독교권 유럽에서 가장 큰 도서관이었던 클뤼니 수도원 도서관의 장서 수는 몇백 권 정도였지만 코르도바의 왕궁 도서관에는 40만 권의 서적이 있었다. 과장이 있었다 치더라도, 그리고 아랍에는 여전히 코덱스 형태보다 두루마리 형태가 많기는 했어도(두루마리는 하나당 들어가는 문자 수가 적어서 코덱스 한 권은 두루마리 여러 개 분량에 해당했다), 또 14세기까지 서유럽에서는 종이가 아직 본격적으로 생산되지 않아 수입해야 해서 책이 더 비쌌을 것임을 감안해도, 굉장히 대조적임은 분명하다. 아랍의 문서 문화는 규모도 훨씬 컸을 뿐 아니라 무한히 더 풍성했다. 아랍이 문학, 역사, 지리, 철학, 그리고 물론 과학에서 이룩한 성취에 라틴어권 학자들은 경외로 눈이 휘둥그레졌다. 따라잡아야 할 것이 아주 많았다.

역사학자들은 톨레도에서의 번역 운동이 구체적으로 어떻게 진행되었을지를 두고 오래도록 논쟁을 벌여왔다. 함께 일하는 번역가들의 팀이 있었을까? 그랬다면 본부 격인 장소는 어디였을까? 누가 번역에 돈을 댔을까? 무엇을 번역할지는 누가 정했을까? 어떻게 정했을까? 과학 문헌이 굉장히 다양하게 존재했으므로 어렵지만 불가피한 '선택'의 과정이 있어야 했을 것이다. 늘 그렇듯이 사료가 충분치 않아서 우리로서는 구체적인 선택의 기준이나 과정을 확실하게 알 수 없다. 제자들이 남긴 기록에 따르면 크레모나의 제라르도는 "많은 주제에 걸쳐 그가 중요하다고 생각한 것이면 무엇이든 책을 번역했다"고 하는데,[9] 이는 번역할 책을 제라르도가 직접 골랐음을 말해준다. 그가 매우 박식했다는 점을 생각해보면 충분히 그랬을 법하다. 그가 번역한 책 목록에는 71권이 언급되어 있는데(그 이후에 발견된 것도 있다), 대략 다음과 같은 주제로 나뉜다. 변증법(논리학) 3권, 기하학 17권, 천문학 12권, 철학 11권, 의학 24권, 기타 4권. 이 범주는 제라르도가 번역 대상을 어떤 방식으로 선정, 조직했는지에 대해 실마리를 준다. 이 주제들은 대략 아랍 학자들이 도입한 고대 그리스 교과 과정의 '자유 교양liberal arts'에 해당한다. 대상 문헌은 학생들에게 가르칠 교재를 마련하기 위해 수집된 것이 많았고, 제라르도는 서유럽 학생들이 사용할 수 있게 한다는 목적을 염두에 두고서 특히 수학, 천문학, 의학 모음집들을 찾으려 했던 것으로 보인다. 그러한 모음집 중 하나가 《중간 모음》 또는 《작은 천문학》이라고 불리는 것인데, 《원론》을 떼고 《알마게스트》로 넘어가기 전에 사용할 교재로 고안된 것이었다.

기초를 떼고 나면 학생들은 다음 단계로 넘어가서 관심 주제를 더 깊이 공부할 수 있었다. 그러려면《원론》과《알마게스트》의 (그리고 다른 문헌들도) 온전한 완역본이 필요했다. 서기 500년 무렵의 라틴 세계에 과학 문헌은 백과사전이나 요약집 정도로만 존재했고, 12세기 역사 전문가인 찰스 호머 해스킨스Charles Homer Haskins의 표현을 빌리면, "암흑기의 오랜 세월을 거치면서 (……) 작은 꾸러미들로 요약, 응축되어" 있었다.[10] 제라르도와 동료들은 학문의 폭과 깊이를 키우고 교육을 활성화하기 위해 그 "작은 꾸러미들"을 풀고자 의식적으로 노력했던 것으로 보인다. 더 이상 백과사전과 요약본만으로는 충분하지 않았고, 이는 위대한 저술의 원전으로 돌아가 완역하는 작업이 필요하다는 의미였다. 또한 고대의 저술을 설명하고 해석하고 여기에 더해 자신의 연구를 발달시켰던 아랍 학자들의 저술도 번역해야 한다는 의미이기도 했다. 앞에서 살펴본 이들만 꼽아봐도 알 자흐라위, 알 라지, 알 킨디, 바누 무사 삼형제, 알 콰리즈미 등 그러한 학자는 아주 많았다.

제라르도를 비롯한 당시의 번역가들은 고대 그리스 시절에 집필된 원전에 충실한 번역본을 낼 것이냐, 페르시아, 인도, 이집트의 이론까지 훌륭하게 종합해 수정하고 개선한 아랍어본을 저본으로 삼을 것이냐를 놓고 선택해야 했다. 늘 그렇듯이, 저술이 어떤 형태로 전승될지, 무엇이 전해지고 무엇이 누락될지는 개인의 선택에 많이 좌우되었다. 제라르도는 두 방안을 결합했고 위대한 철학자 알 파라비Abu Nasr al-Farabi(872~950)가 제시한《과학의 주제별 구분법*The Classification of the Sciences*》을 지침 삼아 작업을 진행했다. 바그다드에서 평생을 보낸 알 파라비는 그곳에서 '두 번째 대스승'(첫 번째는 아리스토텔레스다)이라는 애정 어린 별명을 얻었을 정도로 저명한 학자였다.

제라르도는 이 원고들을 다 어디에서 찾았을까? 바누 후드의 도서관에 대해서는 이미 언급했다. 하지만 톨레도의 다른 곳들은? 개인이 소장했던 문헌에 대해서는 정확히 알기 어렵지만 아랍 통치기의 마지막 100년(985~1085)에 톨레도에 활발한 학자들의 공동체가 있었으며 이들이 중요한 문헌들을 소장하고 있었다는 점은 분명하다. 사이드 알 안달루시는, 톨레도 출신으로 코르도바에서 공부하고 돌아와 알 눈al-Nun 통치자들의 궁정에서 행정가로 일했던 아부 우스만 사이드 이븐 무함마드 이븐 바그후니시Abu Uthman Sa'id ibn Muhammad ibn Baghunish라는 학자에 대해 다음과 같이 언급하고 있다.

> 깔끔하게 옷을 입은 경건한 남자가 철학과 기타 여러 학문의 위대한 책들을 갖고 있었다. 그와 이야기를 해보고서 나는 그가 기하학과 논리학을 공부했으며 둘 다에 대해 매우 정확한 지식을 가지고 있다는 것을 알 수 있었다. 하지만 그는 이 분야를 제쳐두고 갈레노스의 저술에 관심을 쏟고 있었다. 그는 갈레노스의 저술들을 개인적으로 소장하고 있었고, 그것들을 직접 비판적으로 검토하고 수정하면서 갈레노스에 대해서도 권위자가 되었다.[11]

이것은 톨레도의 개인 소장 서적 중에 갈레노스의 저술이 있었음을 말해주는, 매우 드문 1인칭의 직접 증거다. 이븐 바그후니시의 서가에는 《원론》과 《알마게스트》도 있었을지 모르며, 제라르도가 번역할 책의 저본을 구하고 있던 12세기 중반에 이븐 바그후니시가 소장했던 책 중 일부(혹은 그가 소장했던 책을 베낀 필사본 중 일부)가 톨레도에 여전히 남아 있었을 것이다. 13세기에도 아랍어본 서적들이 있었던 것은 분명하다. 학자인 톨레도의 마르코스Marcos de Toledo(1183~1216년 활동)는 "번역할 또 다른 서적을 구하러 아랍의 도서관들을 열심히 찾아다녔다"고 언급했다.[12] 마르코스는 아랍어에 능했고 갈레노스에 매우 관심이 많았다. 그는 외국에서 의학을 공부하고 고향으로 돌아와서 아직 서유럽에 알려지지 않은 갈레노스의 저술들을 찾아 번역했고,[13] 13세기에 갈레노스의 저술이 다시금 널리 퍼지는 데 기여했다. 이렇게 해서 마르코스는 제라르도가 남겨놓은 공백을 채웠다.

그 전에 제라르도는 갈레노스의 저술 중 9편을 번역한 바 있었다. 제라르도가 번역한 의학 문헌 총 24편 중 가장 중요한 것은 이븐 시나(아비센나)의 《의학 정전》일 것이다. 갈레노스의 의학 이론을 집대성한 종합서로, 중세에 가장 인기 있는 의학서였다. 이븐 시나는 중세 아랍 세계의 가장 위대한 사상가 중 한 명이다. "갈레노스 의학 이론의 뛰어난 요약이자 논리적인 재구성"[14]이라고 묘사되는 《의학 정전》은 비교적 감당할 만한 두께인 5권짜리로, 방대한 갈레노스 문서 전체보다 더 실용적이고 가격대도 훨씬 더 감당할 만했다. 그래서 이븐 시나의 책이 갈레노스의 이론을 전파하는 주된 매개가 되었다. 제라르도는 알 라지의 책도 몇 권 번역했는데, 유럽에서는 한 권의 모음집으로 유통되었고 나중에는 인쇄본으로도 나왔다. 아름다운 삽화가 들어간 알 자흐라위의 수술과 수술 도구에 대한 저술도 유럽에 전파되었고 이어서 인쇄본으로도 출간되었다.

이제까지 우리는 기독교권 스페인에서 번역가들이 저본으로 삼을 서적들을 구했을 법한 장소들을 알아보았다. 하지만 무슬림 치하에 남아 있었던 스페인 남부에서도 학자들이 책을 구했음을 시사하는 사료도 있다. 12세기 초의 한 사료에 따르면 안달루시아의 시장 관리인이 "유대인과 기독교인에게는 〔아랍어로 된〕 과학 저술을 판매해서는 안 된다"는 칙령을 내렸다고 한다.[15] 유대인과 기독교인이 아랍어본 과학 저술을 번역해서 자기네 성과인 양 행세할지 모른다는 이유에서였다. 이 사건은 기독교인들이 아랍 과학에 관심이 많고 아랍 서적을 구하러 다닌다는 것이 잘 알려져 있었기 때문에 무슬림 당국이 무슬림의 문화적 유산을 도둑맞을지 모른다고 우려하기 시작했음을 보여주며, 실제로 이 우려는 곧 현실이 된다. 아랍어 서적 판매 금지가 얼마나 효과가 있었는지는 알 수 없지만 적어도 책을 구하기가 더 어려워지기는 했을 것이다.

이 판매 금지 정책으로 제라르도의 번역 프로젝트가 얼마나 지장을 받았는지는 분명치 않다. 판매 금지령이 있었든 없었든 제라르도는 상당한 책을 구해서 번역에 사용할 수 있었다. 제라르도가 한 일의 막대한 규모는 그의 성격에 대해 말해주는 바가 있다. 그는 매우 담대하고 결의에 찬 사람이었을 것이다. 책 하나 찾겠다고 미지의 곳으로 수천 킬로미터를 떠날 각오를 한 사람이라면, 완전히 낯선 언어를 적어도 하나 이상 새로 배운 사람이라면, 낯선 나라에서 남은 평생을 보내기로 한 사람이라면, 지식의 경계를 넓히기 위해 그토록 맹렬하게 몰아친 사람이라면, 분명 꽤 독특한 성격을 가진 사람이었을 것이다. "아랍 과학이 서유럽에 들어올 수 있었던 것은 어느 누구보다도 크레모나의 제라르도를 통해서였다고 말해도 과언이 아닐" 수 있었던 것은 그가 무척이나 집요하고 열성적이고 부지런하고 뛰어난 사람이었던 덕분일 것이다.[16] 제라르도가 톨레도에서 한 강연을 묘사한 글이 지금까지 전해지는데, 이 기록이 사실이라면 앞에서 언급한 성격에 자만심과 허영도 추가할 수 있을 것이다. 분명히 그는 자신이 하고 있는 일의 의미와 아랍에서 유럽으로 지식을 전파하는 통로 역할의 중요성을 잘 알고 있었다. 그의 전기에 언급되어 있듯이, 제라르도는 "생애의 마

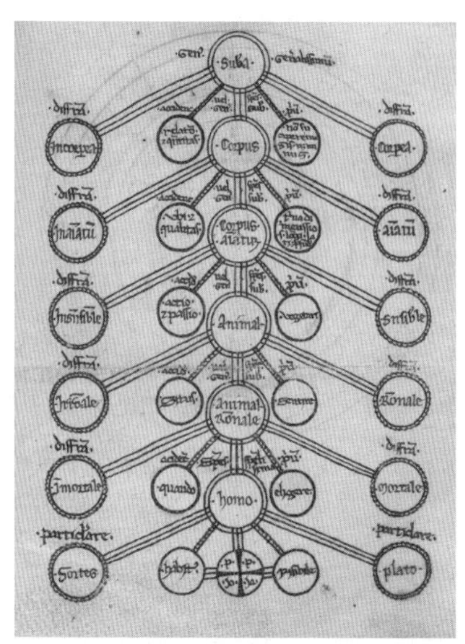

17 크레모나의 제라르도가 번역한 알 자르칼리의 《천문표 작성의 규칙》에 수록된 그림.

지막까지 그가 보기에 훌륭하다고 여겨지는 책들을 (마치 라틴 세계가 그가 사랑하는 후손인 것처럼) 라틴 세계에 가능한 한 정확하고 명료하게 소개하는 일을 계속"했다.[17]

제라르도의 번역에 누가 돈을 댔을지에 대해서는 추측만 해볼 수 있지만, 그가 대성당의 참사원이었다는 점을 생각하면 톨레도의 대주교 요한John, Archbishop of Toledo(1152~1166)이 후원했을 가능성이 있다. 제라르도가 대성당에서 봉급을 받았을 수도 있다. 성직자로서의 의무 사항은 많지 않아서 상당한 시간을 번역에 쓸 수 있었을 것이다. 물론 제라르도 본인이 부자여서 스스로 자금을 댔을 가능성도 있다. 제자들은 그가 "이 세계의 민망한 칭찬이나 공허한 허세로부터 도망쳤"으며 "육

신의 욕망을 적대시했다"고 전한다.[18] 그는 경망스럽지 않았고 자기 일에 전적으로 집중하는 사람이었으며 화려하고 세련된 것들은 그의 삶에서 쓸모가 없었다. 작업한 번역서의 양만 보더라도 그가 대부분의 시간을 책상에서 보냈음이 분명하다.

제라르도가 톨레도에 온 것은 《알마게스트》를 구하기 위해서였지만, 곧 프톨레마이오스를 어느 정도라도 이해하려면 유클리드를 먼저 떼야 한다는 사실을 깨닫게 되었을 것이다. 앞에서도 설명했듯이 《원론》은 천문학의 디딤돌이었고 "따라서 12세기 전반에 《원론》 전체가 라틴어로 번역되었다는 사실의 중요성은 아무리 강조해도 지나치지 않"았다.[19] 1100년만 해도 라틴어로 구할 수 있는 《원론》은 보에티우스가 5세기에 번역한 것뿐이었는데 그나마 1~4권의 일부만 담겨 있었고 증명과 다이어그램은 거의 실려 있지 않았다. 그러나 1175년이 되면 전체가 다 담긴 《원론》이 여섯 버전이나 나와 있었다. 기독교권 유럽은 유클리드 이론의 중요성에 눈을 뜨게 되었고 라틴 학자들은 이것을 이해하고 전파하기 위해 맹렬히 노력했다.

제라르도가 번역한 라틴어본 《원론》은 12세기에 아랍어본에서 번역된 세 개의 라틴어본 중 두 번째였다. 첫 번째는 배스의 애덜라드Adelard of Bath가 번역한 것이고, 세 번째는 이를 토대로 카린티아의 헤르만Herman of Carinthia과 케턴의 로버트Robert of Ketton가 번역한 것이다. 제라르도는 주로 이스하크/사비트본을 저본으로 삼되 몇몇 부분은 알 핫자즈본을 사용한 것으로 보인다. 이는 그가 두 개의 아랍어본을 가지고 있었으리라는 의미일 수도 있지만 두 개가 혼합된 하나의 버전을 놓고 작업했을 가능성도 있다. 앞 장에서 보았듯이 9세기에 이스하크/사비트 번역본과 알 핫자즈 번역본이 나온 직후부터 두 개가 혼합된 버전이 다양하게 존재했다. 어쨌든 기본적으로는 이스하크/사비트본을 저본으로 삼았기 때문에, 제라르도의 번역본은 그리스어 원전에 매우 가까웠을 것이고 그리스어 어휘가 일부 포함되어 있기도 하다. 또 당시의 다른 번역본들과는 달리 유클리드의 증명도 누락 없이 모두 담았고, 그 덕분에 학자들이 유클리드의 이론을 훨씬 더 쉽게 이해할 수 있게 되었다. 제라르도의 번역 방식은 12세기 톨레도에서 일반적이었던 방식, 즉 문장 전체의 의미를 전달하는 방식이 아니라 단어를 1대 1로 옮기는 방식이었다. 흥미롭게도, 제라르도의 번역본이 헤르만의 번역본보다는 조금 더 인기가 있었지만 분명히 알 수는 없는 이유로 둘 다 애덜라드 번역본의 인기에는 비교가 되지 못했다. 애덜라드본이 더욱 널리 전파되었고 현전하는 사본도 훨씬 많다. 13세기에 위대한 이탈리아 수학자 노바라의 캄파누스Campanus Novariensis가 애덜라드본을 기초로 개정본을 만들었고 캄파누스본은 1482년에 베네치아에서 인쇄되어 《원론》의 첫 인쇄본이 된다.

제라르도가 그 당시 수학과 천문학을 공부하는 일반적인 과정을 따라갔으리라고 가정하면, 《원론》을 먼저 번역하고 그다음에 《중간 모음》을, 마지막으로 《알마게스트》를 번역했을 것이다. 처음에는 자신의 번역본을 잘 유통시키지 못하다가 시간이 지나면서 점차 인맥이 많아져서 《알마게스트》 번역본이 《원론》 번역본보다 더 널리 알려졌을 가능성이 있다. 아무튼 각각의 영향력이 구체적으로 어떠했든 간에 12세기에 나온 《원론》의 라틴어본 모두가 13세기, 14세기까지도 유클리드 수학이 계속해서 활발하게 논의되는 데 크게 기여했다. 유클리드 수학은 완역본, 부분 번역본, 종합서, 아랍어 주해서의 라틴어 번역본, 라틴 학자들의 새 주해서, 라틴 학자들의 새 이론서 등 다양한 형태로 전파되었다. 제라르도가 번역한《원론》의 사본 일곱 부가 현전하며 옥스퍼드, 불로뉴, 브루게, 파리에 한 부씩, 그리고 바티칸 도서관에 나머지 세 부가 소장되어 있다. 어느 것에도 제라르도의 이름이 언급되어 있지는 않으며 대부분 14세기에 필사된 것이다. 전체가 다 제라르도의 번역본인 것은 네 부뿐이고 나머지는 12세기에 만들어진 여러 본들의 혼합인데, 이는 그것을 필사한 사람이 여러 본을 접할 수 있었음을 말해준다.

바그다드를 다룬 장에서도 살펴보았듯이, 수학은 단지 유클리드 기하학만으로 한정되지 않고 훨씬 더 분야가 넓어져 있었고, 제라르도가 번역한《원론》이외의 다른 책들이 이런 면을 보여준다. 알 콰리즈미는《힌두 산법에 따른 덧셈과 뺄셈The Book of Addition and Subtraction According to the Hindu Calculation》에서 인도-아라비아 숫자를 이용한 산술학의 새 장을 열었고《키타브 알 제브르》에서 대수학을 독립된 분야로 정립한 바 있는데, 둘 다 12세기 이후 여러 형태로 라틴어로 옮겨졌다.《키타브 알 제브르》는 세고비야에서 1145년에 체스터의 로버트Robert of Chester(종종 케턴의 로버트와 혼동되곤 하지만 다른 사람이다)가 번역했고, 톨레도에서 제라르도도 번역했다. 또 알 콰리즈미의 산술 책에 대한 라틴어본들은 십진법이 유럽에 퍼지는 데 기여했다.

톨레도 대성당 문서 보관소에 가면 '스승 제라르도'가 언급된 문서를 두 개 찾을 수 있다. 둘 다 톨레도 대성당 어딘가에서 제라르도와 함께 일했던 현지 성직자 도미니쿠스 군디살리누스Dominicus Gundissalinus의 서명이 되어 있다. 그들이 일한 공간이 어디였을지에 대한 유일한 실마리는 그다음 세기의 한 학자에게서 찾을 수 있는데(그도 번역가였을 것이다), 그 장소는 성당 옆 수도원인 "성 삼위일체 예배당"이다.[20] 바그다드의 '지혜의 집'이 그랬듯이 이곳도 물리적인 장소가 실제로 있었는지에 대해서는 남아 있는 증거가 없다. 하지만 상식적으로 생각해볼 때 이렇게 대규모의 번역 프로젝트는 어떤 중심 장소가 있어야 가능했을 것이다. 저본이 될 책과 필사 도구(펜, 잉크, 칼, 물감, 종이나 양피지, 풀)를 보관할 수 있고 작업대로 쓸 책상이 있으며 고요하고 조용한 장소가 필요했을 것이다. 때때로 번역가들이 짝을 이뤄 작업했다는 증거도 있다. 앞에서 보았듯이 제라르도는 아랍어본을 번역할 때 모사라베 갈리브의 도움을 받았다. 또 다른 번역가인 세비야와 리미아의 후안Juan de Sevilla y Limia[21]은 자신의 작업 과정을 다음과 같이 묘사했다. "책은 아랍어본을 저본으로 번역된다. 내가 아랍어를 단어 대 단어로 현지어로 옮기면 부제장 도미니쿠스가 그것을 라틴어로 옮긴다."[22]

같은 방에서 나란히 앉아 작업을 했든 아니든 간에, 도미니쿠스와 제라르도는 관심 분야가 달랐다. 적어도 그들이 번역한 책의 분야로 보면 그렇다. 도미니쿠스의 번역은 아랍 철학에 초점을 두었고 이븐 시나의 저술 위주였다. 또한 그는 현지의 유대인 학자들과 협업하면서 히브리어 이론서와 주해서를 사용했다. 제라르도와 도미니쿠스가 번역의 효율성을 높이기 위해 분야를 나눠 업무 분장을 했을 가능성도 있다. 또 세비야의 후안은 주로 점성학 저술을 번역했는데 제라르도는 이 분야는 하나도 번역하지 않았다.[23] 이러한 분업이 번역 프로젝트가 조직적으로 진행되었음을 말해주는 것일까? 그렇다면 누가 책임과 지휘를 맡고 있었을까? 제라르도는 자신의 번역본에 역자 서명을 남기지도 헌사를 적지도 않았기 때문에 실마리가 될 만한 것이 없다. 이 점에서 카린티아의 헤르만과 케턴의 로버트는 우리에게 조금 더 도움이 된다. 그들은 번역본 서문에 헌사와 번역 동기를 짐작하게 하는 증거들을 남겼다. 헤르만의 주요 후원자이자 독자는 위대한 스승이자 철학자인 티에리 드 샤르트르Thierry de Chartres('샤르트르의 티에리')였다. 헤르만은 스페인으로 가기 전에 그의 문하에서 수학했다. 티에리는 천문학과 수학에 관심이 많았고 삼위일체를 설명하기 위해 피타고라스 정리를 이용했다. 그는 《헵타테우콘*Heptateuchon*》('일곱 개의 자유 교양 학문의 도서관')이라는 모음집을 펴냈는데 여기에 헤르만과 로버트가 번역해서 그에게 보내준 《원론》의 내용이 포함되어 있다. 헤르만과 로버트는 평면에 천체를 투영하는 도법을 수학적으로 설명한 프톨레마이오스의 《플라니스파이리움》 등 다른 책들도 번역을 마치면 그에게 보냈다.

어느 정도는 헤르만이 스페인에서 보내준 책 덕분에, 티에리는 유럽에서 그리스-아랍 과학을 재발견하는 흐름의 최전선에 설 수 있었다. 젊은 시절에 헤르만은 티에리의 문하에서 공부하기 위해 고향 이스트리아를 떠나 샤르트르로 갔고 이후에도 계속 연락을 주고받았다. 동료 문하생이던 케턴의 로버트와 헤르만은 수년 동안 곳곳을 다니며 책을 구하고 번역해 아랍 학문의 경이로움을 찬탄하는 열정적인 편지와 함께 프랑스의 스승에게 보냈다.

클뤼니 수도원장 '가경자' 피에르Pierre le Venerable는 1141년에 스페인 수도원들을 순회하다가 "에브로 강둑"에서 두 젊은 학자, 헤르만과 로버트를 만났다. 피에르는 이들에게 쿠란을 번역해달라고 부탁했다.[24] 그는 쿠란 등 이슬람 저술들을 근거로 들어 이슬람 사상이 기독교 입장에서 이단이라고 주장하고자 했다. 하지만 더 중요한 것은 그가 무슬림 문화를 배우려 하고 그것과 관련을 맺고자 한 최초의 기독교 학자였다는 사실이다. 이것은 두 종교 사이의 대화에서 매우 획기적인 순간이었다. 피에르가 이슬람에 관심이 있었고 이슬람을 존중했다는 것은 명백하다. 그는 무슬림 학자들이 "매우 똑똑하고 학식 있는 사람들이며 그들의 도서관에는 자유 교양과 자연에 대한 연구를 다룬 책들이 가득해서 기독교도들이 그 책들을 찾아 나서고 있다"고 묘사했다.[25] 진지한 관심으로 이슬람 문화를 대하는 열린 태도는 12세기 유럽 학자들의 특징이었지만 오래가지는 못했다. 르네상스 무렵이면 학문에 그토록 지대한 기여를 한 무슬림 학자들은 그리스 원전에 대한 유럽 학자들의 집착적인 숭배에 밀려나 잊히게 된다.

쿠란을 번역하고 나서 로버트는 천문학으로 돌아가고 싶었다. 1143년에 그는 피에르에게 "과학 전체를 담고 있는 천상의 선물"을 보여주겠다고 약속하면서 이 저술이 "수, 비례, 측량에 따라 모든 천체의 회전과 수량, 질서와 조건, 그리고 별들의 다양한 운행을 모두 드러내준다"고 설명했다.[26] 그가 말한 선물은《알마게스트》다. 그와 헤르만은《원론》등 수학 저술들을 읽으면서《알마게스트》를 연구할 준비를 해온 터였다. 따라서 그들이《알마게스트》번역본을 직접 펴냈을 가능성이 있지만, 이에 대해 남아 있는 증거는 없다. 반면 제라르도의《알마게스트》번역본은 유럽에서 널리 전파된 첫 번째 라틴어본이자 프톨레마이오스 저술의 초창기 라틴어본 중 가장 영향력이 큰 번역본이었다. 오늘날 52부의 사본이 현전하는데, 상트페테르부르크와 맨체스터까지 다양한 곳에 소장되어 있다. 가장 많은 부수가 남아 있는 곳은 파리 국립

도서관으로, 13부가 소장되어 있다. 이는 제라르도와 톨레도에서 함께 작업했던 프랑크족 동료들이 사본을 프랑스로 보냈으리라는 것을 시사한다. 현전하는 가장 오래된 것은 바티칸 도서관에 소장되어 있다. 바티칸 도서관은 이것 외에 더 나중에 생산된 네 부도 소장하고 있는데, 이는 제라르도의 번역본이 이탈리아로도 들어왔으며 이후에도 필사본이 상당히 많이 생산되었으리라는 것을 말해준다. 라틴어본《알마게스트》가 나왔을 무렵이면 여러 문헌에 언급되거나 인용되어 있어서 적어도 수리천문학에 관심 있는 엘리트들 사이에서는 이 책이 꽤 많이 알려져 있었다. 특히 카린티아의 헤르만이 쓴《본질에 관하여*De essentiis*》는《알마게스트》의 첫 라틴어 완역본이 나오기 17년 전에 서유럽 학자들에게《알마게스트》를 소개했다.

바그다드에서 그랬듯이 톨레도에서도 과학 번역가들이 직면한 커다란 문제는 새로운 개념을 설명할 전문 용어를 만들어내야 한다는 점이었다. 이 문제는 천문학과 수학에서 특히 두드러졌다. 아랍에서 이루어진 학문적 혁신을 라틴 문화권의 부족한 학문적 경험과 결합해야 했는데, 이는 번역되어야 할 개념과 방법론의 대부분이 완전히 새로운 것이어서 그것을 표현할 단어가 아직 없다는 뜻이었다. 이 개념들을 아랍어에서 히브리어로 옮긴 경험이 있었던 유대인 학자들이 라틴어권 학자들의 신조어 만들기를 도우면서 이 대목에서 크게 기여했다.

앞에서 보았듯이 스페인에서 활동한 몇몇 학자들은 자신이 번역한 원고를 프랑스의 수도원과 성당 학교 들에 보냈고 그 책들은 다시 그곳에서 연구되고 필사되어 방대한 베네딕토 수도회 네트워크를 통해 전파되었다. 하지만 스페인 자체에는 라틴어본 수요가 그리 많지 않았다. 대학과 학교가 더 느리게 발달했기 때문이다(스페인의 첫 대학은 1208년에야 세워졌다). 제라르도가 번역한 《알마게스트》의 초창기 사본 하나가 톨레도 대성당 도서관에 있다가 현재는 마드리드 소재 스페인 국립도서관에 소장되어 있는데,[27] 이것은 스페인 통틀어 단 한 부뿐인 사본이다. 양피지에 깔끔한 글씨로 적혀 있는 이 사본은 한 명의 필경사가 필사했으며 13세기 어느 시점에 아마도 톨레도 대성당에서 제작되었을 것이다. 이것을 필사한 사람이 저본으로 놓고 베낀 다른 사본이 있었다는 것은 분명하지만, 13세기 말까지도 톨레도 대성당 도서관에는 중요한 과학 저술이 그다지 많이 소장되어 있지 않았다. 그렇다면 크레모나의 제라르도가 가지고 있던 책들은 어떻게 되었을까? 우리가 아는 바로, 그의 고향 이탈리아에는 딱히 그가 생전에 책을 보냈을 법한 후원자나 고객이 없었다. 제라르도는 1187년에 톨레도에서 숨졌다고 알려져 있다. 그가 책 일부를 크레모나의 수녀원 학교에 기증했음을 시사하는 기록이 있고, 1198년에 크레모나에서 가르치던 한 학자가 제라르도가 번역한 갈레노스의 《의술론》을 가지고 있었다는 언급이 있는 것을 보면, 제라르도와 이탈리아 사이에 모종의 유통 경로가 있기는 했던 것 같다.

톨레도에서 유럽의 북쪽으로 넘어온 책들에 대해 가장 확실한 사료 하나는 몰리의 대니얼Daniel of Morley이 12세기 말에 “귀중한 책들”을 잉글랜드로 가지고 왔노라고 밝힌 기록이다.[28] 대니얼은 유럽 전역에서 규모는 작지만 탄탄한 네트워크를 구성하고 있었던 새 세대 학자의 자신만만한 일원으로 책과 새로운 사상을 찾아 널리 여행을 했다. 그는 이렇게 설명했다.

> 얼마 전 공부를 하러 멀리 갔을 때 파리에 잠시 머물렀다. 나는 사람이라기보다는 엉덩이들이 의자를 차지하고서 매우 중요한 양 행세하고 있는 것을 보았다. 그들 앞의 책상에는 움직이지 않을 정도로 두꺼운 책 두세 권이 있었다. 그들은 경건하고 무거운 분위기에서 손에 펜을 들고 금색 글씨로 로마법을 그리고 있었고 여기저기에 별표와 의문표도 삽입하고 있었다. 하지만 아무것도 알지 못했으므로 대리석상이나 별반 다를 바가 없었다. 그들은 침묵하고 있어야 그나마 현명해 보이기를 기대할 수 있었고 무언가 말을 했다 하면 나는 그들이 한마디도 제대로 표현하지 못한다는 것을 대번에 알아차릴 수 있었다. 이러한 상황을 보고 나니, 이와 비슷한 화석화에 전염되고 싶지 않았다. (……) 그런데 전적으로 4학에 집중하는 아랍 학문이 톨레도에서 유행하고 있다는 이야기를 듣고서 나는 최대한 서둘러 톨레도로 갔다.[29]

대니얼은 톨레도에 있는 동안 제라르도의 천문학 강연을 들었다고 했지만 제라르도의 번역을 자신의 연구에 사용하지는 않았다. 대신 배스의 애덜라드와 카린티아의 헤르만, 세비야의 후안의 것을 사용했다. 그가 여러 가지 버전을 접하고 선택할 수 있었다는 사실 자체가 라틴어권의 학문 세계가 얼마나 빠르게 변화하고 있었는지를 말해준다. 100년 전이던 12세기 초에는 《원론》, 《알마게스트》, 그리고 갈레노스의 문서 대부분이 라틴어로 존재하지 않았지만 이제는 여러 라틴어본이 있었고 새로운 수정과 주해도 계속해서 나오고 있었다.

대니얼은 새 책이 가득 든 궤짝을 가지고 잉글랜드로 돌아와 노샘프턴으로 향했다. 그는 가는 길에 "나의 주이시고 영적 스승이신 노리치의 주교 존John, Bishop of Norwich을 뵈었는데 내게 커다란 영예와 존중을 표해주셨다"고 기록했다.[30] 이 만남이 있었을 법한 장소는 옥스퍼드다. 이곳은 템스강과 닿는 곳이고 막 생겨나던 대학이 위치한 곳이기도 했다. 옥스퍼드 지역 출신인 존은 노리치의 주교로 재직하던 동안 분명히 이곳을 다시 찾았을 것이다. 또한 대니얼이 스페인에서 가져온 책의 몇몇 사본이 얼마 후 옥스퍼드의 도서관들에 나타났는데, 이는 대니얼이 그곳에 머무는 동안 자신의 책을 학자들이 필사하도록 허락했으리라는 것을 말해준다. 대니얼 같은 사람이 자신이 수집한 보물을 과시하고 싶은 유혹을 물리쳤으리라고는 상상하기 어렵다.

코즈모폴리턴적이고 모험심 넘치고 개척적이던 대니얼은 교육 수준이 매우 높은 엘리트 집단의 일원이었다. 이들은 지식에 대한 갈증에서 새로운 지평을 추구하며 지리적으로도, 또 학문적으로도 널리 여행을 했다. 또한 이들은 전해 내려오는 문서의 권위에 의존하던 전통과 자연 세계의 신비를 신의 섭리로 설명하려는 경향을 거부하고, 합리적인 탐구와 새로 번역된 아랍 문헌 및 고전 문헌에서 발견한 이론들에 기초해 학문을 수행하는 새로운 접근법을 받아들였다. 아리스토텔레스의 저술이 여기에서 중요한 역할을 했는데, 라틴어로 번역되면서 아리스토텔레스 자연철학의 폭이 온전히 드러날 수 있었던 것이다. 찰스 버넷Charles Burnett은 이를 "서유럽 과학사에서 결정적인 사건"이라고 표현했다.[31] 또 다른 영감의 원천은 플라톤의 《티마이오스*Timaios*》였다. 이 책은 학자들이 세상을 더 합리적이고 분석적인 방식으로 조사하고 그 결과를 유클리드가 《원론》에서 너무나 우아하게 보여주었던 입증의 기법들을 사용해 논리적이고 체계적으로 표현하도록 독려했다. 카린티아의 헤르만과 몰리의 대니얼, 그리고 이 책의 뒷부분에서 만나게 될 다른 학자들도 아리스토텔레스의 논리학, 자연 세계에 대한 관찰, 입증의 방법론을 사용해 독창적인 저술을 남겼다.

12세기의 톨레도와 9세기의 바그다드는 비슷한 점이 많다. 두 곳 모두에서 지식이 수집되고 분류되고 번역되어 고유의 스타일, 이론, 어휘를 가진 독립적인 학문 분야들로 체계화되었다. 12세기 톨레도에서 학문의 융성은 3세기 전 아랍에서와 유사한 기저의 사회 발전에 의해 촉진되었다. 당시에 아랍에서는 다양한 영토가 하나의 종교 아래 통합되었고 인구와 농업 생산과 교역이 증가했다. 또 도시가 성장하고 그에 따라 인프라와 규제의 필요성이 커지면서 산술과 문해 능력이 필요해졌다. 유럽에서는 이 과정이 세속 학문의 성장으로 나타났는데, 13세기에 학문 중심지로서 대학이 발달한 것이 이를 잘 보여준다. 옛 성당 학교들이 쇠퇴하면서 옥스퍼드, 볼로냐, 파리 등지의 학자들은 학생을 끌기 위해 경쟁했고, 이를 통해 학문의 엄정성, 새로운 아이디어, 그리고 현대적인 고등 교육 시스템의 탄생이 촉진되었다. 또한 새로운 학문 분과들이 생겨난 것과 함께 기존의 학문도 발달해 학자들은 점점 더 전문화되었다. 이제는 한 사람이 다양한 범주를 아울러 지식에 통달한다는 것이 가능하지 않았다.

이러한 변화의 과정에서 톨레도는 매우 두드러진 역할을 했다. 톨레도는 그리스-아랍 문화와 라틴 유럽 문화를 잇는 다리였고, 과학 지식이 안전하게 지켜졌을 뿐 아니라 미래의 학자들에게 번역되고 전승된 장소이기도 했다. 그리고 13세기에 '현왕賢王'이라고도 불린 알폰소 10세Alfonso X(1221~1284)의 노력으로 톨레도는 계속해서 학문의 중심지이자 여러 문화 간 협력의 중심지가 될 수 있었다. 알폰소 10세는 유대, 기독교, 무슬림 학자들이 팀을 이루어 중요한 저술을 〔이 지역 언어인〕 로망어로 번역할 수 있게 지원했다. 또 천문학 연구와 관측을 열정적으로 독려했다. 그 결과 기존의 톨레도 천문표를 기초로 '알폰소 천문표'가 만들어질 수 있었고, 이것은 이후 300년간 유럽 전역에서 사용되었다.

톨레도가 아랍어 문헌이 라틴어로 번역된 주요 장소이긴 했지만 유일한 장소는 아니었다. 12세기 말이면 정치적, 학문적 세계가 크게 변화하고 있었다. 기독교권 유럽이 부상했고 이슬람은 점점 더 남쪽으로 밀려나 스페인의 아래로, 다시 북아프리카로, 시칠리아 밖으로, 그리고 예루살렘에서 멀리 떨어진 곳으로 내몰렸다. 12세기에 십자군은 지중해 동쪽으로 진군해 이곳 영토를 정복하고 자신감과 가능성에 대한 희망을 새로이 품고 돌아왔다. 다음에는 상인들이 뒤를 이었다. 이탈리아의 도시 국가들에서 기회와 부를 좇아 온 상인들이 중동의 도시들에 정착해 교역 거점을 만들고 향료, 실크, 보석, 골동품, 서적 등 동방의 귀한 물품들을 거래하고 흥정하고 확보했다. 그리고 아름다움과 경이로움과 지혜를 배에 가득 싣고 돌아와 유럽의 취향, 스타일, 학문을 영원히 변모시켰다.

6장

살레르노
Salerno

당시에 살레르노에서는 의학이 매우 번성해
어떠한 질병도 그곳에 정착할 수 없었다.
—살레르노의 대주교 알파노 1세Alfano I

11세기 중반에 북아프리카의 콘스탄티누스Constantinus Africanus라는 상인이 물건을 싣고 살레르노의 북적대는 항구에 도착했다. 그런데 머무는 동안 병에 걸려서 이곳의 의사를 불렀다. 우리는 이 의사가 어떤 치료를 했는지, 콘스탄티누스의 병이 낫는 데 그의 치료가 도움이 되었는지 등은 알지 못한다. 우리가 아는 것은 그 의사가 너무나 실력이 없어서 콘스탄티누스가 깜짝 놀랐다는 사실이다. 의사는 심지어 진단을 하기 위해 소변 샘플을 달라고도 하지 않았다. 대개의 사람이었다면 더 깊이 생각하지 않고 병이 나아 살아난 것에 대해 신께 감사하면서 더 문명화된 세계에 있는 고향으로 서둘러 돌아왔을 것이다. 하지만 유럽 의학의 발달에는 매우 다행스럽게도, 콘스탄티누스는 대개의 사람이 아니라 독특한 사람이었다. 그는 살레르노에 더 머물면서 사람들에게 이곳에 어떤 종류의 의학서가 있는지 물어보았다. 그리고 이탈리아의 의학 지식이 얼마나 일천한지를 드러내는 대답에 경악했다.

이 일화가 이 시기 유럽의 다른 도시 이야기였다면 놀라운 일이 아니었을 것이다. 오히려 그러려니 할 만한 일이었을 것이다. 11세기 중반까지 서유럽에서 의학은 초보적인 수준이었고 의사도 거의 없었다. 카롤링거 왕조*의 수도원과 궁정 도서관에 의학 서적이 일부 있었지만 그것을 읽거나 이해한 사람은 많지 않았다. 아프거나 다치면 대다수의 사람들은 기도를 하거나 그저 희망을 품고 기다리거나 지역의 치유사에게 구매한 (종종 효과가 미심쩍기 일쑤인) 부적에 의존했다. 콘스탄티누스의 이야기가 아이러니한 이유는 살레르노에서 병이 난 것이 그나마 천만다행한 일이었다는 점이다. 유럽에서 개중 살레르노가 의학이 가장 발달된 곳이었기 때문이다. 콘스탄티누스가 그렇게 한심해한 의사는 당시 서유럽 임상의학에서 첨단을 달리는 사람이었고 최고의 의사에게 교육받은 사람이었으며 구할 수 있는 최신의 교재로 공부한 사람이었다. 적어도 유럽에서는 살레르노가 의학으로 매우 명성이 높은 도시여서 '시티바스 히포크라티카Citivas Hippocratica'(히포크라테스의 도시)라고 불렸을 정도다. 하지만 콘스탄티누스가 치료법을 보고 느낀 한심함은 당시 유럽 학계와 무슬림 학계 사이의 간극을 실로 명료하게 보여준다. 아랍어권 세계에서는 수 세기에 걸쳐 이루어진 의학 연구의 혜택을 누릴 수 있었다. 그곳에는 병원, 실용 의학서, 진단 도구, 그리고 질병과 부상을 치료할 수 있는 전문적인 의료 장비가 있었다. 자신이 살레르노에서 받은 형편없는 치료가 그나마 유럽 최고의 의술이었다는 사실을

---

* 카롤링거 제국은 〔특히 샤를마뉴(샤를 1세/카롤루스 대제, 768~814년 재위) 시대에 영토를 넓혀〕 현대의 독일, 프랑스, 북이탈리아 상당 지역과 프랑크푸르트, 아헨 등 이 나라들의 주요 도시를 포함하고 있었다.

알게 된 콘스탄티누스는 유럽 사람들을 도울 수 있는 방법을 찾기로 마음먹었다.

콘스탄티누스는 고향 카르타고로 돌아와서 의학 공부를, 이어서 진료를 시작했다. 그리고 몇 년 뒤에 의학 서적들을 가지고 다시 배에 올라 살레르노로 갔다. 이 책들은 살레르노를 의학 교육의 중심지로 우뚝 서게 하고 유럽의 의학과 의료를 대대적으로 바꾸어놓게 된다. 흔히 9세기에 살레르노에 세워진 '스콜라 메디카 살레르니타나Schola Medica Salernitana'를 '유럽 최초의 의학교'라고 하지만 정확한 말은 아니다. 우선 이곳은 근대적인 의미에서 체계적으로 조직된 교육 기관이 아니었다. 그보다는 의학을 가르칠 수 있는 스승들이 있어서 그 주위로 학생들이 모이는 무정형의 상태를 일컫는 느슨한 의미였다. 바그다드와 톨레도에서도 그랬듯이, 살레르노에 의학 교육의 중심지 역할을 한 특정한 장소가 있었다는 증거는 없다. 둘째, 고대로 거슬러 올라가 보면 유럽에 아주 많은 의학교가 있었다. 그러므로 살레르노가 최초라고 말하려면 '고대 이후 유럽 세계에서 최초' 같은 수식어가 필요하고, 이것은 그냥 최초라고 말하는 것과 다르다. 그렇긴 해도 850년경부터 이후 몇 세기 동안 살레르노는 의학 교육의 최전선에 있는 도시가 되었고, 이곳의 의학교는 의학 지식을 다른 학문 공동체에 전하는 데도, 또 차차 의학이 대학 커리큘럼의 일부로 공식 인정받게 되는 데도 지대한 영향을 미쳤다.

역사학자들은 살레르노가 왜, 어떻게 해서 의학의 중심지가 되었는지, 의학 지식이 어디에서 왔으며 이곳에서 어떻게 의학이 발달했는지 등을 오래도록 궁금해했다. 불가피하게도, 가설은 다양하다. 우선 가장 명백한 요인을 꼽자면, 살레르노는 바다에 면해 있고 공기가 맑고

기온이 온화하고 풍광이 아름답고 온천이 있고 신선한 현지 농산물이 풍부하다는 지리적 조건을 가지고 있었다. 온천욕과 건강에 좋은 식사는 치료법의 중요한 일부였다. 티레니아해 연안 끄트머리에 위치한 살레르노는 수천 년간 인기 있는 휴양지였다. 기원전 600년경에 그리스 사람들이 남쪽으로 몇 킬로미터쯤 더 떨어진 곳에 정착했고, 그들이 지은 기념비적인 건축물 파이스툼 신전이 지금도 남아 있다. 1세기 무렵에는 황제와 원로원 의원들이 로마의 더운 여름을 피해 휴양하러 오는 곳으로 각광을 받으면서 이 연안에 화려하고 사치스러운 저택, 포도밭, 별장 등이 들어섰다.

일반적인 휴양이나 섭생에 대한 것 말고 구체적으로 의학 연구와 관련된 증거를 찾는 것은 조금 더 어렵다. 근처에서 의학이 이곳으로 전해질 수 있었을 법한 도시를 찾아보던 학자들은 벨리아를 종종 지목했다. 벨리아는 살레르노에서 남쪽으로 80킬로미터 떨어진 그리스 도시로, 1세기경 로마 시대에 학문의 중심지였고 철학과 의학이 특히 유명했다. 고고학자들은 이곳에서 〔의술의 신〕 아스클레피오스와 〔아스클레피오스의 딸이며 건강과 위생을 주관하는 신〕 히기에이아의 석상, 글자가 새겨진 판, 동전, 수술 도구 등을 발견했다. 이는 벨리아가 탁월한 의학 중심지였으리라는 가설에 무게를 실어준다. 문제는, 반복적인 말라리아 발병으로 쇠락하기 시작하던 2세기의 벨리아와 8, 9세기의 살레르노가 어떻게 이어지느냐다. 물론 의사들이 위험을 피해 벨리아를 떠나면서 의학 서적들을 챙겨 살레르노에 왔고, 여기에서 의학 연구와 교육의 기틀을 잡기 시작했으며, 그 사이의 혼란스러운 시기를 거치고 살아남아 서기 700년의 살레르노가 의학이 발달한 도시가 되었을 가능성이 있지만(서기 700년은 살레르노의 의학에 대한 사료상의 증거가 남아 있는 가장 이른 시기다), 입증은 불가능하다.

살레르노 의학교의 초창기 역사를 알아보기에 가장 좋은 방법은 당시에 학생들이 공부한 교재가 무엇이었으며 그것이 어디에서 왔는지 추적해보는 것이다. 디오스코리데스 《약물지》의 미완성 필사본, 히포크라테스의 《아포리즘*Aphorisms*》, 갈레노스의 《글라우콘에게 보낸 편지*Ad glauconem*》 등이 살레르노의 의학 교재에 포함되어 있었고 모두 라틴어본이었다. 뒤의 두 권은 과거 알렉산드리아에서도 사용되던 교재였는데, 2세기와 3세기에 젊은 의사들의 교육을 위해 개발되었고 500년경이면 콘스탄티노플과 아테네에서도 사용되었다. 이어 531년 무렵 아리스토텔레스의 여러 저술과 함께 시리아로 들어왔고 시리아어로 번역되어 이곳 학자들의 연구에 사용할 수 있었다.* 630년대에는 아이기나의 파울로스라는 의사가 콘스탄티노플을 떠나 알렉산드리아로 왔다. 집필 중이던 의료 백과사전에 담을 정보를 수집하기 위해서였을 것이다. 그가 집필한 의학 백과사전은 당대에 가장 정확하고 가장 많이 유통된 의학서 중 하나로, 이후 수 세기 동안 유럽 전역의 학자들에게 널리 사용되고 인용되었다.

요컨대, 이러한 종류의 의학 지식이 작은 규모로나마 지중해 지역에서 유통되고 있었음은 분명하다. 구체적으로 살레르노에는 어떻게 들어왔는지 알아보려면 이탈리아 남단 스퀼라체에 있는 비바리움 수도원에서부터 시작해야 한다. 앞에서 소개한 바 있는 카시오도루스가 그

---

* 이 시리아어 문헌들은 9세기에 아랍 사람들에 의해 바그다드로 들어간다.

리스 고전 교육 커리큘럼을 열심히 수집해놓은 곳 말이다. 그가 구해서 도서관에 채워 넣은 서적들은 11세기까지 유럽에서 구할 수 있는 비종교 서적으로는 거의 유일한 것이었다. 카시오도루스는 비바리움 수도사들의 엄격한 일상에 연구와 필사가 중요한 부분이 되게 했고, 따라서 필사실과 서적 생산이 수도원 생활의 핵심에 있었다. 그는 그리스 고전 사상과 교육법을 종교의 맥락으로 가져오는 데 크게 영향을 미쳤고, 그 결과 교회는 학문에 야망이 있는 사람들에게 유일한 선택지가 되었다. 이제 "영예와 영광은 더 이상 자연 현상에 대한 객관적, 과학적 이해에서 발견되는 것이 아니라 보편 교회의 목적을 진전시키는 데서 발견되는 것"이 되었다.[1] 고대 과학과 철학의 많은 면이 기독교 교리에 부합하지 않아 무시되거나 심지어는 파괴되었다. 의학은 '신성하지 않은' 지식[비종교 지식] 가운데 500년에서 1100년 사이에 지속적으로 연구될 수 있었던 유일한 지식이었다. 인간의 근원적인 취약함에 맞서기 위한 싸움에서 절박하고 실용적인 유용성을 갖는 지식이라는 명백한 이유에서였을 것이다. 콘스탄티누스가 의학 서적들을 가지고 살레르노에 다시 돌아올 때 까지 서유럽의 의학 교육은 거의 전적으로 카시오도루스에 의해 규정되고 촉진되었다.

병자를 돌보는 것을 수도원 생활의 기본 신조로 제도화한 최초의 인물은 성 베네딕토였다. 카시오도루스는 교육에 대한 선언문 격인《신성한 교육 기관과 세속의 문헌들*Institutiones divinarum et saecularium*》에 의학 문헌을 포함시킴으로써 이를 이어받고 확장했다. 이 책은 카시오도루스가 수도사들이 숙지해야 한다고 생각했던 문헌들을 종합한 목록이자 일종의 학습 지침서로, 매우 영향력이 커서 유럽 전역에서 수 세기 동안 널리 사용되었다. 1부 〈신성〉은 종교 문헌에 초점을 두고 있지만 마지막에 의학에 대한 절이 있다. 2부 〈세속〉은 수학과 천문학을 포함해 훗날 3학과 4과로 발달하게 되는 분야들을 다루고 있다. 카시오도루스가 추천한 의학 문헌에는 디오스코리데스의 《약물지》와 자신의 필사실에서 생산한 갈레노스와 히포크라테스 저술의 라틴어 번역본들이 포함되어 있었다. 카시오도루스가 "우리의 도서관 깊숙한 곳에 보관해, 이 책들을 그대에게 남긴다"고 명시적으로 언급한 것을 보면 이 책들이 6세기에 비바리움 수도원 도서관에 있었다는 것은 확실하다.[2] 이렇게 해서 카시오도루스는 기존에 쓰이던 신앙 요법과 신전 방문에 더해, 의학 연구와 치료를 교회의 영역으로 가져오는 데 크게 영향을 미쳤다. 한편 환자와 순례자의 신전 방문은 중세 초기의 임상의학에서 또 한 가지 중요한 혁신을 일으켰다. 병자와 여행객 등 도움이 필요한 사람을 위한 호스텔들이 세워진 것이다. 주로 먹을 것과 묵을 곳을 제공하는 시설이었지만 곧 기독교적 자선을 실천하는 일환으로 의료도 제공되기 시작했다. 점차로, 특히 11세기와 12세기에 십자군 전쟁이 있고서 호스텔hostel은 병원hospital이 되었다.

《신성한 교육 기관과 세속의 문헌들》은 그다음 세기에 지중해 세계와 서유럽 전역에 퍼져서 중세 초기 의학 백과사전 편찬자들에게 핵심 자료원이 되었다. 유럽 전역의 수도원 도서관이 이 목록을 참고하면서, 이 책은 지식이 고대 세계에서 중세 세계로 전승되는 데서도 매우 중요한 역할을 했다. 또한 비바리움 수도원 도서관에 소장되어 있던 의학서들을 포함해 이 목록에 올라와 있는 책들의 사본 역시 멀고 가까운 다른 수도원들로 전해졌다. 이 사본들의 정확한 이동 경로를 추적할 수는 없지만, 이후 몇 세기간 이탈리아 남부에서 유통된 의학서 상당수가 비바리움 도서관에 있던 것과 같은 책들이었던 것은 분명하다. 이 중 일부는 분명히 몬테카시노 도서관으로도 들어갔을 것이고, 몬테카시노에서 살레르노 남부까지는 그리 멀지 않다.

성 베네딕토가 529년에 세운 수도원은 그 이후로 어려운 시절을 보냈다. 아펜니노산맥의 가장 남쪽 정상에 있는 이 수도원은 나폴리에서 로마로 가는 주요 육로 '비아 라티나Via Latina'를 500미터 위에서 내려다볼 수 있는 전략적 요충지에 위치한 탓에 지나가는 모든 군대의 목표물이 되었다. 581년에 랑고바르드족이 수도원으로 쳐들어왔을 때 로마로 도망친 수도사들은 718년까지 돌아오지 못했다. 이후에 수도원과 교회는 다시 지어졌지만 884년에 아랍이 쳐들어왔을 때 모조리 불탔다. 이번에는 수도사들이 인근의 카푸아로 도망쳐서 반세기 동안 돌아오지 못했다. 949년에 드디어 몬테카시노로 돌아와 보니 일대가 "버려지고 폐허가 되어" 있었다. 하지만 이 장소가 (하느님은 아니라 해도) 성 베네딕토가 선택한 신성한 장소라고 믿고서, 이들은 이곳을 유지하기로 했다. 수도사들은 건물을 복원하고 사람들이 돌아와 근처의 '테라 상티 베네딕티Terra Sancti Benedicti(성 베네딕토의 땅)'에 정착하도록 독려했다. 전에 수도원이 소장했던 문헌도 일부 보존할 수 있었다. 그동안 수도사들이 겪은 폭력, 파괴, 망명 등을 생각하면 이 책들을 지켜낸 것은 엄청난 위업이었다. 이 중 두 권인 《몬테카시노 필사본 96*MS Montecassino 96*》과 《몬테카시노 필사본 97*MS Montecassino 97*》은 수도원장 베르타리우스Bertharius(856~883년경)가 카시오도루스의 목록을 토대로 만든 초창기 의료 백과사전으로, 오늘날에도 몬테카시노 도서관에 남아 있다.

살아남은 의학 저술들은 고대 말기에 알렉산드리아에서 확립된, 그리고 550년경에는 이탈리아, 그리스, 비잔티움 제국으로 전해져 사용되던 의학 커리큘럼의 일부였다. 이 과정에는 논리학에 대한 아리스토텔레스의 저술 네 편에 이어 히포크라테스의 논문 네 편이 포함되어 있었고, 마지막 단계에서는 갈레노스의 '열여섯 편'을 해부, 질병, 진단 등 임상의학의 각 영역에 따라 일곱 부분으로 나누어서 다루었다. 학생들은 의학 교육 과정을 단계별로 밟아나가면서 이 저술들에 대한 강의를 들었고 강의 내용은 종종 나중에 주해서로 묶여 나왔다. 갈레노스의 저술 첫 네 편(《의학의 분파에 관하여》, 《의술론》, 《맥박에 관하여*De pulsibus*》, 《글라우콘에게 보낸 편지》)에 대한 주해서를 합해 초심자용이라는 의미에서 《입문*Ad introducendos*》이라고 부른다. 갈레노스 의학의 기초 원리를 설명한 이 주해서들은 몇몇 장소에서 몇몇 사람들에게 연구되고 필사되어 어찌어찌 고대 말과 중세 초의 시기를 거치고 살아남았다. 그중 한 명이 650년경에 라벤나에 살았던 아그넬루스Agnellus다. 그는 "시 당국의 의사"이자 "의학 교수"였다고 기록되어 있고[3] 갈레노스의 저술 첫 네 편과 그것의 주해서에 대해 강의를 했다. 그의 제자 심플리키우스Simplicius가 스승의 강연을 《아그넬루스 강의록*Ex voce Agnellus*》이라는 책으로 정리한 덕분에 그의 강연 내용은 밀라노에서 발견된 9세기의 필사본에 담겨 현재까지 살아남았고 유럽의 더 북쪽 카롤링거 왕조의 도서관들에서도 몇몇 사본이 발견되었다.[4]

7세기에 많은 이탈리아 도시가 쇠락하고 있었지만 라벤나는 번성했다. 인구 약 5만 명의 도시 라벤나에서는 교역이 활황을 구가했고 눈부신 모자이크로 장식된 장엄한 새 성당들이 들어섰다. 학문 활동도 활발했다. 라벤나는 "고대 말기의 가장 발달된 의학 중심지"라고 일컬어지기도 한다.[5] 사실이긴 하지만, 이 표현은 "가장 발달된" 상태가 어떤 상태인지에 대해 실제보다 과장된 이미지를 떠올리게 하는 면이 없지 않다. 이 시점이면 의학 서적은 질적으로나 양적으로나 고대 세계에 볼 수 있었던 이론과 담론의 풍성함의 그림자에 불과했다. 헬레니즘 시기 의학 연구의 특징이었던 황홀할 정도로 다양한 이론과 성취는 다 잘려 나간 형태로 편집되었고 기독교 교리의 틀에 엄격하게 짜 맞춰졌다. 갈레노스는 '갈레노스주의'로 절대적인 신조가 되어 대안적인 학파는 모두 사라졌고 갈레노스의 이론에 기반한 해석이 어떤 것보다도 우선시되었다. 그뿐 아니라, 이렇게 이론이 강조되면서 정작 갈레노스의 가장 혁신적이고 위대한 업적이었던 방법론(가령, 그의 해부학에서 잘 드러나는 관찰, 실증 연구, 조사 등의 방법론)을 흐릿하게 하는 결과를 가져왔다. 갈레노스의 방법론이야말로 그가 오래도록 과학적 진보의 길을 밝아올 수 있었던 요인이었는데 말이다. 그 결과 서유럽에서는 지적인 논쟁도, 세밀한 연구도, 그 밖에 의학에서의 어떠한 진보도 수 세기 동안 정체될 수밖에 없었다. 라벤나의 아그넬루스와 동료들은 의학 지식을 보존하는 데 중요한 역할을 했지만, 이 업적도 이와 같은 맥락에서 이해되어야 한다.

중세 초기에 라벤나는 번성했을지 모르지만 이것은 예외적인 경우였고 대개의 지역은 격동과 불안정의 시기를 지나고 있었다. 이탈리아 남부 지역들이 대개 그랬듯이 살레르노는 5세기와 6세기에 동고트 왕국과 비잔티움 제국 사이의 싸움에서 장기의 졸 신세였고, 7세기에 랑고바르드 왕조가 들어왔을 때는 역병과 기근에 시달렸다. 774년에는 카롤루스 대제가 침공해 랑고바르드 왕을 몰아냈다. 이때부터 살레르노의 운명이 나아지기 시작했다. 베네벤토 공국 제2의 도시로서 8세기 말에 요새가 지어져 방어가 강화되고 공국 서쪽 지역의 수도가 되었다. 새로운 궁과 커다란 주거지, 그리고 그 안의 집, 논밭, 과수원을 포함하도록 도시의 경계가 확장되었고, 도시 뒤쪽 몬테 스텔라에 지어진 방어용 성곽은 굉장히 좋은 시야를 확보할 수 있게 해주었을 뿐 아니라 공격을 받을 시에는 든든한 은신처를 제공했다. 지주들은 소작농에게 포도, 개암나무, 밤나무 등 장기적인 작물을 키우도록 독려했다. 그 덕분에 주요 교역 상품인 와인과 귀한 경목재, 무두질에 쓰이는 나무껍질, 빵이나 폴렌타[옥수수가루 죽]에 쓰이는 밤 가루 등이 생산될 수 있었다. 살레르노 및 인근 지역은 그리스어권인 비잔티움 제국과 교역을 통해서뿐 아니라 정교회 수도원들을 통해서도 언어적, 문화적 관계가 계속해서 이어졌고 정교회 수도원 도서관들에서는 콘스탄티노플에서 온 책들을 볼 수 있었다. 여기에는 나중에 의학교에서 사용될 의학 서적들도 있었을 것이다. 또한 시칠리아와 이탈리아 남부에 살던 아랍인들도 이웃 살레르노의 기독교인들에게 의학 이론과 방법론을 전해주었다.

즉 살레르노에서 의학의 발달은 도시 자체의 경제적 성공 및 발달과 나란히 이루어졌다. 900년경이면 살레르노는 이탈리아 남부에서 가장 중요하고 번성하는 도시였다. 유럽 최초의 위대한 해상 강국이었던 인근 아말피와의 긴밀한 연결은 살레르노에 막대한 부를 가져다주었다. 아말피 상인들은 지중해를 종횡으로 누비며 교역을 했다. 이들은 비잔티움 제국과 아랍 국가들, 특히 이집트와 좋은 관계를 맺고 있었던 덕분에 동쪽에서 오는 사치품의 주된 수입상이자 목재, 리넨, 농산물을 북아프리카로 판매하는 주요 공급자가 되었다. 아말피 항구 자체는 규

18 19세기 살레르노의 모습.

모가 작았고 가파르고 울창한 산들 때문에 이탈리아의 다른 지역들에 접하기가 쉽지 않아서 이국적인 직물, 보석, 금 같은 가장 귀한 물건만 이 아말피 항구로 직접 수입되었다. 12세기에 이곳을 방문한 저술가이자 여행가 투델라의 베냐민Benjamin of Tudela에 따르면 아말피 사람들은 "높은 산과 험준한 바위 지역에 살기 때문에 씨를 뿌리거나 수확하지 않고 오로지 거래 활동에만 관여하는 상인들"이었으며 "돈이 되는 것은 무엇이건 구매"했다.[6] 북쪽의 사촌인 베네치아 사람들도 그랬듯이, 이들은 사는 곳이 척박했기 때문에 부를 일구려면 상상력이 아주 풍부해야 했고 바다 건너 세계로 눈을 돌려야 했다.* 기업가적 개척 정신으로

---

* 베네치아 사람들과 아말피 사람들은 공통점이 많았다. 비잔티움 제국과의 교역에 우선순위를 두었다는 것도 그중 하나인데, 이는 상업 영역에서 부와 권력을 일구는 데 크게 기여했다.

무장한 아말피 사람들은 첫 번째 십자군이 1095년에 도착하기 수십 년 전에 이미 아토스산의 수도원과 예루살렘의 정착촌을 포함해 로마부터 콘스탄티노플까지, 그리고 그 사이에 있는 시칠리아, 북아프리카, 중동의 모든 주요 항구에 정착지를 일궜다. 살레르노는 아말피와 지리적으로 가까웠고 커다란 자연 항구가 있었으며 방대한 육로로 이탈리아의 다른 지역들과 연결되어 있어서 아말피 사람들의 교역 활동에서 가장 중요한 곳이 되었고 교역의 수익으로 두 도시 모두 번성했다. 12세기 무슬림 학자인 알 이드리시Al-Idrisi가 언급했듯이 살레르노는 "시장마다 밀 같은 곡물을 포함해 온갖 종류의 물건이 그득한 놀라운 도시"였다.[7]

거래와 운송이 이루어진 모든 물품 중에서 가장 수익성이 높은 축에 드는 것은 향신료였다. 향신료는 우리 이야기와 관련해 가장 중요한 물품이기도 하다. 고추, 생강, 정향, 사프란, 카르다몸 등 엄청나게 다양한 뿌리, 베리, 식물 진액이 먼 이국땅에서 들어와 요리뿐만 아니라 약 제조에도 사용되었다. 이 시점에 살레르노의 의학은 실용적인 치료 위주였지 이론 위주는 아니었고, 여기에서 약리학은 매우 중요한 영역이었다. 특히 의사들이 토착 식물에 더해 아말피 상인들이 공급하는 외국 식물을 가지고 다양한 약재를 실험해 치료법을 확대하면서 약리학의 중요성은 더욱 커졌다. 의사들은 디오스코리데스의 《약물지》(이 책은 고대 이래로 베네벤토에서 다양한 형태로 유통되고 있었다)에 나오는 조제법에다 오랫동안 추가되어온 토착 조제법들도 함께 사용했다. 모든 종류의 치료에 이러한 약재들이 사용되었고, 살레르노의 의사들도 이곳을 찾는 환자들에게 이렇게 만든 약을 사용했을 것이다.

10세기경이면 살레르노에는 '의학교'가 잘 확립되어 있었던 것으로 보인다. 국제적으로도 명성이 있어서 980년대에 베르됭의 주교가 병을 치료하기 위해 살레르노에 오기도 했다. 프랑스 북쪽 끝에서부터 여기까지 오는 긴 여정 중에 맞닥뜨릴지 모를 위험을 무릅쓸 만큼 살레르노에서 얻을 수 있을 치료 효과를 믿었음에 틀림없다. 아마도 온천욕이나 살레르노만에서의 해수욕 효과에 대한 명성을 들었을 것이다. 둘 다 살레르노의 치료법에서 중요한 부분이었다. 또한 살레르노에는 병원도 여럿 있었던 것으로 보인다. 대개는 교회에 부속된 치료소였고, 처음에는 많은 의사가 성직자였다. 그러다가 11세기와 12세기에 의학이 점점 더 전문화되고 학계의 영역으로 들어가면서 점차 의사와 성직자가 분리되었다. 이제 의사가 되는 것은 더 이상 교회에 속하는 직업을 갖는 것과 연결되지 않았다. 11세기 초면 살레르노의 학자들이 펴낸 두 권의 주요 의학서가 나와 있었다. 하나는 가리오폰투스Gariopontus가 쓴 《갈레노스 수난기*Passionarius Galeni*》라는 종합 의학서로, 신체 전체를 머리부터 발까지 차례로 짚어가며 질병과 치료법을 기술한 책이다. 다른 하나는 페트로넬루스Petronellus가 쓴 것으로, 동일한 구성을 취하고 있다. 두 책 모두 기본적으로 갈레노스와 히포크라테스의 몇몇 논문과 디오스코리데스의 《약물지》 중 고대 말기의 백과사전에 살아남은 내용들을 되풀이하고 있지만, 구성이 더 실용적인 것을 보면 살레르노의 의사들이 기존 이론들을 임상에 실용적으로 적용했으리라고 짐작해볼 수 있다.[8] 이 시점에 살레르노 의학의 강점은 실용적인 치료와 섭생을 강조하는 데 있었지만, 곧 의학 이론에서의 정전 또한 발달하게 된다.

이론의 발달과 관련해 결정적인 인물이 바로 북아프리카 사람 콘스탄티누스다. 놀라운 일은 아니지만, 그의 생애에 대해서는 알려진 것이 별로 없고 그나마도 신뢰할 만한 부분이 많지 않다. 전해 내려오는 이야기는 몇 가지가 있는데 여러 면에서 상충한다.* 신빙성이 떨어지기로 악명 높은 몬테카시노의 역사 저술가 '부사제 베드로Petrus Diaconus'도 콘스탄티누스에 대해 기록을 남겼는데, 대체로는 지나친 상상력을 동원한 이야기로 보이지만 그래도 여기에는 콘스탄티누스가 작업한 20편의 번역서 목록이 담겨 있다. 콘스탄티누스의 생애에 대해 가장 믿을 만한 설명은 12세기 중반 살레노스의 의사였던 마테우스Matthaeus F.가 남긴 기록으로, 이것은 콘스탄티누스가 번역한 식이요법 책의 해설 페이지에 부록으로 실려 있다.

사료들은 헛갈리지만 적어도 다음과 같은 사실은 분명해 보인다. 콘스탄티누스는 오늘날의 튀니지에서 태어났을 것이다. 카이로우안이나 그 근처일 가능성이 있다. 그리고 먼저 상인으로 살레르노에 왔을 것이다. 상인 시절의 그는 이집트의 카이로까지 바위가 많은 연안을 따라 지중해 남쪽 바닷길을 누비며 많은 시간을 보냈을 것이다. 우리는 그가 나무배의 갑판에 서서 북아프리카의 눈부신 태양에 눈을 찡그리면서 바위, 암초, 폭풍, 해적 등 위험의 징후가 있는지 수평선을 살피는 모습을 상상해볼 수 있다. 또한 다른 상인들처럼 시칠리아에도 갔을 것이다. 안전한 연안을 벗어나 먼 바다로 나가야 하는 위험한 항해였다. 연안에는 표식이 될 만한 곳들이 있고 항구가 자주 나오지만 시칠리아로 가려면 먼 바다를 동쪽으로 300킬로미터나 항해해야 했다. 오늘날

---

* 배움을 구하러 멀리 인도까지 갔고 그를 질투한 동료들에게 살해될까 봐 튀니지로 도망갔다는 유의 다소 허황되어 보이는 이야기도 있다.

에는 페리로 열 시간 정도 걸리는데, 11세기에는 바람, 날씨, 선장의 숙련도 등에 따라 다르긴 했어도 사흘은 족히 걸렸을 것이다. 콘스탄티누스는 살레르노에 가는 길에 시칠리아에 들렀을 것이다. 우리는 선원들이 갑판에서 파비냐나섬이나 마레티모섬, 혹은 마르살라 인근의 반짝이는 염전 등 뭍에 가까워졌다는 첫 징후를 찾아보는 모습을 상상해볼 수 있다. 시칠리아의 팔레르모에서 볼일을 보고서 배는 다시 출발해 티레니아해에서 처음에는 시칠리아 연안을 따라서 동쪽으로, 그다음에는 방향을 바꾸어 오른편에 이탈리아 남부를 끼고 북쪽으로 올라갔을 것이다. 그런데 살레르노 도착을 목전에 두었을 때 이들에게 재앙이 닥친다. 폴리카스트로만을 막 지났을 때 폭풍에 휩쓸린 것이다. 배가 요동치고 파도가 사정없이 갑판을 때리는 와중에 몇몇 서적이 손상되었고, 이는 나중에 콘스탄티누스가 남긴 번역본의 질에 영향을 미치게 되었을 것이다.

가장 믿을 만한 기록들에 따르면 콘스탄티누스는 북아프리카에서 의학 서적들을 수집하면서 3년을 보내고 나서 그 책들을 가지고 살레르노로 다시 돌아왔다. 이탈리아와 콘스탄티노플에 알렉산드리아의 의학 전통이 전해졌듯이, 북아프리카 연안의 무슬림 도시들에도 알렉산드리아의 의학이 전해져 있었으며, 콘스탄티누스가 수집한 책들은 이슬람 세계의 이쪽 편에서 구할 수 있는 의학서를 총망라한 것이라 볼 수 있었다. 콘스탄티누스가 이 책들을 구했을 법한 곳 중 하나는 카이로우안의 대모스크다. 그리스와 로마 사원들의 폐허에서 가져온 수백 개의 기둥이 우아한 말발굽 모양의 아치를 떠받치고 있는 이 모스크는 학자들이 모여드는 학문의 중심지였다. 카이로우안은 의학이 유명하고 뛰어난 의사들도 많았으므로 최신 의학서를 찾기에 매우 좋은 곳이었다.

콘스탄티누스는 후나인 이븐 이스하크의 《(갈레노스 의학) 입문》(《이사고게*Isagoge*》), 알 마주시Ali ibn al-Abbas al-Majusi의 《키타브 카밀*Kitab Kamil*》〔《의술 총서》〕, 유대인 학자 이삭 유대우스Isaac Judaeus(979년 사망)가 쓴 소변, 열, 식이요법에 대한 저술, 알 라지의 《알 하위》〔《의학 전서》〕, 카이로우안의 의사 알 잣자르Al-Jazzar(895~979)가 쓴 여행자를 위한 건강 지침서, 성관계에 대한 저술인 《데 코이투*De coitu*》 등 찾을 수 있는 최고의 의학서들을 살레르노에 가지고 왔고, 그중 많은 것을 직접 라틴어로 번역했다. 그가 가져온 책 중에 우울증에 대한 책도 있었는데 그는 이 증상이 "오늘날 이 지역에 매우 널리 퍼져 있다"고 애절하게 기록했다.[9] 이 의학서들은 이후 수 세기 동안 유럽 전역에서 권위 있는 의학 교재의 기초가 되며, 1515년에 리옹에서, 그리고 1536년에 바젤에서 인쇄본으로도 출간된다. 콘스탄티누스가 왜 이 엄청난 일을 했는지, 낯선 대륙에 의학 지식을 전파하는 일에 헌신하게 된 동기가 무엇이었는지에 대해서는 아쉽게도 우리에게 남겨진 실마리가 없다.

살레르노에 정착한 콘스탄티누스는 그 못지않게 의학에 관심이 많았던 이곳의 대주교 알파노Alfano를 알게 되었다. 이 책에서 살펴본 많은 학자들처럼, 알파노는 범상치 않은 인물이었다. 뛰어난 학자였으며 고전 문학, 건축, 신학, 과학을 아우르는 다양한 지적 관심사를 가지고 있었고 부유하고 영향력 있는 집안 출신이었던 덕분에 최고의 교육을 받았다. 걸출한 시인이자 대성당 신축을 지휘한 건축가였으며 능력 있는 의사이자 의학교 건립을 앞장서서 지지한 사람이기도 했다. 젊은 시절 콘스탄티노플에서 그리스어에 통달한 그는 4세기에 에메사의 주교 네메시우스Nemesius가 쓴 광범위한 철학서《인간 본성에 관하여*Peri Physeos Anthropou*》를 번역했다. 예루살렘 순례를 포함해 동방으로 여정을 떠났을 때 구한 책이었을 것이다. 네메시우스는 갈레노스, 플라톤, 아리스토텔레스의 저술에서 특히 영향을 많이 받았는데, 책을 번역하면서 알파노는 여기에 담긴 복잡한 철학과 과학 개념을 표현할 라틴어 용어들을 만들기 시작했다.

비슷한 시기에 콘스탄티누스는《이사고게》를 번역하고 있었다. 두 사람이 협업을 했을 가능성도 있다. 분명 그들은 나눌 이야기가 많았을 것이다. 명문가 출신인 데다 교회 고위직에 있던 알파노는 부와 권력을 활용해 콘스탄티누스를 후원했다. 콘스탄티누스가 알 마주시의 방대한 의술 종합서《키타브 카밀》을 번역할 때 보수를 지급해 재정적으로 뒷받침한 것이다(콘스탄티누스 번역본에는 '판테그니Pantegni'라는 제목이 붙었다). 콘스탄티누스는 콘스탄티누스대로 알파노의 건강을 염려해서 위장병에 대한 의학 지침서를 집필했다. 그리스-아랍 의학 지식의 풍성함을 서유럽에 소개하기 위해 새로운 라틴어 어휘를 개발하면서, 이들은 살레르노의 (그리고 그 너머에서의) 의학 연구에 일대 혁신을 가져온 시발점이 되었다.

알파노는 영향력 있는 지인이 많았는데 그중 한 명이 몬테카시노 수도원장 데시데리우스Desiderius다. 두 사람은 1050년에 데스데리우스가 치료차 살레르노에 왔을 때 처음 만났고 학문적 관심사를 공유하며 가까워졌다. 몬테카시노로 돌아갈 때 데시데리우스는 알파노에게 자신과 같이 가서 얼마간 그곳에서 머물며 연구를 하라고 설득했다. 여러 정황으로 보건대 이번에는 알파노가 콘스탄티누스에게 몬테카시노로 가보라고 조언한 것으로 보인다. 몬테카시노에 가기에 이보다 더 좋은 때를 고를 수는 없었을 것이다. 유럽 전체에서 가장 권위 있고 영향력 있는 베네딕토 수도회의 모원인 몬테카시노 수도원은 황금기를 누리고 있었다. 북적대는 필사실(이곳에서 '몬테카시노 서체'라는 독특한 필사체가 개발되기도 했다)에서 양피지, 잉크, 펜 등 온갖 물품과 일군의 보조 필경사들이 넉넉히 공급되는 가운데 몬테카시노 도서관이 소장한 훌륭한 책들을 보면서 일할 수 있는 기회를 거부하기는 어려웠을 것이다. 무엇보다 몬테카시노 도서관의 의학서들을 공부해서 라틴어 독자들을 위한 번역본을 만드는 데 도움을 얻을 수 있을 터였다. 콘스탄티누스가 수도원 공동체에서 일하고 싶어 했던 데는 종교적인 이유도 있었을 법하다. 그가 원래는 무슬림이었다가 이탈리아에 있는 동안 기독교로 개종했는지 원래부터 기독교도였는지는 알 수 없다. 당시에 북아프리카에는 기독교인들의 공동체도 있었기 때문이다.

살레르노에서 몬테카시노까지 가는 데는 여러 날이 걸렸을 것이고 콘스탄티누스는 먼저 고대 로마 도로인 '비아 포필리아Via Popilia'를 따라 길을 떠났을 것이다. 이 길은 나폴리 인근을 지나 카푸아까지 이어진다. 카푸아에서부터는 '비아 라티나'를 따라 북쪽으로 갔을 것이다. 얼마 후 리리 계곡에 있는 '테라 상티 베네딕티'의 마을과 농장들을 굽어보는 바위산 꼭대기의 수도원이 멀리서 눈에 들어오기 시작했을 것이다. 힘겹게 산을 올라 거대한 수도원 복합 단지의 정문으로 들어서면 한창 지어지고 있는 바실리카 양식의 대성당 건설 현장이 보였을 것이다. 콘스탄티노플에서 특별히 만들어 보낸, 은제 패널이 들어간 거대한 청동 문들은 이미 세워져 있었을 것이고 비잔티움의 장인들이 화려한 모자이크, 직물, 보석으로 건물을 장식하고 있었을 것이다.

도착하고 얼마 뒤에 콘스탄티누스는 이 모든 장엄한 작업을 지휘하고 있던 수도원장 데시데리우스를 만나게 되었다. 그는 알파노가 써 준 추천장과 자신이 최근에 번역한 《이사고게》를 수도원장에게 전했다. 몬테카시노에 머무는 동안 콘스탄티누스는 가장 큰 번역 프로젝트 《판테그니》를 마무리했고 그것을 데시데리우스에게 헌정했다. 라틴어로 된 최초의 의학 종합서 《판테그니》는 매우 중요한 저술이지만 매우 논쟁적인 저술이기도 하다. 상당 부분이 알리 이븐 알 아바스 알 마주시(982년경 사망)*가 쓴 《키타브 카밀》을 저본으로 했는데 충실한 번역이라고는 볼 수 없었다. 몇몇 부분이 뭉텅 삭제되었고 다른 책의 내용이 길게 들어가기도 했다. 콘스탄티누스는 알 마주시도, 그 밖에 자신이 추가한 다른 저술들의 저자도 언급하지 않았다. 번역이 아니라 직접 집필한 저술처럼 보이려고 했나 싶을 정도다. 또한 그는 알 마주시가 넣은 참고 문헌(이전에 나온 아랍 학자들의 저술)도 잘라냈고 그 대신 알렉산드리아의 의학 교재이던 '열여섯 편'을 서문에서 언급했다. 아랍 학자들의 공헌을 지우고 갈레노스를 강조하려 한 것이다. 당연하게도 현대의 역사학자들은 이를 표절이라고 비난했다. 하지만 콘스탄티누스가 자신이 필자인 척하려 했다기보다는 유럽에서 책의 영향력을 극대화하기

---

* 서유럽에서 알 마주시는 '할리 아바스Haly Abbas'라는 이름으로 불렸고, 페르시아에서 온 뛰어난 인물이라고만 알려져 있었다. 그는 알 라지, 이븐 시나와 더불어 이슬람 제국의 3대 현자로 통했다. 이름으로 미루어 보건대 조로아스터교를 믿던 가문 출신인 것으로 보인다. 콘스탄티누스가 라틴어로 옮기는 작업을 하고 있었을 때 《키타브 카밀》은 굉장히 많은 사본이 유통되고 있었고 아랍어, 히브리어, 우르두어 등 여러 언어로도 번역되어 있었으며 이븐 시나의 《의학 정전》이 나오기 전 아랍 세계에서 가장 중요한 의학서였다.

위해 아랍 기원을 숨기려 했던 것으로 보인다. 그즈음 벌어진 정치적 사건들, 특히 이탈리아 남부에 '사라센'이 침략해 엄청난 학살과 파괴를 자행한 것을 생각해보건대 무슬림에 대한 유럽 사람들의 태도가 우호적이지는 않았을 것이다. 또한 당시 이탈리아의 의학 지식이 헬레니즘 전통에서 온 것이었으므로 콘스탄티누스는 자신이 내놓는 책이 이탈리아에서 지배적이던 개념에 잘 부합되는 것처럼 보이기를 바랐을 것이다. 하지만 흥미롭게도, 콘스탄티누스는 그리스어 원전을 직접 번역하지 않고 아랍어본을 저본으로 삼아 작업했다.* 아랍 학자들의 공헌을 지우고 그리스와의 관련성을 강조하기는 했어도, 고대에 집필된 그리스어 원전보다 아랍어본이 더 우수하다고 여겼음을 의미한다. 이렇게 왔다 갔다 하는 문화적 우선순위는 유럽과 이슬람의 관계가 얼마나 복잡했는지를 잘 말해준다.

콘스탄티누스가 출처로 언급한 저자는 두 명뿐이다. 한 명은 유대인 의사 이삭 유대우스로, 그의 저서도 갈레노스의 저술을 토대로 집필되었다. 다른 한 명은 후나인 이븐 이스하크인데, 콘스탄티누스는 그의 이름을 라틴어로 바꾸어 '요한니티우스Iohannitius'라고 표기했다. 또한 콘스탄티누스는 자신이 번역한 많은 번역서의 제목을 헬레니즘 문헌인 것처럼 들리게 바꾸었고 라틴 독자들에게 더 잘 맞도록 내용도 수정했다. 《판테그니*Pantegni*》가 대표적인데(그리스어로 '모든 의술'이라는 뜻이다), 앞에서 언급했듯이 알 마주시의 《키타브 카밀》을 바탕으로 하고 있

* 예를 들어, 《이사고게》에서 콘스탄티누스는 갈레노스 《의술론》의 그리스어 원전이 아니라 후나인의 번역본을 사용했다.

지만 여러 절을 삭제하고 다른 책의 내용을 끼워 넣었으며 의학에 대한 문학적인 논문 하나를 포함시켰다. 그래서 《판테그니》는 저본인 《키타브 카밀》과 관련은 있지만 사뭇 다른 책이 되었다. 어쩔 수 없었던 측면도 있었다. 아프리카에서 이탈리아로 오는 동안 폭풍을 만나 책이 손상되는 바람에 원고가 불완전했고 마지막 몇 절은 소실되었기 때문이다. 하지만 이는 콘스탄티누스가 원전을 충실하게 복제하는 것보다 젊은 의학도를 위한 실용적인 교재를 만든다는 목적을 더 염두에 두고 있었기 때문이기도 했다.

《판테그니》는 오류와 모호한 부분이 많았는데도 의학의 기초 교재로 많이 사용되었다. 11세기 말에 콘스탄티누스 본인의 지휘하에 몬테카시노의 필사실에서 생산된 《판테그니》의 사본 하나가 믿을 수 없게도 오늘날까지 살아남아 헤이그의 코닝클레이커 도서관에 소장되어 있다. 《판테그니》는 이후 몇 세기 동안 유럽 학자들에게 널리 읽히고 인용되었으며 특히 자연철학 저술에 많이 인용되었다. 몰리의 대니얼도 이것을 한 부 가지고 있었는데 아마 파리에 있을 때 구했을 것이다. 또한 앞으로 보겠지만 배스의 애덜라드도 이 책을 상당히 많이 인용했다. 《판테그니》는 유럽 전역에 전파되었을 뿐 아니라 살레르노의 의학 교육에서도 표준 교재가 되었다. 특히 해부학 교육에 굉장히 큰 영향을 미쳤는데, 콘스탄티누스는 알 마주시의 책에는 없었던, 갈레노스의 저술을 토대로 한 해부학 논문 두 편을 《판테그니》에 포함시켰다.

이것들은 해부학에 대해 유럽에서 접할 수 있었던 최초의 고전 문헌이었다. 살레르노의 의학도들이 볼 수 있었던 해부학 문헌은 극히 제한적이었다. 교회가 해부학 연구를 배척하는 분위기였기 때문에 해부학은 의학 교육 과정에서 사실상 제외되어 있었다. 하지만 상황이 달라지고 있었다. 콘스탄티누스의 번역서들이 나왔을 무렵이면 의학 교수들은 학생들에게 돼지 해부를 시연했고 곧 이것은 연례행사가 되었다.* 이러한 시연에 대한 가장 이른 기록은 '스승 코포Copho'라고 불리던 의사가 쓴 《치유의 방법에 관하여*De modo medendi*》에서 볼 수 있는데, 이 책은 통틀어 《돼지 해부학*Anatomia porci*》이라고 불리게 되는 네 권의 관련 서적 중 첫 번째 책이자 가장 원시적인 단계의 책이다. 두 번째 책은 내용이 더 상세하고 콘스탄티누스가 《판테그니》에 담은 갈레노스의 해부학 논문에 크게 의존하고 있었다. 이 책은 몇 권의 사본이 현전하며 16세기에 인체 해부를 다룬 베살리우스의 책이 해부학을 획기적으로 변모시킨 후에도 해부학 기초 교재로 계속 사용되었다.

해부 시연이 있었다는 것은 살레르노의 의학자들이 비잔티움이나 알렉산드리아에서 전해 내려오는 제한적인 정보를 맹목적으로 받아들이기보다 자연 현상을 스스로 관찰하려 했음을 말해준다. 이들은 고대의, 특히 갈레노스의 연구 방법론으로 돌아가고 있었다. 《돼지 해부학》은 살레노스의 의학 교수들이 학생들 앞에서 돼지 사체를 해부하면서 강의한 내용을 기록한 책이다. 즉 12세기 중반이면 의사를 양성하는 교육 과정에 해부학이 포함되어 있었다는 의미다. 하지만 해부학의 오래고 오랜 역사에서, 아이러니하게도 기원전 150년부터 서기 1315년까지 인체에 대한 해부는 공개적으로 이루어지지 않았다. 1315년에서야 볼로냐 대학에서 인간 사체에 대한 해부가 공개적으로 이루어졌다. 하지

* 돼지는 해부학적으로 사람과 비슷하다. 갈레노스도 돼지를 사용했다.

만 콘스탄티누스의 시절에 적어도 이탈리아에서는 사인을 밝히기 위한 부검이 꽤 일반적으로 행해졌다. 그리고 1231년에 신성 로마 제국 황제 프리드리히 2세Friedrich II는 〔의사 양성과 공중 보건 향상을 위해〕 적어도 5년에 한 번씩 인간 사체 해부가 공개적으로 이루어져야 한다는 칙령을 내렸다. 실제로 그렇게 이루어졌는지는 별개의 문제이지만 말이다. 흥미롭게도 인체 해부를 공개적으로 시연하는 것에 대해 사회가 보이게 마련인 거부감은 십자군 전쟁에서 전사한 병사들의 시신을 수습해야 할 필요성 때문에 다소 누그러졌다. 고향 땅에 묻힐 수 있도록 병사들의 심장을 고향으로 보내야 했기 때문이다. 갈레노스와 살레르노 해부학자들의 연구에서 드러나듯이, 동물 해부만으로는 한계가 있을 수밖에 없었다. 인체의 비밀과 인체를 좀먹는 질병의 비밀을 알아내는 방법은 돼지나 원숭이가 아니라 사람의 신체를 열어보는 것뿐이었다. 하지만 이것은 르네상스 시기가 되어서야 일반적인 연구 방법이 된다.

《판테그니》는 의학사에서 중요성이 매우 크고 살레르노를 훨씬 넘어선 지역까지 널리 유통되었지만, 콘스탄티누스가 번역한 또 다른 의학서 《이사고게》의 영향력에는 미치지 못했다. 특히 13세기에 갈레노스의 해설이 담긴 히포크라테스의 《아포리즘》과 《진단학》의 새 번역본, 그리고 각각 소변과 맥박을 다룬 비잔티움의 논문 두 편이 합쳐지면서 더욱 영향력이 커졌다.* 기존의 의학 전통에 상세한 정보를 더하고 전체를 잘 구조화된 방식으로 정리한 이 모음집은 《아르티셀라

* 고대 의학에서 의사들은 환자의 소변과 맥박을 병을 진단하고 어느 지점에서 체액 불균형이 일어나는지 진단하는 데 사용했다.

Articella》라고 불렸으며 이후 500년간 서유럽의 의학 교육을 규정했다. 그리고 라틴어로 번역된 최초의 아랍 의학서인《이사고게》가《아르티셀라》의 주춧돌이었다. 콘스탄티누스가 번역한《이사고게》는 갈레노스《의술론》의 한 버전으로, 후나인 이븐 이스하크가 번역해《마사일 피 티브*Masa'il fi-Tibb*》라고 이름 붙인 책을 저본으로 하고 있었지만,《판테그니》에서도 그랬듯이 충실한 번역이라기보다는 느슨한 선집이었고 아랍 학자들의 출처와 흔적은 가차 없이 삭제되었다. 또 후나인의 책은 문답 형식으로 되어 있었는데, 콘스탄티누스는 대화 형식 대신 강의에 더 적합한 목록식으로 구조를 바꾸었다. 몇몇 절은 콘스탄티누스가 오역을 했거나 내용을 너무 많이 들어내서 앞뒤가 맞지 않았다. 정교하고 정밀한 의학 연구 전통을 가진 문화라면 문제가 되었겠지만, 이 시기에 유럽에서 이 책이 널리 확산되는 데는 별 문제가 되지 않았다.[10] 부정확한 정보라도 아예 정보가 없는 것보다는 나았으므로 이 책은 도시에서 도시로 빠르게 확산되었다. 1150년이면 샤르트르에서도 학자들이《이사고게》에 대한 주해를 내놓았고 1270년경에는 파리, 나폴리 등지의 대학에서 의학 교재로 채택되었다.

콘스탄티누스가 야심 찬 번역 프로젝트에 매진하느라 여념이 없는 동안 알파노는 살레르노의 정치적 지각 변동을 다루느라 여념이 없었다. 이 지각 변동은 나머지 서유럽 사회로 지식이 전파되는 데도 결정적인 영향을 미치게 된다. 콘스탄티누스가 언제 살레르노를 완전히 떠나 몬테카시노에서 여생을 보내기로 했는지는 분명하지 않다. 하지만 새로운 세력이 체감할 수 있을 정도로 부상한 것이 한 계기였음은 분명하다. 그 세력은 노르만족으로, 이들은 1077년에 가혹한 봉쇄에 이어 살레르노를 정복했다. 노르만족은 한두 세기 전에 프랑스 북부에 정착한 바이킹의 후예로, 야심과 정력에 넘치는 이들에게 이 무렵은 매우 바쁜 시기였다. 1060년대에 '정복자 기욤Guillaume le Conquérant'〔윌리엄 1세〕이 북쪽으로 〔잉글랜드〕 해협을 넘어 잉글랜드를 정복하고 있었을 때, 또 다른 노르만 전사들은 훨씬 먼저 남쪽으로 와서 랑고바르드 왕족의 용병으로 싸우고 있었다. 이탈리아 남부의 랑고바르드 왕조는 비잔티움 제국으로부터 독립하고 싶어 했고 뛰어난 전사인 노르만족 기사들을 용병으로 고용한 것이 큰 도움이 되어서 비잔티움을 내몰고 승리할 수 있었다. 랑고바르드 왕조는 노르만 기사들에게 땅을 주어 포상했고, 이들은 현지인과 결혼하고 지역에 권력 기반을 다져나가면서 베네벤토와 칼라브리아를 새로운 터전으로 삼기 시작했다. 역사에서 숱하게 되풀이되었듯이, 여기에서도 구원자는 공격자가 되었고 이어서 정복자가 되었다. 오래지 않아 노르만 기사들은 교황의 신변을 보호하는 일을 맡게 되었고 1059년에 노르만 기사를 이끌던 로베르 기스카르Robert Guiscard가 교황의 승인하에 풀리아, 칼라브리아, 시칠리아의 대공 지위를 갖게 되었다. 이는 노르만의 영향력을 완전히 바꾸어놓았다. 그들이 이곳에 단지 머물러 온 것이 아니라 지배하러 왔다는 것이 분명해진 것이다. 로베르 기스카르는 노르만의 군소 귀족이던 탕크레드 드 오트빌Tancrède de Hauteville의 열두 아들 중 여섯째로, '교활한 자' 또는 '여우 같은 자'라는 별명으로 불렸다.* 비잔티움의 공주이자 역사가인 안

* 탕크레드는 두 번 결혼했는데 첫 부인과의 사이에 아들 다섯과 딸 하나를 두었고 둘째 부인과의 사이에 아들 일곱과 적어도 딸 하나를 두었다. 로베르 기스카르는 둘째 부인과의 사이에서 낳은 자녀 중 첫째였다. 탕크레드의 아들들 대부분은 이탈리아 남부에 내려와서 살았는데 이곳에서 권력과

나 콤네나Anna Comnena는 그를 이렇게 묘사했다.

> 권위적인 풍모를 풍기며 온전히 사악한 마음을 가지고 있다. 용맹한 전사이며, 거물의 부와 권력을 공격할 때 매우 교활하다. 수단과 방법을 가리지 않고 목적을 달성하며 논쟁이 불가능한 주장으로 비판을 무력화한다. 가장 몸집이 큰 사람도 쉽게 능가할 정도로 어마어마한 거구다. 피부색은 붉고, 금발 머리와 넓은 어깨에, 눈은 불처럼 이글거린다. (……) 그의 우렁찬 고함 소리는 수만 명이 깜짝 놀라 벌떡 일어나게 할 정도라고 한다.[11]

이러한 점을 생각할 때, 로베르 기스카르와 그의 동생 로제르 드 오트빌Roger de Hauteville이 시칠리아섬만이 아니라 이탈리아 남부까지 복속시켜 통합하려 했다는 것은 놀라운 일이 아닐 것이다. 로제르는 이탈리아 본토 남부의 마지막 남은 독립 도시였던 살레르노를 장악한 뒤 이곳을 수도로 삼고 그의 정복을 지원한 알파노의 도움을 받아 새로운 대성당을 짓기 시작했다.

이후 노르만족은 100년간 이탈리아 남부를 지배하면서 유럽의 세력 균형을 대거 바꾸어놓게 된다. 또한 그들이 정복한 유럽 남부와 그들이 여전히 강한 유대감을 가지고 있던 고향인 유럽 북부가 새로이 활발하게 연결되었다. 로베르와 동생 로제르(시칠리아의 지배자였지만 명목상으로는 로베르의 신하였다)는 잉글랜드 및 프랑스 출신 노르만족을 이탈리아와 시칠리아섬의 교회 요직에 임명했고, 이탈리아 남부의 성직자

토지를 놓고 끝없이 싸움을 벌였다.

들은 노르망디〔프랑스〕 베크에 있는 수도원 등 유럽의 북쪽으로 공부를 하러 갔다. 궁정에서도 이러한 교류를 볼 수 있었다. 잉글랜드 출신인 솔즈베리의 존John of Salisbury은 적어도 한 번 이상 이탈리아 남부에 와서 그리스어와 철학을 배웠고, 잉글랜드의 또 다른 학자들은 팔레르모에 와서 공부했다. 또한 살레르노에서 공부한 의사 목록에도 몇몇 영어 이름이 등장한다.[12] 자연스럽게 교역로도 열렸다. 살레르노에 적어도 한 명의 영국 상인이 있었다는 기록이 있으며, 〔이탈리아 남동부 도시〕 브린디시의 한 상인이 성 토마스 베케트St. Thomas Becket의 성소인 〔잉글랜드의〕 캔터베리 대성당을 방문했다는 기록도 있다. 토마스 베케트는 바로 얼마 전에 이탈리아 남부의 성인력曆에 이름을 올린 바 있었다. 이러한 교류는 서적의 유통으로도 이어졌다. 콘스탄티누스의 번역서들은 곧 사용하기 더 쉽게 통합본으로 제본되어 이탈리아반도를 따라 북쪽으로 올라가 알프스를 넘고 프랑스의 숲을 지나고 다시 바다를 건너 잉글랜드까지 전파되었다. 필경사들은 노란 촛불 아래서 책상 위로 등을 구부리고 앉아 도서관 서가에 놓일, 그리고 대학에서 사용될 의학 교재들을 바삐 필사했다.

기스카르가 의기양양하게 살레르노에 입성하고 10, 20년이 지났을 무렵, 유럽의 북쪽 지역에서 수만 명이 성지 예루살렘을 탈환하기 위해 1차 십자군 전쟁에 나서면서 노르만족의 지위는 한층 더 높아졌다. 시칠리아섬과 이탈리아 남부는 동쪽으로 진군하는 원정길에서 반드시 들르게 되는 곳이었다. '팍스 로마나'〔'로마의 평화'라는 뜻으로 로마 제국의 번영기를 일컫는다〕 이래 이렇게 대규모의 이동이 있었던 적은 없었다. 십자군 전쟁도 무슬림 영향권이었던 스페인 남부 지역으로 기독교

19 노르망디 대공 로베르 2세가 살레르노에서 1차 십자군 전쟁에 나가 입은 부상을 치료하고 있다.

세력이 대대적으로 확장된 동일한 대격변의 일부였다. 이 변화는 문화, 정치, 사회에 근본적이고 불가역적인 영향을 미치게 된다. 유럽은 세계를 향해 문을 열면서 기지개를 켜고 일어날 준비를 하고 있었다. 십자군 전쟁으로 살레르노도 달라졌다. 수많은 부상자가 예루살렘에서 다시 고향으로 돌아가는 긴 여정 중에 살레르노에서 치료를 받으면서, 살레르노 의학의 명성이 한층 더 드높아진 것이다.

콘스탄티누스는 11세기 말에 몬테카시노에서 사망했다. 그의 사후에도 제자인 요한네스 아플라키우스Johannes Afflacius와 아조Azo가 수도원 필사실에서 작업을 이어가면서 콘스탄티누스의 번역서와 자신들이 작업한 번역서를 더 널리 알렸고 의학서를 직접 집필하기도 했다. 아플라키우스는 《판테그니》 번역을 완성해 《이사고게》 등 다른 번역서와 함께 살레르노에 보냈고, 12세기 초에 살레르노의 학자들은 여기에 주해를 달고 교육 지침서를 쓰기 시작했다. 《아르티셀라》는 의학 교육에 사용되는 체계적인 교재 목록으로 발달해가면서, 학문의 중심지 역할을 하던 다른 도시들로도 전파되었다. 일례로 1161년에 힐데스하임의 주교가 의학서 26권을 가지고 있었는데 상당수가 콘스탄티누스의 번역서였다. 동시에 아리스토텔레스에 대한 관심에도 다시 불이 붙었다. 이는 대체로 살레르노의 학자 우르소Urso 덕분이었다. 자연 세계에 대한 합당한 관찰과 실험, 비판적인 사고를 강조하는 아리스토텔레스의 저술은 학문의 모든 면에 영향을 미쳤고 의학도 예외가 아니었다. 유럽에 대학이 속속 세워지면서 의학은 자유 교양 과정의 일부로서 학계의 한 분야로 인정받게 되었다. 이로써 의학은 아리스토텔레스적인 자연철학에 통합되었고 합당한 문헌들에 기반하는 학문이 되었다.

살레르노에서, 또 그 밖의 지역에서도 의학자들은 갈레노스를 본받아 질병의 원인에 초점을 맞추고 그렇게 해서 발견한 것을 어떤 유형의 치료법을 처방할지 결정하는 데 사용했다. 질병에 대해 전적으로 새로운 접근 방식이었다. 전에는 질병이 신의 분노나 악령 때문으로 여겨졌고 이는 합리적인 관찰과 조사를 촉진할 수 없었다. 하지만 이제 의학은 단지 실용적 처치로만 한정되는 '기술'이 아니라 여타의 자연과학과 같은 반열의 학문이 되었다. 의학 문헌이 점점 많아지고 예전처럼 단순히 지침서들을 언급하는 것이 아니라 교육과 연구를 위한 분석적인 저술들도 나오게 되면서, 의학은 보편적으로 받아들여질 수 있는 이론과 권위에 토대를 둔(물론 이 당시의 이론은 더 많은 문헌이 번역되고 새로운 발견이 이루어지면서 반증되고 수정되는 과정을 거치게 된다) 체계적이고 통합된 학문 분야가 되었다. 점차 콘스탄티누스가 번역한 다른 저술도《아르티셀라》에 포함되었으며 의학 연구가 더욱 성장하고 더욱 활발하게 이루어졌다. 이는 다시 의학 종사자들의 지위에 영향을 미쳤다. 의료인 사이에 교육 훈련을 받은 사람과 그렇지 않은 사람이 점점 더 구분되었고, 공식적인 자격증 제도가 생겨나 의학도들은《아르티셀라》에 제시된 교육 과정을 이수해야 했다. 의학을 공부하는 데는 여러 해가 걸렸고 많은 학생이 끝까지 마치지 못했다. 13세기 말의 의학 교육 과정에 따르면 의학도들은 3년간 논리학을 공부해야 5년간의 본격적인 의학 과목 과정에 들어갈 수 있었고 그다음에는 자격증이 있는 의사 밑에서 1년간 실습을 해야 시험을 치를 수 있었다. 그리고 시험에 통과해야 비로소 의료 행위를 할 수 있는 공식 자격을 가질 수 있었다. 의사의 수는 조금 늘었지만 여전히 매우 적어서 도시의 소수 지배층만 전문 의사의 치료를 받을 수 있었다. 대다수 인구는 계속해서 약초나 공식적인 교육 훈련을 받지 않은 지역 의술인의 치료에 의존해야 했다.

이러한 민간의 치료법들은 디오스코리데스의《약물지》에 기반을 둔 것으로, 수 세기 동안 사용되면서 필요에 따라 내용이 더해지기도 하고 편집되기도 했다. 12세기 살레르노에서는 두 개의 버전이 주로 사용되었는데 보통은 한 권으로 묶여 있었다. 그중 하나는《약물지》의 전통대로 '단순 약재'(한 가지 재료로 만든 약재)를 다룬《단순 약재론 *Circa instans*》이었고 다른 하나는 '혼합 약재' 제조법을 모은《니콜라이 약전 *Antidotarium Nicolai*》이었다. 전자는 식물, 광물, 뿌리, 균류 등 각각의 종을 상세하게 묘사하고 갈레노스가 제시한 급수와 속성에 따라 효능을 기술했다. 예를 들어, 카르다몸은 "2급 정도로 뜨겁고 건조하다"고 묘사

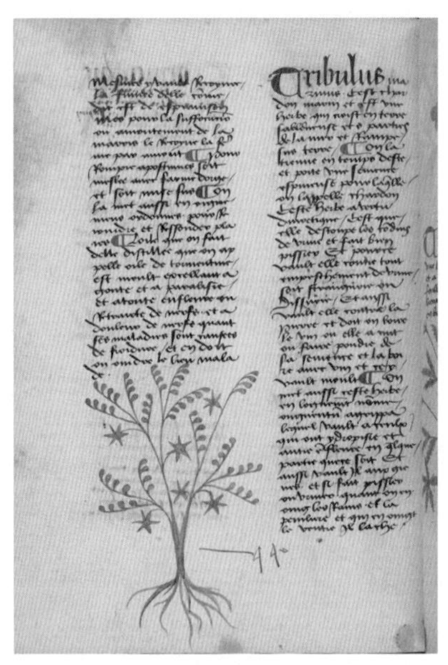

20 《단순 약재론》 필사본의 한 페이지. 송진을 추출할 수 있는 식물의 그림이 실려 있다.

되어 있다. 이 말은 그와 반대되는 속성을 가진 질병(차갑고 습한 질병)을 앓고 있는 사람에게 좋은 약재라는 의미였다. 이 시스템은 의사들이 환자에게 체액의 균형을 맞추기 위해 필요한 물질을 정확한 양으로 처방할 수 있게 해주었다. 가장 널리 알려진 버전의 《단순 약재론》은 살레르노의 의학자 마테우스 플라테아리우스Mattheus Platearius가 집필한 것으로, 주요 유럽 언어 모두로 번역되었다. 약재상이 반드시 점포에 이 책을 한 부씩 비치하도록 법으로 정해진 곳도 있었다. 따라서 이 책은 현전하는 사본도 많은 편이다.

《니콜라이 약전》은 매우 다양한 약들의 제조법을 상세하게 기술하고 있는데 절반은 《판테그니》에서 직접 가져온 것이었다. "구멍 난 해면"을 사용해 마취제와 수면제를 만드는 법이 다음과 같이 소개되어 있다.

> 1온스의 테베산 아편을 준비하고 서리풀(히오스키아무스), 숙성하지 않은 멀베리나 블랙베리, 양배추 씨나 독미나리, 양귀비, 만드라고라, 수목 담쟁이 각 1온스씩을 준비해 모두 그릇에 담아 섞는다. 바다에서 갓 가져와

서 아직 담수에 닿지 않은 해면을 넣고 모든 것이 스며들 때까지 그대로 햇빛에 둔다. 사용할 때는 해면을 더운 물에 살짝 적셔서 환자의 코에 댄다. 그러면 환자가 빠르게 잠이 들 것이다.[13]

이러한 정체 모를 혼합물은 각종 부작용을 낳았겠지만 잠이 드는 것은 부작용이 아니었을 것이다. 하지만 아편과 대마에 담근 해면을 사용했던 알 자흐라위의 마취법이 더 효과적이었을 것 같다. 《니콜라이 약전》에 나오는 약 제조법을 통틀어 가장 대담한 주장을 편 것은 "갈레노스의 위대한 만병통치약"이라는 것인데, 갈레노스가 직접 개발했다는 이 약은 뇌졸중, 뇌전증, 편두통, 위통, 수종, 천식, 급경련통, 한센병, 천연두, 오한, 각종 중독, 뱀독 등에 효과가 있었다고 한다. 재료 목록이 너무 많고 장황해서 이 약을 제대로 만들 수 있는 사람이 있기나 했을지 의문이지만, 만약 그런 사람이 있었고 이 약이 정말로 "위대한 만병통치"의 효능을 보였다면 이것 하나만으로도 지역민 전체를 치료할 수 있었을 것이다.[14]

이러한 약재를 만드는 데는 매우 다양한 식물이 필요했고 약초 식물원을 두는 것은 오래전부터 수도원 시설의 중요한 특징이었다. 수도원에는 수도사들이 먹을 것을 기르는 텃밭과 함께 약재를 키우는 약초 식물원이 있었다. 종교인이 아닌 지역 의술인들도 자신의 약초원을 가지고 있었을 것이다. 12세기에 살레르노에는 과일, 채소, 허브를 기르는 작은 규모의 밭과 과수원이 많이 있었다. 집들은 비교적 크기가 작고 나무로 된 구조물이어서 쉽게 부수고 옮길 수 있었으며 대부분의 사람들이 먹을 것을 직접 기르고 마련할 여유가 있다면 돼지, 닭, 거위를 직접 쳤다. 약재상과 약방도 취급하는 약재를 기르는 약초 식물원을 가지고 있었을 것이고 여기에서 나는 것들과 살레르노의 상인들에게서 구매한 외국 약초들을 사용해 약을 만들었을 것이다.

동네 사람들에게 치료법을 알려주고 건강에 대해 조언을 해주는 현명한 여성들은 어디에나 늘 존재했지만, 놀랍게도 이탈리아 남부에는 살레르노와 나폴리에서 전문 의학 교육을 받은 여성 의사도 있었다. 안타깝게도 살레르노 의학계의 이러한 계몽된 특징은 더 널리 퍼지지 못했고, 매우 드문 예외를 제외하면 어느 정도 규모 이상의 여성이 공식적인 의학 교육을 받게 되는 것은 20세기가 되어서였다. 중세의 여성 의사들은 부인과학, 산과학, 여성의학에 주로 전문성을 가지고 있었다. 이들이 활용했던 의학 지식은 12세기에 나온 세 권짜리 책《트로툴라 *Trotula*》에 잘 나와 있다. 여기 실린 내용의 원천에 대해서는 명확히 알려져 있지 않지만 상당 부분이 트로타Trota, 혹은 트록타Trocta라고 불리던 살레르노의 여성과 관련 있는 것으로 보이며 책의 이름도 여기에서 나왔다. 이 책은 임신, 출산, 심지어는 화장품까지 다양한 주제를 다루고 있으며 콘스탄티누스가 번역한 아랍 저술을 많이 활용하고 있다. 또한 이 책은 여성의학을 갈레노스의 체액 이론과 결합하고 있는데, 이는 여성의학을 당시에 떠오르던 정규 의학 커리큘럼의 내용과 결합했다는 의미다.《트로툴라》는 새로 번역된 문헌들을 활용하면서도 산파들의 오랜 경험과 여성 건강에 대해 전해 내려오는 지식에도 토대를 두고 있었다. 이 책은 유럽 전역의 의사들이 사용했다. 물론 대부분의 의사는 남성이었는데, 여성 신체의 신비로운 작동에 대해 통찰을 제공해주는 책이 있어서 무척 다행이라고 생각했을 것이다.

여성을 의학교에 받아들였다는 데서는 선구적이었지만 13세기 초무렵이면 살레르노는 유럽 의학의 중심지라는 지위를 잃은 상태였다. 볼로냐, 몽펠리에, 파도바 같은 도시가 부상했고 이러한 도시들에서 콘스탄티누스의 번역서와 살레르노 의학자들이 집필한 책들로 의학 교육을 하고 있었다. 의학자들이 살레르노로 유학을 와서 《아르티셀라》에 제시된 교재들을 가지고 돌아가는 등 살레르노가 중세 유럽에서 의학에 진입하는 관문으로서는 여전히 중요한 역할을 했지만, 이곳의 의학교는 쇠퇴하고 있었고 시칠리아섬과 이탈리아 남부를 아우르는 왕국의 수도로 부상하던, 그리고 대학이 생겨나 발달해가던 나폴리의 그늘에 밀려나고 있었다.

나폴리 이전의 수도는 팔레르모였다. 시칠리아섬 북서 해안의 우아한 도시로, 12세기 내내 노르만 통치자들의 주요 권력 기지였으며 화려하고 코즈모폴리턴적인 궁정이 있는 곳이기도 했다. 앞으로 보겠지만, 팔레르모의 노르만 궁정과 콘스탄티노플 궁정 사이의 외교 관계는 콘스탄티노플에 파견된 사신들이 시칠리아로 책을 들여오면서 새로운 문화 교류의 통로를 여는 매개가 되었다. 바그다드와 코르도바에서 있었던 일과도 비슷하다. 하지만 노르만족 사이에서는 라틴 문화가 지배적이었으므로 톨레도나 살레르노에서와 달리 그리스 고전이 아랍어본을 거쳐 중역되지 않고 그리스어본에서 직접 번역되었다. 이 새로운 경향은 인문주의 학자들이 그리스어 원전에 대한 숭배로 고전을 그리스어 원전을 통해 접하려는 운동을 벌이면서 르네상스 시기에 매우 중요한 역할을 하게 되지만, 그 시작은 훨씬 이른 12세기의 팔레르모에서였다.

7장

팔레르모
Palermo

그러한 도시 중 첫 번째가 팔레르모다. 장엄함으로도, 중요성으로도 두드러지는 도시. (……)
이 도시는 해안에 면해 있다. 동쪽으로는 바다가 있고, 크고 높은 산들에 둘러싸여 있다. (……)
이 도시에는 놀라운 건축물이 많다. 이 건축물들은 여행자를 반기며 건축의 아름다움과 디자인 기술과 굉장한 독창성을 과시한다. 중심가에서는 요새화된 성, 고관대작들의 저택, 수많은 모스크, 호스텔, 목욕탕, 상인들의 창고를 볼 수 있다.
도시의 모든 면을 수로와 샘이 가로지른다. 과일이 풍부하게 자라고 건물은 너무 아름다워서 말로 형용하거나 심지어 상상하기도 어려울 것이다. 모든 것이 진정으로 눈을 유혹한다.
—알 이드리시, 《루제로의 서*Kitab Rudjdjar*》

그대는 어디를 그렇게 서둘러 가는가? 어디로 돌아가기를 원하는가? 시칠리아에서 그대는 시라쿠사와 아르골리다의 도서관을 가질 수 있다. 이곳에는 라틴 철학이 조금도 부족하지 않다.
알렉산드리아 철학자 헤론의 《기계학》, (……) 유클리드의 《광학》, (……) 지식의 제1원리들을 논한 아리스토텔레스의 《정언 명제》도 구할 수 있다. 아낙사고라스, 아리스토텔레스, 테미스티오스, 플루타르코스와 같은 유명한 철학자들의 책도 볼 수 있다. (……) 의학 연구에 초점을 둔 훌륭한 저술도 참고할 수 있다. 또한 이곳에서 나는 그대에게 이론적이고 수학적이고 기상학적인 논문(《테오레우마타》)도 제공할 수 있다.
—헨리쿠스 아리스티푸스Henricus Aristippus, 플라톤 《파이돈*Phaidon*》의 라틴어 번역본 헌사에 쓰인 편지(1160)

1160년에 한 젊은이가 살레르노에서 의학을 공부하고 있었다. 우리는 그의 이름도 출신도 모른다. 하지만 그가 천문학에 관심이 많다는 것은 알고 있다. 어느 정도였냐면, 프톨레마이오스의 《알마게스트》 사본이 시칠리아에 들어왔다는 소식을 듣고는 하던 의학 공부를 때려치우고 그것을 찾으러 나섰다. 그 책은 콘스탄티노플에서 온 것이었고 명백히 마누엘 콤네누스Manuel Comnenus 황제의 도서관에서 나온 것일 터였다. 가지고 온 사람은 시칠리아의 굴리엘모 1세Guglielmo I가 평화 조약 협상차 콘스탄티노플에 파견한 부제장이자 학자이자 궁정 고위 관료인 헨리쿠스 아리스티푸스Henricus Aristippus였을 것이다. 협상은 잘 진행되었고, 비잔티움 사람들에게 좋은 인상을 준 모양인지 아리스티푸스는 예전의 많은 '학자 겸 외교관'이 그랬던 것처럼 콘스탄티노플에 머무는 동안 이곳의 책들을 손에 넣을 기회를 가질 수 있었다. 살레르노의 젊은 의학도가 이 소식을 어떻게 알게 되었는지는 알려져 있지 않다. 하지만 이 일화는 당시에 시칠리아와 살레르노 사이에 통신이 활발했음을, 그리고 프톨레마이오스의 위대한 저술의 명성이 이탈리아 남부에도 잘 알려져 있었음을 말해준다. 불과 한두 해 전에 크레모나의 제라르도도 바로 이 책을 찾으러 스페인으로 간 바 있었다. 유럽 학자들이 고전 과학과 아랍 과학의 풍성함을 깨닫기 시작하고 있었고 그것들을 구하러 결연히 길을 나서는 경우도 많아지고 있었다. 무명의 살레르노 학자가 시칠리아로 간 여정은 제라르도가 지중해를 건너 스페인으로 간 여정에 비하면 짧았지만, 그 자신의 표현대로 "스킬라와 카리브디스〔호메로스의 《오디세이아》에서 오디세우스가 배를 몰고 지나가야 하는 해협의 양쪽에 버티고 있는 두 바다 괴물〕 사이를 아슬아슬 헤쳐 나가야 하는", 공포와 위험이 가득한 여정이었다. 이탈리아 남부와 시칠리아 사이의 해협은 전설적인 돌풍과 소용돌이 때문에 건너기가 매우 어려웠다. 아무튼 무사히 시칠리아에 도착한 젊은 학자는 아리스티푸스가 부제장으로 있는 카타니아로 향했다. 뜻밖에도 이 위대한 인물은 우아한 궁정의 집무실에 있거나 대성당 제단에서 미사를 드리고 있지 않았다. 무명의 젊은 학자는 "에트나의 험한 강들을 건너고" 산꼭대기로 한참을 올라가고 나서야 분화구 가장자리에서 화산 활동을 연구하고 있는 아리스티푸스를 발견할 수 있었다.[1]

이 무명의 학자는 11세기에서 12세기 사이에 살레르노에서 시칠리아섬으로 여정을 떠난 많은 사람 중 하나다. 두 곳의 관계는 매우 긴밀했다. 일단 둘 다 오트빌 왕조의 지배를 받았다. 1061년에 이탈리아 남부 대부분을 정복한 로베르 기스카르는 동생 로제르와 함께 곧바로 시칠리아섬 정복에 나섰다. 오트빌 가문은 다산으로 유명했다. 그들의 아버지에게 열두 명의 아들과 적어도 두 명의 딸이 있었으므로 형제 중 많은 수가 고향인 노르망디를 떠나 다른 곳에서 성공을 일구려 했다는 것은 이상한 일이 아닐 것이다. 굉장히 부유한 귀족이라 해도 이렇게 많은 자손에게 유산을 남기기는 어려웠을 텐데, 아버지 탕크레드는 그리 부자도 아니었다. 당대의 저명한 편년사가 아마투스Amatus는 다음과 같이 다소 무뚝뚝하게 언급했다. "이들은 큰 것을 얻기 위해 작은 것을 버리기로 하고 고향을 떠났다. 하지만 다른 이들에게 봉사하기 위해 세계 곳곳으로 떠났던 사람들을 따른 것은 아니었다. 그보다 이들은 고대의 전사들처럼 모든 사람을 자신의 지배 아래 두고자 했다."[2] 그들 중 일부가 이탈리아 남부로 와서, 마치 이곳이 자신들의 게임판인 듯 다른 사람들의 생활이야 어떻게 되든 안중에도 없이 형제간 무자비한 싸움을 벌였다. 이런저런 지역 군주들, 교황들, 그리고 비잔티움 제국과 동맹을 맺거나 깨거나 하면서, 그리고 무엇보다 자기들끼리 동맹을 맺거나 깨거나 하면서 풀리아와 칼라브리아 전역에서 오트빌 형제들 사이에 피비린내 나는 싸움이 벌어졌을 때, 졸지에 폭력의 소용돌이에 휘말린 현지인들이 얼마나 공포스러웠을지는 가히 상상하기 어렵다.

로베르와 로제르 둘 다 가문의 다산 전통을 이었다. 로베르는 아들 넷과 딸 일곱을 두었으며 로제르는 세 번의 결혼에서 도합 열일곱 명이 넘는 자녀를 낳았고 혼외 자식도 몇 명 있었던 것으로 보인다. 오트빌 가문의 딸들은 왕조 건설의 야심 찬 전략의 수단으로 사용되어 집안의 지위 상승을 위해 정략결혼을 했다. 로제르의 딸 한 명은 신성 로마 제국 황제 하인리히 4세Heinrich IV의 아들 중 하나인 콘라트Konrad와 결혼했고, 또 다른 딸은 헝가리 왕 칼만Kálmán과 결혼했다. 두 딸 모두 상당

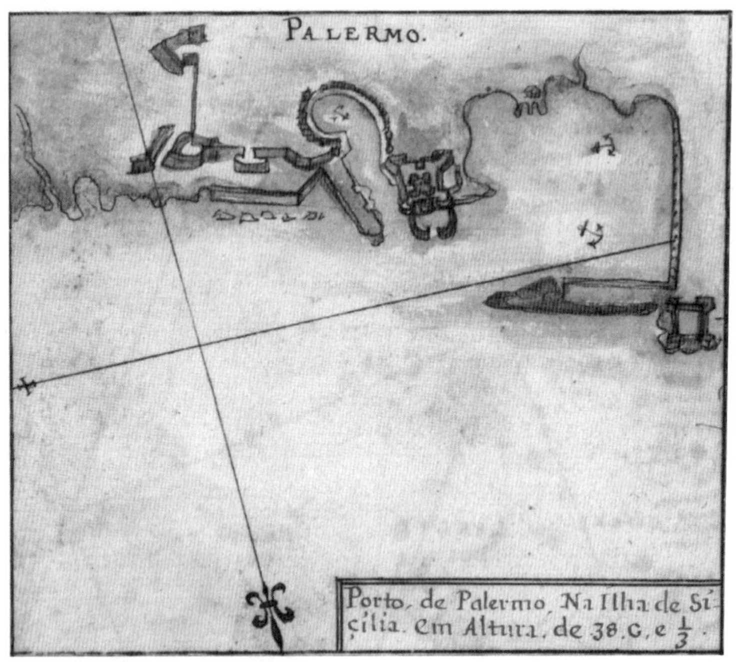

21 팔레르모 항구를 표시한 포르투갈 지도.

한 지참금을 가지고 갔다. 정략결혼을 통한 동맹이 선택지가 아닐 경우에는 아들들이 잔혹한 무력과 교활한 책략을 사용했다. 그 집안 사람들이 대개 그렇듯이 기회주의적이고 폭력적이고 통제가 불가능한 사람이었던 로베르와 로제르 형제는 시칠리아 정복에 상당한 힘을 쏟았다. 당시 시칠리아는 서로 반목하는 여러 무슬림 군벌들이 통치하고 있는 상태였다.

시칠리아가 외침을 당한 것은 이것이 처음도 마지막도 아니었다. 시칠리아는 지중해에서 가장 크고 전략적으로 중요한 위치에 있는 섬인지라 처음부터 온갖 제국이 가장 먼저 눈독을 들이는 곳이었다. 오트빌 가문이 들어왔을 때 이곳에는 유대인, 그리스인, 이슬람인, 심지어는 약간의 라틴계 기독교인까지 정착해 살고 있었고, 오트빌 가문이 처음 상륙한 메시나 인근 지역은 그리스인이 많이 사는 곳이었다. 시칠리아와 그리스의 연결 고리는 일찍이 기원전 750년부터 시작되었다. 이때 그리스인들이 시칠리아에 들어와 식민지를 건설하면서 토착 인구와 융화되기 시작했다. 그들은 중요한 정착촌들을 건설했고, 그리스 문화와 종교가 이곳에서 융성했다. 곧 시칠리아는 마그나 그라이키아Magna Graecia('위대한 그리스'라는 뜻의 라틴어로, 이탈리아 남부의 고대 그리스 식민 도시들을 통칭하는 표현이다)라고 부르는 곳의 일부가 되었다.

그러다가 로마 제국이 이탈리아 경계 바깥으로 팽창하기 시작하면서 시칠리아는 로마의 목표물이 되었고, 기원전 242년에 이탈리아 본토 밖의 첫 로마 영토가 되었다. 시칠리아의 아름다움과 비옥함을 생각할 때 이는 전혀 놀라운 일이 아닐 것이다. 이곳에는 이미 그리스인이 들여온 올리브 나무와 포도나무가 무성했고, 로마인들은 시칠리아의 비옥한 화산 토양에서 밀을 대량으로 생산했다. 키케로Cicero는 '연장자 카토'(마르쿠스 포르키우스 카토Marcus Porcius Cato Censorius. 역시 로마의 유명한 행정가였던 증손자 카토Marcus Porcius Cato Uticensis와 구별하기 위해 대大카토 혹은 연장자 카토라고 불린다)의 말을 빌려 시칠리아섬을 "로마인을 보육하는 로마 공화국의 곡창 지대이자 유모"라고 표현했다.[3] 부유한 로마인들은 시칠리아에 화려한 별장을 짓고서 수입한 이국의 짐승을 사냥하고 현지 와인을 마시고 아름다운 하녀들을 희롱하며 이곳에서 여가를 즐겼다. 시칠리아 중부 피아차 아르메리나에 있는 고대 로마 별장 '카살레의 빌라 로마나Villa Romana del Casale'의 뛰어난 모자이크화에 이러한 향락적인 생활 모습이 잘 나타나 있다. 이곳의 모자이크화는 세계에서 보존 상태가 가장 좋은 축에 든다. 로마 제국이 무너지고 나서 몇 세기 동안에는, 지중해의 중심에 있으며 이탈리아 남부와 가깝고 북아프리카, 스페인, 중동에 쉽게 접할 수 있는 전략적 요충지임을 증명이라도 하듯 숱한 침략에 시달렸다. 짧은 기간 동안 반달족과 동고트족도 시칠리아를 지배했는데, 비잔티움 제국에 패해 물러갔다. 비잔티움 제국은 그리스 문화와 언어를 이곳에 다시 가져왔고 심지어 한동안 제국의 수도를 콘스탄티노플에서 시라쿠사로 옮기기까지 했다.

9세기에는 아랍이 침략했다. 하지만 아랍이 시칠리아를 완전히 정복하기까지는 수십 년이 걸렸고 그다음에도 타 종교에 대해 아랍 제국 특유의 관용 정책을 폈기 때문에, 유대인과 기독교인은 '비무슬림' 주민에게 부과하는 세금 지즈야만 내면 계속해서 평화롭게 거주하면서 자신의 종교를 유지할 수 있었다. 새로운 지배자는 새로운 작물, 그리고 재배 기간을 늘려주는 정교한 관개 기술을 가지고 와서 시칠리아의 농업을 변모시켰다. 시칠리아는 밀과 식품 보존에 꼭 필요한 암염을 북아프리카 일대에 수출했다. 북아프리카의 무슬림들(아랍, 베르베르족, 그 밖의 여러 종족)이 시칠리아로 넘어와 초록이 무성한 땅에 행복하게 정착했다. 하지만 그들은 그들끼리, 그리고 북동쪽에 정착해 살고 있던 비잔티움계 그리스인들과 끊이지 않고 싸움을 벌였다. 11세기 초 무렵이면 시칠리아는 서로 반목하는 여러 지방으로 분열되었고 각각 지역의 군벌이 지배했다. 침략의 대상이 되기에 딱 좋은 상태였다.

기독교도의 시칠리아 '재정복'은 이탈리아 남부의 랑고바르드 왕조가 노르만 용병을 고용해 시칠리아를 무슬림 지배에서 탈환하려 하면서 시작되었다. 그러니까 로베르와 로제르가 기사단을 이끌고 이곳에 들어왔을 때, 그들은 용병으로 싸움에 나선 기사들의 첫 사례가 아니었고 심지어 그 집안 형제 중에서도 처음이 아니었다. 1038년에 그들의 형인 '무쇠 팔' 기욤Guillaume Bras-de-fer과 드로고Drogo가 풀리아에서 약탈을 일삼으며 문제를 많이 일으키자, 살레르노의 대공은 그들을 멀리 쫓아버리려고 비잔티움 제국이 아랍과 싸우는 것을 도우라며 그들을 시칠리아로 보냈다. 하지만 이 계획은 역습을 맞았다. 골칫거리 노르만 형제는 전리품에 불만을 품고 본토로 돌아와 멜피 근처의 비잔티움 지역에 돌로 거대한 성벽을 쌓고 눌러앉았다.

로베르와 로제르는 처음에는 시칠리아의 한 군주가 근방의 라이벌들을 누르기 위해 도움을 청해서 용병으로 이곳에 들어왔지만, 1091년경에 아예 시칠리아를 정복해버린다. 그때 로베르는 본토로 돌아와 풀리아의 새 대공이 되었다. 그는 아우 로제르더러 시칠리아에 남아 아랍을 몰아내는 일을 마무리하도록 했는데, 이에 수십 년이 걸렸다. 게다가 1091년에 시칠리아의 마지막 무슬림 도시 노토를 함락시키고 나서도 시칠리아의 다양한 인종과 민족을 통제하려면 지속적인 경계와 감시, 그리고 강철 주먹이 필요했다. 편년사가 후고 팔칸두스Hugo Falcandus는 로제르 드 오트빌이 "사법 원칙을 가차 없이 엄정하게 적용했다"[4]고 기록했고, 또 다른 저술가는 그가 "너무나 두려운 존재여서 그 앞에서는 산맥도 벌벌 떨었다"고 기록했다.[5] 그렇게 통치해야 할 필요성이 없지는 않았을 것이다. "저항하는 자들의 폭력을 진압하고 감히 배반하는 자가 없게 제약하는 데는 다른 방법이 없었기 때문"이다.[6] 로제르는 자신의 지배를 공고히 하고 이곳을 안정시켜야 했다. 외국인이자 군소 귀족 출신인 오트빌 가문은 권력을 유지하기 위해 무력, 기회주의, 교활한 협상을 활용해야 했다. 그리고 이들의 통치하에서 시칠리아는 유럽에서 가장 부유한 나라 중 하나가 된다.

이러한 성공은 군사력만이 아니라 오트빌 가문의 엄청난 야망 덕분이기도 했다. 로제르는 이제 시칠리아의 백작이었지만 명목상으로는 여전히 형 로베르의 봉신이었는데(그가 좋아할 법한 상황은 아니었다), 선망하던 비잔티움과 아랍에서 빌려 올 수 있는 아이디어란 아이디어를 죄다 동원해* 정부를 구성하고 〔군주로서의〕 이미지를 다졌다. 또한 아랍의 관습도 상당 부분 받아들였고, 자신이 죽으면 고대 로마의 반암 석관에 안장하라는 대담한 명령을 하기도 했다. 이것은 이제까지 비잔티움 제국의 황제들에게만 적용되던 영예였다.[7] 그가 전하고자 한 메시지는 분명했다. 이제 오트빌 가문이 세계 무대의 핵심 행위자가 되었으며 그에 걸맞은 화려한 의례와 특전도 모두 다 필요하다는 것이었다. 이들의 통치하에서 아랍과 비잔티움의 궁정 문화가 유럽 전역에 전파되었고, 후하고 화려한 과시는 왕실의 위엄, 권력의 표현과 뗄 수 없이 연관되었다. 12세기에 노르만 왕조는 왕조의 성공을 기리고 신께 감사를 드리기 위해 팔레르모, 몬레알레, 체팔루 이렇게 세 도시에 대성당을 건립했다(팔레르모의 옛 바실리카 양식 대성당은 무슬림 치하에서 모스크가 되어 있었다). 그 외에도 곳곳에 새 교회와 수도원이 들어서서 시칠리아에 기독교가 돌아왔음을 만방에 알렸다. 무너져가던 성벽이 복원되었고, 치안이

* 로제르가 빌려 온 아이디어에는 조세를 구성하는 방식, 사법 체제, 그리고 농노들을 동원하는 방법 등이 있었다.

강화되었으며, 상인들이 돌아와 시칠리아의 도시들에 상업 구역을 꾸리고 정착하기 시작하면서, 침략기의 혼란하던 때에 무슬림 상인과 유대인 상인 들이 떠나가서 생겼던 공백을 메웠다.[8] 돈을 벌 기회를 재빨리 포착하는 데 일가견이 있는 아말피 사람들은 팔레르모에 자신들의 구역을 세워 정착했다. 그곳의 거리에는 상점이 가득 들어섰고, 이들은 성 안드레아에게 헌정된 별도의 성당(산탄드레아 성당)까지 세웠다. "거대한 성 같은 저택들이 우뚝 솟아 하늘을 가릴 정도였고" 주위의 정원에는 초록이 무성했으며 지하의 수원에서 올라오는 물이 복잡한 수로를 타고 정원에 물을 공급했다.[9]

로제르(루제로 1세)의 뒤를 이어 아들 루제로 2세Ruggero II가 등극했다. 그는 아버지와 큰아버지들을 노르망디의 별 볼 일 없던 처지에서 지중해의 찬란한 영토를 다스리는 지배자로 만든 특질들을 많이 닮은 사람이었다. 하지만 그들에게 없었던 것이 있었으니, 바로 교육이다. 아버지 로제르가 아들이 아직 어렸을 때 숨졌기 때문에 젊은 아내 아델라이데Adelaide가 섭정을 했다. 여장부였던 아델라이데는 로제르가 60세일 때 열다섯의 나이로 그와 결혼했다. 아델라이데는 아들의 교육을 직접 챙겼고 남편의 두 전처 소생인 열세 명의 형들이 후계자가 되지 못하게 손을 썼다. 루제로 2세는 어린 시절을 그리스인이 주로 사는 시칠리아 동부 연안의 메시나에서 보내면서 그리스-비잔티움 출신 시칠리아인인 크리스토도울로스Christodoulos에게 교육을 받았다. 그는 아델라이데의 최고 자문관이기도 했다. 크리스토도울로스가 불어넣은 학문과 문화에 대한 사랑은 제자에게 평생 남게 된다. 1111년경에 열여섯이 된 젊은 대공은 궁정을 팔레르모로 옮겼다. 아랍 문화가 풍부하게 스며들어 있었던 팔레르모는 그에게 시칠리아 문화의 풍성한 다양성에 눈을 번쩍 뜨게 해주었다.

루제로 2세는 아버지의 정책을 상당 부분 이어갔다. 타 종교에 관용적이었고 영토 안의 모든 인종과 민족의 보호자라는 이미지를 구축하려 했다. 그가 가장 신경 쓴 것은 자신이 통치하는 영토 전체에 통제력을 유지하면서 가능한 한 평화와 안정을 확보하는 것이었는데, 이 노력은 끝없이 어려움에 봉착했다. 궁정 내 분위기는 개방적이고 관용적이었지만, 현실의 농지, 마을, 소도시 등의 분위기는 달랐고 사람들은 잘 통합되지 않았다. 시칠리아의 농촌에서는 기독교도와 무슬림이 서로 다른 마을에 분리되어 살았고, 서로를 불편해하거나 적대시했으며, 이는 폭력 사태로 이어지기도 했다. 약탈이 흔히 일어났고 특히 본토에서 들어온 지 얼마 안 되는 사람들이 약탈을 많이 저질렀다. 그들은 무슬림 공동체들을 파괴해 자신의 영역을 넓히려고 했다. 지방 군벌들을 어떻게 통제할 것인가는 노르만 궁정의 만성적인 골칫거리였다. 반면 궁정 안의 세련된 세계는 이와 매우 대조적이었다. 탁월한 인재는 종교나 인종과 상관없이 환영받았고, 알려진 세계 전역에서 상인들이 들어와 태양 아래 존재하는 모든 언어로 흥정하고 거래하고 속임수를 썼다. 아주 먼 나라에서도 외교관들이 자국의 이해를 증진하기 위해 시칠리아를 찾아왔다. 팔레르모 같은 대도시에서는 인종이나 종교에 따라 각기 특정한 구역에 정착하기는 했지만 서로 매우 가까이에 살았고, 이는 우호적인 관계와 상호 협력을 촉진했다.

문화적 개방성은 루제로 본인이 확립한 것이었다. 어느 정도는 외국에서 온 소수 지배층으로서 훨씬 더 많고 다양한 인구를 통치해야 한다는 데서 오는 현실적인 고려 사항 때문이었을 것이다. 하지만 루제로는 타 문화에 진정으로 관심이 많았고, 자신이 통치하는 무슬림-아랍 신민들과 그리스-비잔티움 신민들의 전통을 모두 높이 평가했다.* 아랍의 관습과 복식을 그가 매우 좋아했다는 증거가 많이 남아 있다. 가령, 그는 공식 석상에서 휘장과 방패를 든 사람들이 사열한 가운데 보석으로 장식한 파라솔 아래 위엄을 갖추고 자리했다. 그 파라솔은 파티마 왕조의 칼리파가 선물한 것이었다. 또 1134년경에 노르만 궁정의 실크 공방에서 무슬림 장인들이 만든 화려한 망토가 현재 오스트리아 빈 박물관에 소장되어 있는데, 가운데 종려나무 한 그루가 있고 양옆에서 두 마리의 사자가 각각 낙타를 공격하는 모습을 담은 문양으로 장식되어 있으며 이 모든 것이 석류석, 루비, 진주와 함께 금실로 치장되어 있다. 밑단에는 아랍어로 언제, 어디에서 만들어졌는지 나타내는 글씨가 자수로 놓여 있다.[10]

루제로의 궁정은 삼중 언어 환경이었던 것으로 유명하다. 루제로는 그리스어, 라틴어, 아랍어를 할 줄 알았고, 서명을 할 때는 왕이라는 뜻의 라틴어 "렉스Rex"보다는 그리스어 "바실레우스Basileus"라고 적었으며, 자신을 한편으로는 "기독교의 수호자"이고 다른 한편으로는 "알라의 영광을 통해 강력한 자"라고 불렀다.[11] 루제로가 고용한 그리스, 라틴, 아랍 학자들도 공식 문서를 쓸 때 세 언어를 모두 사용했다. 가장 중요한 문서는 화려한 보라색 양피지에 금색이나 은색 잉크로 작성되었다. 또한 팔레르모의 유대인 공동체가 정치와 문화 영역 모두에 활발하

---

* 이때도 여전히 무슬림이 시칠리아 인구의 다수를 차지하고 있었다.

게 참여하고 있었기 때문에 히브리어도 중요했다. 이러한 다중 언어 환경은 군주의 권력을 강조하고 정당성을 드러내면서도 시칠리아에 사는 모든 민족과 인종이 포용되고 보호받는다고 느낄 수 있어야 한다는 루제로의 신조를 직접적으로 반영하고 있었다.

1126년부터 노르만 궁정의 최고위직을 지낸 안티오크의 게오르기오스George of Antioch는 이러한 문화적 혼합을 체현한 인물이었다. 그리스인으로 시리아의 비잔티움 정부에서 경력을 시작했고, 이어서 튀니지의 무슬림 통치자인 알 마흐디야Al-Mahdiyya 궁정으로 옮겨 갔다. 시칠리아에 왔을 무렵에는 비잔티움과 아랍 둘 다의 궁정 전통과 정부 시스템에 정통해서 시칠리아에서 맡게 된 새 역할에 이 둘을 적극 적용했다. 게오르기오스는 디자인을 제안하고 동방과 북아프리카에서 장인과 물자를 조달해 오면서, 루제로의 확장적인 도시 건축 프로그램을 진행하는 일에 핵심적인 역할을 수행했다. 자신의 성당도 하나 지었는데, 바로 유명한 산타마리아 델암미랄리오Santa Maria dell'Ammiraglio 성당이다. 이 아름다운 건축물은 혼합적인 시칠리아 양식을 대표적으로 보여준다. 그리스 십자식 설계〔상하 좌우 길이가 동일한 십자 모양으로 된 평면 설계〕에 이슬람의 아치와 벽감, 그리고 노르만의 아치가 결합되었고, 내부는 비잔티움의 모자이크화로 화려하게 장식되었다. 모자이크화 중 하나에는 예수 그리스도가 루제로에게 왕관을 씌워주는 모습이 그려져 있다. 루제로는 "굉장한 노력과 놀라운 기술을 사용해 사각형의 석재로 만든"[12] 왕궁 내부에 왕실 전용 성당인 팔라티나 예배당Cappella Palatina도 지었다. 이 아름다운 건물은 12세기만큼이나 지금도 인상적이다. 벽은 비잔티움 예술가들이 작업한 휘황찬란한 모자이크화로 장식되었고, 대리석 바닥에는 아랍 장인들이 디자인한 복잡하고 정교한 패턴이 들어갔다. 천장은 수백 개의 나무 패널이 미로 같은 3차원 차양을 이룬 가운데 궁정의 일상을 담은 세밀화가 그려져 있다.

루제로는 팔레르모를 왕이 거주하는 수도에 걸맞은 모습으로 변모시켰다. 그리고 1130년에 실제로 왕이 되었다. 루제로는 아버지에게 '시칠리아의 백작' 작위를 물려받았는데, 사촌 굴리엘모가 그 집안 사람으로는 드물게 자손 없이 숨지면서 풀리아와 칼라브리아 대공이라는 작위까지 받게 되었다. 자연스럽게 공백을 파고든 루제로는 상당한 군사력, 특히 해군력을 토대로 지역 귀족들과 교황의 반대를 물리쳤다. 그는 1130년에 이탈리아 남부를 시칠리아와 통합하고 평화 협상의 일환으로 바티칸에 왕의 칭호를 요구했다. 크리스마스에는 팔레르모 대성당에서 대관식을 올렸는데, 그 자리에 참석한 한 수도사는 이렇게 묘사했다. "대공이 왕다운 거동으로 시중을 받으며 교회의 아치형 복도를 걸어 나와 축성을 받고 왕실의 위엄을 갖게 되었을 때 그가 얼마나 영광스러웠는지, 그의 위엄이 얼마나 장엄했는지, 풍성하게 장식된 그의 의복이 얼마나 굉장했는지는 말로 형용할 수 없을 것이다. 아니, 상상도 할 수 없을 것이다. 보는 이들의 눈에는 세상에 존재하는 풍성함과 명예가 다 여기에 있는 것 같았다."[13] 이 묘사에서 루제로가 자신의 지위를 정당화해야 할 필요성을 느끼고 있었음을 읽을 수 있다. 놀라운 일은 아니다. 불과 한두 세기 만에 오트빌 가문은 약탈꾼에서 축성을 받은 왕족이 되었다. 규모로 보나 대담함으로 보나 실로 놀라운 성취였다. 이제 그들이 할 일은 그 권력을 공고히 하는 것이었다. 그러나 성공은 오래가지 못했다. 그 세기 말이면 오트빌 가문의 이름은 사라지고 시칠리아의

22 팔레르모 노르만 왕궁의 웅장한 정면.

왕관은 호엔슈타우펜 왕가로 넘어가게 된다.

루제로 2세는 1154년에 숨질 때까지 24년 동안 시칠리아의 왕으로 이곳을 통치했다. 그동안 팔레르모 궁정에 널리 학자들을 초청했고 지배층이 학문을 후원하고 장려하도록 독려했다. 그가 남긴 학문적 유산의 최고봉을 꼽자면 측근에게 지시해 작성한 지리학 책을 들 수 있을 것이다. 그 신하는 1138년에 팔레르모에 온 아랍 학자 아부 압달루 무함마드 이븐 무함마드 이븐 압둘라 이븐 이드리스 알 샤리프 알 이드리시Abu Abdalluh Muhammad ibn Muhammad ibn Abdullah ibn Idris al-Sharif al-Idrisi다. 그가 아랍어로 쓴 책은 원래 '세계를 여행하기를 갈망하는 사람을 즐겁게 해주는 책'이라는 다소 요란한 제목이었지만, 훗날 훨씬 짧고 덜 낭만적인 《루제로의 서*Katib Rudjdjar*》(또는 《타불라 로게리아나*Tabula Rogeriana*》)라고 불리게 된다. 강, 산, 기후, 민족, 상업 활동, 여러 장소들 사이의 거리 등 알려진 세계의 구석구석을 획기적일 정도로 상세하게 묘사한 이 책은 "지중해의 세 가지 고전 전통인 그리스, 라틴, 아랍 학문을 알려진 세계에 대한 하나의 종합적인 책에 통합하려 한 최초의 진지한 시도"였다.[14] 알 이드리시는 동방과 서방의 지리학 지식을 모두 가져다가 프톨레마이오스의 '일곱 가지 기후대' 이론으로 정리했다. 서문에서 그는 루제로가 이 작업을 지시한 것은 세상에 대한 호기심 때문이기도 하지만 "광범위한 영토를 정확하게 알려는" 현실적인 이유도 있었다고 밝혔다.[15] 천생 실용주의자였던 루제로 2세는 통치를 더 효과적으로 하는 데 필요한 정보들을 모으고 있었다. 그는 이 작업이 완성되기 전에 숨졌지만 뒤를 이은 굴리엘모 1세가 알 이드리시의 책을 통치에 활용할 수 있었다. 이 책에는 70개의 지역 지도와 순은으로 만들어진 굉장한 평면 구형도(세계 지도) 하나가 포함되어 있었다.

헨리쿠스 아리스티푸스는 플라톤의 《파이돈》 번역본 서문에서 굴리엘모 1세가 비견할 데 없는 왕이라며 다음과 같이 묘사했다. "그의 궁정은 학교였고 그의 수행단은 김나지움〔지식의 연무장〕이었으며 그의 해법은 토론되지 않은 것을 하나도 남겨두지 않았고 그의 연구는 시도되지 않은 것을 하나도 남겨두지 않았다."[16]

바로 이것이 앞에서 언급한 익명의 학자가 발견한 세계였다. 드디어 《알마게스트》를 손에 넣은 그는(아마 헨리쿠스 아리스티푸스에게 달라고 해서 구했을 것이다), 자신이 이 책을 이해하는 데 필요한 천문학과 그리스어 지식이 없다는 것을 깨달았다. 그는 유클리드의 《자료론》, 《광학》, 《반사 광학*Catoptrica*》, 프로클로스Proklos의 《운동에 관하여*De motu*》 등을 공부하는 데 매진했다.[17] 이 시점에 그에게 행운이 다가왔다. 그리스어를 하는 박학한 비잔티움 사람으로 아랍어와 라틴어도 알고 있는 에우게니오스Eugenios를 만나게 된 것이다. 궁정 살림을 담당하는 고위 인사이기도 했던 에우게니오스는 칙령을 공표하고 회계를 감독하고 경계를 설정하는 등 광범위한 업무를 맡고 있었다. 오랜 경력 동안 시칠리아에서 여러 군주를 모셨고 1190년에 탕크레드 왕은 그를 '에미르'(사령관) 반열로 승진시켰다. 에우게니오스의 업무에는 학술 활동도 많이 있었는데, 여기에는 프톨레마이오스의 《광학*Optika*》을 아랍어에서 라틴어로 번역하는 것, 그리고 동방에서 온 문서 두 편을 그리스어에서 라틴어로 번역하는 것도 포함되어 있었다. 에우게니오스의 도움으로 익명의 젊은 학자는 《알마게스트》를 번역할 수 있게 된다. 이 번역본은 1160년대 중반에 나온 것으로 보이는데, 크레모나의 제라르도의 것보다 몇 년이나 앞선 것이다. 이것은 과학의 역사에서 기념비적인 순간이었다. 프톨레마이오스의 대작 전체를 라틴어로 읽을 수 있게 된 것이다. 하지만 이 번역본은 선구적이기는 했어도 제라르도의 번역본만큼 영향력이 있지는 않았다. 현전하는 것은 네 부뿐이고 그나마 전체가 온전하게 남아 있는 것은 하나뿐이다.

익명의 《알마게스트》 번역가는 상세한 서문을 남겼는데, 이것이 그에 대한, 그리고 그가 어떻게 이 책을 번역하게 되었는지에 대한 유일한 정보다. 안타깝게도 그는 자신이 누구인지, 어디 출신인지는 알려주지 않았다. 이탈리아 남부 사람은 아닌 것으로 보인다. 비슷한 시기에 시칠리아에서 유클리드의 《원론》도 그리스어에서 라틴어로 번역되었는데, 이 번역본에 대해서는 알려진 정보가 더 적지만 번역 스타일과 사용한 어휘가 비슷한 것을 보면 같은 사람이 번역했을 가능성이 있다.

《알마게스트》를 연구한 사람이라면 반드시 《원론》을 먼저 읽었을 것이므로, 그가 《알마게스트》를 번역하기 위해 《원론》부터 번역했거나 아니면 이미 《원론》 번역을 마친 상태였을 수 있다.

이 말은 11세기 중반 시칠리아에 《원론》의 그리스어본이 있었다는 뜻이다. 그렇다면 이것은 어디에서 왔을까? 가장 가능성 있는 곳은 콘스탄티노플이다. 우리는 헨리쿠스 아리스티푸스가 콘스탄티노플에서 《알마게스트》를 한 부 받아 왔다는 것을 알고 있으며, 이때 비잔티움 사람들이 《원론》도 같이 주었으리라고 충분히 가정해볼 수 있다. 게다가 현전하는 시칠리아의 라틴어 번역본은 콘스탄티노플에서 필사되어 아레타스가 소유하고 있던 그리스어본(현재 옥스퍼드의 보들리언 도서관에 소장되어 있다)과 내용이 유사하다. 이러한 점들에 비추어, 몇몇 학자들은 헨리쿠스 아리스티푸스가 아레타스가 소유하고 있던 책을 시칠리아에 가지고 왔고, 시칠리아에서 라틴어로 번역된 뒤 저본이었던 그리스어본이 훗날 잉글랜드로 넘어가 오늘날 보들리언 도서관에 소장되지 않았을까 추측하기도 한다.

서적들의 구체적인 이동 경로는 지극히 복잡하지만 몇 가지 결정적인 연결 고리를 추적해볼 수는 있다. 시칠리아에서 작업된 《원론》 번역본은 같은 번역가의 《알마게스트》보다 영향력이 컸다. 이 번역본은 12세기에 〔아랍어본을 거치지 않고〕 그리스어 원전에서 곧바로 번역된 유일한 번역본이었으며, 앞에서 본 크레모나의 제라르도와 카린티아의 헤르만이 옮긴 아랍어 중역 라틴어본 못지않게 영향력이 있었다. 하지만 뭐니 뭐니 해도 이 시기에 《원론》의 확산과 전승을 지배한 것은 또 다른 번역가인 배스의 애덜라드가 옮긴 번역본이었다.

중세 과학의 역사에서 애덜라드는 매우 다채롭고 흥미로운 인물이다. 크레모나의 제라르도가 톨레도 대성당 작업실에 거의 은둔해서 번역을 했다면, '배스 사람' 애덜라드는 이탈리아 남부와 중동 전역을 돌아다녔고, 왕들과 어울려 지내고 지진을 겪기도 하면서 대체로 삶을 최대한으로 누리며 살았다. 학문에 기여한 바는 제라르도가 명백히 더 크지만, 인물 면에서 보면 제라르도는 이제 거의 기억에서 사라진 반면 애덜라드는 지금까지 800년간 놀라울 정도로 생생하게 살아남아 있다. 그에 대해 알려진 정보는 필사본에 휘갈겨 쓰여 있거나 서문에 모호하게 언급된 작은 조각들뿐인데도, 그는 지금도 살아 있는 것처럼 느껴진다. 그는 다재다능했고 다소 괴짜이기도 했다. 음악에도 뛰어났고(프랑스 왕비 앞에서 연주를 해달라는 요청을 받았을 정도다) 천문학만큼이나 매사냥도 좋아했다. 야망 있고 모험심 넘치며 꽤 과시적인 인물이기도 했던 애덜라드는 노르만족이 잉글랜드를 정복한 지 얼마 안 되었을 때 잉글랜드에서 태어났다. 격변의 시기였고, 어떤 이들에게는 기회의 시기였다. 그는 운 좋게도 부유한 집안에서 태어났고 그의 집안은 강력한 주교이던 웰스의 지소Giso of Wells와 연줄이 있었다. 그는 배스에서 교육을 받았는데, 마침 이때는 지소의 뒤를 이은 주교 투르의 장Jean de Tours이 교구의 중심지를 웰스에서 배스로 이전했을 때였다. 투르의 장은 곧 배스를 복원하고 재건하는 일에 나섰다.

똑똑한 젊은이였던 애덜라드에게 이러한 변화는 물론 도움이 되었겠지만, 곧 배스에서는 더 받을 수 있는 교육이 없어서, 아마도 투르의 장이 써준 추천장을 가지고 루아르 계곡에 있는 투르의 성당 학교로 갔을 것이다. 잉글랜드에서 이미 과학 공부를 시작했을 수도 있지만,

어쨌든 프랑스에서 과학을 더 깊이 공부하게 되었을 것이다. 그리고 당시에 수학 교육의 기초 교재로 쓰였던 보에티우스 번역본의 허술한 조각 정보들을 통해 유클리드의《원론》을 처음 접했을 것이다.

애덜라드는 뛰어난 학자이면서 밝은 녹색 코트를 입고 에메랄드 반지를 끼는 멋쟁이이기도 했다. 1400년경에 파리에서 필사된 애덜라드의《주판서*Regule abaci*》사본에는 그가 아라비아 숫자와 십이진법 분수를 가르치는 모습을 담은 그림이 실려 있다. 완전히 사실대로 그린 것은 아니겠지만, 어쨌든 그림 속의 애덜라드는 긴 머리와 윤기 나는 수염에다 우아한 붉은 망토와 푸른 셔츠를 입고 화려한 줄무늬 모자를 쓰고 있다. 이러한 두 가지 면모는 그의 저술에서도 드러난다. 저술의 절반은 젊은 귀족들의 교육을 목적으로 하는 도회적이고 문학적인 담론을 개진하고 있으며, 애덜라드와 조카의 대화 형식으로 구성되어 있고 우아한 라틴어로 쓰여 있다(대화식 구성은 플라톤에게서 빌려 온 방식일 것이다). 그는《아스트롤라베 작동법*De opere astrolapsus*》을 제자이자 훗날 헨리 2세Henry II가 되는 헨리 플랜태저넷Henry Plantagenet에게 헌정했다.《아스트롤라베 작동법》에는 몇몇 과학 문헌이 담겨 있으며, 일곱 가지 자유교양 학문에 대한 논의를 우화로 풀어낸 책《동일성과 차이에 관하여 *De eodem et diverso*》의 서문에서 주판(산술판)을 소개하기도 했다. 마찬가지로,《자연에 관한 질문*Quaestiones naturales*》에는 자연 현상의 원인을 유려하게 설명한 몇몇 논문이 실려 있다. 그는 복잡한 과학 개념을 관심은 있으되 전문가는 아닌 사람들이 접하기 좋게 설명하는 데 능했다. 그런 면에서 위의 세 저술은 애덜라드의 지위와 명성을 높이고 상당한 돈도 벌게 해주었을 것이다. 덕분에 그는 진지한 학문적 관심에도 충분한 시간을 쏟을 수 있었고, 이것이 저술의 나머지 절반을 구성한다. 그중 가장 중요한 것은 알 콰리즈미의 《지즈》, 아부 마샤르Abu Mashar의 《점성 과학에 대한 개요*Kitab al-mudkhal al-kabir*》, 유클리드의 《원론》 등의 주요 아랍어본 과학 서적을 라틴어로 번역한 것이다. 이 번역본들은 간결하고 과학적이고 정보 위주였으며 화려하거나 수사적이지 않았고 누구에게도 헌정되지 않았다. 이것은 본인과 제자들을 위한, 진지한 학술 연구를 위한 작업이었다. 자, 이번에도 우리의 질문은 같다. 번역할 책의 저본들을 어디에서 구했을까?

여러 가능성을 생각해볼 수 있다. 애덜라드는 매우 널리 여행을 하면서 책과 사상을 이곳저곳에 옮기고 학자들을 만나고 그 학자들과 매우 폭넓은 네트워크를 형성했다. 그는 중세의 학문 중심지들 사이에서 몇몇 결정적인 연결 고리에 해당한다. 12세기 초에 애덜라드는 프랑스의 라옹 근처에서 조카 및 제자들과 헤어져서 장대한 여정을 시작했다. 그는 유럽 북부에서의 학문적 삶에 대해 환상이 깨진 상태였고 초조해하고 있었다. 프랑스 학자들이 주로 관심을 쏟는 주장과 사상은 무의미해 보였다. 애덜라드가 보기에 그들은 "지식의 모래로 밧줄을 만들고" 있었다.[18] 세계는 열리고 있었고 상인들은 흥미로운 이야기와 이국적인 물품을 속속 들여오고 있었다. 노르만족은 시칠리아섬과 이탈리아 남부를 점령했고 1차 십자군 전쟁이 진행되고 있었다. 호기심, 모험심, 배짱 모두 두둑했던 애덜라드는 가만히 있을 수 없었다. 훗날 《자연에 관한 질문》에서 본인이 직접 설명했듯이, 애덜라드는 "아랍 사람들 사이에서" 지평을 넓히고 지식을 확장하기 위해 남쪽으로 향했다.[19] 알려진 바에 따르면, 그는 이후 7년을 로마, 살레르노, 시칠리아, 그리스, 소아시아 등지에서 보냈다.

애덜라드가 정확히 어디어디를 지나갔는지는 확실하지 않지만, 유럽 북부에서 로마로 가는 주요 육로이던 '비아 프란치제나Via Francigena'를 따라갔을 것이다. 순례자들이 많이 이용하던 길로, 라옹을 지나 랭스로 이어지고 다시 남쪽으로 계속 나아가서는 오늘날의 스위스로 들어가 알프스의 산베르나르디노 패스 고개에 닿는다. 사업 수완이 좋은 현지인들은 여기에 요금소를 세우고 지나가는 여행객들에게 돈을 받았다. (지나가는 사람이 하필 노르만족만 아니라면 수익이 쏠쏠했다. 노르만족은 차단막을 부수고 요금 받는 사람을 칼로 베고서 막무가내로 통과했다. 일반적인 규칙 따위는 그들에게 적용되지 않았다.) 알프스를 지나면 길은 이탈리아 북부의 커다란 평원들로 이어지고 파도바의 북적대는 시장에 이른다. 파도바부터는 연안을 따라 아래로 내려와 루카, 시에나, 비테르보를 거쳐 마침내 로마에 당도하게 되었을 것이다.

애덜라드는 라옹에서 순례자나 상인들의 대열에 쉽게 합류할 수 있었을 것이고 그들과 함께 남쪽으로 이동했을 것이다. 앞 장에서 보았듯이 로마에서 살레르노로 가는 길은 잘 닦여 있었고, 아마도 애덜라드는 도중에 몬테카시노를 지나갔을 것이다. 어쩌면 몬테카시노에서 하루를 묵었을 수도 있는데, 순례자들과 함께 이동하고 있었다면 그랬을 가능성이 더욱 크다. 대개의 큰 수도원은 여행자들, 특히 종교적인 사명을 가지고 여행하는 사람들을 위한 숙박소를 두고 있었다. 이러한 숙박소는 약간의 돈을 받고 간단한 먹을거리와 기본 시설을 제공했다. 하지만 애덜라드가 콘스탄티누스의 번역본은 하나도 사용하지 않은 것을 보면 몬테카시노와 애덜라드 사이에 학문적인 연관 관계를 이야기하기는 어렵다. 이와 달리, 살레르노에서는 이곳에서 유통되던 책들과 갈레노스의 체액 이론에 영향을 받았고 이러한 내용을 《자연에 관한 질문》에 반영했다. 살레르노에 도착한 애덜라드가 이곳의 저명한 의사들과 함께 공부하면서 얼마나 흥분했을지 쉽게 상상이 간다. 《자연에 관한 질문》은 알파노가 번역한 네메시우스의 《인간 본성에 관하여》를 많이 참고했는데, 이것도 살레르노에서 구할 수 있었을 것이다. 그렇다면 이 대목에서 애덜라드는 이탈리아 남부에서 유럽의 더 북쪽으로 지식이 전해지는 결정적인 통로가 된다. 그는 살레르노를 떠나면서 한 그리스인을 만나 의학에 대해, 그리고 자기장과 같은 과학 문제들에 대해 이야기했다고 기록하고 있다. 이 일화에 대해 글을 쓴 것은 몇 년이나 지난 뒤였는데도 과학에 관심 있는 박식한 사람을 만난 즐거움이 글에 생생히 묻어나 있다.

날짜가 적혀 있는 사료들을 보면 애덜라드의 다음 기착지가 시칠리아였음을 짐작할 수 있다. 그는 에트나산의 광경에 경탄했을 것이고 고대 도시 시라쿠사에서 얼마간 시간을 보냈을 것이다. 그는 시라쿠사의 주교에게 논문 한 편을 헌정했다. 그의 이름은 굴리에무스Guliemus로 "모든 수학적 기법에 대해 가장 학식이 많은" 사람이었다고 한다.[20] 이 기록은 이들이 수학에 대해 이야기를 나누었음을 시사하며, 굴리에무스가 애덜라드에게 《원론》을 한 부 주었거나 아니면 적어도 안티오크와 소아시아에 가면 그것을 구해보라고 독려했을 가능성이 있다. 애덜라드가 아랍어본을 번역 저본으로 삼았으므로, 잉글랜드로 돌아가기 전에 아랍어본을 구했음은 분명하다.

1차 십자군 전쟁은 이탈리아 남부와 지중해 동부 연안 사이에 길을 열었고, 애덜라드가 안티오크에 있었을 때 이곳은 로베르 기스카르의 손자 탕크레드가 섭정을 하고 있어서 시칠리아와 관련이 많았다. 십자군 전쟁으로 길이 열리면서 접근하기가 더 쉬워지기도 했지만 더 많은 격동에 노출되고 더 많이 위험해지기도 했다. 십자군 국가들은 지속적으로 서로서로와, 그리고 튀르크와 전쟁을 벌였다. 애덜라드 같은 여행자들은 조심해야 했다. 하지만 간혹 폭력 사태가 긍정적인 부수 효과를 낳기도 했다. 1109년에 《다마스쿠스 편년기*Dhayl Ta'rikh Dimashq*》는 이렇게 기록했다. "프랑크족이 그 도시(트리폴리)로 밀고 들어오면서 (……) 상품과 창고, 그리고 대학 도서관과 개인 도서관의 책 같은 것들이 셀 수 없이 증가했다."[21] 이런 책들 상당수는 공격을 주도한 제노바 사람들이 가져갔겠지만, 그래도 일부는 시장에 풀려서 학자들이 구매하거나 아는 사람에게 빌려 필사할 수 있었을 것이다. 그다음에 이 책들은 다시 배에 실려 이탈리아로 가서 프랑스, 독일, 잉글랜드로도 넘어갔을 것이다.

애덜라드는 1116년경에 잉글랜드로 돌아왔다. 그는 헨리 1세 궁정의 공직자가 되었지만 여행에서 찾아낸 저술의 번역 작업에도 착수했다. 그가 아랍어본에서 번역한 《원론》 라틴어본은 엄청난 인기를 누렸다. 헛갈리게도, 그의 《원론》은 세 종류나 된다. 모두 처음에는 번역자가 애덜라드로 알려져 있었기 때문에 '애덜라드 I,' '애덜라드 II,' '애덜라드 III'라고 불린다. 애덜라드 I이 기본적인 번역이고, II는 I과 여러 가지 다른 번역본을 함께 놓고 작업한 것이며, III은 II에 주해를 단 것이다. 최근 연구에 따르면 II는 스페인에서 체스터의 로버트가 만든 것일 가능성이 있으며, 이 버전이 티에리 드 샤르트르가 쓴 《헵타테우콘》

에 포함되어서 셋 중 가장 널리 읽힌 버전이 되었다. 13세기에 이탈리아 학자 노바라의 캄파누스가 애덜라드 II와 III을 이용해 새로운 본을 내놓았는데, 훗날 이것이 《원론》 첫 인쇄본의 판본이 된다. 한 저술의 여러 버전 사이에 얽혀 있는 연결 고리들을 풀어내는 것은 지극히 어려운 일이고 때로는 정보들이 몹시 혼란을 주지만, 문헌이 얼마나 자주 이곳저곳을 이동했으며 학자들이 어떻게 다양한 버전을 구해 자신의 새 버전을 만들었는지 알아보는 것은 매우 흥미롭다. 아주 멀리 떨어진 곳들 사이에서도 지식을 교류할 수 있었던 탄탄한 학자들의 공동체가 존재한 것은 분명하다. 앞에서 보았듯이, 베네딕토 수도회와 수도원의 네트워크는 이 연결망을 떠받치는 역할을 했고, 성직자들이 새 소식, 서신, 그리고 당연히 서적들을 가지고 오가면서 스페인 북부가 프랑스, 영국, 독일, 이탈리아와 연결되었다.

애덜라드는 잉글랜드로 돌아와서 알 콰리즈미의 《지즈》도 번역했다. 그가 저본으로 삼은 것은 마슬라마 알 마즈리티가 코르도바의 좌표에 맞게 수정한 버전이었다. 이는 어느 시점에 애덜라드가 스페인에도 갔었으리라는 추측을 가능하게 하지만 직접적인 증거는 없다. 스페인에 가지 않았다면 이 책을 스페인에 살았던 사람이나 스페인에 지인이 있는 사람에게서 구했을 것이다. 가장 가능성 있는 사람은 페트루스 알폰시Petrus Alfonsi다. 그는 스페인 북부 우에스카의 유대인 집안에서 태어나 1106년에 기독교로 개종했는데, 개종할 때 아라곤의 알폰소 1세가 그의 대부였다. 훗날 그는 개종 전과 후, 두 자아 사이의 대화 형식으로 유대교를 반박하는 글을 썼다. 알폰시는 여러 언어에 능통했다. 아랍어, 히브리어, 로망어가 유창했고 라틴어도 할 줄 알았을 것이며 잉글랜드에 머물던 동안에는 영어도 배웠을 것이다. 우에스카는 수학과 과학에 독보적인 전통을 지닌 사라고사에 속한 곳이었는데, 이 역시 알폰시에게 도움이 되었을 것이다. 한 자료에 따르면, 그는 잉글랜드 왕 헨리 1세의 의사로 일한 것으로 보이며 당시 잉글랜드에 존재하던 일군의 천문학자와 철학자 중 한 명이었을 것이다. 어쩌면 이 시기에 잉글랜드에서 천문학 연구가 융성하기 시작한 것이 그가 잉글랜드로 가져온 책과 그의 독려 덕분이었을지 모른다. 또한 그가 잉글랜드로 와서 배스 근처에 있었을 때 애덜라드를 만나 곧 《지즈》와 《원론》 번역을 함께 시작하게 되었을 가능성도 생각해볼 수 있다.

애덜라드의 저술은 저서와 번역서 모두 굉장히 널리 퍼졌다. 앞에서 본 시칠리아의 익명의 번역가는 《자연에 관한 질문》에 나오는 구절을 자신이 번역한 《알마게스트》 서문에 인용했는데, 이는 그가 적어도 애덜라드의 책은 읽었다는 의미다. 애덜라드의 《원론》에 대한 몇몇 주해에 달려 있는 코멘트도 그가 누구누구와 교류했는지에 대해 실마리를 준다. "이 문제는 애덜라드만이 이해할 수 있을 것이다." "우리가 만든 이 공리는 존의 도움 없이도 참임이 증명될 수 있을 것이다." "레기네루스여 안녕히. 그대에게 어떻게 답해야 할지 모르는 사람은 누구든 그대에게 흰 소 한 마리를 선물해야 할 것이다!"[22] 우리가 살펴본 학자들이 다 이렇게 유쾌하고 협동적인 분위기에서 일했으리라고 가정할 수는 없지만, 아무튼 애덜라드는 굉장히 위트 있고 교양 있는 사람이었던 것으로 보이며 그의 저술에서 시대를 건너뛰어 지금 여기에서 말하고 있는 듯한 생생한 목소리를 듣는 것은 흥미로운 일이다. 위와 같은 코멘트들은 번역 프로젝트가 얼마나 협업적일 수 있는지를 보여주며, 우리가 중세의 지식 중심지를 여행하는 매 단계마다 추측해보았던 모습에 대한 첫 번째 직접적인 증거이기도 하다. 드디어 여기에서 우리는 짧게나마 '지혜의 집'을 들여다보고 분주히 돌아가는 번역실의 소리를 들어볼 수 있었다.

애덜라드가 실제로 아랍어를 배웠는지 아닌지는 조금 복잡하다. 여행 중에 대화를 할 수 있을 정도는 되었겠지만 읽고 쓸 수 있을 정도였는지는 다른 문제다. 당시의 정치적 환경을 생각해볼 때 그가 동쪽 지역을 여행하는 동안 무슬림 학자들을 만나기는 어려웠을 것이다. 아랍 과학에 관심이 있었고 아랍 과학에서 깊은 인상도 받은 것 같지만, 드러내고 싶었던 것만큼 아랍 과학에 실제로 지식이 있었던 것 같지는 않다. 현대 학자들은 애덜라드의 저술에 아랍어 원천이 부족한 것을 근거로 그가 아랍 과학과 아랍어를 글이 아니라 구어로 습득했을 가능성도 제기한다. 예를 들어, 애덜라드가 〔튀르키예 중남부〕 실리시아의 타르수스에 갔을 때 한 노인에게 인체의 기능에 대해 배웠다는 기록이 있다. 노인은 시체를 흐르는 물에 띄워놓고 근육의 작동을 보여주었다고 한다. 또 애덜라드가 지진이 났을 때 안티오크 근처의 다리 아래로 몸을 숨겼다는 언급도 있어서 우리는 이 시기가 1114년이었음을 알 수 있다.

기원전 4세기에 알렉산드로스 대왕의 장군 중 하나가 오론테스강 유역에 세운 도시인 안티오크는 지중해 쪽에 셀레우키아 피에리아라는 항구가 있었고 실크로드의 주요 허브로서 한때는 알렉산드리아에 필적할 정도로 융성했다. 유대인과 초창기 기독교인들이 그곳에서 수 세기 동안 공동체를 이루어 살았다. 십자군이 들어온 1098년 무렵이면 아랍 제국, 비잔티움 제국, 그리고 짧은 기간 동안 셀주크 튀르크의 지배도 받은 상태였다. 이는 매우 강력한 문화적 혼합을 가져왔고 사상이 교환되기에 좋은 기회를 제공했다. 안티오크의 주요 언어는 아랍어였고, 이곳은 곧 중동의 서유럽 사람들에게 중요한 기지가 되었다. 피사 사람들이 이를 가장 먼저 활용했고 베네치아와 제노바 사람들이 뒤를 따랐다. 십자군에 배와 해양 수송물을 지원한 피사 사람들은 그 보상으로 1108년에 안티오크의 한 지역을 불하받아 그곳에 정착했다. 이들은 연안을 따라 교역 거점들을 세우고 상단을 조직해 막대한 양의 향신료, 설탕, 면화, 와인, 값비싼 직물 등을 이탈리아로 보냈다. 콘스탄티노플에도 피사 사람들과 베네치아 사람들이 사는 구역이 있었는데, 레반트 지역〔시리아, 요르단, 레바논 등 지중해 쪽 중동 지역을 일컫는 말〕과 동부 지중해 지역에서 점점 커지고 있던 유럽 영향권 네트워크의 일부였다.

이제까지 우리는 교역이 지식과 사상의 흐름에 길을 열어주는 중요한 매개였음을 보았다. 상인과 외교관이 지식과 사상의 교류를 촉진했고 그들 자신이 학자인 경우도 많았다. 피사에도 그런 사람들이 있었다. 12세기 초에 안티오크의 스테파노Stefano d'Antiochia는 피사를 떠나 시리아로 가서 아랍어를 배운 뒤 알 마주시가 쓴 《키타브 카밀》의 새 번역본을 펴냈다. 이 책에 대한 콘스탄티누스 아프리카누스의 번역본인 《판테그니》가 부적절하고 부정확하다고 생각했기 때문이다. 스테파노는 애덜라드와 같은 시기에 안티오크에 있었을 가능성이 있다. 만약 그랬다면, 우리로서는 그들이 만났을 것이라 추측해보고 싶어진다. 학자들의 공동체는 규모가 작았기 때문에 가능성이 없는 일도 아니고, 분명 애덜라드는 가는 곳마다 학자들을 열심히 찾아 나섰을 것이다. 어쩌면 스테파노가 애덜라드에게 번역 활동을 하도록 자극을 주고 서적을 구하는 데 도움을 주었을 수도 있다.

애덜라드가 안티오크에서 서적들을 구했으리라고 시사하는 증거가 한 조각 있다. 이것을 이야기하려면 잠시 스페인으로 가야 한다. 세비야의 후안은 사비트 이븐 쿠라가 쓴《탈리스만의 서*Book of Talismans*》번역본 서문에서 자신이 저본으로 삼은 책이 안티오크에서 온 사람이 소유하고 있던 책이라고 언급했다. 이 시기를 연구하는 가장 저명한 역사학자인 찰스 버넷은 그 사람이 애덜라드일 가능성이 있다고 본다. 애덜라드 본인도 잉글랜드로 돌아와서《탈리스만의 서》를 번역했다. 우습게도 '바그다드'의 철자를 '배스'로 바꾸어 적어서 힘이 빠지는 내용이 되긴 했지만 말이다.[23] 애덜라드는 동방에서의 여정을 마치고서 티레항이나 아니면 안티오크 항구에서 서쪽의 이탈리아나 시칠리아로 향하는 상선에 쉽게 오를 수 있었을 것이다. 그리고 다시 그곳에서부터 천천히 잉글랜드로 돌아왔을 것이다.

애덜라드가 시칠리아를 방문했을 때는 라틴 문화가 지배력을 확장하기 시작했을 때였다. 시칠리아섬의 무슬림들은 기독교로 개종했거나 알 안달루스 또는 북아프리카로 이주한 상태였다. 루제로 2세의 후손인 굴리엘모 1세('악한 왕 굴리엘모')와 굴리엘모 2세('선한 왕 굴리엘모')는 아랍 문화에 관심이 덜했고, 결정적으로 통제력을 유지하는 능력이 부족했다. 안정성이 깨지면서 폭동이 일어났다. 루제로 2세의 측근이었던 알 이드리시 등 부유한 무슬림들은 시칠리아를 떠나 더 평화롭고 생산적인 삶을 영위할 수 있을 만한 곳으로 이동했다. 하지만 무슬림 인구가 줄긴 했어도 시칠리아섬은 지중해를 가로질러 여행하는 모든 사람에게 여전히 중요한 기착지였다. 1184년에 안달루시아의 여행자 이븐 주바이르Ibn Jubayr는 메카로 순례를 갔다가 집으로 돌아가는 길에 이곳에 들렀고, 12월 한 달간 이곳에 머물면서 본 것들을 상세한 기록으로 남겼다. 그는 시칠리아의 풍광에 크게 감탄하며 "문명의 수준에서 스페인의 딸이라 할 만하다"는 궁극의 찬사를 보냈다. 또한 굴리엘모 2세에 대해 "궁정의 (무슬림) 의사와 점성학자들에게 관심이 많고 그들을 굉장히 잘 대우"했으며 "자신의 영토에 의사나 점성학자가 지나간다는 말을 들으면 그를 데려와 생활에 필요한 것을 제공해주면서 고향 땅을 잊게 만들었을 것"이라고 기록했다.[24] 이븐 주바이르에 따르면 굴리엘모는 아랍어를 읽고 쓸 수 있었다는데, 라틴 문화가 새로이 지배력을 확장해가는 와중에도 시칠리아가 여전히 다문화적인 곳이었음을 말해준다.

12세기 말에 굴리엘모 2세가 후손 없이 숨지면서 시칠리아의 왕위는 고모인 콘스탄체Constanze에게 넘어갔다. 콘스탄체의 남편은 호엔슈타우펜 왕가의 신성 로마 제국 황제 하인리히 6세였다. 하지만 시칠리아는 독일 왕가의 지배를 받는 것도, 신성 로마 제국에 복속되는 것도 원치 않았다. 4년간 싸움이 벌어지고 결국 하인리히 6세가 승리한다. 하인리히는 1194년에 그의 장인이 그랬듯이 크리스마스에 팔레르모 대성당에서 대관식을 올렸다. 하지만 아내 콘스탄체는 대관식에 참석하지 못하고 이탈리아 본토의 안코나 근처에서 아들을 출산하고 있었다. 이 아이 프리드리히Friedrich가 이들 사이의 유일한 자녀다. 3년 뒤에 하인리히가 사망하자 콘스탄체는 아들이 확실히 제위를 계승하게 하려고 어린 아들을 시칠리아의 왕위에 앉혔다. 하지만 다음 해에 콘스탄체마저 사망해서 아들은 고아가 되었다. 전하는 이야기에 따르면, 프리드리히는 팔레르모의 거리를 활보하고 다니면서 여섯 개의 언어를 할 줄 알

23 마르토라나 교회의 벽 패널과 팔라티나 예배당 기둥의 모자이크.

게 되었고 팔레르모 주민들이 그를 돌봐주었다고 한다. 1208년에 성년이 되자마자 프리드리히는 자신이 미성년일 때 귀족들이 차지하고 있었던 권력을 되찾는 일에 착수했다. 젊은 황제는 어려서부터 범상치 않은 인물이었다. 매우 뛰어나고 재능 있고 매력적이어서 '세계의 경이로움'이라는 뜻의 '스투포르 문디Stupor Mundi'라고 불렸다.* 오트빌이라는 가문 이름은 사라졌을지 모르지만 학문적 호기심에 넘쳤던 루제로 2세의 정신은 살아남아 손자 프리드리히 2세 치하에서도 번성했다. 그는 학문을 후원하고 번역을 장려했다. 호엔슈타우펜 왕가 쪽 할아버지인 프리드리히 바르바로사Friedrich Barbarossa도 열렬히 학문을 장려하는 사람이어서 1158년에 "외국에 공부를 하러 가는 모든 이에게 특전을 하사"했다. "그들의 배움을 통해 세상이 계몽되고 시민의 삶이 풍성해질 것"이라는 이유에서였다.[25] 프리드리히 2세는 학자들을 보호하는 정책을 이어갔고 학문의 세계를 촉진했으며 대학을 확장했다. 이 추세는 계속 이어져서 "중세 말이 되면 수천 명이 배움을 위한 여정에 나서게" 되었고 이는 지식의 전파를 막대하게 확장했다.[26]

한편, 황제가 업무를 보는 궁정의 위치는 계속 달라졌다. 팔레르모가 여전히 시칠리아의 수도였지만 프리드리히는 성인이 된 후에 팔레르모에 거의 머물지 않았다. 그는 제국의 방대한 영토를 살펴야 했고 남쪽에 있는 동안에는 풀리아를 더 좋아했다. 또 나폴리도 좋아했는데, 나폴리에 그가 세운 대학은 곧 살레르노를 능가하는 의학 교육으로 유명해진다. 프리드리히의 궁정은 당대의 가장 뛰어나고 야심 찬 사람들을 끌어들였다. 그의 주위에 있었던 수많은 학자 중에 두 명이 특히 두각을 나타냈는데, 한 명은 마이클 스콧Michael Scot이고, 다른 한 명은 피

---

* 프리드리히의 다른 별명들은 이렇게 우호적이지 않다. 그를 네 번 이상 파문한 교황은 그를 '반기독교인', '세계의 처벌자'라고 불렀다.

보나치Fibonacci라고도 불리던 피사의 레오나르도Leonardo pisanio다.

한 세기 전의 애덜라드처럼 스콧은 매우 방대한 지역을 여행했다. 고향 스코틀랜드를 떠나 유학길에 나서서 더럼, 옥스퍼드, 파리 등지에서 교육을 받은 것으로 보인다. 불가피하게 그의 여정에 대한 정보는 듬성듬성하지만 1217년 8월 18일에 톨레도에 있었던 것은 분명하다. 그가 번역한 알 비트루지Nur ad-Din al-Bitruji의 《구체에 관하여*On the Sphere*》에 날짜와 서명이 남아 있기 때문이다. 이 책과 아리스토텔레스의 《동물에 관하여*De animalibus*》에 대한 그의 번역본, 그리고 아리스토텔레스의 우주론인 《천지론*De caelo et mundo*》에 대한 이븐 루시드(아베로에스)의 주해서 모두 톨레도에서 생산되었고 사본도 이곳에 남아 있다. 스콧은 톨레도에서 작업한 책들을 가지고 이탈리아로 갔고 그 책들은 곧 이탈리아에서도 유통되기 시작했다. 이 무렵이면 스콧은 아랍어에 통달해 있었는데, 이는 그가 스페인에도 얼마간 머물렀으리라는 것을 시사한다. 그곳의 모사라베 사람들과 함께 연구를 하면서 그들에게 아랍어를 배웠을 것이다. 또한 그는 번역을 하는 데 필요한 수학과 천문학 지식도 상당히 가지고 있었을 것이다. 이를 위해 그는 10, 20년 전에 크레모나의 제라르도를 비롯해 톨레도의 번역가들이 작업한 라틴어본 과학 서적들도 공부했다. 스콧은 톨레도의 대주교 로드리고Rodrigo와 잘 알았고 아마 제라르도의 뒤를 이은 젊은 번역가들, 가령 갈레노스의 저술을 번역한 것으로 유명한 톨레도의 마르코스 같은 사람들과도 교류하게 되었을 것이다. 요컨대, 마이클 스콧은 13세기 초에 스페인에서 이탈리아로 서적들이 넘어온 주요 통로였으며 제라르도의 뒤를 이은 톨레도의 차세대 번역가 집단의 일원이었다.

교황 그레고리오 11세Gregorius XI에 따르면 스콧은 히브리어도 할 줄 알았는데, 이것도 톨레도에 있었을 때 그곳의 유대인 학자들에게 배웠을 것이다. 나중에 팔레르모의 한 유대인 학자와 연락을 주고받기도 했다. 마이클 스콧에 대해서는 여러 희한하고 놀라운 이야기가 전해지는데, 대부분은 점성학자로서의 그의 명성과 관련이 있다. 점성학자는 사람들에게 환대와 존경을 받고 세속의 통치자들이 크게 의지하는 존재였지만, 교회로부터 경멸과 악마화의 대상이 되기도 했다. 전하는 이야기에 따르면, 스콧은 자신이 떨어지는 돌에 맞아 죽으리라는 것을 예견하고서 이 운명을 피하기 위해 금속 투구를 제작해 늘 쓰고 다녔다고 한다. 하지만 불행히도 이 투구는 교회 천장에서 떨어진 거대한 돌덩어리로부터 그를 보호해주지 못했고 그는 미사를 드리던 도중에 즉사했다고 한다. 이 시기의 뛰어난 학자들이 다 그랬듯이 마이클 스콧의 관심 분야는 매우 방대했다. 그는 의사로서 살레르노의 의학계와 알 라지 같은 아랍 의사들의 연구에 정통해 있었다. 그리고 이러한 원천에서 나온 지식을 그의 가장 인기 있는 책 《피지오노미아*Physionomia*》에 활용했다. 이 책은 인체 해부와 꿈으로 예언을 도출하는 법을 다루고 있다. 또한 그는 천문학 책도 집필했는데, 《알마게스트》와 톨레도 천문표를 많이 활용했다. 하지만 뭐니 뭐니 해도 그가 학문 세계에 남긴 가장 큰 족적은 아리스토텔레스 저술을 번역해서 처음으로 사람들이 아리스토텔레스를 라틴어로 접할 수 있게 한 것이었다.

1220년에 스콧은 급격히 성장하고 있던 대학 도시 볼로냐에 도착했다. 분명 그의 가방에는 책이 가득 들어 있었을 것이다. 하지만 그 외에는 이 여행에 대해 알려져 있는 것이 없다. 당시에 프리드리히 2세가 볼로냐에 있었으므로 그들이 여기에서 처음 만나 스콧이 그를 위해 일하게 되었을 가능성이 있다. 스콧은 빠르게 두각을 나타냈고 궁정이 가는 곳이면 어디든 따라가면서 생애의 나머지를 궁정에서 보냈다. 스콧과 황제는 가까워졌고 많은 관심사를 공유했으며 그 관심사에 대해 길게 토론을 나누었다. 또한 달이 쌍둥이자리에 도달했을 때 혈액을 빼내는 것의 효과를 알아보는 실험이라든지, 탑을 사용해 천체를 측정하는 실험 같은 것을 함께 하기도 했다. 프리드리히는 서기 150년 이래 처음으로 교회의 반대를 누르고 인체 해부를 허용했고, 스콧은 환자들에 대해 상세한 임상 사례 분석을 했다. 여기에서도, 더 작은 규모이긴 하지만 바그다드의 '지혜의 집' 같은 분위기를 엿볼 수 있다.

칼리파 알 마문처럼 프리드리히 2세는 질문을 많이 하는 사람이었다. 그는 제국 전체와 이슬람 세계 전역의 학자와 통치자에게 질문을 적어 보내곤 했다. 이렇게 해서 온 답변은 아랍 철학자 이븐 사브인Ibn Sab'in이 《시칠리아의 질문들*Al-Masā'il al-Siqilliyya*》에 정리했다. 이것은 중세의 정신을 들여다볼 수 있는 중요한 창으로, 당대의 학문적 관심사와 당대 지식의 한계를 동시에 보여준다. 질문의 상당수가 자연 세계에 대한 면밀한 관찰에서 나온 것이었다. 가령 이런 질문들이다. "왜 노, 창, 기타 곧은 물체는 맑은 물에 일부를 담그면 표면 쪽으로 구부러져(더 정확하게는 꺾여) 보이는가?" "황제가 묻기를, 수하일 별(카리나 성운에 있는 카노푸스 별)은 왜 근지점에 있을 때보다 떠오를 때 더 커 보이는가?" 몇몇 무슬림 학자들은 황제가 자신들을 테스트하는 것이라고 생각한 것 같지만 프리드리히도 답을 알고 있는 것은 아니었고 진심으로 학문적인 논의를 촉진하기 위해 던진 질문들이었다. 스콧도 몇 가지 질문에 대해 자신의 저서 중 하나에서 답을 제시했다. 이를테면, 그는 지구가 구형이며 흰자 안의 노른자처럼 물로 덮여 있다고 설명했고, 수 세기 동안 시칠리아의 통치자, 학자, 방문자에게 매우 긴요한 관심사였던 화산 활동에 대해서도 논했다.

유럽에서 학자로 지내기에 프리드리히의 궁정보다 더 좋은 곳은 없었을 것이다. 이곳은 학문적 탁월함의 중심지였다. 하지만 지리적인 장소는 팔레르모에서 나폴리로, 볼로냐에서 피사로, 브레시아에서 파도바로, 빈에서 베로나로, 프랑크푸르트에서 콘스탄츠로, 브린디시에서 예루살렘으로 계속 달라졌다. 이러한 이동은 잔뼈 굵은 여행자라도 따라가기 벅찼을 것이다. 우리의 이야기에서 처음으로 학문의 중심지가 하나의 장소에 고착되지 않았고, 이는 지식의 전파 기회를 막대하게 증가시켰으며 어디서든 지식이 곧바로 흐를 수 있는 네트워크를 제공했다. 지식의 최전선을 따라가기만 하면 모든 종교와 문화권의 학자들이 환영받았다. 그중 독보적으로 뛰어난 사람이 있었으니, 피보나치라고도 불리는 피사의 레오나르도였다. 교역 중심지인 피사 사람답게 그는 북아프리카 해안에 있는 알제리의 부지(오늘날의 베자이아)에서 최고의 아랍 수학자들에게 교육을 받을 수 있었다. 그의 아버지는 그곳의 피사 상공회의소에서 일했다. 이러한 교육을 통해 피보나치는 알 콰리즈미의 대수학, 인도-아라비아 숫자, 위치 기수법 같은 뛰어난 이론을 상업의 실질적인 필요와 결합할 수 있었다. 마이클 스콧처럼 비범하게 뛰어난 젊은이였던 그는 곧 프리드리히의 궁정으로 뜻을 펼치러 가게 되며, 그곳에서 서유럽 수학 연구의 토대가 될 책을 펴낸다. 1202년에 펴낸 산술에 대한 책 《산술론*Liber de numero*》(《주판서Liber abaci》라고도 불린다)은 인도-아라비아 숫자 체계가 유럽에서 널리 쓰이는 데 기여했다.

1227년과 1228년에 피보나치는 이 책의 개정판을 냈고 스콧에게 헌정했다. 스콧은 전에 이 책을 한 부 달라고 청한 적이 있었다. 서문에서 피보나치는 자신의 또 다른 저서 《실용 기하학*Practica geometriae*》도 언급하고 있는데, 《원론》의 내용을 더 발전시킨 책으로, 특히 《원론》 제10권에서 나열된 무리수를 중점적으로 다루고 있다. 그는 [기하학적 방법이 아니라] 대수학적 방법을 사용해서, 3차 방정식의 해가 제곱근 형태의 무리수로 표현될 수 없음을 설명했다. 이것은 역시 프리드리히의 궁정에 있었던 팔레르모의 조반니Giovanni da Palermo가 제시한 문제였다. 두 사람은 궁정이 피사에 있는 동안 황제와 함께 이러한 수학의 난제들을 논의했다.

이 시기 기독교 학자와 무슬림 학자 사이의 대화는, 이들이 함께 연구하고 아이디어를 나누고 서로에게 도전하고 지식의 경계를 확장해 가면서 두 세계 사이를 얼마나 자유롭게 오갔는지를 잘 보여준다. 아랍 세계에 대한 프리드리히의 관심은 일찍이 팔레르모에 살던 어린 시절에 싹텄으며, 1228~1229년에 예루살렘에 가서 아랍 세계를 직접 겪으면서 한층 더 강화되었다. 그는 아랍 생활 양식의 화려함에 놀랐고, 매사냥에서 혁신적인 기법들을 시도했고, 체스 두는 법을 배웠고, 술탄의 궁정이 학문을 강조하는 것을 존경했다. 그리고 자신이 본 새로운 것들과 함께 유럽으로 돌아왔다.

시칠리아는 중세 교역의 허브라는 지위는 여전히 유지했지만 다른 면에서는 기울고 있었다. 방대한 제국을 통치하려 애쓰면서 스투포르 문디는 어린 시절의 고향을 뒤에 남겨놓았다. 팔레르모의 문화 활동이 대체로 궁정의 벽 안에서 이루어지고 궁정 지배층에 의해 주도되었기 때문에 궁정이 다른 도시로 이동하자 활기가 눈에 띄게 줄었다. 프리드리히가 나폴리에 대학을 세우면서 이탈리아 남부에서 학문이 지속되긴 했지만 팔레르모와 살레르노는 둘 다 쇠락했다. 이후 나폴리는 시칠리아의 새로운 왕 샤를 당주Charles d'Anjou(카를로 당조Carlo d'Angiò)의 터전이 되면서 위상이 더욱 높아진다. 샤를은 대대적으로는 아니었어도 전임자들의 학문적 전통을 이어갔다. 그는 아랍어본을 건너뛰고 되도록이면 그리스어 원전에서 직접 작업하는 시칠리아의 전통을 이어서 니콜로 다 레지오Niccolò da Reggio라는 학자에게 갈레노스 저술을 그리스어에서 라틴어로 번역하도록 독려했다. 이는 몇 세기 뒤에 나타날 인문주의 운동의 전조라 할 만하다. 다음 장에서 보듯, 그리스 원전으로 돌아가려는 집착이 르네상스 학문 세계의 주된 특징이었는데, 아랍 학계가 남긴 학문적 공헌에는 치명적인 결과를 낳게 된다.

이제 오트빌이라는 이름은 기억에서 멀리 사라졌지만, 약탈자에서 왕족으로 변신한 노르만 가문의 여정은 중세의 놀라운 이야기 중 하나다. 그들의 영향력은 북쪽으로는 멀리 잉글랜드부터 남쪽으로는 이탈리아 남부 연안까지, 나아가 중동과 예루살렘까지 뻗쳤고, 이를 통해 사상과 지식이 전례 없는 규모로 교환될 수 있는 소통망이 열렸다. 지혜와 계몽을 찾아 미지의 곳으로 여정을 떠난 방랑 학자들은 이 새롭고 연결된 세계에서 학문과 사상을 전파하는 주요 행위자가 되었다. 노르만 사람들은 시칠리아를 권력의 핵심이자 상이한 문화권 사이에 사상이 흐르는 지중해 세계의 중심으로 만들었다. 팔레르모의 휘황찬란한 왕궁에서 그들은 유럽에서 기독교가 부상한 이래 처음으로 학문을 세속〔비종교〕 영역으로 가져왔고, 수 세기 동안 유럽 각국의 궁정에서 모방될 청사진을 만들었다. 노르만 궁정 사람들을 통해 비잔티움 제국과 이슬람 제국의 전통이 유럽에 들어왔고, 이는 궁정의 문화와 권력이 표현되는 방식을 근본적으로 바꾸었다. 노르만의 왕들은 우마이야 왕조와 아바스 왕조의 칼리파들과 더불어 스스로가 가진 학문에 대한 관심과 재능으로 과학의 경계를 넓힌 통치자들을 기리는 명예의 전당에 올라갈 만하다.

프리드리히 2세가 숨진 1250년 무렵이면 세계는 달라지고 있었다. 위대한 이탈리아 상인의 권력이 지중해의 지정학을 재정의하고 있었고, 이탈리아 북부에서는 독립 도시 국가들의 성장이 새로운 시대를 예고하고 있었다. 그 시대는 바로 르네상스다.

8장

베네치아
Venezia

하나의 도시라기보다는 세계 전체와 더 비슷한 장소.

—알두스 마누티우스Aldus Manutius

나는 '카날 그란데Canal Grande(대운하)'라고 불리는 가장 긴 수로를 따라 올라갔다. 아주 넓어서 커다란 갤리선들이 자주 동시에 지나다닌다. 400톤이나 되는 배가 집 바로 앞에 정박되어 있는 것을 많이 볼 수 있었다. 내 생각에 이것은 세상에서 가장 우아하고 가장 잘 지어진 교통로이고, 도시를 직통으로 가로지른다. 집들은 매우 크고 고고하며 돌로 지어졌다. 옛집은 모두 페인트가 칠해져 있다. 100년 정도 된 것들은 전면이 160킬로미터나 떨어진 이스트리아에서 온 흰 대리석으로 되어 있고 안쪽은 사문석과 반암이 대어져 있다. 집 안에는 대개 금박 천장 방이 적어도 두 개, 화려한 벽난로, 그리고 금색 침대 틀이 있다. 창틀은 모두 같고 굉장히 화려하게 장식되어 있다. 간단히 말해서, 이곳은 내가 본 어느 곳보다도 영예로운 도시이고, 모든 외교관과 이방인이 가장 경의를 표하는 도시이며, 가장 지혜롭고 가장 경건하게 신을 섬기는 사람들이 지배하는 도시다.

—프랑스 대사 필리프 드 코미네Philippe de Comines(1447~1511년경)가 1495년에 베네치아를 돌아보고 남긴 글

베네치아 이야기는 로마의 세계가 안팎으로 내홍과 외침에 무너지던 5, 6세기경에 시작된다. 로마의 군인, 상인, 순례자가 수 세기 동안 제국 전역을 효율적으로 이동할 수 있었던 곧고 단단한 육로가 이제는 로마를 향해 진격해 오는 침략자들 때문에 공포의 길로 바뀌었다. 그들은 아퀼레이아, 알티노, 파도바 등 이탈리아 북부의 위대한 도시들을 쓸고 지나가면서 납치, 폭력, 방화로 쑥대밭을 만들었다. 뭐라도 챙겨서 떠날 수 있었던 사람들은 바다 쪽으로 도망쳤다. 물가에 다다랐을 때, 그들은 이상한 세계를 보았다. 이탈리아 북동부는 땅과 바다 사이에 분명한 경계가 없다. 만이 있는 절벽도 해안도 없고, 땅과 바다의 경계를 가르는 바위도 없다. 해안선은 아드리아해로 이어지는데, 광대하고 평평한 풍경으로 땅과 바다가 합쳐진다. 울렁대는 모래땅 위로 물이 스며들고, 섬들이 나타났다 사라졌다 한다. 늪지에는 갈대숲이 자라고, 증발하는 수십억 개의 물방울에 햇빛이 진주처럼 빛나며 수평선에 초

자연적인 신기루를 일으키고, 밝은 파란색 하늘과 희미한 푸른색 바다 사이에 빛나는 안개가 걸려 있다.

두 개의 커다란 강(포강과 피아베강)을 타고 수천 년에 걸쳐 산에서부터 내려온 엄청난 양의 침전물이 해안의 만으로 흘러와 쌓였고, 물살의 흐름 때문에 구불구불하게 모양이 잡히면서 해안선과 나란한 모랫둑이 형성되었다. 그래서 그 사이에 아주 얕지만 넓은 석호(바닷물이 막혀 형성된 염호)가 생겨났다. 한두 개의 물길 외에는 바다와 분리되어 있고, 매일 조수가 들고 날 때 그 물길로 물이 들어왔다. 새, 물고기, 모기에게도 천국이었지만, 바닥이 평평한 작은 배를 타고(예측 불가한 이곳의 물길에서 탈 수 있는 배는 이런 형태뿐이다) 도망친 사람들에게도 소중한 은신처였다. 수풀이 우거진 '움직이는 땅'에 가까스로 도착한 피난민들은 물로 둘러싸인 평평한 세계에서 다시 삶을 일구기 시작했다. 본토와 분리해주는 바다의 보호를 받으면서, 그러나 '아쿠아 알타acqua alta'(우기와 만조가 겹쳐 발생하는 높은 만조)가 언제라도 집으로 범람할 수 있다는 위험 속에서(오늘날에도 도시 전체가 범람하는 일이 종종 발생한다), 베네티인人이라고 불리게 되는 이 사람들은 살아남는 법을, 나아가 번성하는 법을 터득해갔다. 그들은 석호의 풍부한 물고기를 식량으로 삼았고 물 밑에 커다란 나무 말뚝을 촘촘히 대어 집의 약한 지반을 강화했다. 그리고 폐허가 된 본토의 도시로 가서 돌, 대리석, 벽돌, 나무 등 집 짓는 데 쓸 수 있는 것을 닥치는 대로 구해서 돌아왔다.

석호 중앙에 작은 섬들이 모여 있는 곳에서 소규모로 마을들이 형성되기 시작했고, 곧 독특한 정부 시스템을 갖춘 사회가 발달했다. 이 사회는 라틴어로 지도자라는 뜻의 둑스dux가 통치했는데, 이 단어는 곧 도제doge로 바뀐다. 697년에 새로운 도시 국가 베네치아의 첫 도제가 선출되었다. 베네치아 사람들은 역경을 헤쳐나가는 의지도 강했고 수완도 뛰어났다. 그들은 좁은 물길 위로 다리를 놓고 높은 만조에 맞서 댐을 지었으며 땅에서 물을 빼 간척을 했고 이곳 특유의 독특한 물길을 쉽게 다닐 수 있도록 바닥이 평평하고 폭이 좁은 배를 만들었다. 그들은 석호에서의 삶을 최대한 활용할 수 있는 시스템을 개발했다. 바다는 작물을 기르는 데는 도움이 안 되었지만 염전을 만들어서 수익을 올릴 수 있었다. 얕은 바다에서 태양열로 물을 증발시키면 빛나는 암염이 남았다. 그것을 롤러로 깨뜨려 배에 싣고 본토에 가지고 가서 밀이나 보리와 교환했다. 자급자족이 불가능하다는 점은 교역에 눈을 돌리게 했다. 사람들은 강을 타고 크레모나, 파비아, 베로나 등의 시장으로, 또 이스트리아 해안을 따라 바다로도 나갔다. 아드리아해를 장악하는 것은 지중해 교역과 동방 교역에 매우 중요했다. 곧 베네치아 사람들은 아드리아 해안을 따라 일련의 교역 거점 도시들을 건설한다. 그곳 주민들을 해적으로부터 보호해주는 대신 권력을 획득한 것이다. 998년에 베네치아의 도제는 달마티아의 둑스 칭호까지 갖게 되었다.

처음부터 베네치아 사람들은 독립적이었다. 지리적으로 고립된 상황을 장점으로 바꾸어서 본토와 정치적으로 거리를 두는 데 활용하는 한편, 교역과 외교에 집중했다. 지정학적으로 베네치아는 당시의 양대 정치권력인 동쪽의 비잔티움 제국과 서쪽의 프랑크 왕국 사이에 정확히 놓여 있었다. 814년에 베네치아는 그 독특한 지위를 확고히 하는 협정을 체결했다. 협정에 따르면, 베네치아는 비잔티움 제국의 한 지방일 것이지만 동시에 프랑크 왕국에도 공물을 바칠 것이었다. 양쪽에서

당하기만 하는 협정으로 보이기 쉽지만, 이 경우에는 베네치아가 두 제국 사이에서 매우 유리한 위치를 점할 수 있게 해주었다. 이탈리아의 항구를 자유롭게 이용할 수 있는 권리와 교역 독점권을 갖게 된 것이 특히 중요했다. 그리고 1082년에 비잔티움 제국은 관세를 면제해 베네치아의 교역 독점권을 한층 더 확대했는데, 이는 베네치아의 성장에서 또 하나의 중대한 분기점이었다. 1099년이면 베네치아는 이집트와 매우 수익성 있는 향신료 무역을 하고 있었으며 역사상 가장 성공적인 해양 '제국'이 되는 길로 나아가고 있었다.

안정되고 비교적 민주적인 정부, 엄정한 조직 시스템, 그리고 사람들이 자신의 도시에 대해 지닌 절대적인 유대감과 헌신은 베네치아가 놀라운 성공을 이룰 수 있었던 핵심 요인이었다. 그들의 헌신은 현실적인 것이자 종교적인 것이었다. 베네치아 사람들은 자신의 도시가 신성한 기반 위에 있다고 믿었고 그것을 숭배했으며, 이례적으로 높은 수준의 충성도와 사회적 응집을 보였다. 유럽의 다른 곳들이 봉건제의 속박에 매이고 귀족 가문 사이의 폭력적인 권력 투쟁으로 점철되어 있었을 때, 베네치아는 고대 이후 최초의 공화국으로 번성했다. 베네치아 주민들은 공동의 목표를 중심으로 강하게 통합되었다. 그 목표는 그들이 사랑하는 도시를 영예롭게 만드는 것이었다. 그들은 베네치아를 가장 고요한 공화국이라는 의미에서 '라 세레니시마La Serenissima'라고 불렀다. 이렇게 높은 수준의 사회적 응집은 척박한 석호 생활의 어려움에서 생겨났다. 베네치아 사람들은 생존하려면, 그리고 불안정한 환경이 야기하는 어려움을 극복하려면 반드시 협력해야 했다. 위태로운 여건은 안정을 그 무엇보다 최우선 순위에 놓게 만들었고, 특히 도시의 통치 체제와 관련해서 더욱 그랬다. 체계적인 조직, 협동, 통제가 모든 이의 생존에 지극히 중요했던 만큼 곧 매우 효율적인 정부 시스템이 발달했다. 이 정부 시스템은 〔선출직 지도자인〕 도제, 그리고 도시의 설립에 주되게 참여한 귀족 가문 파트리치아patricia를 중심으로 구성되어 있었다.

베네치아는 성장했지만 본토의 도시들처럼 무질서하게 퍼져 나가는 방식으로는 아니었다. 새 집, 새 운하, 새 주거지가 모두 세심하게 계획되었다. 바그다드와 코르도바처럼 구역별로 각기 다른 유형의 제조업을 입지시키는 토지 구획 시스템을 도입했다. 수많은 섬으로 이루어진 지리적 구조는 이러한 방식의 도시 계획에 안성맞춤이었다. 당시 유럽에는 이러한 도시 계획법이 알려져 있지 않았으며, 계획도시에 가본 교역상들이 도시 디자인과 체계적인 시스템에 깊은 인상을 받아서 베네치아에 도입했을 가능성이 크다. 무라노섬은 13세기에 도시를 화재로부터 보호하기 위해 유리 주조소들이 옮겨 오면서 유리 제조와 공예의 중심지가 되었다. 목재 주택이 촘촘하게 들어선 곳에 유리 녹이는 용광로가 화염을 내뿜는 것은 매우 위험했기 때문이다. 또 12세기부터는 베네치아의 맨 북동쪽 지역이 조선소 복합 단지 '아르세날레Arsenale'가 되었다. '제조 장소'라는 뜻의 아랍어 '다르 시나아dar sina'a'에서 나온 명칭이다. 그 인근에 마을을 이루고 살면서 아르세날레에서 일하는 사람들을 '아르세날로티'라고 불렀는데, 수는 6000명에서 1만 6000명 사이였다고 하며 세계 각지를 누비게 될 온갖 종류의 배를 만들었다. 이곳은 해양 제국 베네치아의 엔진실이나 마찬가지였다. 베네치아의 해군과 상단이 생겨난 곳이며, 중세와 르네상스 시기 강대국들이 너도나도 사고 싶어 했던 전함을 생산하는 곳이었기 때문이다. 아르세날레는

1204년에 베네치아가 4차 십자군에 필요한 선단 일체를 지원하기로 하면서 어마어마한 제조 물량을 맞추어야 하는 상황이 되었다. 재정적인 위험도 매우 큰 일이었다. 하지만 결과적으로는 매우 수익성 있는 의사 결정이었던 것으로 판명되었다. 베네치아는 〔원래 베네치아의 도시였다가 반란을 일으켜 헝가리에 편입된 도시〕 차라(오늘날의 자다르)를 탈환했고 비용도 전부 회수할 수 있었다. 심지어 〔당초 이집트로 진격하려던〕 십자군이 방향을 틀어 콘스탄티노플을 치도록 수를 썼고, 전설적인 맹인 도제 엔리코 단돌로Enrico Dandolo가 콘스탄티노플 공격과 약탈을 지휘했다. 이를 통해 베네치아는 막대한 돈과 네 마리 말의 청동상을 포함해 귀한 물건들을 챙길 수 있었다. 현재 그 청동상의 모조품이 산마르코 대성당Basilica di San Marco 정문 위에 놓여 있으며 진품은 비바람에 훼손되는 것을 막기 위해 성당 안에 보관되어 있다.

망명자들이 세운 도시인 만큼 베네치아가 이방인을 환영하는 분위기였다는 것은 놀라운 일이 아닐 것이다. 초창기부터 베네치아는 여행자와 순례자의 주요 기착지였다. 장사 수완 밝은 현지인들은 로브스터, 호텔 루나, 리틀 호스 같은 주막과 숙박 시설을 열었고 여행자들을 산마르코 광장Piazza San Marco으로 안내했다. 지금도 그렇듯이, 이곳에는 점포들이 죽 들어서서 먹을거리와 기념품을 팔았다. 오늘날 관광은 베네치아 최대의 (그리고 많은 면에서 유일한) 산업이다. 도시 인구는 5만 4000명인데 매년 찾는 관광객이 3000만 명이나 되며 '이탈리아의 디즈니랜드'라는 별명도 가지고 있다. 방문객은 도시의 모든 곳에 물길이 닿는, 숨이 막히도록 아름다운 '물 위의 도시'를 경이롭게 바라본다. 아카데미아 갤러리에 르네상스 시기 베네치아를 그린 그림이 있는데,

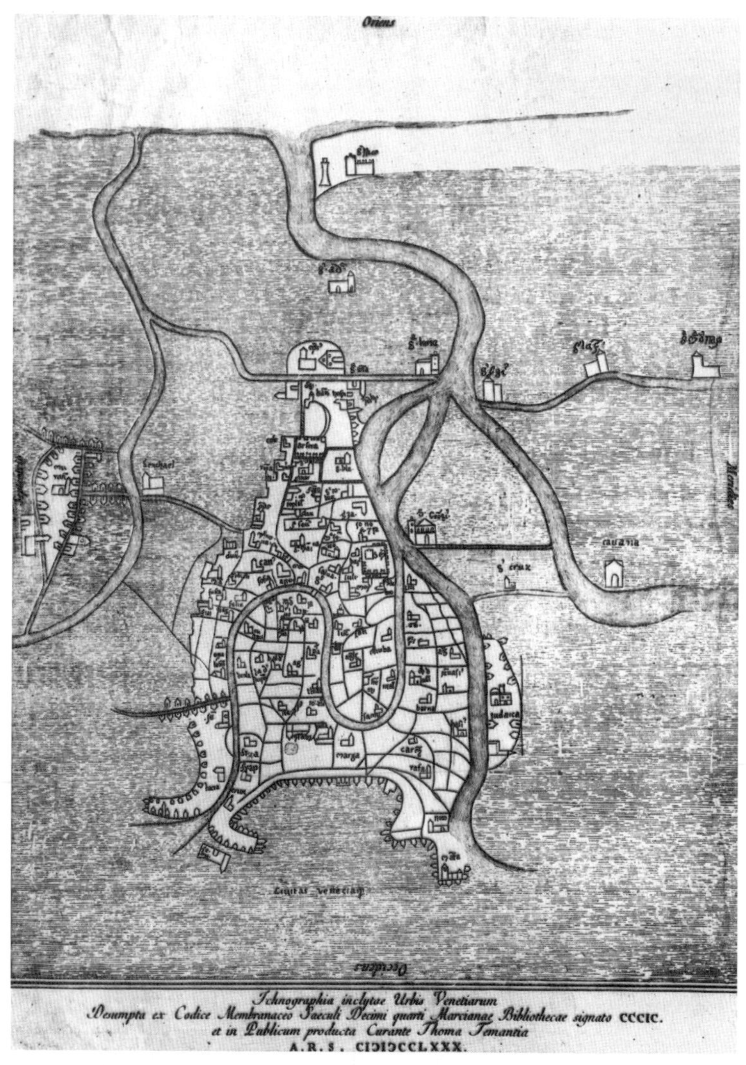

24 12세기 베네치아 지도. 맨 위에 유리 주조소가 보인다.

베네치아가 그때부터 지금까지 얼마나 한결같은지에 놀라게 된다. 건축물, 다리, 곤돌라 등 모든 것이 그때와 똑같다. 그림 속 인물들의 화려한 복식을 제외하면, 차이를 드러내는 것이라곤 오늘날에는 지붕에 굴뚝 대신 위성 안테나가 있다는 것뿐이다. 베네치아는 시간 속에 응결되어 있는 것처럼 보인다. 현대 세계가 정말로 침입하지는 않은, 아름다움과 고풍스러움이 지배하는, 그리고 쇠락한 흔적까지도 장엄함이 깃들어 있는, 역사의 테마파크를 보는 것 같다. 현대의 관광객들은 대개 거대한 유람선을 타고 들어와서 석호 오른쪽의 독에 정박을 하고(이에 대해 논란이 있다) 하루짜리 관광을 하지만, 중세의 방문객들은 훨씬 더 오래 머물렀으며 포용적이고 기업가 정신 넘치는 도시 분위기에 고무되어서는 아예 눌러앉아 오랫동안 베네치아를 제2의 고향으로 삼기도 했다. 12세기에 독일 상인들이 꾸준히 들어오기 시작해 리알토 다리 근처의 복닥대는 지역에 정착했고 1228년에 본부 격인 폰다코 데이 테데스키〔현재는 유명한 백화점이다〕 건물을 지었다. 이들 모험심 강한 독일인 이주민들은 베네치아로 몰려오던 이민자들의 파도의 일부였다. 1300년이 되면 베네치아 인구는 12만 명으로 늘어난다.[1]

또 다른 중요한 외국인 정착촌은 그리스인 정착촌이었다. 많은 그리스인이 베네치아로 들어와 거주하면서 교역에 종사했다. 그들은 고대 그리스 문화와 그리스어를 베네치아에 가지고 왔다. 아마도 1351년에 시인이자 학자인 프란체스코 페트라르카Francesco Petrarca(1304~1374)가 베네치아에 온 이유 중 하나가 이곳의 그리스인 공동체였을 것이다. 그는 여러 곳을 다니면서 방대한 고전 문헌을 수집했는데, 이것을 번역하기 위해 그리스어를 배우고 싶어 했다. 이는 훗날 '인문주의'라고 알려지는 운동의 토대가 된다. 페트라르카는 도제 안드레아 단돌로Andrea Dandolo(1306~1354)와 친한 사이였다. 안드레아 단돌로도 베네치아에 대한 뛰어난 역사서를 집필하고 학문과 예술을 장려해 베네치아에서 르네상스를 일으키는 데 일조한 인물로 꼽힌다. 두 사람은 학문적으로 매우 돈독한 관계였다. 페트라르카가 베네치아를 떠난 뒤에도 관계는 서신으로 이어졌고, 심지어 단돌로가 사망한 뒤에도 이탈리아의 다른 곳에서 벌어지고 있는 학문 동향에 뒤처지지 않으려고 각별히 신경 쓰고 있던 베네치아의 당국자들이 페트라르카와 관계를 계속 이어갔다. 페트라르카는 이들의 설득으로 베네치아에 다시 돌아와 자신의 방대한 장서를 베네치아에 유증하는 것을 논의하기도 했다. 안타깝게도 이 계획은 베네치아의 몇몇 귀족들과 학문에 대한 입장 차이로, 특히 아리스토텔레스 논리학에 대해 언쟁이 벌어지면서 무산되었다. 분노한 페트라르카는 책들을 배에 싣고 본토로 돌아가서 다시는 돌아오지 않았다.

페트라르카는 이탈리아 르네상스의 창시자로 꼽힌다. 그는 다음 세대 학자들이 모든 방법을 동원해 서적을 수집하고 학문을 촉진하도록 영감을 주었다. 그는 콜루초 살루타티Coluccio Salutati(1331~1411)라는 젊은 학자와 서신을 주고받았는데 살루타티는 나중에 피렌체의 재정관으로서 확보한 자원의 상당 부분을 들여 800권의 책을 수집했다. 그중 하나가 우리가 시칠리아에서 보았던 《알마게스트》 라틴어 번역본이다. 살루타티는 피렌체를 14세기 이탈리아의 학문 중심지이자 고전 문헌의 유통 중심지로 이끈 주인공이다. 1396년에 그는 비잔티움 제국의 외교관 마누엘 크리솔로라스Manuel Chrysoloras를 피렌체로 초청해 이곳에서 그리스어를 가르치도록 했다. 1000년도 넘는 세월 만에 처음으로 그리스어를 학문으로서 공부할 수 있게 된 것이다.* 살루타티는 크리솔로라스에게 서신을 보내 피렌체로 올 때 콘스탄티노플에서 그리스어 서적을 되도록 많이 가져와달라고 부탁한 점에서도 선견지명이 있었다. 크리솔로라스는 피렌체에 3년밖에 살지 않았지만, 그가 받은 찬사로 미루어 볼 때 그의 가르침은 그에게 직접 배운 학생뿐 아니라 그가 집필한 그리스어 문법책으로 공부한 미래 세대에게도 일대 변혁과 같은 영향을 미쳤음을 알 수 있다. 사전, 문법서 등 언어 교육을 위한 교재는 이 시기에 학문이 확산되는 데 매우 중요했다. 언어 교재가 존재한 덕분에 새로운 언어를 배우고 번역을 하려는 사람은 누구나 거기에서 도움을 얻을 수 있었다. 전에는 교사나 번역가(톨레도와 시칠리아에 많았다)만 이러한 종류의 지식을 제공할 수 있었는데 이제는 그것을 책으로 배울 수 있게 된 것이다. 크리솔로라스의 언어 교육은 2단계로 올라가면 그리스어를 라틴어로 번역하는 연습을 하게 되어 있었다. 여기서는 크레모나의 제라르도 등 이전의 번역가들이 사용했던 단어 대 단어의 직역보다는 문장의 의미를 전달하는 데 더 강조점을 두었다.

크리솔로라스의 제자들은 최근에 얻은 언어 지식을 활용해서 그리스어 원전을 저본으로 고전 문헌에 대해 더 나은 번역본을 생산하면서 왕성한 번역 활동을 했다. 그와 동시에, 이탈리아의 먼 산중에 있는 수도원들을 찾아다니면서 수 세기 동안 수도원 도서관에 방치된 채 살아남은 고대 문헌들을 발굴하는 일에 나섰다. 교황청 필경사이던 포조 브라촐리니Poggio Bracciolini 같은 사람들은 한발 더 나아가 북쪽으로 알프스를 건너 독일과 스위스까지 책을 찾으러 갔다. '책 사냥꾼' 포조가 장크

---

* 다만, 앞 장에서 보았듯이 일상어로서는 시칠리아와 이탈리아 남부에서 중세 내내 그리스어가 계속 사용되었다.

트갈렌(생갈) 수도원과 클뤼니 수도원에 책을 구하러 간 흥미로운 여정이 역사학자 스티븐 그린블랫Stephen Greenblatt의 저서 《1417년, 근대의 탄생: 르네상스와 한 책 사냥꾼 이야기*The Swerve: How the Renaissance Began*》에 잘 묘사되어 있다. 포조는 맹렬하게 서신을 교환한 것으로도 유명한데, 수많은 친구, 지인과 나눈 방대한 서신에 그가 어떤 사람인지 잘 드러나 있다. 그는 박식한 학자였고, 여러 명의 교황을 모셨으며, 키케로를 암송할 수 있었다. 하지만 저속한 단편 모음집을 쓰기도 했고, 독일에서 공중목욕탕에 가보고 친구 니콜로 니콜리Niccolò Niccoli에게 "나이 든 쭈글쭈글한 여인들이 젊은 여성들과 함께 남성들이 보는 앞에서 은밀한 신체 부위와 엉덩이를 내보이는 것이 우습다"고 낄낄대는 편지를 보내기도 했다.[2]

콘스탄체 호수 주위의 산속으로 수도원 도서관들을 찾아다니면서 책 사냥에 나섰던 포조의 탐험은 여러 가지 흥미로운 발견으로 이어졌다. 그는 키케로의 알려지지 않았던 연설문 몇 개와 퀸틸리아누스Marcus Fabius Quintilianus의 저술 전체가 담긴 필사본 하나를 찾아냈다. 둘 다 이탈리아에 있는 동료들에게 크게 환영을 받았다. 하지만 이 둘을 압도하는 발견이 있었으니, 1417년에 어느 수도원 도서관 깊숙한 곳 먼지 쌓인 선반에서 수백 년간 실체가 드러나지 않은 채 소문만 무성하던 책을 찾아낸 것이다. 바로 로마 철학자 루크레티우스Titus Lucretius Carus(기원전 99~기원전 55)의 《사물의 본성에 관하여*De rerum natura*》였다. 1000년 넘게 교회에 의해 배척되고 억압되었던 이 복잡하고 아름다운 서사시는 너무나 이단적이고 우상 파괴적이고 기존 질서에 위협적이어서, 살아남아 있었다는 것 자체가 기적일 정도였다.*

루크레티우스는 에피쿠로스학파였다. 기원전 3세기경에 그리스에서 처음 형성된 에피쿠로스학파는 존재하는 모든 것은 아주 작은 주춧돌로 이루어져 있다는 (너무나 시대를 앞서간) 믿음에 기초한 학파였다. 그들은 이 주춧돌을 '원자'라고 불렀는데, 너무 작아서 더 이상 쪼개질 수 없는 것을 의미한다. 《사물의 본성에 관하여》에서 루크레티우스는 이 개념 및 여기에서 파생하는 개념들을 온전히 받아들이고 그것을 끝까지 밀고 나가면서 논의를 전개했다. 창조주나 신성한 계획 같은 것은 없다. 창조된 모든 것은 계속해서 진화, 적응, 재생산한다. 인간은 지구상에 존재하는 수백만의 유기체 중 하나일 뿐이다. 지구는 우주에서 고유하거나 중심적인 역할을 하지 않는다. 죽음을 두려워할 이유는 없다. 영혼은 사라질 것이고 내세는 존재하지 않기 때문이다. 기타 등등. 이러한 개념은 오늘날에도 논란을 불러일으키곤 하는데 전적으로 기독교 교회에 의해 질서 지어지고 통제되던 사회에서는 얼마나 막강하고 위험한 개념으로 보였겠는가? 특히 종교에 대해 말하자면, 《사물의 본성에 관하여》는 종교를 완강히 거부하는 입장이었다. "모든 조직화된 종교는 미신이고 기망이며 (……) 불가피하게 잔인하다." 에피쿠로스학파에게 "인간 삶의 가장 높은 목적은 쾌락을 고양하고 고통을 줄이는 것"이었다. 이 개념은 현세에서의 비참함이 내세에서의 환희를 가져다주리라는 기독교의 가르침에 정면으로 배치되었다.[3] 기독교 저술가들은 에피쿠로스학파가 저열한 욕망에만 관심이 있는 비도덕적이고 타락한

---

* 4세기 기독교도 저술가 히에로니무스Eusebius Hieronymus는 이 책 내용 중 외설스러운 세부 사항들에 초점을 맞추면서 루크레티우스가 사랑의 묘약을 마신 뒤 제정신이 아니게 되었고 44세에 자살했다고 언급했다.

사람들처럼 보이도록 그들의 쾌락 개념을 왜곡했다.

많은 면에서 《사물의 본성에 관하여》는 현대 과학의 선언문처럼 읽힌다. 시대를 너무나 앞서간 나머지 오늘날에도 이 책이 논하고 있는 개념들은 다 이해되거나 탐구되지 못했다. 포조는 수도원 도서관에서 필사본을 하나 만들어 친구 니콜로 니콜리에게 보냈다. 니콜로는 이것을 새로 아름답게 필사했는데 여기에 무려 14년이 걸렸다. 그래서 포조가 계속 재촉을 했지만 책을 돌려주는 것은 계속 미뤄졌고, 마침내 포조가 책을 돌려받았을 때는 사본이 유통되기 시작한 뒤였다. 이제 루크레티우스의 매혹적인 서사시는 유럽의 지식 네트워크를 타고 흐르면서 보티첼리Sandro Bottecelli의 그림 〈비너스의 탄생〉에 담긴 초현실적인 아름다움에서, 몽테뉴Michel de Montaigne의 성과 죽음에 대한 에세이에서, 셰익스피어William Shakespeare의 희곡 《로미오와 줄리엣*Romeo and Juliet*》에서 맵 여왕의 마차를 끄는 “눈곱만 한 짐승들의 팀”[4]〔team of little atomi. 로미오와 머큐쇼가 로미오가 꾼 꿈에 대해 이야기를 나눌 때 나오는 구절이다. 영어 원문에 원자를 뜻하는 atom을 연상시키는 단어 atomi가 나온다〕이라는 구절에서, 또 그 밖의 수많은 형태로 유럽 대륙 전체에서 모습을 드러냈다. 15세기에 생산된《사물의 본성에 관하여》사본 중 50부가 현전한다. 이렇게 많은 부수가 남아 있다는 것은 이 책이 누린 엄청난 인기를 가늠하게 해준다. 그리고 1473~1474년경에 브레시아에서 첫 인쇄본이 나오면서 한층 더 널리 읽히게 되었다. 1486년에 베로나에서, 1495년에 베네치아에서도 인쇄본이 출간되었고 1500년에 알디네Aldine 출판사에서 나온 인쇄본이 가장 큰 성공을 거두었다.

《사물의 본성에 관하여》는 라틴어로 된 과학 서적으로, 이는 매우 드문 경우였다. 수학, 천문학, 의학에 관심 있는 학자들은 그리스어 문헌에 초점을 두어야 한다는 것을 잘 알고 있었다. 그래서 동방과 베네치아로 눈을 돌렸다. 베네치아는 에게해의 섬 대부분과 중동의 항구, 그리고 〔그리스 문헌의 보고인〕 콘스탄티노플 자체의 활발한 공동체와 교역이 많이 이뤄지던 곳이어서, 그리스 서적을 찾으려는 학자들이 도움을 얻기에 최적이었다. 총독이나 행정관으로 에게해 섬들에 주둔한 베네치아의 공직자들은 고전 문학, 철학, 과학을 그리스어 원전으로 가르치는 그리스어 교육의 가치를 피부로 느끼고 있었다. 이들은 그리스어 책들을 구매해 베네치아로 가지고 왔고, 베네치아에서 인문주의 학교들의 교과 과정에 언어 수업이 공식적으로 포함되도록 했다. 또한 이들은 주해서를 쓰고, 사본을 생산하고, 그리스어 문헌의 정전을 만들어나갔다. 1463년에는 베네치아 권역의 유일한 고등 교육 기관이자 귀족들이 학업을 더 연마하도록 자제들을 보내는 곳이었던 파도바 대학에 그리스어 학과가 생겼다. 그 세기가 지나면서 베네치아의 귀족들은 점점 더 고전 사상을 많이 알게 되고 관심도 높아졌다.

귀족이 아닌 베네치아 토박이와 외지인 모두 이러한 분위기에 동참해서 엘리트의 학문 공동체를 한층 더 풍성하게 했다. 1453년에 튀르크가 콘스탄티노플을 점령하기 직전 몇 년과 직후 몇 달 동안 콘스탄티노플에서 그리스 사람들이 대거 베네치아로 넘어왔다. 고대 도시 콘스탄티노플은 더 이상 기독교도에게 안전한 곳이 아니게 되었고, 이들은 그리스어권인 근동 지역 및 거리가 가까운 서쪽의 베네치아로 도망쳤다. 여기에는 그리스인과 그리스어를 하는 이탈리아인이 있었고 이곳 주민들은 그들의 고향인 콘스탄티노플에 대해 열린 태도를 취했다.

당연히 이들은 콘스탄티노플을 떠나면서 귀한 것들을 챙겨 왔는데, 금, 보석, 예술품, 돈, 종교 용품, 그리고 책이 있었다. 이것은 역사상 가장 기념비적인 서적의 확산이라고 말해도 과언이 아닐 것이다. 고대에 세워진 콘스탄티노플의 도서관들에 오랫동안 안정적으로 보관되어 있었던 수천 권의 서적이 서고에서 나와 궤짝에 담기고 달구지에 실려서 항구로 왔고, 다시 배에 실려서 이제 유럽의 망명자가 된 주인들과 함께 서쪽으로 이동했다. 이 책들이 이탈리아에 도착했을 때 이탈리아의 인문주의 학자들은 긴 세월 동안 오염되지 않은 고대 그리스의 지혜를 재발견하기 위해 그것들을 필사하고 번역하고 주해를 달고 편집을 해서 가장 정확하고 좋은 버전을 만들 만반의 준비를 갖추고 있었다.

이 시기에 동쪽에서 이탈리아로 들어온 위대한 학자들 중 가장 유명한 사람은 바실리오스 베사리온Basillios Bessarion(1403~1472)이다. 흑해 연안 트레비존드 출신으로, 콘스탄티노플에서 최고의 교육을 받았고 펠로폰네소스에서 저명한 현자 게미스토스 플레톤Gemistos Plethon에게 신플라톤주의 철학을 배웠다. 뛰어난 학자인 데다 외교적 수완도 있었던 베사리온은 빠르게 정교회 조직의 위계를 타고 올라가 1430년대에 동서 교회 재통합을 위한 협상단으로 이탈리아에 파견되었다. 그리스 세계와 라틴 세계를 통합하려는 열망은 그의 오래고 걸출한 경력의 모든 면을 설명해준다. 베사리온은 사람, 사상, 서적이 비잔티움에서 이탈리아로, 그리스어에서 라틴어로 이동하는 주요 통로였다. 덕분에 오스만 튀르크의 침공으로 파괴되었을지도 모를 그리스 문화의 상당 부분이 지켜질 수 있었다.

교황 에우제니오 4세Eugenius IV가 그를 추기경으로 임명한 것을 보면 베사리온이 이탈리아 사람들에게 매우 깊은 인상을 준 것이 틀림없다. 정교회 성직자가 가톨릭교회의 추기경으로 임명된 것은 매우 이례적인 영예였다. 베사리온은 추기경이 되면서 공식적으로 이탈리아에서 생활하게 되었다. 그는 로마의 아피아 가도〔로마에서 이탈리아 남부에 이르는 로마 시대의 유명한 국도〕에 있는 우아한 집으로 이사했다. 너른 방과 그늘진 테라스가 있는 그의 집에는 콘스탄티노플에서 도착한 그리스 사신들, 젊고 영민한 학자들, 훌륭하고 학식 있는 사람들이 북적였다. 그의 너그러운 후원과 지적인 영감에 힘입어 그의 저택은 인문주의의 비공식 학당이 되었고, 그는 유럽 전역에서 가장 규모가 크고 귀한 장서도 보유하고 있었다. 베사리온은 집에 필사실도 두었으며 자신이 소장한 책을 방문자들이 볼 수 있게 개방했다. 그는 학자들과 함께 연구 활동에 참여하기도 했다. 그가 소유했던 책에는 여백에 그가 적어놓은 메모가 가득하다. 그는 번역도 했고, 〔동서 교회뿐 아니라 모든 면에서〕 통합을 향한 자신의 열망에 부합하게 아리스토텔레스 철학을 플라톤 철학과 융화하려 한 논문도 작성했다. 하지만 뭐니 뭐니 해도 그의 가장 큰 업적은 도서관이다. 이곳은 "르네상스 시기에 형성된 도서관을 통틀어 가장 풍부한 장서를 보유한" 곳이었다.[5] 오늘날에도 가장 희귀하고 가장 귀한 서적들 상당수가 이곳에 보관되어 있다.

베사리온은 교황의 특사로서 방대한 지역을 돌아다녔고 가는 곳마다 뜻이 비슷한 학자들과 흥미로운 책을 찾아 나섰다. 1460년에 빈을 방문한 그는 두 명의 천문학자를 만났다. 게오르크 폰 포이어바흐Georg von Peuerbach와 요하네스 뮐러Johannes Müller(레기오몬타누스Regiomontanus라고도 불렸다). 이 만남은 이들 사이만이 아니라 과학의 발달 전반에도 매우 큰 영향을 남기게 된다. 뛰어난 학자인 포이어바흐는 레기오몬타누스의 스승이었다. 젊은 시절에 이탈리아에서 유학을 마친 뒤 볼로냐 대학과 파도바 대학의 교수직을 사양하고 고향 오스트리아로 돌아와 천체를 연구하고 가르쳤다. 그가 직접 수행한 관측을 토대로 발전시킨 《알폰소 천문표》는 우리가 보았던 천문표들 중에서 가장 최근의 것이며 가히 포이어바흐의 걸작이라 할 만하다. 레기오몬타누스는 열세 살에 대학에 들어간, 포이어바흐의 가장 똑똑하고 조숙한 학생이었다. 곧 학문적 동료가 된 두 사람은 함께 천체를 관측해 1456년 6월에 핼리 혜성이 나타난 것을 기록하기도 했다. 그들은 자신들의 연구와 다른 천문학자들의 연구에 대해 끝없이 논의했다. 베사리온은 포이어바흐와 레기오몬타누스에게 천문학을 배우려는 사람들이 교재로 쓸 수 있게 프톨레마이오스의 《알마게스트》를 간결한 버전으로 만들어달라고 의뢰했다. 이들은 즉시 착수했지만 포이어바흐가 이듬해 서른일곱 나이로 세상을 떠나는 바람에 레기오몬타누스는 나머지 작업을 혼자 해야 했다. 이 일은 1462년에 완성되었다.

그렇게 해서 나온 《알마게스트 개요*Epitome*》는 《알마게스트》가 확산되는 데 중요한 이정표가 되었다. 원전의 절반 정도로 분량이 짧아서 접근이 쉬웠고 매우 명료하게 구성되어서 천문학자들이 "프톨레마이오스의 이론을 전에는 가능하지 않았던 수준으로 깊이 이해할 수" 있게 되었다.[6] 또한 사비트 이븐 쿠라, 알 자르칼리, 그리고 톨레도 천문표를 작성한 학자들 등 다른 천문학자들의 연구도 방대하게 담겼다. 《알마게스트 개요》는 크레모나의 제라르도가 번역한 라틴어본을 토대로 했지만, 베사리온이 가지고 있던 그리스어 원본[7]을 참고해 제라르도본에서 누락된 몇몇 세부 사항도 포함했다. 베사리온의 그리스어본은 헨리쿠스 아리스티푸스가 콘스탄티노플에서 시칠리아로 가져온 바로 그 필사본으로, 오늘날 베네치아의 마르치아나 도서관에 소장되어 있다. 레기오몬타누스가 《알마게스트 개요》를 완성한 지 30년 뒤인 1496년에 이 책의 인쇄본이 베네치아에서 출간되었다. 그리고 이 책은 대학의 표준 교재가 되어 코페르니쿠스, 튀코 브라헤Tycho Brahe, 요하네스 케플러, 갈릴레오 갈릴레이Galileo Galilei 등 미래의 천문학자들이 프톨레마이오스 체계의 뛰어남과 함께, 더 중요하게는 프톨레마이오스의 오류도 알 수 있게 되었다. 차세대 천문학자들이 오류를 해결하기 위해 내놓은 혁신적인 해법은 우주에 대한 이해를 완전히 바꾸어놓으면서 천문학에 일대 변혁을 가져온다.

베사리온은 레기오몬타누스에게 이탈리아로 같이 가서 연구를 이어가자고 설득했다. 두 사람의 관계는 당대에 학문적으로 가장 비옥하고 중요한 관계였다고 할 수 있을 것이다. 베사리온은 레기오몬타누스에게 그리스어를 가르쳤다. 그리고 레기오몬타누스는 《원론》과 《알마게스트》에 유클리드의 공리와 프톨레마이오스의 행성 모델을 설명하는 주해를 다는 등 후원자 베사리온에게 수학과 천문학에 대한 방대한 지식을 전달했다. 이들은 1461년 11월 20일에 로마에 있는 베사리온 추기경의 집에 도착했고, 레기오몬타누스는 베사리온의 놀라운 도서관을 처음 보았다. 이곳에는 "파포스Pappos[4세기경 알렉산드리아의 수학자]만 빼고 (……) 르네상스의 수학을 위해 필요한 주요 고전의 원전 문헌이 모두" 있었다.[8] 젊은 천문학자의 인생에서 실로 기념비적인 순간이었을 것이다. 젊은 시절에 레기오몬타누스는 포이어바흐 아래서 공부하는 행운을 누렸다. 포이어바흐는 과학에 대한 열정을 불어넣었을 뿐 아니라, 이탈리아에서 유학을 했으므로 오스트리아에서는 구할 수 없는 책들을 가지고 돌아와 제자들에게 소개했을 것이다. 그리고 이제 난생처음 로마에 와본 레기오몬타누스는 또 한 번 굉장한 경험을 하게 되었을 것이다. 고대의 흔적이 아무렇지도 않게 도시 여기저기에 있는 것을 보면서 고대의 찬란했던 과거를 느낄 수 있었을 것이다. 베사리온의 저택도 그를 실망시키지 않았을 것이다. 학자들이 그리스어, 이탈리아어, 라틴어로 열띤 토론을 벌이고, 필사실에서는 줄 지어 있는 책상에서 필경사들이 양피지나 종이에 책을 필사하고, 오래된 책, 새 책 할 것 없이 무수히 많은 책이 벽을 가득 메우고 있는 광경에 레기오몬타누스는 숨이 멎는 듯했을 것이다.

그런데 당시 로마에는 놀라운 장서로 유명한 도서관이 베사리온의 도서관 말고 또 있었다. 1447년에서 1455년 사이, 인문주의자인 교황 니콜라오 5세Nicolaus V에 의해 바티칸 도서관이 일대 변신을 했다. 고전 학문을 열렬히 숭배하고 크리솔로라스의 제자였던 니콜라오 5세는 이탈리아 전역의 장서 수집가들과 학자들이 교황청에 와서 연구하도록 독려했고, 덴마크, 독일, 그리스에 특사를 보내 서적들을 수집했다. 이렇게 해서, 340권에 불과하던 장서는 그가 사망할 무렵에는 1160권이 되었다.* 그리스어 서적들은 포조 브라촐리니와 그의 책 사냥 파트너 조반니 아우리스파Giovanni Aurispa, 로렌초 발라Lorenzo Valla, 그리고

* 1475년이면 유클리드의 《원론》과 프톨레마이오스의 《알마게스트》 모두 이곳의 소장 목록에 올라와 있었다.

콘스탄티노플에서 온 그리스 학자들로 구성된 팀이 체계적으로 번역했다. 바티칸 도서관은 교황 니콜라오 5세가 추진한 장서 구비 정책을 이어가면서 세계에서 가장 귀하고 중요한 장서를 소장하게 되었다. 오늘날 이곳에는 6만 권의 필사본과 8000권의 고판본〔1500년 이전의 인쇄본〕이 있다. 추기경 베사리온은 격려와 조언을 하며 니콜라오 교황의 일에 깊이 관여했다. 둘은 서로 잘 아는 사이였고 교황과 추기경이라는 교회 내 지위에 의해서도, 또 학문에 대한, 특히 수학에 대한 사랑에 의해서도 매우 친밀한 관계가 되었다.[9]

이후 몇 년 동안 레기오몬타누스는 종종 베사리온과 함께 이탈리아 전역을 돌아다니면서 레오나르도 브루니Leonardo Bruni, 레온 바티스타 알베르티Leon Battista Alberti, 토스카넬리Toscanelli 등 당대의 위대한 인문주의자들을 만났다. 파도바에서는 '수학의 모든 원리'라는 주제로 일련의 강의를 했는데, 아랍 천문학, 아르키메데스에 대한 연구 등이 다루어졌고, 물론 그 밖에도 많은 내용이 포함되었을 것이다. 베사리온이 교황의 특사로 베네치아에 파견되었을 때 레기오몬타누스도 동행했고, 비테르보(여기에서 천체 관측을 했다)와 페라라를 방문했으며 아마 피렌체도 방문했을 것이다. 1467년에는 삼각법에 대한 혁신적인 논문도 썼다. 하지만 결국에는 추기경에게 작별 인사를 하고 오스트리아로 돌아온다. 스승 포이어바흐가 그랬듯이 자신이 얻은 지식을 고국 사람들에게 전하고 싶어서였을 것이다.

베사리온 추기경은 베네치아에 여러 차례 방문했고 '석호의 도시'가 주는 매력에 푹 빠졌다. 그는 교황의 특사로서 산조르조 마조레섬에 있는 베네딕토 수도원에 묵었는데, 흐릿한 석호 너머로 광장과 교황 궁의 새 전면이 태양을 받아 반짝이는 모습을 볼 수 있었다. 하지만 그가 이곳의 아름다움에만 매력을 느낀 것은 아니었다. 그는 '라 세레니시마'의 독특한 정부 시스템에도 깊은 인상을 받았고 고향과 가깝다는 점도 그의 마음을 끌었다. 1468년에 65세가 된 그는 사후에 자신의 장서를 어떻게 처리할지 생각하기 시작했다. 바티칸은 그의 집인 로마에서 매우 가까웠으므로 기증할 장소로 당연히 물망에 올랐다. 르네상스의 선도적인 학자들이 많이 활동하고 있는 피렌체도 후보였다. 피렌체의 학자들은 수학을 예술 분야에서 혁신적으로 사용하고 있었다. 이를테면 당시에 막 완성된 필리포 브루넬레스키Filippo Brunelleschi의 〔산타마리아 대성당의〕 팔각 돔은 고전 건축에서 영감을 받은 디자인으로, 응용기하학과 거대한 도르래 덕분에 실제 제작이 가능했다. 또한 브루넬레스키가 재발견한 '선 원근법'은 화가들이 세상을 보는 방식을 크게 변화시켰다. 하지만 피렌체에는 놀라운 장서를 보유한 도서관이 이미 여럿 있었다. 가장 유명한 것은 메디치 가문이 만든 산마르코 수도원의 공공 도서관이었고, 메디치 가문은 저택에 개인 도서관도 가지고 있었다. 베사리온은 아직 그러한 도서관이 없는 베네치아에 자신의 귀중한 장서를 기증하기로 하고, 베네치아의 도제 크리스토포로 모로Cristoforo Moro에게 기증 의사를 밝히는 편지를 보냈다.

> 세계의 거의 모든 곳에서 모든 나라의 사람들이 당신의 도시로 모이고 있습니다. 특히 그리스 사람들이 그렇지요. 그들이 고향을 떠나 바닷길로 처음 도착하는 곳이 베네치아입니다. 상황에 떠밀려 고향을 떠날 수밖에 없었지만 당신의 도시에 도착한 그들은 이곳 사람들과 함께 살아가면서

마치 또 하나의 비잔티움에 온 것처럼 지내게 됩니다. 이러한 점을 생각해볼 때, 저 자신 역시 큰 빚을 지고 있고 그동안 받은 호의에 깊은 의무감을 느끼고 있는 베네치아 외에 또 어느 곳에 제가 이것을 기증할 수 있겠습니까? 베네치아는 그리스가 복속된 이후에 제가 저의 나라로 선택한 곳이고, 너무나 영예롭게도 저는 이곳에서 환대를 받았습니다.[10]

세부 조건이 합의되자 베사리온은 기증서에 서명했다. 그가 기증한 "우수한 그리스어와 라틴어본 서적 900권"은 "값으로 따지면 1만 5000두카트 가치는 족히 나갈 만한" 것이었다.[11] 기증을 받는 대가로 베네치아 당국은 이 책들을 보관할 도서관을 짓고 배움을 구하려는 모든 사람이 이용할 수 있게 개방하기로 했으며,[12] 이 책들이 베네치아 밖으로는 나가지 않게 한다는 조건도 붙었다.

15세기 말에 베네치아의 상업은 최고조에 달해 있었다. "상상할 수 있는 것은 무엇이건 베네치아에서 살 수 있다"는 말이 있었을 정도이며, 한 방문자에 따르면 산마르코 광장은 "세계의 시장"이었다.[13] 사기꾼, 가이드, 홍정꾼, 거지, 물길, 향신료 냄새, 곤돌라꾼의 애절한 노래, 찰랑찰랑 물이 돌에 부딪치는 소리 등 유럽의 북쪽 지역에서 온 사람들에게 베네치아는 너무나 매혹적이었을 것이다. 베네치아에서는 매년 2주간 광장에서 화려하고 시끌벅적한 박람회가 열렸다. 수천 명이 찾아와 각지의 상인들이 내놓은 진기한 것들을 바라보며 감탄했고 현지의 장인들도 반짝이는 거울, 하늘거리는 레이스, 무지갯빛 섬세한 유리 제품 등을 판매했다. 베네치아는 사치품의 세계 수도였고 유행의 전달자였으며 상업의 여왕이었다. 산마르코 광장은 늘 상인으로 붐볐지만,

베네치아의 비즈니스 중심지는 리알토였다. 11세기에 당국은 경제 사안을 관장하는 관공서들을 이곳에 두었고 시장도 확장되었다. 그리고 100년 뒤에 이곳은 널리 퍼져가는 시장 구역으로 발달했다. 가장자리의 콜로네이드에는 특산품 가게, 민간 은행, 창고가 있었고 운하의 독('리바riva')에서는 쉼 없이 물건들이 실리고 내려졌다.

이러한 상업적 성공은 믿기 어려울 정도의 부를 가져왔다. 카날 그란데Canal Grande(대운하)의 둑을 따라 '카사casa'라고 하는 화려한 저택들이 들어섰다. 베네치아 방언으로는 짧게 '카ca'라고 불린 카사는 개인 저택이면서 파트리치아가 집무를 보는 관저이기도 했다. 그곳에서 사람들은 아이들과 식사를 하기도 하고 외국에서 온 상인과 거래 계약을 체결하기도 했다. 카사의 건축에는 오로지 화려한 외양만이 중요했다. 방어용 요새나 해자 등을 지을 필요가 없었기 때문에 베네치아 건축가들은 전적으로 형태와 아름다움에만 집중할 수 있었다. 파트리치아 가문들은 저택의 거창한 로지아와 장엄한 전면으로 경쟁했다. 본Bon 부자〔조반니 본Giovanni Bon과 아들 바르톨로메오 본Bartolomeo Bon〕가 건축한 카사가 이러한 화려함의 결정판을 보여주었는데, 외벽을 금장으로 두르고 보석을 박아 장식한 이 저택은 '황금의 집'이라는 뜻의 '카도로Ca'd'Oro'라고도 불린다.

엄청나게 화려하고 사치스러운 지출은 파트리치아의 생활 양식에서 주된 특징이 되었다. 이는 문화와 학문에서도 마찬가지였다. 베네치아 사람들은 둘 다 스스럼없이 대담하게 추구했고, 가장 뛰어난 학자들을 초청해 베네치아에서 연구하게 했다. 베네치아의 젊은 귀족은 개인 교사들을 두고 집에서 공부하거나 최근에 세워진 학교에서 공부했는데, 이 학교에서는 인문주의 교과 과정을 받아들여서 수사학, 논리학 같은 더 전통적인 과목들과 함께 그리스어도 가르쳤다. 또한 1397년에 리알토에 세워진 철학 학교에서는 수학이 교과 과정의 중요한 부분으로 포함되었다. 학교에서 귀족 자제들은 파도바 대학에 가기 위한 준비 과정을 밟을 수 있었다. 15세기 중반에 파도바 대학은 자유 교양 교육과 의학 교육 모두에서 명성이 높았고 유럽 전역에서 학생들이 모여들었다. 이곳에서 학생들은 아리스토텔레스의 자연철학, 유클리드《원론》의 첫 몇 권,《알마게스트》의 일부 등을 배웠다. 의학 교과는 갈레노스와 히포크라테스 위주였고 크레모나의 제라르도가 번역한 이븐 시나의《의학 정전》과 알 라지의《의학 전서》도 교재로 사용되었다.

파도바는 1405년에 베네치아령이 되었고, 1407년에 베네치아 당국은 베네치아 젊은이들이 파도바가 아닌 이탈리아의 다른 곳에서 공부하는 것을 금지했다. 국가의 통제 욕망을 보여주는 고전적인 사례다. 하지만 이 정책은 긍정적인 부수 효과도 낳았는데, 베네치아와 파도바 사이에 지속적으로 지식의 교환이 이루어지게 된 것이다. 파도바의 영향으로 베네치아는 로마나 피렌체 등 다른 르네상스 문화 중심지에서 예술, 건축, 철학, 문학이 우위를 점한 것과 달리 과학에 더 초점을 맞추었다. 상인이자 항해사인 베네치아 사람들은 천생 실용주의자여서 과학의 개념을 항해, 회계, 조선, 공예 등에서 접하는 실질적인 문제에 적용하는 것에 관심이 있었다. 교역이 증가하고 거래가 복잡해지면서 상인들은 점점 더 복잡하고 정교한 수학 지식이 필요해졌다. 수학 이론이 일상에 가장 널리 적용된 사례로는 피보나치의《주판서》에 나오는 산술 이론들을 들 수 있을 것이다. 피보나치의《주판서》는 이탈리아 북부 전역의 학교에서 교재로 사용되었고, 덕분에 젊은이들이 회계 기법, 기초 대수학, 초급 기하학을 숙지할 수 있게 되었다. 저술가인 조르다노 카르다노Giordano Cardano에 따르면, 피보나치의 이론 중 더 어려운 것들(복합 대수학이나 수열 이론 등)은 3세기나 잠자고 있다가 페루자의 젊은 학자 루카 파촐리Luca Pacioli(1447~1517)가 베네치아의 산안토니오 디 카스텔로 도서관에서 우연히 《주판서》를 발견하면서 세상에 나오게 된다. 파촐리는 이러한 내용을 방대한 수학 종합서인 《산술, 기하, 비례 총서*Summa de arithmetica, geometria, proportioni et proportionalita*》에 담았고, 이를 통해 전체 내용이 후대 학자들에게 전해질 수 있었다.

파촐리는 베네치아에서 어느 귀족 집안의 가정 교사로 일했는데, 여유 시간에는 스쿠올라 디 리알토(리알토 학교)에서 강의를 들었다. 그러다가 1470년경에 베네치아를 떠나 로마로 가서 나중에는 프란체스코 수도회의 탁발 수사가 되었다. 하지만 그는 신의 말씀을 전하는 것만큼이나 수학을 가르치는 데도 시간을 많이 썼던 것 같다. 페트라르카, 보카치오Giovanni Boccaccio 등 초기 인문주의자들은 이탈리아어를 사용하자고 주장했는데, 파촐리도 라틴어 책을 이탈리아어로 번역해야 하고 이탈리아어로 쓰인 새로운 저술도 나와야 한다고 주장했다. 또한 그는 모든 사람이 기하와 산술을 배울 수 있어야 한다고 믿었고 인도-아라비아 숫자 체계의 도입을 지지했다. 그 결과 파촐리는 르네상스 시기 수학의 확산에서 매우 독보적인 위치에 서게 되었다.

궁극의 방랑 학자였던 그는 방대한 지역을 떠돌아다닌 덕분에 당대의 어느 누구보다도 탄탄하고 광범위한 네트워크를 갖게 되었다. 이탈리아 북부의 모든 대학과 귀족의 저택이 그의 집이나 마찬가지였다.

로마에서는 건축가 레온 바티스타 알베르티의 집에 머물면서 나폴리를 함께 방문하기도 했고, 피렌체에서는 레오나르도 다빈치Leonardo da Vinci와 한동안 어울렸다. 또한 그는 오늘날 '복식 부기'라고 알려져 있는 '베네치아 회계법'을 사람들에게 명료하게 설명해서 '회계의 아버지'라는, 흥미롭게 들리지는 않아도 매우 의미 있는 별명도 얻었다. 이 회계법은 이후 수 세대의 상인들이 사용했다. 파촐리의 수학적 관심사는 매우 광범위했다. 그는 산술론을 집필했고, 유클리드 전문가로서 《원론》에 대해 자주 강의도 했으며, 《원론》의 라틴어본과 이탈리아어본을 새로 펴냈다. 그리고 자신이 알고 있는 모든 수학 지식을 대작 《산술, 기하, 비례 총서》에 담았는데, 되도록 많은 사람이 볼 수 있게 이탈리아어로 썼고 1494년에 베네치아에서 출간했다. 무게, 측량 등 실용적인 주제와 대수학, 기하학 같은 이론적인 부분을 아울러 종합한 대작이었다. 독창적인 연구는 아니었지만 학자들에게 유클리드, 알 콰리즈미, 피보나치 등에 대해 유용한 요약을 제공함으로써 후대에 큰 영향을 미쳤다. 파촐리는 측량사, 목수, 조각가, 건축가 등이 수학을 공부해서 그들의 일에 적용할 수 있어야 한다고 강조했고, 수학의 실용적인 요소와 이론적인 요소를 한데 모아서 그것을 모든 이가 유용하게 누릴 수 있게 하고자 했다.

파촐리가 꿈꾸었던 것과 같은 규모로 지식이 확산되는 것은 인쇄술의 도래로 비로소 가능해졌다. 인쇄술의 등장으로 책은 전보다 훨씬 더 폭넓은 사람들이 사고 접할 수 있는 물건이 되었다. 1430년대 중반 스트라스부르의 젊은 보석 세공사 요하네스 구텐베르크Johannes Gutenberg(1400~1468)가 이후 역사의 경로를 바꾸게 될 혁신적인 서적 제조 방법을 고안했다. 그는 금속 세공 기술을 활용해 주석, 구리, 안티몬의 합금에 글자들을 낱개로 주조해서 그것들을 단어와 문장이 되도록 틀에 심어 배열할 수 있게 만들었다. 그리고 그 위에 잉크를 칠하고 틀을 뒤집어서 나무로 된 프레스기에 고정시켰다. 이 프레스기는 당시 사과주 제조용 압착기에 흔히 쓰이던 설계를 바탕으로 한 것이었다. 그다음에 프레스기에 종이를 끼우고 레버를 아래로 당기면 종이에 글자가 찍혔다. 이렇게 해서 서구 세계 최초의 인쇄 문서가 탄생하게 된다.*

구텐베르크는 몇 년에 걸쳐 설계를 개선했고, 1450년 무렵 고향인 마인츠로 돌아와 최초의 인쇄소를 열었다. 5년 뒤에는 그가 펴낸 가장 유명한 책《구텐베르크 성경》을 불과 한두 주 만에 180부나 찍었다. 성경 180부를 손으로 필사했다면 몇 년이 걸렸을 것이다. 생산 속도의 어마어마한 증가야말로 인쇄술이 갖는 중요성의 핵심이다. 이 발명품의 획기적인 잠재력을 구텐베르크 본인도 동시대의 다른 사람들도 놓치지 않았고, 이 기술은 빠르게 퍼졌다. 미래에 교황 비오 2세Pius II가 되는 한 성직자는 프랑크푸르트에서 인쇄된 성경 샘플을 보고 깊은 인상을 받아서 인쇄본의 문자가 얼마나 깔끔한지 상세히 묘사한 편지를 이탈리아의 지인들에게 보냈다. 곧 인쇄소를 짓고 운영하는 것을 전문적으로 배우는 사람들이 생겼고, 인쇄술은 처음에는 독일에서, 그리고 곧 다른 나라들에서도 빠르게 퍼졌다.[14]

특히 이탈리아에서 인쇄업이 도약했다. 기회를 포착하는 것이라면 일가견이 있는 베네치아 사람들은 인쇄술의 잠재력을 곧바로 알아

* 중국에서는 13세기 초에 인쇄술이 발명되었다.

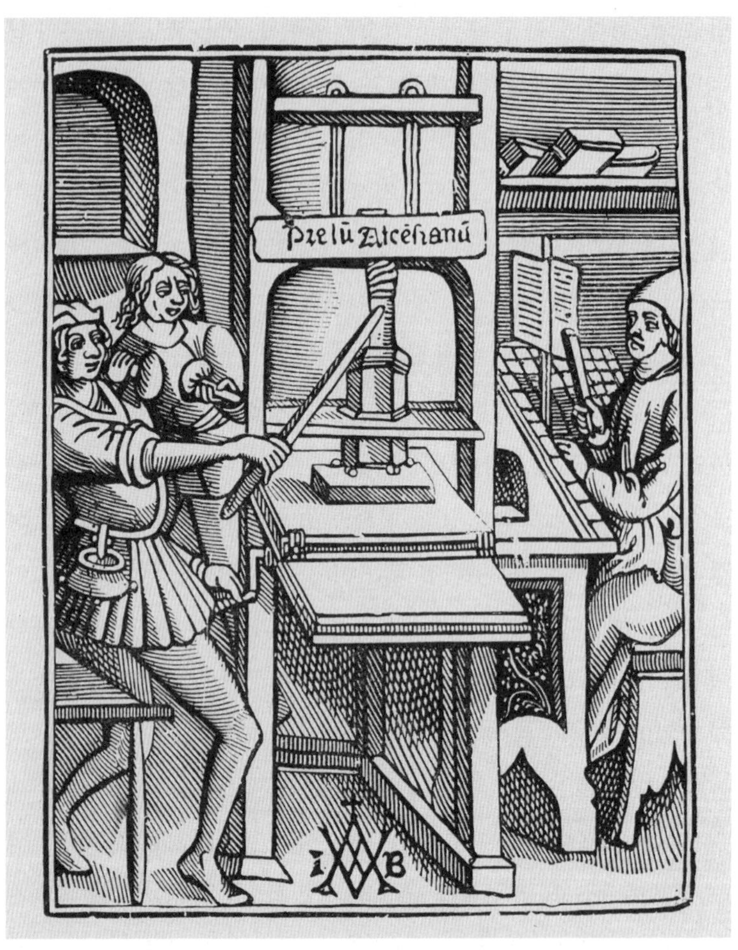

25 초창기 인쇄소의 모습. 목판화.

보았다. 베네치아 당국은 1496년에 요하네스 폰 슈파이어Johannes von Speyer에게 베네치아에서 인쇄를 독점할 수 있는 권리를 주면서, "우리 시대의 이 독특한 발명품은 이전 시대에는 알려지지도 않았지만 이제는 모든 면에서 촉진되고 진전될 것"이라고 선언했다.[15] 요하네스가 다음 해에 사망하면서 그의 독점권도 소멸되었고, 동생 벤델린Wendelin을 포함해 수많은 사람이 베네치아에서 인쇄업에 뛰어들었다. 3년 만에 무려 130종의 책이 출간되었는데, 절반 이상이 고전 문학과 문법이었고 그다음으로 많은 것은 종교 서적, 나머지는 법학, 철학, 과학 서적이었다. 이 사람들은 물론 유망 산업을 제대로 짚은 것이었다. 베네치아는 출판업이 번성할 수 있는 모든 조건을 가지고 있었다. 교육받은 독서 대중이 있었고, 잘 조직된 은행이 있어서 자금을 조달하기 좋았으며, 기업가 정신이 넘치는 정부가 있었고, 교역 네트워크가 이미 존재했고, 무엇보다 베네치아령에 속하는 이탈리아 본토 지역들에서 안정적으로 종이를 공급받을 수 있었다. 이 무렵이면 제지업은 바그다드, 스페인을 지나 이탈리아에 들어오기까지 수 세기가 걸리긴 했지만 유럽에서도 탄탄하게 확립되어 있었다. 그리고 베네치아는 외지인을 배척하지 않았을 뿐 아니라 적극적으로 불러오기까지 했다. 베네치아의 인쇄업자 1세대는 모두 독일에서 온 사람들이었다. 이들은 베네치아로 들어와서 폰다코 데이 테데스키에 형성된 상인 공동체에 합류했다. 베네치아는 곧 인쇄로 유명한 도시가 되었다. 1500년이면 베네치아에서 30곳의 인쇄소가 돌아가고 있었으며, 1500년 이전에 인쇄된 책 중 35~41퍼센트가 베네치아에서 인쇄된 것이었다.

베네치아에서 출판업은 빠르게 성장하는 분야였지만 그렇다고 아무나 덤벼도 되는 일은 아니었다. 우선 인쇄기는 엄청난 기술과 전문성이 있어야 작동할 수 있었다. 목공, 화학, 언어, 금속공학에 능통해야 하고 장인이자 기업가이자 학자여야 했다. 또한 인쇄소는 시끄럽고 위험한 곳이었다. 날마다 끓는 기름이 있는 곳에서 부식성 있는 화학 물질

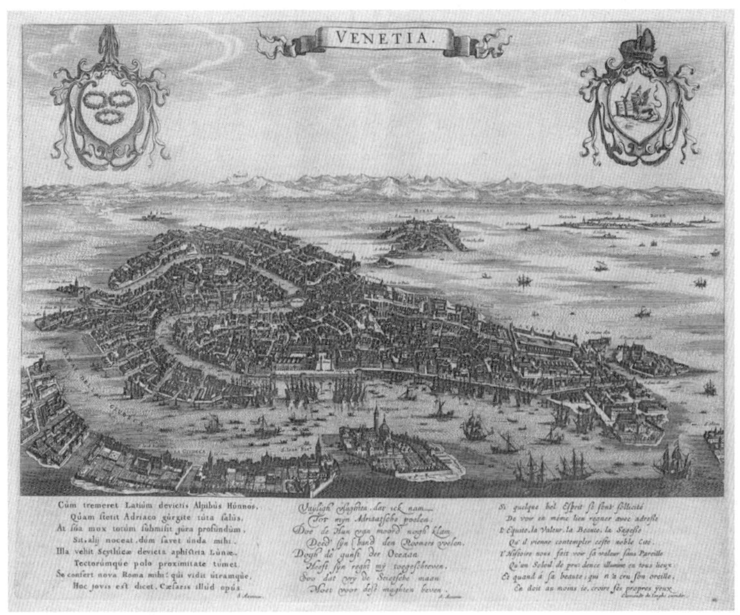

26 15세기 베네치아 지도.

을 다루어야 했고, 검정 잉크를 만들기 위해 피치〔목재에 함유된 수지 성분〕를 태워야 했으며, 인쇄 기계의 무거운 목재 틀을 작동해야 했다. 초창기에 인쇄 출판업에 뛰어든 사람들 상당수가 막대한 기술적 어려움과 재정 부담을 극복하지 못했다. 게다가 경쟁도 이만저만 치열한 게 아니었다. 수많은 사람이 출판업에 발을 들였다가 파산해서 나갔고 겨우 25퍼센트만 5년 이상 운영을 지속할 수 있었다. 베네치아의 인쇄소는 산 마르코 광장과 리알토를 연결하는 골목인 메르체리아 거리에 모여 있었다. 간판들이 각 인쇄소의 장비 모양과 함께 고유한 특성을 드러냈고, 고객이 볼 수 있게 평대에 책들이 진열되어 있었으며, 뒤쪽에서는 인쇄기가 바삐 돌아가고 있었다.

이 인쇄소들에서 고전 문학, 점성학, 교재, 성경, 실용서, 그리고 아주 많은 과학 저술이 쏟아져 나왔다. 15세기 말 베네치아의 과학 서적 출판은 에르하르트 라트돌트Erhard Ratdolt를 빼놓고는 이야기할 수 없다. 독일인인 라트돌트는 최초의 상업용 인쇄소가 세워진 지 한두 해 뒤인 1475년에 베네치아로 와서 독일인 동료 두 명과 함께 인쇄소를 차렸다. 이들이 펴낸 첫 책은 레기오몬타누스의 《칼렌다리움*Calendarium*》*이었다. 그래서 역사학자들은 라트돌트가 인쇄업을 시작하기 전에 뉘른베르크에서 레기오몬타누스에게 고용되어 일했고 《칼렌다리움》 인쇄본의 판본이 된 필사본 원고를 레기오몬타누스에게 직접 받았을 것이라고 추측하기도 한다.

1467년에 오스트리아로 돌아간 레기오몬타누스는 4년 뒤에 과학적 기준과 일관성을 정립하기 위해 주요 수학 저술 일체를 인쇄본으로 펴내기로 결정했다. 그는 부유한 상인의 투자를 기반으로 도서관, 인쇄소, 천문대, 그리고 장비 생산 공방을 갖춘 독립 연구소를 세웠다. 이것은 서유럽에서 과학자의 역할과 관련해 일대 전환점이었다. 더 이상 귀족이나 교회의 후견에 의지하는 방랑 학자가 아니라 독립적으로 활동할 수 있게 된 것이다. 이렇게 해서 레기오몬타누스는 앞으로 한동안 천문학계를 지배하게 될 '천문학자 겸 출판업자' 세대의 출발점에 섰다. 스승이자 멘토를 기리는 의미에서 그는 출간할 첫 책을 게오르크 폰 포이어바흐의 《새로운 행성론*Theoricae novae planetarum*》으로 정했다.

---

* 천문학 데이터를 담고 있는 일지로, 태양의 절기에 따른 축제일과 금식일 등이 적혀 있었다. 라트돌트는 이 책의 이탈리아어본과 라틴어본을 인쇄했다.

1474년에 레기오몬타누스는 인쇄본 출간 프로젝트를 47개 작품으로 확대했다. 물론 《알마게스트》와 《원론》이 있었고, 프톨레마이오스와 유클리드의 또 다른 저술들, 아르키메데스의 저술 중 구할 수 있는 모든 것, 아폴로니오스의 《원뿔 곡선론》 등 《중간 모음》 또는 《작은 천문학》에 포함된 문헌들, 그리고 《알마게스트 개요》 등 본인이 집필한 책들도 포함되었다. 한마디로, 수학과 천문학의 정전이 모두 망라되어 있었다. 또한 레기오몬타누스는 연간 천문표인 천체력ephemerides을 펴내기 시작했다. 별과 행성의 위치를 날짜별로 표시하고 천체에 대한 정보들을 담은 천체력은 항해, 점성학, 천문학에서 널리 사용되었고, 이때 이래로 지금까지 계속 제작되고 있다. 현재는 미 항공우주국NASA이 전문 소프트웨어를 이용해 제작하며 주로 우주선 항해에 쓰인다.

이렇게 야심 찬 규모의 프로그램에는 상당한 노동력이 필요했을 것이다. 완전히 확실하지는 않지만 라트돌트가 레기오몬타누스의 인쇄 프로젝트에 고용된 젊은이 중 한 명이었을 가능성이 있다. 당시에는 매우 새로운 기술이었던 터라 인쇄 기술을 잘 알고 있는 사람이 많지 않았고 라트돌트의 이후 출판 이력을 보면 천문학과 수학에 관심이 많았다는 것을 알 수 있는데, 실제로 그랬다면 레기오몬타누스가 고용하기에 완벽한 후보였을 것이다. 그들이 함께 일했다고 가정한다면, 레기오몬타누스가 라트돌트에게 이탈리아의 경이로움에 대해 이야기하면서 인쇄소를 세우기 좋은 곳으로 베네치아를 추천했을 가능성도 있다. 무엇보다 이렇게 가정하면 라트돌트가 베네치아에서 인쇄한 첫 책이 뉘른베르크에서 가져온 것으로 보이는 필사본을 판본으로 삼아 제작한 《칼렌다리움》이었던 이유도 설명된다.

Preclarissimus liber elementorum Euclidis perspicacissimi: in artem Geometrie incipit quãfoelicissime:

Punctus est cuius ps nõ est. ¶ Linea est lõgitudo sine latitudine cuiꝰ quidẽ extremitates st duo pũcta. ¶ Linea recta ẽ ab vno pũcto ad aliũ breuissima extẽsiõ i extremitates suas vtrũqȝ eoꝝ recipiens. ¶ Supficies ẽ q̃ lõgitudinẽ ⁊ latitudinẽ tñ hȝ: cuiꝰ termi quidẽ sũt linee. ¶ Supficies plana ẽ ab vna linea ad aliã extẽsio i extremitates suas recipiẽs ¶ Angulus planus ẽ duarũ linearũ alternus ꝯtactus: quaꝝ expãsio ẽ sup supficiẽ applicatioqȝ nõ directa. ¶ Quãdo aũt angulum ꝯtinẽt due linee recte rectilineꝰ angulus noiaẽ. ¶ Qñ recta linea sup rectã steterit duoqȝ anguli vtrobiqȝ fuerit eq̃les: eoꝝ vterqȝ rectꝰ erit ¶ Lineaqȝ linee supstãs ei cui supstat ppendicularis vocaẽ. ¶ Angulus võ qui recto maior ẽ obtusus dicit. ¶ Angulꝰ võ minor recto acutꝰ appellaẽ. ¶ Terminꝰ ẽ qd vniuscuiusqȝ finis ẽ. ¶ Figura ẽ q̃ tmino vl terminis ꝯtineẽ. ¶ Circulꝰ ẽ figura plana vna q̃dem linea ꝯtẽta: q̃ circũferentia noiaẽ; in cuiꝰ medio pũctꝰ ẽ: a quo oẽs linee recte ad circũferẽtiã exeũtes sibiinuicẽ sũt equales. Et hic quidẽ pũctꝰ cẽtrũ circuli dr̃. ¶ Diameter circuli ẽ linea recta que sup eiꝰ centꝝ trãsiens extremitatesqȝ suas circũferẽtie applicans circulũ i duo media diuidit. ¶ Semicirculus ẽ figura plana diametro circuli ⁊ medietate circũferentie ꝯtenta. ¶ Portio circuli ẽ figura plana recta linea ⁊ parte circũferẽtie ꝯtẽta: semicirculo quidẽ aut maior aut minor. ¶ Rectilinee figure sũt q̃ rectis lineis cõtinenẽ quarũ quedã trilatere q̃ tribꝰ rectis lineis: quedã quadrilatere q̃ q̃tuor rectis lineis. q̃dã mltilatere que pluribus q̃ȝ quatuor rectis lineis continenẽ. ¶ Figurarũ trilaterarũ: alia est triangulus hñs tria latera equalia. Alia triangulus duo hñs eq̃lia latera. Alia triangulus triũ inequalium laterũ. Haꝝ iterũ alia est orthogoniũ: vnũ .s. rectum angulum habens. Alia ẽ ambligonium aliquem obtusum angulum habens. Alia est oxigonium: in qua tres anguli sunt acuti. ¶ Figurarũ autẽ quadrilateraꝝ Alia est q̃dratum quod est equilaterũ atqȝ rectangulũ. Alia est tetragonꝰ longꝰ: q̃ est figura rectangula: sed equilatera non est. Alia est helmuaym: que est equilatera: sed rectangula non est.

De principijs p se notis: ⁊ pmo de diffinitionibus earandem.

27 라트돌트가 1482년에 출간한 《원론》 인쇄본의 첫 페이지. 도형과 도형의 이름이 나와 있다.

라트돌트는 《칼렌다리움》 외에도 천문학과 수학 서적을 많이 출간했다. 1482년에는 애덜라드/캄파누스본을 판본으로 《원론》의 첫 인쇄본을 펴냈다. 유클리드의 위대한 저술 《원론》의 역사에서 첫 인쇄본의 출간은, 고대 알렉산드리아 시절의 바스러지기 쉬운 두루마리 필사본에서 르네상스 시기 베네치아의 인쇄본까지《원론》이 손에서 손으로 건네지고 베껴지며 이동해온 오랜 여정의 끝을 알리는 중요한 이정표이자, 수학의 역사뿐 아니라 인쇄의 역사에서도 중대한 분기점이다. 라트돌트가 고안한 독창적인 기술 덕분에 처음으로 도형을 인쇄해 문서에 삽입하는 것이 가능해진 것이다. 라트돌트는 독피지로 샘플용 인쇄본 2부를 제작하고 금색 잉크로 도제에게 바치는 헌사를 적었다. 여기에서 그는 이 독창적인 책이 왜 더 일찍 인쇄되지 않았는지 늘 의아했는데 다이어그램을 인쇄하는 것이 얼마나 어려운지를 알고서 그 이유를 절감할 수 있었다고 언급했다. 라트돌트는 다이어그램을 420개의 별도 목판에 새기고 특별히 여백을 많이 두어 디자인한 내지에 인쇄함으로써 이 문제를 해결했다. 또한 필사본 시절의 중요한 디자인 요소였던 속표지의 장식적인 테두리와 각 장 맨 첫 글자를 큰 글씨로 적는 것을 인쇄본에서도 구현할 수 있었다. 아직 인쇄본은 독자적인 활자체가 개발되지 않은 상태였고 최대한 필사본처럼 보이게 하는 쪽으로 제작되고 있었다. 라트돌트의《원론》인쇄본은 옥시린쿠스에서 일부 조각이 발견된 파피루스본, 888년에 아레타스 주교가 구입한 아름다운 필사본 등 과거《원론》의 내용을 담아냈던 각 시대의 고유한 형태들과 어깨를 나란히 한다. 이것은 베네치아의 인쇄업에서, 수학 지식의 전파에서, 그리고 에르하르트 라트돌트의 경력에서 실로 기념비적인 작품이었다.

이후 몇십 년 동안《원론》은 여러 판본으로 재출간되었다. 1505년에 그리스어 필사본을 라틴어로 번역한 판본이 베네치아에서 인쇄되었고, 3년 뒤에는 루카 파촐리가 베네치아로 돌아와서 애덜라드/캄파누스본 계열이지만 수정을 가한 또 다른 라틴어 번역본의 인쇄를 준비했다. 1533년에는 처음으로 그리스어본이 인쇄되었고 10년 뒤에는 이탈리아어본이 나왔으며 뒤이어 몇 년 사이에 여타의 유럽 언어로도 인쇄되었다. 라트돌트는 베네치아에서 가장 성공한, 그리고 가장 존경받는 인쇄 출판업자가 되었다. 1485년에는 11종의 책을 출간했고, 도형과 다이어그램을 인쇄하는 독창적인 기술을 더욱 발전시켜서 한 페이지에 세 가지 색을 넣는 방법을 개발했다. 그는 이 기법을 한 천문학 모음집에서 선보였는데, 여기에는 월식을 단계별로 나타낸 아름다운 그림이 실려 있다. 또한 라트돌트는 최초의 근대적인 표제지 양식을 확립한 사람으로 여겨지며, 아라비아 숫자로 출간일을 표기했고, 정오표와 글꼴 보기 책도 발간했다.

라트돌트의 성공 이야기는 그의 고향 아우크스부르크에도 알려진 것 같다. 그곳의 주교가 라트돌트에게 편지를 보내 고향으로 돌아와서 고국 사람들을 위해 재능을 사용해달라고 부탁했기 때문이다. 라트돌트는 활자판과 목판 삽화들을 챙겨서 가족과 함께 아우크스부르크로 돌아왔고 주로 종교 서적을 펴내면서 남은 생애를 이곳에서 보냈다. 오늘날 라트돌트는 사람들의 기억에서 거의 잊혔고 그가 이룩한 혁신이 그의 것인 줄을 사람들은 잘 모른다. 베네치아 출판 1세대의 또 다른 혁신적인 인물의 명성에 가려져서 더욱 그렇기도 하다. 그 인물은 바로 알두스 마누티우스Aldus Manutius(1449/1452~1515)다.*

* 알두스 마누티우스와 그가 세운 알디네 출판사에 대해서는 다양한 측면를 다룬 아주 많은 연구가 나와 있는데, 라트돌트에 초점을 맞춘 연구는 단 둘뿐이다.

마누티우스는 본인이 학자이기도 했다는 점에서 다른 인쇄 출판업자들과 달랐다. 다른 인쇄 출판업자들은 학문에 관심이 있었다 해도 대체로 학자이기보다는 장인이었다. 이것은 매우 중요한 차이이다. 당시에는 모든 인쇄본의 판본이 필사본을 저본으로 하고 있었기 때문이다. 정본이라고 인정된 필사본이 있으면 그것을 판본으로 삼고, 아니면 여러 개의 필사본을 놓고 판본이 될 원고를 만들어야 했으므로, 어느 저술의 결정판을 만들려면 그 책의 내용에 대해 매우 전문적인 지식이 필요했다. 이렇게 해서 인쇄할 원고가 준비되면, 식자공이 필사된 원고를 앞에 놓고 높은 의자에 앉아 틀에 활자를 배열했다. 식자는 매우 어렵고 시간이 많이 드는 과정이었다. 필사된 원고는 글씨를 알아보기 어려운 부분도 많고, 당시에는 표준화된 철자법, 구두법, 글꼴이 없었으므로 식자공은 매우 지식이 많고 교육을 많이 받은 사람이어야 했다. 이들이 실수를 하면 결과물인 책의 가치가 크게 손상될 수 있었다. 인쇄본의 저본으로 쓰인 필사 원고가 무엇이었는지는 알아내기가 매우 어렵고 남아 있는 것도 거의 없다. 식자 작업이 끝난 뒤에는 그 원고가 수백 부 인쇄되어 나올 것이었으므로, 필사 원고가 더 이상 필요하지 않아서 방치되었을 것이고 인쇄소의 먼지 쌓인 구석을 굴러다니다가 쏟아진 잉크가 묻고 종이가 닳으면서 점차 훼손되어 사라졌을 것이다.

베네치아에는 인쇄용 판본의 원고로 삼을 필사본 서적들이 전혀 부족하지 않았고, 책 수집가, 학자, 인쇄 출판업자가 인쇄본을 내기 위해 종종 협업했다. 그리고 알두스 마누티우스는 뛰어난 언어 역량과 폭넓은 학문적 지식으로 이 흐름을 한데 모을 수 있었다. 마누티우스는 베네치아 인쇄 출판업계의 거물이었다. 이탤릭체를 개발했고, 작은 판형〔8절판〕 서적 생산을 개척했으며, 가독성 있는 그리스어 활자체를 만들었고, 세미콜론 등 표기상의 여러 가지 혁신을 가져왔다. 많은 학자들이 오늘날 우리가 아는 형태의 책을 구성하는 많은 요소가 마누티우스의 혁신에서 유래했다고 본다. 마누티우스는 로마 대학에서 공부를 하고 그리스어를 배우기 위해 페라라로 가서 귀족 젊은이들의 가정 교사로 일했다. 이탈리아 르네상스 학자의 전형적인 경로를 밟아가는 듯하다가, 1489년에 돌연 경로를 바꾸어 베네치아로 이주했고 5년 뒤에 알디네 출판사를 차렸다.

마누티우스는 "자신의 가치를 알고 있는 사람 특유의 자연스러운 우아함으로"[16] 베네치아에서의 삶에 빠르게 적응했다. 엄청난 지성과 편안한 매력, 학문에 대한 끝없는 열정으로 마누티우스는 곧 조르조 발라Giorgio Valla 주위에 형성된 학자들 중 핵심 일원이 되었다. 발라는 당시 베네치아에서 가장 위대한 수학자였을 뿐 아니라 가장 중요한 필사본 서적들을 소장한 수집가였다. 지식의 전파에서 발라의 가장 큰 공헌은 자신이 소장한 고전 수학 및 철학 문헌들을 일별해 《바람직한 것과 피해야 할 것*De expetendis et fugiendis*》이라는 방대한 목록집을 만든 것이었다. 마누티우스는 1502년에 이것을 출간했는데, 발라는 2년 전에 숨졌고 그의 도서관은 더 이상 베네치아에 존재하지 않았다.* 아무튼 발라의 목록집은 매우 영향력이 있었고, 방대한 학문 분야에 대해 이후 세대의 학자들에게 명료하게 번역되어 있고 접근 가능한 과학 문헌들의 짜임새 있는 목록을 제공했다. 이 책은 참고 문헌집으로 널리 쓰였

---

* 발라의 장서 다수는 오늘날 베네치아가 아니라 모데나의 에스텐세 도서관에 소장되어 있다.

는데, 인쇄된 참고 문헌집으로는 거의 유일했다. 발라는 수학자였지만 그리스어 필경사 팀을 지휘하기도 했고 건축과 시에 대해 강의도 했다. 그리스어를 완벽히 익히기 위해 시칠리아의 메시나로 유학을 간 그의 제자 두 명이 1494년에 그리스어 학습 교재를 가지고 돌아왔고, 마누티우스가 이것을 크리솔로라스의 문법책과 통합해 인쇄본으로 출간했다. 이것은 마누티우스의 출판사가 펴낸 초창기 서적 중 하나로, 마누티우스가 그리스어 어학 교육을 촉진하고자 굉장히 애썼다는 점을 잘 보여준다.

발라의 또 다른 가까운 지인으로 에르몰라오 바르바로Ermolao Barbaro가 있다. 그가 바로 발라를 베네치아로 오게 한 사람이다. 에르몰라오는 그리스어와 라틴어를 할 줄 알았고, 그 덕분에 아버지와 할아버지로부터 물려받은 책들을 보면서 연구를 할 수 있었다. 바르바로 가문의 책들은 카도로에서 이어지는 카날 그란데에 바로 면한 널찍하고 화려한 저택에 소장되어 있었다. 에르몰라오가 남긴 글에서 부유한 학자의 여름 일상을 엿볼 수 있다. "아침은 아리스토텔레스 등 그리스 웅변가와 시인에 대해 열심히 공부하며 보낸다. 점심은 수프와 달걀, 과일로 간단하게 먹는다. 그다음에는 더 가벼운 것들을 읽거나 필사한다. 그리고 누구든 그 주제에 대해 이야기를 나누려는 친구와 함께 문학이나 철학을 논한다. 마지막으로, 사냥한 고기를 구워 저녁을 먹고 나서 디오스코리데스의 약초 이야기들을 떠올리며 식물원에서 산책을 하고 잠자리에 든다."[17] 아마도 식물원을 산책하면서 떠올린 생각이 계기가 되어서, 그는 디오스코리데스의 《약물지》를 라틴어로 번역했다. 하지만 학문의 역사에서 에르몰라오가 가장 유명한 것은, 플리니우스의 《박물사

Historia Naturalis》에 실린 부정확한 내용을 신랄하게 지적한 것이다.

15세기 말 베네치아의 인쇄업자 대부분과 달리 알두스 마누티우스는 독일인도 프랑스인도 아닌 이탈리아인이었다. 그는 이탈리아 본토가 프랑스의 침략과 역병으로 혼란스럽던 1494~1495년에 알디네 출판사를 시작했다. 베네치아도 역병을 피하지 못해 많은 사람이 목숨을 잃었지만 프랑스의 침략은 피할 수 있었다. 프랑스군은 석호를 항해할 수 있는 배가 없어서 베네치아를 공격할 수 없었다. 이러한 행운으로 베네치아는 피렌체를 누르고 학문의 중심지로 부상할 기회를 얻게 되었다. 피렌체는 침략군이 휩쓸고 지나간 데 이어 광폭한 수도사 사보나롤라Savonarola〔인문주의자들과 그들의 현세적 세계관을 극렬하게 반대했다〕의 압제에 시달렸다. 사보나롤라가 학문을 질식시키는 정책을 펴자 많은 피렌체 학자들이 그곳에서 도망쳤고 일부는 베네치아로 들어왔다.

베네치아에서 가장 저명한 인쇄 출판업자 마누티우스는 베네치아가 학문의 중심지로 부상하는 데 핵심적인 역할을 했다. 그의 성공 요인으로 몇 가지를 생각해볼 수 있다. 우선 그는 학문적으로, 사업적으로 매우 뛰어난 사람이었다. 게다가 운도 좋았다. 그는 더할 나위 없이 좋은 시기에 베네치아에 왔고 서적 시장의 빈틈을 포착했다. 바로 그리스어본 서적이었다. 여러 사람과의 협업으로 우아한 그리스어 활자체들을 개발했고(그중 하나는 크리솔로라스의 필체를 바탕으로 한 것이었다), 고전 저술을 원전의 언어인 그리스어로 출판하기 시작하면서 고대의 지식을 자기 시대의 독자들이 다른 언어로 오염되지 않은 시초의 형태 그대로 접할 수 있게 하겠다는 인문주의자들의 궁극적인 이상을 성취했다. 그의 인쇄소는 처음에는 산아고스티노에, 그다음에는 메르체리아에 위치해 있었고, 메르체리아는 곧 베네치아의 학문 중심지가 되었다. 날마다 학자들이 찾아와서 최신 발간물들에 대해 그리스어로 토론했고(다른 언어로 말하면 벌금이 있었다) 새로 출간할 책들을 준비했다. 유럽 '문예 공화국'의 주요 인물들이 모두 베네치아에 경의를 표했다. 네덜란드의 에라스무스Desiderius Erasmus는 1508년 1월에 저서 《격언집*Adagia*》의 해외 출판을 위해 베네치아를 찾았다. 그보다 몇 년 전에는 독일 인문주의자 요하네스 로이힐린Johannes Reuchlin이 이곳을 찾았고, 토머스 리너커Thomas Linacre는 멀리 잉글랜드에서 찾아왔다. 학자들이 끊임없이 찾아드는 통에 알디네 출판사의 업무가 지장을 받기도 했다. 숨지기 전해인 1514년에 남긴 글에서 마누티우스는 이렇게 한탄했다. "나의 일을 지속적으로 방해하는 600가지에 더해 두 가지가 더 있다. 첫째, 세계 각지에서 학자들의 서신이 너무 많이 오는 것이고 (……) 둘째, 이야기하고 싶은 것이 넘쳐나는 방문객이 너무 많은 것이다."[18] 지식 세계의 중심에 있다 보니 단점도 따랐다.

오랫동안 역사학자들은 마누티우스가 출간한 인쇄본 서적들이 20년 전에 베사리온이 베네치아에 유증으로 남긴 필사본 서적들을 판본으로 사용했으리라고 추측했다. 하지만 이는 사실이 아닌 것으로 보인다. 베사리온이 기증한 책은 두 차례에 걸쳐 베네치아로 운반되었다. 먼저 로마에 있던 장서가 1496년에 30개 상자에 담겨 낙타에 실린 채 아펜니노산맥을 지나 베네치아로 들어왔다. 그다음에는 우르비노에 있던 책들이 들어왔는데, 베사리온이 우르비노의 페데리고 다 몬테펠트로Federigo da Montefeltro 공작에게 맡겼던 책들이었다. 몬테펠트로는 열정적인 수학자이자 학문의 후원자였다. 베네치아에 도착한 뒤 베사리온의 책들은 여전히 상자에 든 채로 도제의 궁에 있는 어느 방에 보관되었고, 오랫동안 그 상태로 있으면서 상당히 훼손되었다. 그러다 드디어 1531년에 상자에서 나와 위층 방에 있는 선반에 꽂히게 된다. 하지만 베사리온이 이 책을 기증하는 조건으로 요구했던 도서관이 세워진 것은 30년이 더 지나서였고, 그 도서관이 바로 마르치아나 도서관이다. 인쇄의 역사에서 슬픈 아이러니로, 마누티우스가 아리스토텔레스, 아리스토파네스Aristophanes 등의 인쇄본을 준비하기 위해 양질의 원고를 확보하려 애쓰고 있었을 때, 표준 판본이 될 수도 있었을 만한 양질의 그리스어 원전 필사본들이 같은 도시의 저쪽에서 상자에 담겨 잠자고 있었던 것이다.

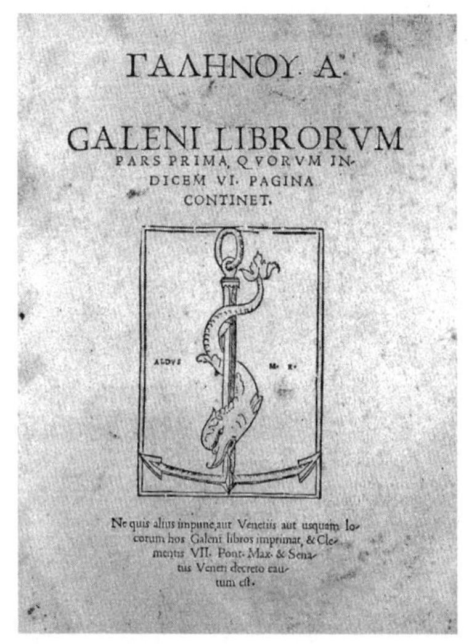
ΓΑΛΗΝΟΥ Α.

GALENI LIBRORVM
PARS PRIMA, QVORVM INDICEM VI. PAGINA CONTINET.

Ne quis alius impune, aut Venetiis aut usquam locorum hos Galeni libros imprimat, & Clementis VII. Pont. Max. & Senatus Veneti decreto cautum est.

28 1525년에 출간된 《갈레노스 전집》 표제지에 실린 알디네 출판사의 '돌고래와 닻' 표장.

마누티우스의 여러 능력 중에서도 가장 뛰어난 능력은 책을 판매하는 마케팅 능력이었다. 그는 "15세기의 마지막 25년 동안 책의 세계가 어떻게 변모하고 있는지를 완전히 파악하고 이를 고려해 책의 출간과 판매 전략을 세운 최초의 인물"이었고[19] 그럼으로써 업계를 선도했다. 1502년 이후 알디네 출판사의 상징인 '돌고래와 닻' 표장은 그의 마케팅 전략에서 핵심이 되었다. 표제지에 인장으로 찍힌 이 문양은 알디네 출판사 서적의 품질을 보증하는 수단이자 권위와 탁월함의 아우라를 전달하는 매개였다. 최초의 성공적인 브랜딩 전략이었다고 말할 수 있을 것이다. 다른 출판사들이 이 문양을 위조하고 도용한 사실은 이것이 가지고 있었던 권위를 짐작하게 한다.

알디네 출판사의 활동에서 가장 주목할 만한 것은 아리스토텔레스의 저술 전체를 그리스어로 펴낸 일이다. 이 다섯 권짜리 대작을 내기 위해 필요한 필사본들을 구하고 최종 원고를 편집하는 데 유럽 전역에서 온 학자들이 참여했다. 잉글랜드 출신 인문주의자 토머스 리너커가 특히 큰 역할을 했다. 그는 1490년대에 베네치아에 머물면서 아리스토텔레스 저술 편집을 도왔고 독피지에 인쇄된 것을 한 질 가지고 돌아갔다. 이것은 현재 옥스퍼드 대학 뉴칼리지 도서관에 소장되어 있는데, 각 권에 그의 이름 '토마에 리나크리Thomae Linacri'가 깔끔하게 새겨져 있다. 고대 이후 처음으로, 책을 구매할 여력이 있고 그리스어를 할 줄 알기만 하면 누구나 아리스토텔레스의 철학 전체를 접할 수 있게 되었다. 하지만 이렇게 야심 찬 편찬 작업은 생산비가 많이 들고 수익성이 높지도 않았다. 곧 마누티우스는 대중적으로 더 호소력 있을 만한 서적들로 범위를 확장해야 한다는 것을 깨달았다. 그리고 대중은 대체로 그리스어를 읽지 못했으므로 그리스어가 아니라 라틴어나 이탈리아어로 출간해야 했다. 그리스어 원전에 대한 인문주의자들의 이상도 좋지만, 일단 그는 사업을 유지해야 했다.

15세기 말과 16세기 전반기에 많은 철학과 문학 저술이 그리스어로 출간되었지만 의학은 그렇지 않았다. 인쇄업자들이 필사본을 구할 수가 없었고 그리스어를 읽을 수 있는 의사가 매우 드물었으므로 그리스어로 의학서를 내는 것은 수익도 불확실했다. 베사리온이 유증으로 남긴 책 중에는 당연히 갈레노스의 저술도 많이 있었지만 앞에서 보았듯이 도제의 궁에서 상자에 담긴 채 잠자고 있었다. 의학 교육은《아르티셀라》에 실린 문헌들을 중심으로 대학 교육 과정의 하나로 잘 확립되어 있었다. 많은 이들이 이 정도면 충분하다고 생각했지만 장막 뒤에서는, 혹은 개인 도서관 안에서는 상황이 달라지고 있었다. 고전 문헌의 필사본들을 찾는 과정에서 인문주의 학자들은 갈레노스의 저술 중 이제까지 알려지지 않았던 것들도 발견하게 되었다. 갈레노스는 워낙 다작을 했기 때문에 2000년이 지난 오늘날에도 새로운 필사본이 발견되곤 한다.*

새로 발견된 갈레노스의 저술을 살펴본 학자들은 그 내용 중에 아랍어나 라틴어로 된 중세 의학서에는 없는 것이 상당히 많다는 것을 알게 되었다. 이는 새로운 연구를 자극했고 이 과정에서 기존 의학의 오류와 불일치가 드러났다. 이때만 해도 학자들이 갈레노스를 절대적으로 존경했기 때문에, 명백히 부정확한 내용을 발견하면 필경사를 탓했다. 갈레노스가 틀렸으리라고는 상상도 하지 못한 것이다. 아이러니하게도, 갈레노스의 저술이 새로이 더 발견되고 기존에 나왔던 저술의 더 나은 새 번역본이 나오면서, 점차로 학자들은 갈레노스 의학에 근본적인 오류가 상당히 존재한다는 것을 인정할 수밖에 없게 되었고, 이러한 깨달음은 갈레노스의 이론을 대체할 새로운 의학 이론의 정립으로 이어졌다.

---

* 일례로 2005년에 한 프랑스 연구자가 테살로니키 수도원에서 갈레노스의 논문 〈슬픔을 피하는 것에 관하여〉를 발견했다.

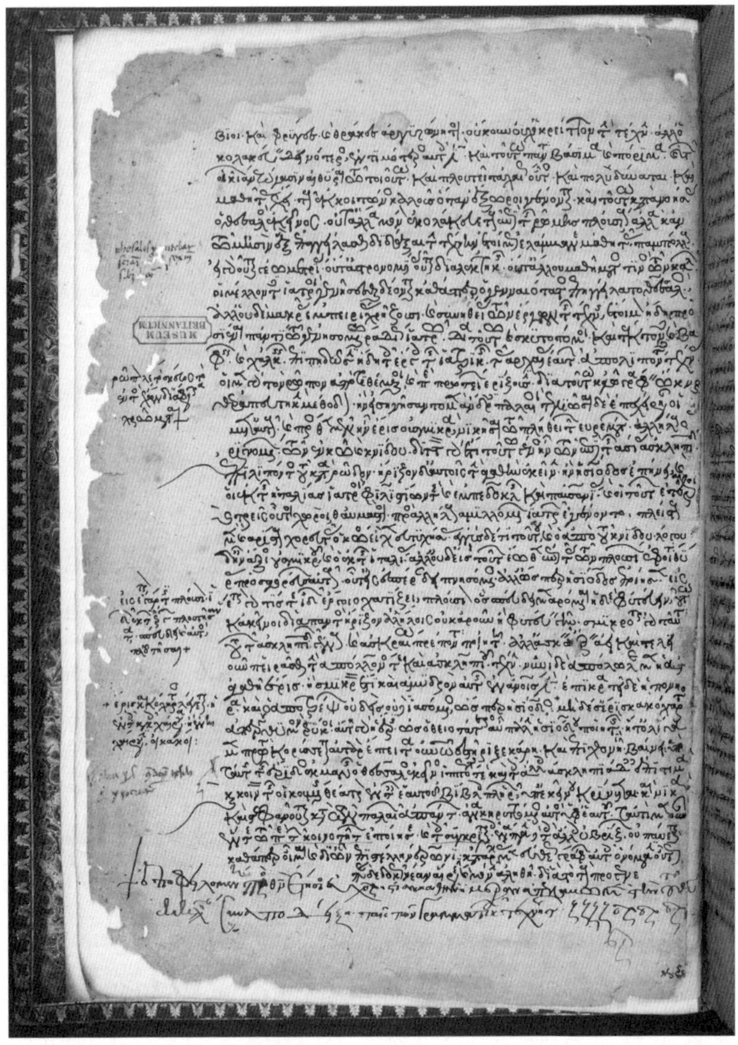

29 갈레노스의 《치료법에 관하여》의 한 페이지. 14세기에 제작된 그리스어 필사본으로, 15세기 후반에 바르바로 가문이 키프로스의 한 의사에게 구입해 소장하고 있었다. 1517년에 잉글랜드 학자 토머스 리너커가 라틴어로 번역해 파리에서 인쇄본으로 출간했다.

하지만 16세기 초에 그리스 의학, 특히 갈레노스와 디오스코리데스의 이론은 여전히 우상화된 채 열성적으로 전파되고 있었다. 특히 파도바, 볼로냐, 페라라에서 유학하고 가르쳐본 의사 겸 책 수집가 니콜로 레오니체노Niccolò Leoniceno(1428~1524)를 꼽을 수 있다. 그는 오랫동안 그리스의 의학과 과학 필사본들을 수집했는데, 비비언 너턴에 따르면 그 이전이나 이후에도 존재한 적이 없는 방대한 규모였을 뿐 아니라 내용의 희귀함에 있어서도 놀라운 소장품이었다.[20] 레오니체노는 소유한 책을 토대로 의학에서, 특히 질병과 약리 작용의 기전에 대해 수 세기에 걸쳐 전해져 내려오면서 생겨난 실수, 잘못, 해석상의 오류, 필사 오류 등을 조목조목 공격하기 시작했다. 특히 로마 시대의 저술가들이 레오니체노의 혹독한 비판의 대상이었다. 이를테면, 그는 연장자 플리니우스가 식물을 잘못 파악하고 부정확하게 채워 넣음으로써 디오스코리데스의 《약물지》를 오염시켰다고 주장했다. 이러한 비판은 그리스어 원전에 대한 존중을 되살리는 결과를 낳았다. 1499년에 레오니체노의 가까운 지인이었던 마누티우스는 《약물지》 그리스어본의 첫 인쇄본을 펴냈고, 이로써 《약물지》는 이전 어느 때보다도 광범위한 독자에게 닿을 수 있었다. 약제상이라면 누구나, 아니 식물학과 식물 성분에 관심 있는 사람이라면 누구나 이 책을 꼭 갖고 싶어 했을 것이다. 알디네판은 식물 삽화를 목판으로 작업하느라 매우 고생하긴 했지만 상업적으로 큰 성공을 거두었다.

레오니체노는 마누티우스뿐 아니라 다른 인쇄업자들에게도 필사본을 빌려주었다. 하지만 그가 소장했던 방대한 분량의 갈레노스 문서 전체가 세상에 나온 것은 그가 장수를 누리고 96세의 나이로 사망하고 나서였다. 1525년에 알디네 출판사는 《갈레노스 전집》을 그리스어로 출간했다. 엄청난 비용이 들어간 이 장대한 프로젝트는 베네치아에서만 가능한 일이었다. 베네치아는 전쟁 중이 아니어서 "대포 만드는 데 징발되었을지도 모르는 금속이 책을 생산하는 데 원활하게 공급될 수 있었기"[21] 때문에 막대한 양의 활자를 주조할 수 있었다. 당연하게도 《갈레노스 전집》의 소매 가격은 매우 높았다. 이탈리아에서는 30플로린, 독일에서는 30굴덴(뉘른베르크 의사 연 소득의 3분의 1이었다), 로마에서는 14스쿠디나 되어서, 부유한 사람들만 구입할 수 있었다. 이번에도 갈레노스의 저술은 분량이 너무 많아서 출판에 유리하지 않았고 일부만 출판한다 해도 사업상 위험이 컸다. 1500년에 베네치아의 한 인쇄소는 《아르티셀라》에 나오는 갈레노스의 이론서 중 두 편을 라틴어본으로 출간했다가 파산했다.

알디네 출판사의 《갈레노스 전집》은 딱히 두드러진 판본은 아니었지만 이 책을 통해 의학계가 갈레노스의 이론에서 알려지지 않았던 것들을 접할 수 있게 되었고, 그리스어본을 토대로 라틴어본이 나오기 시작하면서 더욱 그렇게 되었다. 갈레노스의 이론에서의 철학과 의학의 상호 작용, 갈레노스의 약리학, 갈레노스 의학에 영향을 미친 히포크라테스의 개념, 의료 윤리와 의료 행위의 정확성에 대한 갈레노스의 입장 등이 모두 전보다 훨씬 더 명료해졌다. 그 결과 의학은 매우 흥미로운 방식으로 변모하고 발달하기 시작했다. 파도바의 의학 교사들은 이론과 실습을 결합해 강의실과 병실이 더 가까워지게 했고, 갈레노스의 정맥, 동맥, 신경에 대한 저술에 자극을 받아 해부학이 점점 더 중요하게 여겨지면서 1540년대에 벨기에에서 위대한 해부학자 베살리우스의 새로운 지식이 탄생할 수 있는 길이 닦였다.

베네치아에서 생산된 책은 메르체리아 거리에서 수많은 지역민과 방문자에게 판매되었다. 그리고 배에 실려 포강을 따라 올라가 이탈리아의 다른 도시로, 또 독일, 프랑스, 스페인, 영국으로 판매되었다. 이러한 방대한 유통망을 통해 책이 유럽 대륙 전체의 책방과 가정에 놓이고 과거 어느 때보다도 폭넓은 대중이 접근할 수 있었다. 인쇄술의 발명으로 표준화가 이루어지고 정보의 출처를 표기하는 데도 일관성이 높아지면서, 인쇄업자들이 일만 잘하면 훨씬 더 높은 수준의 정확성도 기할 수 있게 되었다. 생산이 증가하고 시장이 성장하면서 책 가격은 상당히 낮아졌다. 휴대하기 좋은 옥타보(8절판) 판형이 책값을 낮추는 데 크게 기여했다. 종이를 적게 써서 생산비가 덜 들었기 때문인데, 당시에는 여전히 종이가 비싸서 생산비의 50퍼센트나 차지하기도 했다. 처음에는 8절판이 기도서 등 종교적인 용도의 책에만 쓰이다가, 마누티우스가 고전 저술을 8절판으로 내기 시작했다. 마누티우스의 책은 8절판이라도 꽤 비싼 편이었지만, 다른 인쇄업자들이 작은 판형을 모방하면서 마누티우스보다 낮은 가격에 판매했다. 16세기 말경이면 글을 읽을 줄 안다면 장인들도 책을 살 수 있게 되었고 〔라틴어가 아니라〕 일상에서 쓰이는 각국의 토착어로 출간된 책도 많아졌다.

1500년이 되자 이전 세기의 "조밀하고 질서 잡힌" 우주는 무너지고 있었다.[22] 세계가 확장되고 있었고, 지식의 경계가 넓어지고 있었으며, 인류는 우주에서 자신의 위치를 전과 다르게 상상할 수밖에 없게 되었다. 이제는 더 이상 고전 사상가들이 모든 것의 열쇠를 쥐고 있으며 고전 저술이 모든 답을 주리라고 믿을 수 없었다. 유클리드, 갈레노스, 프톨레마이오스 저술의 새로운 인쇄본은 그들의 사상을 전파하는 데도 중요한 역할을 했지만, 그 안에 있는 오류를 명백하게 드러내는 데도 중요한 역할을 했다. 16세기에 과학자들이 고전 이론의 부정확한 점을 수정하고 자연 세계에 대한 면밀한 조사를 토대로 잘못된 부분을 새 이론으로 대체하면서, 17세기 과학혁명기의 놀라운 발견들이 나올 수 있는 길이 닦였다.

15세기 말경이면 우리가 고대부터 흔적을 밟아온 세 학자의 위대한 저술 모두 인쇄본으로 대량 생산되어서 내용이 안전하게 보존될 수 있게 되었다. 그 이후는 종합과 수정, 재발견과 재발굴의 시기였다. 이러한 활발한 재평가 작업을 통해 다음 세대의 과학자들은 유클리드, 갈레노스, 프톨레마이오스, 그리고 1000년 동안 이들의 저술을 보존해온 학자들의 노력을 딛고 수학, 천문학, 의학에 일대 혁명을 가져올 수 있게 된다.

9장

서기 1500년 이후

서기 1500년의 지식의 지도를 보면 서기 500년과 크게 달라져 있는 모습을 볼 수 있다. 도시들이 떴다가 지고 지중해 전역에서 새로운 사회들이 발달했다. 서기 500년에는 학문의 중심지들이 닫히고 지적인 삶이 쇠락하고 있었다. 그런데 1000년 뒤에는 반대가 되었다. 유럽에서 교육은 다시 폭넓은 사람들이 접할 수 있는 것이 되었다. 모두에게 열린 것은 아니었지만 학교와 교사와 대학이 존재했고 학문에 관심 있는 부유한 젊은이(소수의 여성도 포함해서)는 활발한 학문 공동체에 참여할 수 있었다. 그들은 떠오르고 있는 '문예 공화국'의 일원이 될 기회, 지식의 발달에 기여할 기회를 가질 수 있었다.

유럽은 한 세기간의 격변을 거치며 떠오르고 있었다. 진기한 동식물이 가득한 새로운 세계가 발견되었다. 금과 은을 가득 실은 교역선이 대서양을 오가며 전례 없는 부를 유럽에 가져다주었다. 옛 경계는 사라지고 지도가 새로 그려졌다. 인쇄소는 커뮤니케이션을 완전히 변모시켰다. 1500년이 되면 유럽의 280개 도시와 마을에 인쇄소가 세워져 "2000만 권 정도의 책"을 생산하고 있었다.[1] 지식은 더 낮은 가격으로 더 쉽게 접할 수 있게 되었고 더 널리 퍼졌다. 이후 몇십 년간 인쇄소는 종교개혁을 촉진하고 과학의 진보를 가속화하는 핵심 매개가 된다.*

기독교권 유럽은 번성했지만 이슬람 제국은 분열되고 쇠퇴해갔다. 16세기 중반이 되면 이슬람 제국은 세 개로 쪼개져 있었다. 이러한 혼란 속에서는 야심 찬 수학적 탐구나 천체 관측이나 의학 연구에 쏟을 돈과 시간이 부족할 수밖에 없었다. 15세기의 두 가지 대대적인 발견, 즉 신대륙과 인쇄술은 이슬람 입장에서는 재앙이었다. 새로운 항로가 발견되어 중동을 건너뛰고 대서양 쪽으로 교역로가 열리면서 이슬람권은 상업의 기회를 상실했다. 수 세기 동안 엄청난 부를 실어 날랐던 고대의 실크로드는 사용이 점점 뜸해지다가 버려졌다. 독일, 프랑스, 이탈리아, 잉글랜드에서는 곳곳에 인쇄소가 세워졌지만 무슬림 세계에서는 이 신기술이 여전히 미심쩍게 여겨졌고, 아랍어는 흐르는 듯한 글씨체와 수많은 변형 때문에 글자를 하나씩 식자할 수 있는 방식으로 활자를 만들기가 어려웠다. 그 밖에도 많은 이유에서, 아랍권이 인쇄술을 완전히 받아들이기까지는 수 세기가 더 걸렸고 지식의 전파라는 면에서 크게 불리해졌다. 혁신적인 과학 활동은 북쪽의 이탈리아, 프랑스, 독일, 잉글랜드로 이동했고 이슬람 세계는 과학 지식을 생산하는 곳이라기보다 소비하는 곳이 되었다.

이러한 상황과 점점 심해지던 종교적 보수주의까지 생각하면, 이

---

* 많은 과학 저술이 이 시기에도 여전히 필사본 형태로 유통되었다는 점은 짚을 필요가 있을 것이다.

시기에 무슬림 세계에서 학문 활동이 위축되기 시작했다는 것은 놀라운 일이 아닐 것이다. 하지만 더 이전 시기에 이슬람 과학이 남긴 유산까지도 유럽에서 대체로 잊혀버린 이유는 무엇일까? 이전 시기에 이슬람 과학이 일군 엄청난 공헌을 생각하면, 알 콰리즈미나 알 라지 같은 학자들은 오늘날 레오나르도 다빈치나 뉴턴Isaac Newton처럼 일상적으로도 흔히 언급될 만큼 널리 알려진 이름이었을 것이다. 하지만 오늘날 서구에서 이 무슬림 과학자들의 이름을 들어본 사람은 거의 없다. 어쩌다 그렇게 되었을까? 인문주의 학자들이 고대 그리스의 과학을 우상화하면서 고대 이후의 무슬림 과학자들을 의도적으로 과학의 역사에서 제외하려 한 것이 한 가지 이유다. 중세 때도 유럽의 번역가들은 아랍어 서적을 번역할 때 그것을 '라틴화'하면서 이슬람 출처를 제대로 밝히지 않았다. 이에 더해 중세 말기와 르네상스 시기에 유럽의 부와 권력이 성장하고 유럽 국가들이 제국을 건설하기 시작하면서 이슬람에 대해 문화적인 우월감까지 갖게 되었다. 그 결과 아랍 학문을 주변화하고 과거로 밀어 넣는 서사가 형성되었다.

이러한 과정을 단적으로 보여주는 사례로, 1527년에 독일의 학자 파라켈수스Paracelsus는 의학을 공부하는 학생들이 "인간의 사소한 책들"에서 관심을 돌려 "자연의 위대한 책"에 집중하도록 모범을 보이는 차원에서 자신이 가지고 있던 이븐 시나의 《의학 정전》을 공개적으로 불태웠다.[2] 파라켈수스는 극단적인 편에 속하지만, 어쨌든 이 시기에 학문에 대한 새로운 접근 방식을 촉진하려는 대대적인 흐름이 있었으며, 이 운동은 자연 세계를 실증적으로 관찰하는 것이 "인류가 옛 권위가 휘두르는 죽음의 손에 종속된 처지에서 해방되는 길"이라고 여겼다.[3] 하지만 좋은 학자에게는 두 가지 모두 필요하다. 그리고 파라켈수스는 혁명적인 새 이론은 기존 이론의 내부로부터 생겨난다는 사실을 간과했다. 갈레노스를 오랜 세월 공부했던 혁신적인 해부학자 안드레아스 베살리우스가 좋은 사례다. 그는 전설적인 의학자 갈레노스의 이론에도 틀린 것이 있을 수 있다는 사실을 오랫동안 받아들이지 못했다. 그러다가 갈레노스의 어느 저술에 원숭이에게는 존재하지만 인간에게는 존재하지 않는 정맥이 묘사되어 있는 것을 발견한 베살리우스는 비로소 갈레노스도 틀릴 수 있다는 사실을 인정할 수 있었고, 갈레노스가 돼지나 원숭이만 해부해보았을 뿐 인체를 해부해본 적은 없다는 사실에 생각이 미쳤다. 인체를 직접 조사해서 얻은 자신의 해부학 지식이 갈레노스의 지식보다 우월할 수 있다는 사실을 깨달은 것이다. 이렇게 해서 자연 세계에 대한 엄정한 관찰이 고대의 지혜를 누르고 승리했다.

베살리우스는 자신이 발견한 바를 1543년 《인체의 구조에 관하여 *De humani corporis fabrica*》로 출간했다. 해부학을 뒤바꾼 혁명적인 순간이었다. 이 책에는 글로 된 설명만이 아니라 곳곳에 인체를 보여주는 상세한 삽화가 포함되어 있었다. 베네치아에서 특별히 제작한 목판을 알프스를 넘어 조심스럽게 바슬레(바젤)까지 가지고 와서 인쇄본에 삽입한 것이었다. 세밀한 삽화들이 수록된 이 해부학 서적은 지식을 최대한 명료하고 정확하게 소통하려는 베살리우스의 열망이 구현된 것이었으며 과학 서적 인쇄의 중대한 이정표였다. 그리고 그 열망은 갈레노스 저술의 인쇄본 원고를 준비하기 위해 내용을 확인하고 편집하면서 보낸 오랜 세월에서 생겨난 것이었다. 과학 지식이 유용하려면 정확해야 했고, 의학보다 이러한 정확성이 중요한 영역은 없었다. 프랑수아 라블

30 《갈레노스 전집》 1565년판 인쇄본에 실린 목판화. 돼지를 해부하는 모습을 담았다.

레François Rabelais가 1532년에 히포크라테스 저술의 인쇄본을 만들기 위해 원고를 편집하면서 엄숙하게 말했듯이, "잘못된 단어 하나가 수천 명을 죽일 수도 있기" 때문이다.[4]

베살리우스가 《인체의 구조에 관하여》를 펴낸 그해에 독일의 뉘른베르크에서는 요아힘 레티쿠스Joachim Rheticus라는 젊은 천문학 교수가 또 다른 독창적인 과학 저술의 인쇄본을 준비하느라 여념이 없었다. 《인체의 구조에 관하여》 못지않게 과학사에 근본적인 영향을 미치게 될 이 책은, 바로 그의 스승 코페르니쿠스 가 쓴 《천체의 회전에 관하여*De revolutionibus orbium coelestium*》였다. 그런데 두 책이 혁명적인 영향을 미친 시점은 사뭇 달랐다. 베살리우스의 《인체의 구조에 관하여》는 나오자마자 대성공을 거뒀다. 금세 엄청나게 많은 부수가 팔렸고 그는 의학계의 명사가 되었다. 이 책은 의사들에게도 예술가들에게도 널리 호소력이 있었고, 저자는 젊고 열정적이며 자기 홍보에도 능한 사람이었다. 코페르니쿠스의 상황은 이와 매우 달랐다. 《천체의 회전에 관하여》는 베스트셀러가 되지 못했다. "인쇄가 지루하고 가공할 만하게 기술적이었으며" 소수의 천문학자나 관심 있을 법한 복잡하고 난해한 내용이었다. 게다가 태양이 우주의 중심이라는 이 책의 핵심 주장은 온건하게 말한다 해도 논쟁적이었다.[5] 충분히 그럴 만하게도 코페르니쿠스는 반응이 두려워서 출판을 꺼렸다. 원래도 그는 매우 은둔적인 사람이었고 파도바 대학에서 공부를 마친 뒤에는 거의 평생을 폴란드에서 혼자 연구하면서 보냈다. 《천체의 회전에 관하여》가 출간되었을 무렵에 그는 이미 노인이었고 그해에 숨졌다.

코페르니쿠스는 프톨레마이오스의 천문학을 연구하면서 수십 년을 보냈다. 그가 골머리를 앓은 주된 문제는 프톨레마이오스의 모델이 예측하는 움직임과 천체의 실제 움직임 사이에 어긋나는 부분이 존재한다는 점이었다. 시간이 지나면서 이러한 불일치는 점점 더 명확해져서 지난 몇 세기간 천문학자들을 골치 아프게 했는데, 여러 시도에도 불구하고 아무도 이 문제를 풀지 못하고 있었다. 특히 춘분이면 문제가 더 두드러졌다. 부활절이 춘분 지나고 첫 보름달 후의 일요일이어서 춘분을 정확히 예측하는 것이 굉장히 중요했기 때문이다. 교회 참사원이었던 코페르니쿠스는 이 문제에 특히 관심이 많았다. 그의 접근법은 획기적이었다. 프톨레마이오스의 우주를 가져다가 태양을 가운데 놓고 지구를 포함한 행성들이 그 주위를 돌도록 완전히 재구성한 것이다. 코페르니쿠스는 새 우주 체계에 프톨레마이오스의 기하학적 시스템을 유지했고, 이것이 중요한 연속성을 제공하면서 당대와 이후의 천문학자

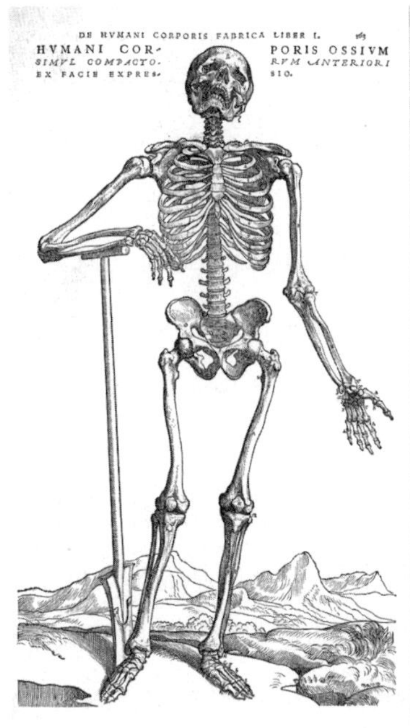

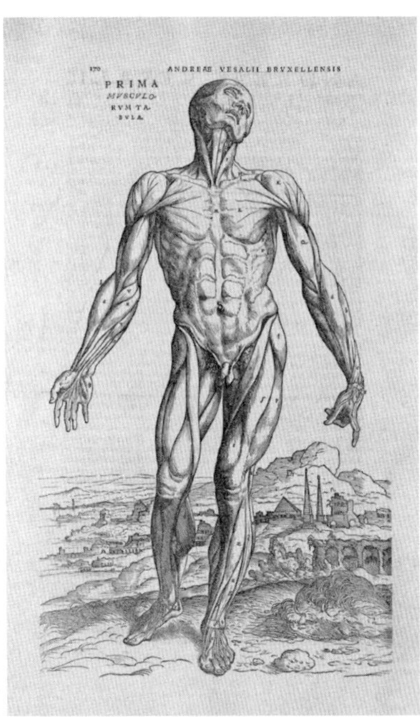

31·32 베살리우스의 《인체의 구조에 관하여》에 실린 '인체 골격'과 '인체 근육' 목판 일러스트. 해부학적 정교성과 예술적 표현 모두에서, 이 책은 유럽에서 수 세대의 의사와 예술가에게 영향을 미쳤다.

들이 그의 개념을 효과적으로 발전시킬 수 있었다. 코페르니쿠스는 책의 서문에서 플라톤이 아카데메이아에 걸어두었다고 전해지는 현판 구절을 인용해 이 점을 밝혔다. "기하학을 모르는 사람은 여기에 들어올 수 없다"고 말이다. 지동설 개념은 일찍이 1800년 전에 고대 그리스 천문학자 아리스타르코스가 제시한 적이 있었지만, 지구가 그저 여러 행성 중 하나라는 개념은 여전히 받아들여지지 못하고 있었다. 지구가 다른 모든 것이 그 주위를 도는, 어떤 천체보다도 우월한 지위를 가진 중심이 아니라고 인정하기가 어려웠기 때문이다. 게다가 명백히 가만히 있는 것으로 보이는 지구가 사실 우주 공간에서 태양 주위를 빠른 속도로 내달리고 있다는 개념은 더욱 받아들이기 어려웠다. 지동설이 사람들에게 충격을 주었다는 말로는 그 충격을 다 표현할 수 없을 것이다.

태양이 중심에 있는 새로운 우주는 우주 만물의 체계에서 인류가 점한 위치를 근본적으로 바꾸어놓았다. 이것을 받아들이는 데는 막대한 심리적, 감정적 노력이 필요했으며, 당연히 하루아침에 일어날 수 있는 일이 아니었다. 무엇보다 이것은 종교에서 가르치는 바에 완전히 위배되었다. 마르틴 루터Martin Luther는 코페르니쿠스의 이론에 대한 풍문을 듣고는 이렇게 씩씩댔다. "천상이나 천구, 혹은 태양이나 달이 도는 것이 아니라 지구가 도는 것임을 보여주겠다는 웬 점성학자에게 사람들이 혹하고 있다. (……) 이 멍청한 작자는 천문학을 통째로 뒤집고 싶어 한다. 하지만 성경(〈여호수아서〉 10장 13절)은 여호수아가 지구가 아니라 태양이 멈추도록 명령했다고 말한다."[6] 루터가 급진적인 종교인이었음을 생각하면, 전통과 순응의 성채인 가톨릭교회가 지동설에 얼마나 경악했을지는 말할 필요도 없을 것이다. 진정으로 혁명적인 발견, 패러다임의 변화를 촉발하는 발견은, 거의 언제나 처음에는 (특히 종교적 권위자들에 의해) 거부되며, 오랜 시간에 걸쳐 검증되고 정교화되고 나서야 사회에 받아들여진다. 이슬람 세계와 이후 기독교 유럽 모두에서 인도-아라비아 숫자를 널리 받아들이기까지 수 세기나 걸렸다는 사실이 이를 잘 보여준다. 특히 '영(0)'이 위험하고 악마적인 속성을 가진다는 생각이 널리 퍼져 있었기 때문에 인도-아라비아 숫자는 더욱 받아들이기 어려웠다.

지동설도 마찬가지여서, 이것의 함의를 사람들이 온전하게 인식하게 된 것은 그다음 세기가 되어서였다. 《천체의 회전에 관하여》는 베

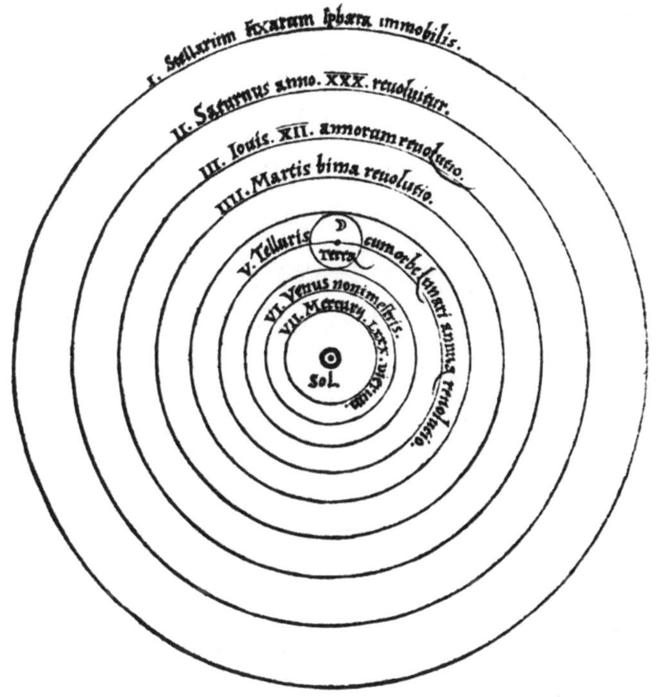

33 태양이 중심에 있고 행성들이 동심원을 그리며 그 주위를 돌고 있는 코페르니쿠스의 우주. 지구는 세 번째 원에 있으며 '테라terra'라고 표시되어 있다. 지구 위에 작은 달이 떠 있는 것이 보인다.

스트셀러가 아니었기 때문에 수십 년에 걸쳐 학자들의 네트워크를 통해 유럽의 천문학도들과 천문학 교수들 사이에서 서서히 확산되었다. 베살리우스의 《인체의 구조에 관하여》와 달리 《천체의 회전에 관하여》는 새로운 실증 데이터를 많이 담고 있지는 않았다. 이 부분은 다음 세기에 튀코 브라헤라는 덴마크 귀족에 의해 채워진다. 그는 덴마크와 스웨덴 사이에 있는 카테가트 해협의 섬 벤에 천문대를 짓고 정교한 관측 도구를 구비해 전보다 훨씬 더 정확한 관측을 할 수 있었다. 새로운 관측 데이터를 코페르니쿠스의 우주에 적용하면서 브라헤는 프톨레마이오스의 천구 개념을 폐기했고, 우주를 훨씬 더 정확하고 정교하게 표현할 수 있는 가능성을 열었다. 이어서 요하네스 케플러가 튀코 브라헤의 데이터를 사용해 프톨레마이오스의 이론 중 행성이 원형 궤도를 그리며 일정한 속도로 돈다는 부분을 마지못해 반박하고 타원 궤도 이론을 제시했다. 이는 태양계에 대한 인류의 이해에서 또 하나의 커다란 진전이었다.

우리가 살펴본 도시들은 저마다 고유한 지리와 특성을 가지고 있었지만 학문이 번성할 수 있는 조건을 만들었다는 공통점이 있었다. 그 조건은 정치적 안정, 자금과 서적의 지속적인 공급, 학문에 관심 있는 뛰어난 인재들의 유입, 그리고 가장 중요한 것으로, 타민족과 타 종교에 대한 관용과 포용이었다. 이를 통해 가능해진 협업이야말로 과학의 발달에 가장 중요한 요소였다. 그러한 협업이 없었다면 번역도 없었을 것이고, 지식이 문화의 경계를 넘어 이동하는 일도 없었을 것이며, 개념과 사상이 하나의 학문 전통에서 또 다른 학문 전통으로 넘어가 융합될 기회도 없었을 것이다. 미지의 곳으로 길을 떠나 뛰어난 사상과 이론을 찾아내고 보존하고 이해하고 소통하는 데 인생을 바치며 이러한 협업을 가능하게 만든 학자들이야말로 우리 이야기의 별이다. 경이로운 것들에 호기심을 느낄 수 있는 그들의 능력, 어마어마하게 불확실한 창조의 혼란에 명료함과 질서를 가져오고자 결연하게 매진한 그들의 의지가 서기 500년부터 1500년까지 1000년 동안 과학이 살아남아 발전할 수 있었던 원동력이다.

이 책의 여행을 통해 우리는 먼 과거에 그러한 학문 활동이 벌어졌던 지혜의 집들을 들여다보려 했다. 바그다드의 '지혜의 집'은 실물로 남아 있는 것이 없고 살레르노의 의학교도 마찬가지다. 몇몇 다른 도시들에는 먼지 쌓인 유적지나 사라진 성당의 폐허만이 남아 있다. 시기적으로 현재와 가장 가까운 베네치아조차 알두스 마누티우스의 인쇄소를 알아볼 수 있게 해주는 것이라곤 벽에 붙어 있는 명판뿐이다. 고고학적인 실물 증거는 희박하지만, 우리는 자취를 따라가 본 서적들이 궁정 도서관, 성당 예배당, 강의실, 식물원, 천문대 등 여러 다양한 곳의 선반에 꽂혀 있었으리라는 것을, 그곳에서 많은 사람이 그 책들을 읽었으리라는 것을 알고 있다. 1500년경이면 이러한 장소는 더 많아지고 더 다양해지고 더 많이 눈에 보이게 되고, 그다음 세기에는 지식의 세계 전역에 해부학 시연실과 천문대, 식물원과 강연장과 도서관이 속속 세워졌다.

새로이 생겨난 학문의 공간에서 학자들은 함께 일할 수 있었고 점점 더 정교한 장비와 도구로 자연 세계를 조사할 수 있었다. 대학은 교육에서 결정적으로 중요한 역할을 했지만, 일반적으로 과학 연구의 최첨단을 달리는 곳은 아니었다. 궁정 도서관이 그랬듯이 대학 도서관도 일반 사람들이 접근하기는 어려운 경우가 많았고 학문에 대한 접근 방식은 보수적인 편이었다.* 그래서 학자들은 자신의 연구소와 실험실을 직접 지었다. 16세기와 17세기에 과학혁명의 많은 성과가 공적인 공간

---

* 파도바 대학은 예외였다. 1595년에 파도바 대학에는 베살리우스가 해부에 사용했던 목조 건물 대신 첫 상설 해부학 시연실이 세워졌다. 또 1605년에 세워진 옥스퍼드 대학 토머스 보들리 도서관(보들리언 도서관)도 초창기 몇십 년 동안에는 유럽 전역에서 책을 보기 위해 찾아오는 사람들에게 개방되었다.

이 아니라 사적인 공간에서 나온 이유다. 그러다 17세기 말에 과학혁명이 추진력을 얻으면서 협업을 촉진하기 위해 교육 기관과 학회가 생겨났고, 이러한 곳들이 과학 연구가 이루어지는 공식적인 장소가 되었다.

이러한 장소의 핵심에는 거의 언제나 방대한 장서를 보유한 공간이 있었다. 어떤 경우에는 장서의 명성이 너무나 드높아서 비공식적인 대학이나 학회의 기능을 했다. 모틀레이크의 템스 강변에 있었던 존 디의 저택은 16세기 말 영국에서 가장 놀라운 과학 서적을 보유한 곳이었고, 엘리자베스 1세를 비롯해 그 시대의 많은 학자와 엘리트가 이곳을 찾았다. 이들은 책을 보러 온 것이기도 했지만 지도, 도구, 기타 존 디가 소유한 진기한 것들, 그리고 물론 존 디를 보러 온 것이기도 했다. 존 디의 저택에서 이들은 신대륙 발견으로 이어지는 항해를 계획했고, 철학을 논했고, 역사를 연구했고, 연금술의 비밀을 알아내려 했고, 천사들과 소통하려 했다.

16세기와 17세기를 거치면서 갈레노스 의학과 프톨레마이오스 천문학의 많은 부분이 반박되고 다른 이론으로 대체되었지만, 유클리드는 그렇지 않았다. 《원론》은 여전히 가장 권위 있는 수학 교재로서 유럽 각국의 주요 토착어로 번역되었고 유럽 전역의 서점에서 판매되었다. 1570년에 첫 영어 완역본이 인쇄되었는데, 팝업 도형이 들어간 이 놀라운 책은 존 디가 편집한 것이었다. 서문에서 존 디는 수학이 유용하게 적용될 수 있는 학문들을 나열한 뒤, 되도록 많은 사람이 수학을 배우는 것이 얼마나 중요한지를 강조했다. 이것은 인쇄술의 시대가 열리면서 생겨난 두드러진 특징이었다. 점점 늘어나는 서적 수요에 부응하기 위해 수많은 책이 일상의 토착어로 번역되었고〔라틴어가 아니라〕토착어로 집필을 하는 경우도 많아졌다. 초창기 이탈리아 인문학자들로부터 시작된 이 경향은 유럽의 다른 지역으로도 확산되었다.

일상 언어인 토착어가 사용되긴 했어도 지식 세계의 보편 언어는 여전히 라틴어였다. 알두스 마누티우스가 펴낸 그리스어 서적들은 그가 바랐던 만큼 판매를 올리지는 못했다. 출판업이 유지될 수 있을 정도의 수요가 존재하기에는 그리스어를 하는 사람이 많지 않았기 때문이다. 성장하던 우편 시스템을 통해 서신과 책을 교환하면서 서로 협업하고 논쟁하던 '문예 공화국'의 일원들은 대체로 라틴어로 소통했다. 서적 유통 인프라가 발달하면서 책을 구하는 것이 더 쉬워졌고 따라서 아이디어의 교환도 더 용이해졌다. 비교적 안정적인 인쇄본이 부정확하기 쉬운 필사본을 점차 대체했고, 지식은 더 정확해지고 표준화되었다. 또한 저자들과 편집자들이 오늘날 우리가 당연하게 여기는 색인, 목차, 부속물, 삽화, 용어 설명 등을 추가하면서 책을 읽고 참고하기도 더 쉬워졌다.

1500년에 유럽은 과학혁명을 목전에 두고 있었다. 새로운 발견들이 지각 변동을 일으키며 오늘날 과학이 번성할 수 있는 조건을 마련했다. 이러한 발견은 그 이전 수 세기 동안 사상, 탐구, 저술 활동이 지속되면서 지식의 끈을 이어가지 않았다면 불가능했을 것이다. 과학 이론과 개념은 종이에 기록되어 지중해 세계를 여행하면서 서로 다른 시기에 서로 다른 지역에서 지식에 불을 밝혔다. 21세기인 오늘날의 시점에서 뒤돌아보면 학문의 밀물과 썰물을, 가속화의 시기와 정체의 시기를 볼 수 있다. 거부되고 사라졌던 개념과 아이디어가 한참 뒤에 재발견되고 수 세기 이후에 되살아나곤 했다. 지식이 발달해간 길은 직선이 아니었다. 이 길은 구불구불하고 거꾸로 가기도 하며, 뱅뱅 돌기도 하고 막다른 골목으로 사라지기도 하고, 그러다 다시 나타나서 또 이어지곤 했다.

지난 몇 세기 동안에는 획기적인 기술 혁신이 과학 지식을 크게 변모시켰다. 1500년 이후에 특히 두 가지 새로운 기술이 우리가 주변 세계의 경이로운 것들을 관찰하는 역량을 크게 높여주었다. 16세기 말 네덜란드의 어느 안경 제조공과 그의 아들이 확대경을 둥그런 통에 끼워 원시적인 형태의 현미경을 만들었다. 100년 뒤에는 역시 네덜란드 사람인 안톤 판 레이우엔훅Anton van Leeuwenhoek이 이 현미경의 원리를 활용해 최초의 작동 가능한 현미경을 만들었다. 그는 550개의 렌즈를 자르고 갈고 윤을 내서 원통 안에 끼웠는데, 이 장치는 270배까지 대상을 확대해서 볼 수 있었다. 이로써 인류는 처음으로 이스트의 미생물과 동맥혈 안의 혈구를 관찰할 수 있었다. 이때 이후로 상상할 수 없었던 미세한 것들이 우리 앞에 모습을 드러냈고 이는 지식의 풍경을 극적으로 바꾸었으며 의학에 일대 혁명을 가져왔다.

17세기 초에 천문학자 갈릴레오 갈릴레이는 얼마 전에 발명된 망원경을 보정해서 그것으로 밤하늘을 관찰했다. 인류가 별을 관찰해온 오랜 역사에서 처음으로 육안의 한계를 넘어 하늘을 볼 수 있게 되었고, 우주는 경이로운 면모들을 전에 비해 훨씬 더 많이 그리고 훨씬 더 세세하게 드러냈다. 이후로 점점 더 강력해지는 기계와 장비로 먼 우주의 차가운 너머를 점점 더 깊이 들여다보고 달과 행성의 표면을 접할 수 있게 되었다. 인간의 발명이 전례 없이 강력한 관찰과 관측의 역량을 가져다주었지만, 더 많은 것을 볼수록 더 많은 것이 새로이 나타났다. 우리의 세계가 무한히 복잡하고 경이롭다는 것을 과학이 드러내준 것이다.

감사의 말

이 책을 쓰는 길고 즐거운 과정에서 나는 먼 과거와 지중해 전역을 여행해야 했다. 여정 내내 많은 분들이 길을 잡아주고 도움과 지원을 베풀어주었다. 우선 나의 에이전트인 펄리시티 브라이언Felicity Bryan에게 감사를 전한다. 그는 막연하던 나의 아이디어에서 구체화하고 발전할 수 있는 무언가가 있음을 포착해서 내가 이 프로젝트에 나설 수 있도록 해주었다. 조지 몰리George Morley는 날카로운 편집 실력을 발휘했고 내가 수많은 오류의 함정을 피할 수 있게 해주었다.

이 책은 고대와 중세 학자들에 대한 책이지만 그들의 여정을 추적하고 그들의 성취를 이야기할 수 있었던 것은 많은 현대 학자들의 노고 덕분이었다. 그들의 상세한 역사 연구와 훌륭한 저술 덕분에 이 책에 담긴 정보들을 얻을 수 있었다. 또한 이들 중 많은 분에게 영감을 받았으며 몇몇 분에게는 개인적으로 도움도 받았다. 찰스 버넷Charles Burnett 교수님은 매우 너그럽게도 귀한 시간을 내어 초고를 읽고 비할 데 없는 전문성을 십분 발휘해 귀중한 조언을 해주셨다. 그분이 집필한 뛰어난 책과 논문에서도 큰 도움을 얻었다. 지난 몇 년간 내가 영국을 방문할 때면 바르부르크 연구소Warburg Institute에서 늘 환대를 받았고 그곳의 놀라운 도서관을 기지 삼아 연구할 수 있었는데, 이 역시 버넷 교수님 덕분이다. 비비언 너턴Vivian Nutton 교수님은 갈레노스에 대해 백과사전과도 같은 지식으로 나의 질문에 친절히 답해주셨다. 또한 다음 분들에게도 감사를 전한다. 데이비드 쥐스트David Juste와 '프톨레마이오스 저술의 아랍어본과 라틴어본 프로젝트', '15세기 서적 교역 프로젝트'의 그레그 울프Greg Woolf, 에릭 크와켈Eric Kwakkel, 유진 로건Eugene Rogan, 제리 델라 로카 데 칸달Geri Della Rocca de Candal, 크리스티나 돈디Christina Dondi, 몇몇 오류를 바로잡아준 나시마 네가즈Nassima Neggaz와 파올로 사케트Paolo Sachet, 잊을 수 없는 라틴어 레슨을 해준 귀도 질리오니Guido Giglioni, 15세기 베네치아와 마르치아나 도서관Biblioteca Marciana에 대해 알려준 사브리나 미누치Sabrina Minuzzi, 시칠리아에 대한 초고를 읽고 조언해준 존 줄리어스 노리치John Julius Norwich. 이 책에 오류가 있다면 전적으로 그들의 가르침을 잘못 해석한 나의 책임이다. 참고문헌 목록은 종합목록은 아니다. 나의 사고에 가장 중요한 영향을 미친 저술들과 일반 독자들이 가장 관심을 가질 만한 저술들을 추려서 실었다.

이 책을 쓰면서 많은 도서관과 박물관을 방문했다. 다음 분들 덕분에 필요한 자료들을 찾을 수 있었다. 톨레도 트라둑토레스 에스쿠엘라 도서관Biblioteca de la Escuela de Traductores의 마리아 루스 코멘다도르 페레스Maria Luz Comendador Perez, 옥스퍼드 과학사 박물관Museum of the History of Science에서 아름다운 아스트롤라베 소장품을 보여준 리 맥도널드Lee

Macdonald, 마르치아나 도서관의 엘리사베타 시아라Elisabetta Sciarra, 영국 도서관Britsh Library의 캐런 림퍼 허츠Karen Limper-Herz 박사, 바르부르크 도서관Warburg Library에서 도움을 준 직원분들, 그리고 무엇보다 보들리언 도서관Bodleian Library의 모든 분들, 특히 브루스 바커 벤필드Bruce Barker-Benfield, 콜린 해리스Colin Harris, 니콜라 오툴Nicola O'Toole, 에르네스토 고메스 로사노Ernesto Gomez Lozano, 앨런 브라운Alan Brown, 스티븐 히브런Stephen Hebron, 마이클 애선슨Michael Athanson에게 감사를 전한다.

저우드 재단Jerwood Foundation과 왕립 문학회Royal Society for Literature에서 지원금을 받아서 프로젝트 초기에 재정적으로도 심리적으로도 큰 도움을 얻을 수 있었다. 두 기관 모두에, 그리고 왕립 문학회 디렉터인 몰리 로젠버그Molly Rosenberg의 귀중한 조언에 감사를 전한다.

가족과 친구들의 무한한 지원과 인내에, 그리고 긴 기간 내가 하고 있는 일에 계속해서 관심을 가져준 점에 깊은 감사를 전한다. 이 프로젝트를 하라고 말해준 사샤Sacha와 애덤Adam에게, 실제로 프로젝트를 할 수 있게 해준 리비Livy와 제니Jenny에게, 뛰어난 연구 조교 JGN에게, 프로젝트가 진행되는 여정 내내 영감을 주고 기운을 북돋워준 도티Dottie, 캐서린 닉시Catherine Nixey, 로브Rob, 샬럿Charlotte, 캐머런Cameron, 알렉산드라Alexandra, 조애나 커베나Joanna Kavenna, 토머스 모리스Thomas Morris, 루시Lucy, 조니Johnnie, 제너비브Genevieve, 로라Laura에게, 엄마가 때때로 집을 비우고 종종 다른 데 관심이 쏠려 있어도 잘 참고 견뎌준 나의 딸들에게 감사를 전한다.

Men allermest til Mikkel, for alt.

주

서문

1. 이 건축 구조와 디자인은 〔이탈리아 르네상스 시기 건축가〕 도나토 브라만테Donato Bramante가 조언했을 가능성이 있다. 브라만테는 신축될 성 베드로 대성당에 대한 구상을 교황 율리오 2세에게 설명할 때 이 그림을 사용했을 것이다.
2. 이 인물이 아르키메데스라는 설도 있다.
3. Owen Gingerich, "Foreword," G. J. Toomer (trans.), Ptolemy, *Ptolemy's Almagest* (Princeton: Princeton University Press, 1998), p. ix.

1장 거대한 사라짐

1. Robert Graves (trans.), Suetonius, *The Twelve Caesars* (London: Penguin Books, 1957), Dom. 20.
2. Stephen Greenblatt, *The Swerve: How the Renaissance Began* (London: Bodley Head, 2011), p. 106.
3. Choricius, *Laudatio Marciani Secunda 9*. 다음에 인용됨. Averil Cameron, Bryan Ward-Perkins & Michael Whitby (eds.), *The Cambridge Ancient History, Volume XIV* (Cambridge: Cambridge University Press, 2001), p. 867.
4. Horace Leonard Jones (trans.), Strabo, *Geography* (London: Heinemann, 1932 〔Loeb Edition〕), 13.1.54.
5. Helmut Koester, *Pergamon: Citadel of the Gods* (Harrisburg, Pennsylvania: Trinity Press International, 1998), p. 346.

6. Baynard Dodge (ed.), *The Fihrist of al-Nadim: A Tenth-Century Survey of Muslim Culture* (New York: Columbia University Press, 1970), p. 585.

2장 알렉산드리아

1. Horace Leonard Jones (trans.), Strabo, *Geography*, 17.793~794.
2. Timon of Phlius. 다음에 인용됨. Roy Macleod (ed.), *The Library of Alexandria: Centre of Learning in the Ancient World* (London: I. B. Tauris, 2000), p. 62.
3. P. M. Fraser, *Ptolemaic Alexandria* (Oxford: Clarendon Press, 1972), p. 133.
4. R. Netz, "Greek Mathematicians: A Group Picture," C. J. Tuplin & T. E. Rihll (eds.), *Science and Mathematics in Ancient Greek Culture* (Oxford: Oxford University Press, 2002), p. 204.
5. Ivor Bulmer-Thomas, "Euclid," *Complete Dictionary of Scientific Biography* (Detroit: Charles Scribner's Sons, 2008), p. 415. 이후 *DSB*로 표기함.
6. Ibid.
7. 다음에 수록된 첫 두개의 정의. Book 1, Sir Thomas L. Heath (trans.), Euclid, *The Thirteen Books of The Elements* (New York: Dover Publications, 1956), p. 153.
8. Reviel Netz, "The Exact Sciences," Barbara Graziosi, Vasunia Phiroze & G. R. Boys-Stones (eds.), *The Oxford Handbook of Hellenic Studies* (Oxford: Oxford University Press, 2009), p. 584.
9. Gerd Grasshoff, *The History of Ptolemy's Star Catalogue* (London: Springer Verlag, 1990), p. 7.
10. G. J. Toomer (trans.), Ptolemy, *Ptolemy's Almagest* (Princeton: Princeton University Press, 1998), p. 37.
11. 히파르코스의 생애에 대한 믿을 만한 사료는 많지 않다. 아마도 기원전 190~120년경 로도스에서 일련의 관측을 해서 훗날 프톨레마이오스가 사용

하게 될 데이터를 산출했을 것이다. 히파르코스의 저술 중 제목이 알려져 있는 것은 여럿 있지만 내용이 현전하는 것은 하나뿐이다.

12. Vivian Nutton, "The Fortunes of Galen," R. J. Hankinson (ed.), *The Cambridge Companion to Galen* (Cambridge: Cambridge University Press, 2008), p. 360.
13. Fridolf Kudlien, "Galen," *DSB*, p. 229.
14. "지적인 야망과 집대성의 정도, 정보의 범위와 내용 등 모든 면에서 그는 의학 지식에 대해 고대 사회의 무엇도 필적할 수 없는 수준으로 일관성 있고 체계적인 종합을 이루어냈다." Christopher Gill, Tim Whitmarsh & John Wilkins, *Galen and the World of Knowledge* (Cambridge: Cambridge University Press, 2009), p. 3.
15. Vivian Nutton, "Medicine," David C. Lindberg & Michael H. Shank (eds.), *The Cambridge History of Science, Volume 2: Medieval Science* (Cambridge: Cambridge University Press, 2013), p. 956.
16. Gill, Whitmarsh & Wilkins, *Galen and the World of Knowledge* (Cambridge: Cambridge University Press, 2009), p. 4. 현대의 한 역사학자가 이를 더 직설적으로 표현했다. "수학에 대해 로마 제국이 매우 저열한 태도를 가지고 있었다고 말해도 그리 부당하지 않을 것이다." A. George Molland, "Mathematics," *The Cambridge History of Science, Volume 2: Medieval Science*, p. 513.
17. Vivian Nutton, "The Fortunes of Galen," p. 363.
18. Catherine Nixey, *The Darkening Age: The Christian Destruction of the Classical World* (London: Macmillan, 2017), p. 88.
19. Martin Ryle (trans.), Luciano Canfora, *The Vanished Library: A Wonder of the Ancient World* (London: Vintage, 1991), p. 192.

3장 바그다드

1. 다음에 인용됨. Jacob Lassner, *The Topography of Baghdad in the Early*

Middle Ages: Text and Studies (Detroit: Wayne State University Press, 1970), pp. 87~91.

2. Michael Cooperson, *Al-Ma'mun* (Oxford: Oneworld, 2006), pp. 88-89.
3. Baynard Dodge (ed.), *The Fibrist of al-Nadim: A Tenth-Century Survey of Muslim Culture* (New York: Columbia University Press, 1970), pp. 1~2.
4. 동방 정교회에서 갈라져 나온 네스토리우스파 기독교도들이 5세기와 6세기에 비잔티움 제국의 박해를 피해 시리아와 페르시아로 이주했다. 그들은 이 일대에 수도원과 교회를 세웠는데, 그중 다수가 7세기 이후 아랍의 통치하에서도 계속 유지되었다. 1세기 이래 기독교도가 이 지역에 많이 퍼져 있었다.
5. David C. Lindberg, *The Beginnings of Western Science: The European Scientific Tradition in Philosophical, Religious, and Institutional Context, 600 B.C. to A.D. 1450* (Chicago: Chicago University Press, 1992), p. 165.
6. John Alden Williams (trans.), al-Tabari, *The Early Abbasi Empire, Volume I* (Cambridge: Cambridge University Press, 1988), p. 143.
7. Ibid., p. 144.
8. Paul Lunde & Caroline Stone (trans. & eds), Mas'udi, *The Meadows of Gold: The Abbasids* (London: Kegan Paul International, 1989), p. 33.
9. S. E. al-Djazairi, *The Golden Age and Decline of Islamic Civilization* (Bayt Al-Hikma Press, 2006), p. 165.
10. O. Pinto, "The Libraries of the Arabs during the time of the Abbasids," *Islamic Culture 3*, 1929, p. 211.
11. Paul Lunde & Caroline Stone (trans. & eds.), Mas'udi, *The Meadows of Gold*, p. 67.
12. 군사력의 정도에 따라 국경은 계속해서 달라졌지만 대체로 오늘날의 튀르키예 중심부를 동서로 가로지르고 있었다. 더 넓은 부분은 소아시아 혹은 아나톨리아라고 불렸으며, 아랍어로는 '룸Rum'이라고 불렸다.
13. 그리스 의학 문헌들은 앙카라(현재 튀르키예의 수도) 전쟁과 아모리움(아나톨리아 중서부에 있는 고대 그리스의 도시) 전쟁에서 가장 중요한 전리품에

속했다. 두 도시는 전쟁에서 회복되지 못하고 곧 버려지는 신세가 되었다.

14. 1258년에 몽골이 침략했을 때 바그다드에는 36개의 공공 도서관이 있었다고 전해진다.

15. 자파르 이븐 바르마크는 알 마문의 개인 교사였다. 하룬이 자파르를 죽인 것은 강력한 페르시아 가문인 바르마크 가문과 알 마문 사이의 유대를 깨뜨리기 위한 것이었다는 설이 있다. 그렇게 해서 알 마문의 잠재적인 권력을 축소시킴으로써 칼리파 지위를 본인이 아니라 적장자인 동생이 잇는 것에 동의하게 만들기 위해서 말이다.

16. Baynard Dodge (ed.), *The Fihrist of al-Nadim*, p. 584.

17. Robert Kaplan, on *In Our Time: Zero*, BBC Radio 4, 13 May 2004.

18. 고대 인도 종교인 자이나교는 평화주의, 순결주의, 정직 등 몇 가지 신조를 핵심으로 한다. 신도들은 물건을 훔치거나 소유하지 않겠다고 맹세한다. 그들은 윤회를 믿고 살아 있는 모든 동식물에 영혼이 있다고 믿지만 신은 믿지 않는다. 또 '무한대' 개념은 큰 수를 이용해 아주 먼 미래까지 행성과 별의 움직임을 예측하는 자이나교의 우주론에서 핵심을 이룬다. 오늘날 인도에 적어도 420만 명의 자이나교도가 있다.

19. 《피흐리스트》에 적힌 알 킨디의 저술 목록만 26페이지에 달하는 것을 보면 그가 남긴 업적의 규모가 짐작이 갈 것이다. 《피흐리스트》는 알 킨디가 "고대 과학 전체에 대한 해박한 지식으로 당대에 단연 독보적인 사람"이었으며, 그의 저술이 "논리학, 철학, 기하학, 계산, 산술, 음악, 천문학 등 방대한 영역을 아우르고" 있었다고 묘사하고 있다. 하지만 하늘 아래 완벽한 사람은 없는 모양인지, 《피흐리스트》에서 알 나딤은 알 킨디의 인상적인 저술 목록 뒤에 신랄한 인물평 하나를 덧붙였다. "그는 지독한 구두쇠였다." Baynard Dodge (ed.), *The Fihrist of al-Nadim: A Tenth-Century Survey of Muslim Culture* (New York: Columbia University Press, 1970), p. 615.

20. Al-Mas'udi, *Murug ad-dahab*. 다음에 인용됨. Dimitri Gutas, *Greek Thought, Arabic Culture: The Graeco-Arabic Translation Movement in Baghdad and Early Abbasid Society (2nd–4th/8th–10th centuries)* (Oxford: Routledge, 1998), p. 78.

21. Dimitri Gutas, *Greek Thought*, p. 138.
22. Hugh Kennedy, *When Baghdad Ruled the Muslim World: The Rise and Fall of Islam's Greatest Dynasty* (Boston: Da Capo Press, 2005), p. 255.
23. Baynard Dodge (ed.), *The Fibrist of al-Nadim*, p. 693.
24. Dimitri Gutas, *Greek Thought*, p. 138.
25. 갈레노스의 《의학의 분파에 관하여》의 후나인 번역본에 실린 서문. 다음에 인용됨. Franz Rosenthal, *The Classical Heritage in Islam* (London: Routledge, 1994), p. 20.
26. G. C. Anawati, "Hunayn ibn Ishaq," *DSB*, p. 230.
27. Jim al-Khalili, *The House of Wisdom: How Arabic Science Saved Ancient Knowledge and Gave Us the Renaissance* (London: Penguin, 2010), p. 75.
28. Baynard Dodge (ed.), *The Fibrist of al-Nadim*, pp. 701~702.
29. 아스트롤라베에 대한 지식은 알렉산드리아의 테온이 남긴 저술을 통해 아랍에 전해졌다. 아마도 테온이 필사한 버전의 《원론》을 공부하던 아랍 학자들이 테온의 다른 저술들도 들여왔을 것이다. 또한 성실하고 부지런하기 그지없었던 알 콰리즈미도 아스트롤라베 제작과 사용을 위한 지침서를 만들었다. 아스트롤라베는 점점 더 정교하게 개량되었고 나중에 스페인의 수도원들을 통해 서유럽에 전해졌다.
30. Colin Thubron, *The Shadow of the Silk Road* (London: Vintage, 2007), p. 316.

4장 코르도바

1. Pascual de Gayangos (trans.), Ahmed ibn Mohammed al-Makkari, *The History of the Mohammedan Dynasties in Spain, Volume I* (London: Routledge-Curzon, 2002), pp. 17~18.
2. Ibid., p. 210.
3. Ibid.

4. Pascual de Gayangos (trans.), Ahmed ibn Mohammed al-Makkari, *The History of the Mohammedan Dynasties in Spain, Volume II* (London: Routledge-Curzon, 2002), p. 81.
5. Pascual de Gayangos (trans.), Ahmed ibn Mohammed al-Makkari, *The History of the Mohammedan Dynasties in Spain, Volume I*, p. 121.
6. Paul Alvarus, *The Unmistakable Sign*. 다음에 인용됨. Maria Menocal, *Ornament of the World: How Muslims, Jews and Christians Created a Culture of Tolerance in Medieval Spain* (London: Little, Brown, 2002), p. 66. 당시에 라틴어 서적은 주로 종교에 대한 것으로 종수도 적었던 반면, 아랍어로는 매우 다양한 주제를 다룬 서적이 많았다.
7. Pascual de Gayangos (trans.), Ahmed ibn Mohammed al-Makkari, *The History of the Mohammedan Dynasties in Spain, Volume I*, p. 140.
8. Jim al-Khalili, *The House of Wisdom: How Arabic Science Saved Ancient Knowledge and Gave Us the Renaissance* (London: Penguin, 2010), p. 196.
9. Sema'an I. Salem & Alok Kumar (trans. & eds.), Sa'id al-Andalusi, *Science in the Medieval World: 'Book of the Categories of Nations'* (Austin: University of Texas Press, 1996), p. 64.
10. Leon Poliakov, *The History of Anti-Semitism, Volume 2: From Mohammed to the Marranos* (Philadelphia: University of Pennsylvania Press, 2003), p. 92.
11. 독일 수녀 흐로스비타Hroswitha가 레세문도 주교의 말을 토대로 코르도바를 묘사한 표현이다. 다음에 인용됨. Kenneth B. Wolf, "Convivencia and the 'Ornament of the World'," Southeast Medieval Association, Wofford College, Spartanburg, South Carolina, October 2007, p.5.
12. Hasdai ibn Shaprut, *Letter to the King of the Khazars*, c.960. 다음에 인용됨. Maria Menocal, *Ornament of the World: How Muslims, Jews and Christians Created a Culture of Tolerance in Medieval Spain* (London: Little, Brown, 2002), p. 84. 게발림 사람이 누구를 의미하는지는 확실하지

않지만, (본문에 게르만인이라고 쓰여 있는 것과 달리) 아마도 슬라브족이었을 것이다.

13. Sema'an I. Salem & Alok Kumar (trans. & eds.), Sa'id al-Andalusi, *Science in the Medieval World*, p. 72.
14. M. S. Spink & G. L. Lewis (trans. & commentary), Albucasis, *On Surgery and Instruments: A Definitive Edition of the Arabic Text with English Translation and Commentary* (London: Wellcome Institute of the History of Medicine, 1973), p. 2.
15. Sami Hamarneh, 'al- Zahrawi', *Complete Dictionary of Scientific Biography* (Detroit: Charles Scribner's Sons, 2008), p. 585.
16. Sema'an I. Salem & Alok Kumar (trans. & eds.), Sa'id al-Andalusi, *Science in the Medieval World*, p.61.
17. Ibid.
18. Pascual de Gayangos (trans.), Ahmed ibn Mohammed al-Makkari, *The History of the Mohammedan Dynasties in Spain, Volume I*, p. 42.
19. Ibid., pp. 139~140에 인용됨.
20. Sema'an I. Salem & Alok Kumar (trans. & eds.), Sa'id al-Andalusi, *Science in the Medieval World*, p. 61.
21. Ibid., p. 62.
22. Stephan Roman, *The Development of Islamic Library Collections in Western Europe and North America* (London: Mansell, 1990), p. 192.
23. Ibid.

5장 톨레도

1. 갈레노스 《의술론》의 제라르도 번역본 서문. 갈레노스의 《의술론》은 제자들이 종합했다. 다음에 인용됨. Charles Burnett, "The Coherence of the Arabic-Latin Translation Program in Toledo in the Twelfth Century," *Science in Context* 14 (1/2) (Cambridge: Cambridge University Press, 2001), pp.

249~288.

2. Ibid., p. 255.

3. 다음의 각주. Letter 15, Harriet Pratt Lattin (trans. & intro.), *The Letters of Gerbert: With His Papal Privileges as Sylvester II* (New York: Columbia University Press, 1961), p. 54.

4. Ibid.

5. Ibid., Letter 138, p. 168.

6. 갈레노스《의술론》의 제라르도 번역본 서문. pp. 249~288.

7. Salma Khadra Jayyusi, *The Legacy of Muslim Spain, Volume 2* (Leiden: Brill, 1992), p. 1042.

8. 마슬라마 알 마즈리티Maslama al-Majriti가 코르도바의 좌표에 맞게 수정한《지즈》의 사본이 11세기 중반 어느 시점에 사라고사로 들어왔고 사라고사 좌표에 맞게 다시 수정되었다.

9. 갈레노스《의술론》의 제라르도 번역본 서문. pp. 249~288, 255~256.

10. Charles Homer Haskins, *The Renaissance of the Twelfth Century* (Cambridge, Massachusetts: Harvard University Press, 1927), p. 279.

11. Sema'an I. Salem & Alok Kumar (trans. & eds.), Sa'id al-Andalusi, *Science in the Medieval World: "Book of the Categories of Nations"* (Austin: University of Texas Press, 1996), p. 76.

12. Charles Burnett, "The Institutional Context of Arabic-Latin Translations of the Middle Ages: A Reassessment of the School of Toledo," Olga Weijers (ed.), *Vocabulary of Teaching and Research Between Middle Ages and Renaissance: Proceedings of the Colloquium, London, Warburg Institute, 11–12 March 1994* (Turnhout: Brepols, 1995), p. 226.

13. 그중 네 권은 9세기에 후나인 이븐 이스하크가 그리스어에서 아랍어로 번역한 것이었다.

14. Vivian Nutton, "The Fortunes of Galen," R. J. Hankinson (ed.), *The Cambridge Companion to Galen* (Cambridge: Cambridge University Press, 2008), p. 364.

15. Angus Mackay, *Spain in the Middle Ages: From Frontier to Empire, 1000–1500* (London: Macmillan, 1977), p. 88.
16. Charles Homer Haskins, *The Renaissance of the Twelfth Century*, p. 287.
17. 갈레노스《의술론》의 제라르도 번역본 서문의 또 다른 번역에서 인용됨. Edward Grant, *A Source Book in Medieval Science* (Cambridge, Massachusetts: Harvard University Press, 1974), p. 255.
18. 갈레노스《의술론》의 제라르도 번역본 서문. pp. 249~288.
19. Peter Dronke, *The History of Twelfth-Century Western Philosophy* (Cambridge: Cambridge University Press, 1988), p. 159.
20. Charles Burnett, "The Institutional Context of Arabic-Latin Translations of the Middle Ages," p. 225.
21. 세비야와 리미아의 후안도 톨레도에서 일했는데 그의 배경은 잘 알려져 있지 않다. 문헌마다 히스파누스, 히스팔렌시스, 톨레타누스, 리멘시스, 아벤다우트, 이븐 다우드 등 여러 이름으로 언급되어 있어서 그가 사실은 한 사람이 아닐 것이라는 가설도 제기된다. 어쨌든 현재로서는 그가 세파르디 유대인이고 알모하드 왕조의 유대인 박해를 피해 코르도바에서 도망쳐 톨레도에 정착했으며, 12세기에 톨레도에서 번역 활동을 했으리라는 것이 일반적인 견해다.
22. Charles Burnett, "The Coherence of the Arabic-Latin Translation Program in Toledo in the Twelfth Century," pp. 249~288.
23. 〔일부러 업무 분장을 한 것이 아니었다고 보면〕 이것은 다소 의아하다. 잉글랜드에서 배움을 구하러 톨레도로 온 몰리의 대니얼Daniel of Molley은 제라르도가 중요한 점성학 저술인 아부 마샤르의《점성 과학에 대한 개요》에 대해 강연하는 것을 들었다고 기록하고 있기 때문이다. 대니얼의 기록이 사실이라는 전제하에, 번역은 하지 않았더라도 제라르도가 점성학을 잘 알고 있었음에는 틀림없다.
24. Richard Southern, *The Making of the Middle Ages* (London: Hutchinson, 1959), p. 39.

25. Peter Dronke (ed.), *The History of Twelfth-Century Western Philosophy*, p. 113.
26. Charles Burnett, Hermann of Carinthia, *De Essentiis* (Leiden: Brill, 1982), p. 6.
27. David Juste, "MS Madrid, Biblioteca Nacional, 10113 (olim Toledo 98-15)" (2017년 1월 3일 업데이트), *Ptolemaeus Arabus et Latinus. Manuscripts*, http://ptolemaeus.badw.de/ms/70.
28. Charles Burnett, *The Panizzi Lectures 1996: The Introduction of Arabic Learning into England* (London: The British Library, 1997), p. 62.
29. Ibid.
30. Ibid.
31. Charles Burnett, "The Twelfth-Century Renaissance," David C. Lindberg & Michael H. Shank (eds.), *The Cambridge History of Science, Volume 2: Medieval Science* (Cambridge: Cambridge University Press, 2013), p. 380.

6장 살레르노

1. Edward Grant, *Physical Science in the Middle Ages* (New York: John Wiley & Sons, 1971), p. 4.
2. Cassiodorus, *Institutiones, Book II*, Leslie Webber Jones (trans. & ed.), Cassiodorus, Senator, ca. 487-ca. 580, *An Introduction to Divine and Human Readings* (New York: W. W. Norton, 1969), p. 136.
3. Michael Frampton, *Embodiments of Will: Anatomical and Physiological Theories of Voluntary Animal Motion from Greek Antiquity to the Latin Middle Ages, 400 B.C.–1300 A.D.* (Saarbrucken: VDM Verlag Dr Muller, 2008), p. 277.
4. Ibid., p. 304.
5. Ibid.

6. Marcus Nathan Adler (trans.), *The Itinerary of Benjamin of Tudela* (New York: Philipp Feldheim, 1907), p. 6.
7. Al-Idrisi, *The Book of Roger.* 다음에 인용됨. Graham A. Loud, *Roger II and the Creation of the Kingdom of Sicily* (Manchester: Manchester University Press, 2012), p. 363.
8. '머리부터 발까지' 차례로 짚어가는 구성은 7세기에 의학 백과사전을 펴낸 아이기나의 파울로스를 모방한 것으로 보인다.
9. Lynn Thorndike, *History of Magic and Experimental Science, Volume I* (New York: Macmillan, 1923), p. 751.
10. 하지만 의학 교육이 더 발달하면서 갈레노스의 《의술론》도 《아르티셀라》에 포함되었고, 따라서 두 저술을 나란히 읽을 수 있게 되었다.
11. E. R. A. Sewter (trans.), *The Alexiad of Anna Comnena* (London: Penguin Books, 1969), p. 54.
12. Doctor Pietro Capparoni, *"Magistri Salernitani Nondum Cogniti": A Contribution to the History of the Medical School of Salerno* (London: John Bale, 1923), p. 51.
13. Plinio Prioreschi, *A History of Medicine, Volume 5: Medieval Medicine* (Omaha, Nebraska: Horatius Press, 2005), p. 232.
14. Faith Wallis, *Medieval Medicine: A Reader* (Toronto: University of Toronto Press, 2010), pp. 176~177.

7장 팔레르모

1. Charles Homer Haskins, *Studies in the History of Mediaeval Science* (Cambridge, Massachusetts: Harvard University Press, 1924), p. 159, 191.
2. Prescott N. Dunbar & G. A. Loud (trans.), Amato di Montecassino, *The History of the Normans* (Rochester, New York: Boydell Press, 2004), p. 46.
3. Cicero, *In Verrem*, II.2.5. 다음에 인용됨. Dirk Booms & Peter Higgs, *Sic-*

ily: Culture and Conquest (London: The British Museum Press, 2016), p. 134.

4. Hugo Falcandus. 다음에 인용됨. Hubert Houben, *Roger II of Sicily: A Ruler between East and West* (Cambridge: Cambridge University Press, 2002), p. 75.
5. St Clement of Casauria, *Chronicon Casauriense*, 889. 다음에 인용됨. Ibid., p. 75.
6. Hugo Falcandus. 다음에 인용됨. Ibid., p. 75.
7. 이것이 전례가 되어 로제르의 아들 루제로 2세도 반암 석관에 안장되었고 이후의 교황들도 그렇게 안장되었다.
8. 많은 무슬림과 유대인 지배층이 노르만의 침공 때 시칠리아를 떠나는 바람에 북아프리카 및 아랍과의 교역이 쇠퇴했다. 하지만 교역이 완전히 죽지는 않았고, 점차 지중해를 기독교도가 지배하게 되면서 시칠리아의 교역 대상이 유럽으로 옮겨 갔다. 여행가 이븐 주바이르Ibn Jubayr가 1184년에 아크레에서 시칠리아로 이동하면서 남긴 기록에서 이러한 변화의 한 단면을 볼 수 있다. 그는 제노바 사람이 소유한 배를 타고 50명의 무슬림 순례자, 2000명의 기독교 순례자와 함께 항해했는데, 한 세기 전에는 이 비율이 반대였을 것이고 배는 무슬림 상인 소유였을 것이다. 다음을 참고하라. R. J. C. Broadhurst (trans.), *The Travels of Ibn Jubayr* (London: J. Cape, 1952); Sarah Davis-Secord, *Where Three Worlds Met: Sicily in the Early Medieval Mediterranean* (Ithaca, New York: Cornell University Press, 2017), pp. 238~239.
9. Al-Idrisi, *The Book of Roger*. 다음에 인용됨. Graham A. Loud, *Roger II and the Creation of the Kingdom of Sicily*, p. 348.
10. 로제르는 이 망토를 군중 앞에 나설 때와 손님을 맞을 때 입었지만 그의 후손인 호엔슈타우펜 왕가의 신성 로마 제국 황제들은 이것을 대관식 망토로 사용했다.
11. Hubert Houben, *Roger II of Sicily*, p. 121.
12. 1190년경 신원 미상 저술가의 표현. 다음에 인용됨. Ibid., p. 128.
13. Alexander of Telese, *History of King Roger*. 다음에 인용됨. Graham A.

Loud, *Roger II and the Creation of the Kingdom of Sicily*, p. 79.

14. Jerry Brotton, *A History of the World in Twelve Maps* (London: Allen Lane, 2012), p. 73.

15. Al-Idrisi, *The Book of Roger*. 다음에 인용됨. Graham A. Loud, *Roger II and the Creation of the Kingdom of Sicily*, p. 357.

16. Hubert Houben, *Roger II of Sicily*, p. 98.

17. 이것들은 《원론》을 떼고 《알마게스트》에 들어가기 전에 배우던, 《중간 모음》 혹은 《작은 천문학》이라고 불리던 모음집의 일부였다.

18. *Quaestiones Naturales*. 다음에 인용됨. Charles Burnett, *Adelard of Bath: An English Scientist and Arabist of the Early Twelfth Century* (London: Warburg Institute, 1987), p. 10.

19. *Quaestiones Naturales*. 다음에 인용됨. Louise Cochrane, *Adelard of Bath: The First English Scientist* (London: British Museum Press, 1994), p. 29.

20. Charles Burnett, *Adelard of Bath*, p. 12.

21. Louise Cochrane, *Adelard of Bath*, p. 33.

22. Jaqueline Hamesse & Marta Fattori, *Rencontres des Cultures dans la Philosophie Medievale* (Louvain- la-Neuve: Cassino, 1990), p. 94.

23. Charles Burnett, *Arabic into Latin in the Middle Ages: The Translators and their Intellectual and Social Context* (Farnham: Ashgate, 2009), p. 3.

24. R. J. C. Broadhurst, *Travels of Ibn Jubayr* (London: Jonathan Cape, 1952), pp. 339~342.

25. Norbert Ohler, *The Medieval Traveller* (Martlesham, Suffolk: Boydell Press, 1989), p. 224.

26. Ibid., p. 225.

8장 베네치아

1. Joanne M. Ferraro, *Venice: History of the Floating City* (Cambridge: Cam-

bridge University Press, 2012), p. 19.

2. "Poggius Bracciolini to Nicolaus de Niccolis, Letter III," Phyllis Gordon & Walter Goodhart (trans.), *Two Renaissance Book Hunters: The Letters of Poggius Bracciolini to Nicolaus de Niccolis* (New York: Columbia University Press, 1974), p. 26.
3. Stephen Greenblatt, *The Swerve: How the Renaissance Began* (London: Bodley Head, 2011), pp. 185~200.
4. *Romeo and Juliet*, 1:4.
5. Konstantinos Sp. Staikos, *The History of the Library in Western Civilization, Volume V* (New Castle, Delaware: Oak Knoll Press, 2012), p. 83.
6. C. Doris Hellman & Noel M. Swerdlow, "Peurbach (or Peuerbach)," *Complete Dictionary of Scientific Biography* (Detroit: Charles Scribner's Sons, 2008), p. 477.
7. 이 원고는 16세기 중반 바슬레(오늘날의 바젤)에서 출간된 그리스어본《알마게스트》의 첫 인쇄본에 판본으로 사용되었다.
8. Paul Lawrence Rose, *The Italian Renaissance of Mathematics: Studies on Humanists and Mathematicians from Petrarch to Galileo* (Geneva: Librairie Droz, 1975), p. 48.
9. 1450년에 베사리온은 볼로냐 대학에 교황의 이름으로 네 개의 수학 교수직을 만들었다. 네 명 중 두 명에게는 유클리드의 이름에 가려 잘 알려져 있지 않았던 고전 수학 저술의 번역도 맡겼다. 여기에는 디오판토스Diophantos, 아폴로니오스, 프로클로스, 헤론Heron, 그리고 무엇보다 아르키메데스의 저술이 포함되어 있었다. 교황 니콜라오 5세는 아르키메데스 번역본 하나를 베사리온에게 빌려주었는데 베사리온은 이것을 돌려주지 않았고 지금도 베네치아의 마르치아나 도서관에 소장되어 있다.
10. 베사리온이 크리스토포로 모로에게 보낸 편지. 다음에 인용됨. Deno John Geanakoplos, *Greek Scholars in Venice: Studies in the Dissemination of Greek Learning from Byzantium to Western Europe* (Cambridge, Massachusetts: Harvard University Press, 1962), p. 35.

11. Lottie Labowsky, *Bessarion's Library and the Biblioteca Marciana* (Rome: Edizioni di Storia e Letteratura, 1979), p. 27.
12. Ibid., p. 32.
13. Peter Ackroyd, *Venice: Pure City* (London: Vintage, 2010), p. 130.
14. 15세기에 이탈리아에는 여덟 곳에 인쇄소가 있었고 독일에는 64곳, 프랑스에는 45곳에 인쇄소가 있었다. Leonardas Vytautas Gerulaitis, *Printing and Publishing in Fifteenth Century Venice* (Chicago: American Library Association, 1976), p. 63.
15. Peter Ackroyd, Venice, p. 268.
16. Martin Lowry, *The World of Aldus Manutius: Business and Scholarship in Renaissance Venice* (Ithaca, New York: Cornell University Press, 1979), p. 191.
17. Ibid.
18. Ibid., p. 165.
19. David S. Zeidberg (ed.), *Aldus Manutius and Renaissance Culture: Essays in Memory of Franklin D. Murphy* (Florence: Leo S. Olschki, 1994), p. 32.
20. Vivian Nutton, "The Fortunes of Galen," R. J. Hankinson (ed.), *The Cambridge Companion to Galen* (Cambridge: Cambridge University Press, 2008), pp. 367~368.
21. Ibid., p. 370.
22. William Eamon, "Science and Medicine in Early Modern Venice," Eric Dursteler (ed.), *A Companion to Venetian History 1400–1797* (Leiden: Brill, 2013), p. 701.

9장 서기 1500년 이후

1. Neil Rhodes & Jonathan Sawday, *The Renaissance Computer: Knowledge Technology in the First Age of Print* (London: Routledge, 2000), p. 1.

2. George Sarton, *Six Wings: Men of Science in the Renaissance* (London: Bodley Head, 1958), p. 6.
3. Anthony Grafton, "Libraries and Lecture Halls," Katherine Park & Lorraine Daston (eds.), *The Cambridge History of Science, Volume 3: Early Modern Science* (Cambridge: Cambridge University Press, 2016), p. 240.
4. Elizabeth L. Eisenstein, *The Printing Press as an Agent of Change: Communications and Cultural Transformations in Early Modern Europe* (Cambridge: Cambridge University Press, 1979), pp. 567~568.
5. Owen Gingerich, "Copernicus' *De revolutionibus*: An Example of Scientific Renaissance Printing," Gerald P. Tyson & Sylivia S. Wagonheim (eds.), *Print and Culture the Renaissance: Essays on the Advent of Printing in Europe* (Newark: University of Delaware Press, 1986), p. 55.
6. Thomas Khun, *The Copernican Revolution* (Cambridge, Massachusetts: Harvard University Press, 1957), p. 191.

참고문헌

1차 자료

Marcus Nathan Adler (trans.), *The Itinerary of Benjamin of Tudela* (New York: Philipp Feldheim, 1907).

R. J. C. Broadhurst (trans.), *Travels of Ibn Jubayr* (London: Jonathan Cape, 1952).

Charles Burnett (trans. & commentary), Hermann of Carinthia, *De Essentiis* (Leiden: Brill, 1982).

H. L. L. Busard, *The first Latin translation of Euclid's 'Elements' commonly ascribed to Adelard of Bath: Books I–VIII and Books X.36–XV.2* (Toronto: Pontifical Institute of Mediaeval Studies, 1983 [Studies and texts]).

———, *Campanus of Novara and Euclid's 'Elements'* (Stuttgart: Franz Steiner, 2005 Boethius [Series]).

———, *The Latin translation of the Arabic version of Euclid's 'Elements' commonly ascribed to Gerard of Cremona* (Leiden: Brill, 1984 [Asfār]).

———, *The translation of the 'Elements' of Euclid from the Arabic into Latin by Hermann of Carinthia (?), Books VII–XII* (Amsterdam: Mathematisch Centrum, 1977 [Mathematical Centre tracts]).

Baynard Dodge (ed.), *The Fihrist of al-Nadim: A Tenth-Century Survey of Muslim Culture* (New York: Columbia University Press, 1970).

Prescott N. Dunbar & G. A. Loud (trans. & eds.), Amato di Montecassino, *The History of the Normans* (New York: Boydell Press, 2004).

Pascual de Gayangos (trans.), Ahmed ibn Mohammed al-Makkari, *The History of the Mohammedan Dynasties in Spain, Volume I* (London: RoutledgeCurzon, 2002).

Phyllis Gordon & Walter Goodhart (trans.), *Two Renaissance Book Hunters: The Letters of Poggius Bracciolini to Nicolaus de Niccolis* (New York: Columbia University Press, 1974).

Edward Grant, *A Source Book in Medieval Science* (Cambridge, Massachusetts: Harvard University Press, 1974).

Mark Grant (ed.), *Galen on Food and Diet* (London: Routledge, 2000).

Robert Graves (trans.), Suetonius, *The Twelve Caesars* (London: Penguin Books, 1957).

Sir Thomas L. Heath (trans.), *The Thirteen Books of Euclid's 'Elements'* (2nd ed.: New York: Dover Publications, 1956).

Ian Johnston, *Galen On Diseases and Symptoms* (Cambridge: Cambridge University Press, 2000).

Horace Leonard Jones (trans.), *The Geography of Strabo* (London: Heinemann, 1932 [Loeb Edition]).

Leslie Webber Jones (trans. & ed.), Cassiodorus, Senator, ca. 487-ca. 580, *An Introduction to Divine and Human Readings* (New York: W. W. Norton, 1969).

Graham Loud (trans.), *Roger II and the Creation of the Kingdom of Sicily* (Manchester: Manchester University Press, 2012).

Paul Lunde & Caroline Stone (trans. & eds), Mas'udi, *The Meadows of Gold: The Abbasids* (London: Kegan Paul International, 1989).

O. Neugebauer (trans.), *The astronomical tables of al-Khwārizmī: translation with commentaries of the Latin version edited by H. Suter* (København: I kommission hos Munksgaard, 1962).

Vivian Nutton (ed., trans. & comm.), *Galen: On my own opinions* (Berlin: Akademie Verlag, 1999).

———, *Galen: On prognosis* (Berlin: Akademie Verlag, 1979).

Harriet Pratt Lattin (trans. & intro.), *The Letters of Gerbert: With His Papal Privileges as Sylvester II* (New York: Columbia University Press, 1961).

Sema'an I. Salem & Alok Kumar (trans. & eds.), Sa'id al-Andalusi, *Science in the Medieval World: 'Book of the Categories of Nations'* (Austin: University of Texas Press, 1996).

E. R. A. Sewter (trans.), *The Alexiad of Anna Comnena* (London: Penguin Books, 1969).

M. S. Spink & G. L. Lewis (trans. & comm.), *Albucasis on Surgery and Instruments: A Definitive Edition of the Arabic Text with English Translation and Commentary* (London: Wellcome Institute of the History of Medicine, 1973).

G. J. Toomer (trans.), *Ptolemy's Almagest* (Princeton: Princeton University Press, 1998).

John Alden Williams (trans.), al-Tabari, *The Early Abbasi Empire, Volume I* (Cambridge: Cambridge University Press, 1988).

2차 자료

David Abulafia (ed.), *Italy in the Central Middle Ages 1000–1300* (Oxford: Oxford University Press, 2004).

Peter Ackroyd, *Venice: Pure City* (London: Vintage, 2010).

'Ah. mad Azīz, *A History of Islamic Sicily* (Edinburgh: Edinburgh University Press, 1975).

Herbert Bloch, *Monte Cassino in the Middle Ages, Volume I* (Rome: Edizioni di Storia e Letteratura, 1986).

Dirk Booms & Peter Higgs, *Sicily: Culture and Conquest* (London: The British Museum Press, 2016).

S. Brentjes & J. Ren (eds.), *Globalization of Knowledge in the Post-Antique Mediterranean, 700–1500* (London: Routledge, 2016).

Jerry Brotton, *A History of the World in Twelve Maps*(London: Allen Lane, 2012).

P. Brown, *Late Antiquity* (Cambridge, Massachusetts: Belknap Press of Harvard University Press, 1998).

Charles Burnett, "The Coherence of the Arabic-Latin Translation Program in Toledo in the Twelfth Century," *Science in Context* 14 (1/2) (Cambridge: Cambridge University Press, 2001).

———, *The Introduction of Arabic Learning into England, The Panizzi Lectures 1996* (London: The British Library, 1997).

——, *Adelard of Bath: An English Scientist and Arabist of the Early Twelfth Century* (London: Warburg Institute, 1987).

Charles Burnett & D. Jacquart, *Constantine the African and 'Alīibn al-'Abbās al-Mağūsī: The Pantegni and Related Texts* (Leiden: Brill, 1994).

Averil Cameron, Bryan Ward-Perkins & Michael Whitby (eds.), *The Cambridge Ancient History, Volume XIV* (Cambridge: Cambridge University Press, 2000).

Luciano Canfora, *The Vanished Library: A Wonder of the Ancient World* (London: Vintage, 1991).

Pietro Capparoni, *"Magistri Salernitani Nondum Cogniti": A Contribution to the History of the Medical School of Salerno* (London: John Bale, 1923).

Louise Cochrane, *Adelard of Bath: The First English Scientist* (London: British Museum Press, 1994).

Roger Collins, *Early Medieval Spain, Unity in Diversity 400–1000* (London: Macmillan, 1983).

Roger Collins & Anthony Goodman (eds.), *Medieval Spain: Culture, Conflict, and Coexistence: Studies in Honour of Angus MacKay* (Basingstoke: Palgrave Macmillan, 2002).

O. R. Constable, *Housing the Stranger in the Mediterranean World: Lodging, Trade, and Travel in Late Antiquity and the Middle Ages* (Cambridge: Cambridge University Press, 2003).

——, *Medieval Iberia: Readings from Christian, Muslim, and Jewish Sources* (Philadelphia: University of Pennsylvania Press, 1997).

M. Cook (ed.), *The New Cambridge History of Islam* (Cambridge: Cambridge University Press, 2010).

Michael Cooperson, *Al-Ma'mun* (Oxford: Oneworld, 2006).

Serafina Cuomo, *Ancient Mathematics* (London: Routledge, 2001).

Sarah DavisSecord, *Where Three Worlds Met: Sicily in the Early Medieval Mediterranean* (Ithaca: Cornell University Press, 2017).

S. E. al-Djazairi, *The Golden Age and Decline of Islamic Civilization* (Manchester: Bayt Al-Hikma Press, 2006).

Reinhart Dozy, *Spanish Islam: A History of the Moslems in Spain* (London:

Chatto & Windus, 1913).

Peter Dronke, *The History of Twelfth-Century Western Philosophy* (Cambridge: Cambridge University Press, 1988).

Eric Dursteler (ed.), *A Companion to Venetian History 1400–1797* (Leiden: Brill, 2013).

Elizabeth L. Eisenstein, *The Printing Press as an Agent of Change: Communications and Cultural Transformations in Early Modern Europe* (Cambridge: Cambridge University Press, 1979).

Joanne M. Ferraro, *Venice: History of the Floating City* (Cambridge: Cambridge University Press, 2012).

Richard Fletcher, *Moorish Spain* (Berkeley: University of California Press, 2006).

Menso Folkerts, *The Development of Mathematics in Medieval Europe: The Arabs, Euclid, Regiomontanus* (Aldershot: Ashgate Variorum, 2006).

——, *Essays on Early Medieval Mathematics: The Latin Tradition* (Aldershot: Ashgate Variorum, 2003).

Michael Frampton, *Embodiments of Will: Anatomical and Physiological Theories of Voluntary Animal Motion from Greek Antiquity to the Latin Middle Ages, 400 B.C.–A.D. 1300* (Saarbrücken: VDM Verlag Dr Müller, 2008).

P. M. Fraser, *Ptolemaic Alexandria* (Oxford: Clarendon Press, 1972).

L. García Ballester, *Practical Medicine from Salerno to the Black Death* (Cambridge: Cambridge University Press, 1993).

——, *Galen and Galenism: Theory and Medical Practice from Antiquity to the European Renaissance* (Aldershot: Ashgate, 2002).

A. L. Gascoigne, L. V. Hicks & M. O'Doherty (eds.), *Journeying Along Medieval Routes in Europe and the Middle East* (Belgium: Brepols, 2016).

Deno John Geanakoplos, *Greek Scholars in Venice: Studies in the Dissemination of Greek Learning from Byzantium to Western Europe* (Cambridge, Massachusetts: Harvard University Press, 1962).

E. Michael Gerli (ed.), *Medieval Iberia: An Encyclopedia* (London: Routledge, 2003).

Leonardas Vytautas Gerulaitis, *Printing and Publishing in Fifteenth Century Venice* (Chicago: American Library Association, 1976).

Christopher Gill, Tim Whitmarsh & John Wilkins, *Galen and the World of Knowledge* (Cambridge: Cambridge University Press, 2009).

Charles Coulston Gillispie, Frederic Lawrence Holmes & Noretta Koertge (eds.), *Complete Dictionary of Scientific Biography* (Detroit: Charles Scribner's Sons, 2008).

Anthony Grafton (ed.), *Rome Reborn, The Vatican Library and Renaissance Culture* (London: Yale University Press, 1993).

Edward Grant, *Physical Science in the Middle Ages* (New York: John Wiley & Sons, 1971).

Gerd Grasshoff, *The History of Ptolemy's Star Catalogue* (London: Springer Verlag, 1990).

Barbara Graziosi, Vasunia Phiroze & G. R. Boys-Stones (eds.), *The Oxford Handbook of Hellenic Studies* (Oxford: Oxford University Press, 2009).

Stephen Greenblatt, *The Swerve: How the Renaissance Began* (London: Bodley Head, 2011).

Dimitri Gutas, *Greek Thought, Arabic Culture: The Graeco-Arabic Translation Movement in Baghdad and Early Abbasid Society (2nd–4th/8th–10th centuries)* (Oxford: Routledge, 1998).

Jaqueline Hamesse & Marta Fattori, *Rencontres des Cultures dans la Philosophie Médiévale* (Louvain-la-Neuve: Cassino, 1990).

R. J. Hankinson (ed.), *The Cambridge Companion to Galen* (Cambridge: Cambridge University Press, 2008).

Charles Homer Haskins, *The Renaissance of the Twelfth Century* (Cambridge, Massachusetts: Harvard University Press, 1927).

——, *Studies in the History of Mediaeval Science* (Cambridge, Massachusetts: Harvard University Press, 1924).

Lotte Hellinga, *Texts in Transit: Manuscript to Proof and Print in the Fifteenth Century* (Leiden: Brill, 2014).

Hubert Houben, *Roger II of Sicily: A Ruler Between East and West* (Cambridge: Cambridge University Press, 2002).

G. L. Irby-Massie (ed.), *A Companion to Science, Technology, and Medicine in Ancient Greece and Rome* (Chichester: Wiley Blackwell, 2016).

Salma Khadra Jayyusi, *The Legacy of Muslim Spain, Volumes 1 & 2* (Leiden: Brill, 1992).

S. K. Jayyusi, R. Holod, A. Petruccioli & A. Raymond, *The City in the Islamic World* (Leiden: Brill, 2008).

Hugh Kennedy, *Muslim Spain and Portugal: A Political History of Al-Andalus* (London: Longman, 1996).

——, *When Baghdad Ruled the Muslim World: The Rise and Fall of Islam's Greatest Dynasty* (Boston: Da Capo Press, 2005).

Jim al-Khalili, *The House of Wisdom: How Arabic Science Saved Ancient Knowledge and Gave Us the Renaissance* (London: Penguin, 2010).

Thomas Khun, *The Copernican Revolution* (Cambridge, Massachusetts: Harvard University Press, 1957).

Helmut Koester, *Pergamon: Citadel of the Gods* (Harrisburg, Pennsylvania: Trinity Press International, 1998).

Jason König, Katerina Oikonomopoulou & Greg Woolf (eds.), *Ancient Libraries* (Cambridge: Cambridge University Press, 2013).

Paul Oskar Kristeller, "The School of Salerno: its development and its contribution to the history of learning," *Bulletin of the History of Medicine*, Vol. 17(1945) Feb., No. 2.

Paul Kunitzsch, *The Arabs and the Stars: Texts and Traditions on the Fixed Stars, and their Influence in Medieval Europe* (Northampton: Variorum Reprints, 1989).

Lottie Labowsky, *Bessarion's Library and the Biblioteca Marciana* (Rome: Edizioni di Storia e Letteratura, 1979).

Jacob Lassner, *The Topography of Baghdad in the Early Middle Ages: Text and Studies* (Detroit: Wayne State University Press, 1970).

Brian Lawn, *Salernitan Questions* (Oxford: Oxford University Press, 1963).

A. C. Leighton, *Transport and Communication in Early Medieval Europe, AD 500–1100* (Newton Abbot: David & Charles, 1972).

David C. Lindberg, *The Beginnings of Western Science: The European Scientific Tradition in Philosophical, Religious, and Institutional Context, 600 B.C. to A.D. 1450* (Chicago: Chicago University Press, 1992).

David C. Lindberg & Michael H. Shank (eds.), *The Cambridge History of Science, Volume 2: Medieval Science* (Cambridge: Cambridge University Press, 2013).

Martin Lowry, *The World of Aldus Manutius: Business and Scholarship in Renaissance Venice* (Ithaca, New York: Cornell University Press, 1979).

Angus MacKay, *Spain in the Middle Ages: From Frontier to Empire, 1000–1500* (London: Macmillan, 1977).

Roy Macleod (ed.), *The Library of Alexandria: Centre of Learning in the Ancient World* (London: I. B. Tauris, 2000).

M. R. McVaugh & V. Pasche, *Sciences at the Court of Frederick II* (Belgium: Brepols, 1994).

Justin Marozzi, *Baghdad: City of Peace, City of Blood* (London: Allen Lane, 2014).

John Jeffries Martin, *Venice Reconsidered: The History and Civilisation of an Italian City State, 1297–1797* (Baltimore, Maryland: Johns Hopkins University Press, 2000).

María Rosa Menocal, *Ornament of the World: How Muslims, Jews and Christians Created a Culture of Tolerance in Medieval Spain* (London: Little, Brown, 2002).

Elizabeth Nash, Sevilla, *Córdoba and Granada: A Cultural and Literary History* (Oxford: Signal Books, 2005).

Catherine Nixey, *The Darkening Age: The Christian Destruction of the Classical World* (London: Macmillan, 2017).

John Julius Norwich, *A History of Venice* (London: Penguin, 2012).

Vivian Nutton, *The Unknown Galen* (London: Institute of Classical Studies, 2002).

——, *Ancient Medicine* (London: Taylor & Francis, 2004).

Norbert Ohler, *The Medieval Traveller* (Martlesham, Suffolk: Boydell Press, 1989).

Katherine Park & Lorraine Daston (eds.), *The Cambridge History of Science, Volume 3: Early Modern Science* (Cambridge: Cambridge University Press, 2016).

O. Pedersen & A. Jones, *A Survey of the Almagest* (New York: Springer, 2011).

H. L. Pinner, *The World of Books in Classical Antiquity* (Leiden: A. W. Sijthoff, 1948).

O. Pinto, "The Libraries of the Arabs during the time of the Abbasids," *Islamic Culture* 3, 1929.

Leon Poliakov, *The History of Anti-Semitism, Volume 2: From Mohammed to the Marranos* (Philadelphia: University of Pennsylvania Press, 2003).

Peter Pormann & Emilie SavageSmith, *Medieval Islamic Medicine* (Edinburgh: Edinburgh University Press, 2007).

Plinio Prioreschi, *A History of Medicine, Volume 5: Medieval Medicine* (Omaha, Nebraska: Horatius Press, 2005).

R. Rashed & R. Morelon (eds.), *Encyclopedia of the History of Arabic Science* (London: Routledge, 1995).

G. R. Redgrave & E. Ratdolt, *Erhard Ratdolt and his Work at Venice* (London: Bibliographical Society, 1894).

Neil Rhodes & Jonathan Sawday, *The Renaissance Computer: Knowledge Technology in the First Age of Print* (London: Routledge, 2000).

R. T. Risk, *Erhard Ratdolt, Master Printer* (Francestown, New Hampshire: Typographeum, 1982).

E. Robson & J. A. Stedall, *The Oxford Handbook of the History of Mathematics* (Oxford: Oxford University Press, 2009).

Stephan Roman, *The Development of Islamic Library Collections in Western Europe and North America* (London: Mansell, 1990).

Paul Lawrence Rose, *The Italian Renaissance of Mathematics: Studies on Humanists and Mathematicians from Petrarch to Galileo* (Geneva: Librairie Droz, 1975).

Franz Rosenthal, *The Classical Heritage in Islam* (London: Routledge, 1994).

D. F. Ruggles, *Islamic Gardens and Landscapes* (Philadelphia: University of Pennsylvania Press, 2008).

George Sarton, *Six Wings: Men of Science in the Renaissance* (London: Bodley Head, 1958).

——, *Introduction to the History of Science* (Baltimore: Williams & Wilkins,

1927).

George Saliba, *Islamic Science and the Making of the European Renaissance* (Cambridge, Massachusetts: The MIT Press, 2007).

P. Skinner, *Health and Medicine in Early Medieval Southern Italy* (Leiden: Brill, 1997).

Richard Southern, *The Making of the Middle Ages* (London: Pimlico, 1993).

Konstantinos Sp. Staikos, *The History of the Library in Western Civilization* (six volumes) (New Castle, Delaware: Oak Knoll Press, 2004-13).

Lynn Thorndike, *History of Magic and Experimental Science* (New York: Macmillan, 1923).

Colin Thubron, *The Shadow of the Silk Road* (London: Vintage, 2007).

J. V. Tolan, *Petrus Alfonsi and his Medieval Readers* (Gainesville: University Press of Florida, 1993).

S. Torallas Tovar & J. P. Monferrer Sala, *Cultures in Contact: Transfer of Knowledge in the Mediterranean Context: Selected Papers* (Spain: CNERU, 2013).

H. Touati & L. G. Cochrane, *Islam & Travel in the Middle Ages* (Chicago: University of Chicago Press, 2010).

C. J. Tuplin & T. E. Rihll (eds.), *Science and Mathematics in Ancient Greek Culture* (Oxford: Oxford University Press, 2002).

Gerald P. Tyson & Sylvia S. Wagonheim (eds.), *Print and Culture in the Renaissance: Essays on the Advent of Printing in Europe* (Newark: University of Delaware Press, 1986).

Faith Wallis, *Medieval Medicine: A Reader* (Toronto: University of Toronto Press, 2010).

W. M. Watt, *The Influence of Islam on Medieval Europe* (Edinburgh: Edinburgh University Press, 1994).

Olga Weijers (ed.), *Vocabulary of Teaching and Research Between Middle Ages and Renaissance: Proceedings of the Colloquium, London, Warburg Institute, 11–12 March 1994* (Turnhout: Brepols, 1995).

G. Wiet & S. Feiler, *Baghdad: Metropolis of the Abbasid caliphate* (Oklahoma: University of Oklahoma Press, 1971).

M. Wilks, *The World of John of Salisbury* (London: Blackwell, 1994).

N. G. Wilson, *Scholars of Byzantium* (London: Duckworth, 1983).

——, *From Byzantium to Italy: Greek Studies in the Italian Renaissance* (London: Duckworth, 1992).

—— (ed. & trans.), *Aldus Manutius: The Greek Classics* (Harvard: Harvard University Press, 2016).

David S. Zeidberg (ed.), *Aldus Manutius and Renaissance Culture: Essays in Memory of Franklin D. Murphy* (Florence: Leo S. Olschki, 1994).

인터넷 자료

1500년 이전에 출간된 책들에 대한 소개 : http://15booktrade.ox.ac.uk/.

프톨레마이오스의 천문학 및 점성학 자료와 문헌에 대한 국제 프로젝트 : http://ptolemaeus.badw.de/.

로마 제국의 지리적 네트워크 모델 : https://orbis.stanford.edu/.

보들리언 도서관의 필사본 원고와 이미지 데이터베이스 : https://digital.bodleian.ox.ac.uk/.

웰컴 컬렉션의 이미지 데이터베이스 : https://wellcomecollection.org/works.

도판 출처

별면 컬러

1. Vatican Museums/Alamy.
2. Wikimedia Commons.
3. Or. 2784, ff.101-101v., British Library, London, UK © British Library Board. All Rights Reserved/Bridgeman Images.
4. Wikimedia Commons.
5. Vat.gr.190.pt.1 fols. 13v-14r © Biblioteca Apostolica Vaticana, reproduced by permission, with all rights reserved.
6. Vat.gr.1594, fols.79v-80r © Biblioteca Apostolica Vaticana, reproduced by permission, with all rights reserved.
7. Science & Society Picture Library/Getty Images.
8. AKG Images.
9. Heritage Image Partnership Ltd/Alamy Stock Photo.
10. World History Archive/Alamy Stock Photo.
11. The Picture Art Collection/Alamy Stock Photo.
12. imageBROKER/Alamy Stock Photo.
13. The Bodleian Library, University of Oxford, MS. Pococke 369, fol.085v.
14. AKG Images/Gilles Mermet.
15. © Museum of the History of Science, University of Oxford.
16. Vat.lat.2057 fols.146v-147r © Biblioteca Apostolica Vaticana, reproduced by permission, with all rights reserved.
17. Science History Images/Alamy Stock Photos.
18. Sloane MS 1977 fol.6r/British Library, London, UK/ © British Library Board/

Bridgeman Images.

19. National Library of the Netherlands.
20. The Bodleian Library, University of Oxford, C 328 fol. 3.
21. MS Pal.lat1071 fols. 1v © Biblioteca Apostolica Vaticana, reproduced by permission, with all rights reserved.
22. Burgerbibliothek Bern, Cod.120.II, f. 101r Credit: Photograph: Codices Electronici AG, www.e-codices.ch.
23. Palazzo dei Normanni, Palermo, Sicily, Italy/Ghigo Roli/Bridgeman Images.
24. Granger Historical Picture Archive/Alamy Stock Photo.
25. DEA Picture Library/Getty Images.
26. The Bodleian Library, University of Oxford, MS. Pococke 375, fol. 187b-188a
27. Leiden University Libraries, ms. SCA 1, f. 1r.
28. Alamy Stock Photos.
29. Historic Images/Alamy Stock Photos.
30. Science History Images/Alamy Stock Photos.
31. British Library, London, UK © British Library Board. All Rights Reserved/Bridgeman Images.
32. Granger Collection/Bridgeman Images.
33. MS Urb. Lat. 224, fol. 2 recto © Biblioteca Apostolica Vaticana, reproduced by permission, with all rights reserved.
34. Biblioteca Nazionale Marciana, ms Marc. gr. 313/SHYLOCK e-Solutions di Alessandro Moro.
35. Vat. lat. 2056, fols. 87 verso-88 recto © Biblioteca Apostolica Vaticana, reproduced with permission and with all rights reserved.
36. Wellcome Collection.

본문 내 흑백

1. Sorin Colac/Alamy Stock Photo.
2. THEPALMER.
3. The Bodleian Library, University of Oxford, MS. D'Orville 301 f113v-f114r.

4. Ullstein Bild/Contributor.
5. A Companion to Science, Technology, and Medicine in Ancient Greece and Rome by Georgia L. Irby © 2016 John Wiley & Sons, Inc. Reproduced with permission of the Licensor through PLSclear.
6. Reprinted from Map III from Appendix D, Figures 1, 2, 5, 6 from Appendix E from The Topography of Baghdad in the Early Middle Ages by Jacob Lassner. Copyright © 1970 Wayne State University Press, with the permission of Wayne State University Press.
7. Ibid.
8. Ibid.
9. Encyclopedia Britannica/Contributor.
10. Granger Historical Picture Archive/Alamy Stock Photo.
11. Tarker/Bridgeman Images.
12. Alain Machet (2)/Alamy Stock Photo.
13. By courtesy of the author.
14. Ibid.
15. Granger Historical Picture Archive/Alamy Stock Photo.
16. PRISMA ARCHIVO/Alamy Stock Photo.
17. Wellcome Collection.
18. De Agostini/Galleria Garisenda/Bridgeman Images.
19. akg-images/Bible Land Pictures/Z. Radovan/www.BibleLandPictures.
20. Wellcome Collection.
21. The Protected Art Archive/Alamy Stock Photo.
22. Michael Wald/Alamy Stock Photo.
23. Florilegius/Alamy Stock Photo.
24 Granger Historical Picture Archive/Alamy Stock Photo.
25 Artokoloro Quint Lox Limited/Alamy Stock Photo.
26. Age Fotostock/Alamy Stock Photo.
27. Granger Historical Picture Archive/Alamy Stock Photo.
28. Wellcome Collection.

29. Add MS 6898, f. 1v, British Library, London, UK © British Library Board. All Rights Reserved/Bridgeman Images.
30. Wellcome Collection.
31. AF Fotografie/Alamy Stock Photo.
32. Ibid.
33. Science History Images/Alamy Stock Photo.

찾아보기

* [ ]의 숫자는 1-16쪽에 실린 컬러 도판 번호를, ( )의 숫자는 미주 번호를 가리킨다.

ㄴ

ㄷ

ㅅ

ㅌ

ㅍ

지식의 지도

일곱 개 도시로 보는
중세 천 년의 과학과 지식 지형도

1판 1쇄 발행 2023년 5월 20일
1판 2쇄 발행 2023년 6월 30일

지은이 바이얼릿 몰러
옮긴이 김승진
펴낸이 김미정
편집 엄정원, 김미정
디자인 표지 민진기, 본문 김명선

펴낸곳 마농지
등록 2019년 3월 5일 제2022-000014호
주소 (10904) 경기도 파주시 미래로 310번길 46, 103동 402호
전화 070-8223-0109
팩스 0504-036-4309
이메일 shbird2@empas.com

ISBN 979-11-978701-2-5 03900

* 책값은 뒤표지에 있습니다.
* 잘못된 책은 바꾸어드립니다.